Ein Stück von uns

Rolf Vogel

Ein Stück
von uns

**Deutsche Juden
in deutschen Armeen
1813-1976**

Eine Dokumentation

v. HASE & KOEHLER VERLAG

Gesamtherstellung: Druckbetrieb Lindner, Mainz
Printed in Germany   ISBN 3-7758-0920-1

Vorwort

Dieses Buch enthält die Geschichte der Deutschen jüdischen Glaubens, die ihrem Vaterland in Uniform dienten. Damit wird ein weitgehend unbekannter Teil der deutschen Militärgeschichte hervorgehoben.

Wer weiß heute noch, daß von 1914 bis 1918 die etwa 500.000 jüdischen Mitbürger 100.000 deutsche Soldaten gestellt haben, von denen 12.000 gefallen sind. Das sind mehr Gefallene, als in den vier Nahost-Kriegen von 1948 bis 1973 für Israel ihr Leben gaben.

Wer weiß heute schon, daß es nach 1919 im Deutschen Reich einen Reichsbund jüdischer Frontkämpfer gegeben hat mit über 500 Ortsgruppen und etwa 60.000 Mitgliedern.

Die jüdischen Bürger sind Teil deutscher Geschichte in guten und in schlechten Zeitläuften. Ihr Einsatz und ihre Opferbereitschaft vergalten Hitler und die Nationalsozialisten mit Gaskammer, Konzentrationslagern und Vertreibung. Umso notwendiger ist es, die historische Wahrheit ins Gedächtnis zu rufen.

Ich begrüße daher das Erscheinen dieses Buches. Mir liegt daran, daß unsere jungen Soldaten der Bundeswehr Zugang zu unserer ganzen Geschichte erhalten und damit auch verstehen, daß Demokratie, Freiheit und Toleranz keine selbstverständlichen Werte sind, sondern daß sie immer wieder neu erkämpft und verteidigt werden müssen.

Ich möchte aber auch bei dieser Gelegenheit dem Autor und Initiator dieses Buches, dem Journalisten und Oberstleutnant der Reserve der Bundeswehr Rolf Vogel, herzlich danken für seine unermüdliche Arbeit. Verständigung, das ist das Bemühen, über Gräber und Gräben hinweg sich wieder zu finden.

Rolf Vogel war selbst verfolgt, er hat den Krieg im Gestapo-Lager überlebt.

Mit diesem Buch hat er einen sachlich und menschlich wichtigen Beitrag geleistet.

Bundesminister der Verteidigung

Im November 1976

INHALT

7

„Ich bin als Deutscher ins Feld gezogen,
um mein bedrängtes Vaterland zu schützen. Aber auch als Jude, um die volle
Gleichberechtigung meiner Glaubensbrüder zu erstreiten."

Aus dem Testament des Leutnants d. R.
Josef Zürndörfer

(Josef Zürndörfer, geboren am 29. 5. 1886 in
Rexingen in Württemberg, trat zunächst in das
154. Infanterie-Regiment ein, meldete sich dann
freiwillig zu den Fliegern. Er wurde mit dem
E.K. II und der Württembergischen Verdienst-
medaille ausgezeichnet. Am 19. September
1915 stürzte er mit seiner Maschine ab.)

Warum?

Dem bedrängten Vaterland zu Hilfe zu eilen, aber gleichzeitig die Gleichberechtigung der Glaubensbrüder zu erstreiten, diese Motivation zieht sich durch die ganze Dokumentation, die ich hier vorlegen darf. In zahllosen Gesprächen, die ich seit mehr als 25 Jahren immer wieder mit ehemaligen und heutigen jüdischen Bürgern Deutschlands in aller Welt führte, kam die Tragik dieser Motivation häufig zum Ausdruck.

Als ich zum ersten Mal nach Israel flog, es war in den Pessachtagen 1954, kam ich nach Shave Zion, einer blühenden landwirtschaftlichen Siedlung im Norden von Galliläa, die sich ehemalige Rexinger Juden nach ihrer Flucht aus der württembergischen Heimat aufgebaut hatten. Man sprach dort noch den heimatlichen Dialekt; ein Stück dieser schwäbischen Heimat schien mitgenommen worden zu sein. Ich packte damals etwas zögernd mein Mikrophon aus und bat den Bürgermeister, Herrn Dr. Manfred Scheuer, um ein Interview über seine Lebensgeschichte. Sie führte zurück nach Heilbronn, wo er als Rechtsanwalt gearbeitet hatte und wo ihn, bevor er nach Israel ging, eine enge freundschaftliche Beziehung zu Prof. Dr. Theodor Heuss, dem späteren Bundespräsidenten, verband.

So begann Dr. Scheuer zu sprechen:

„Ich freue mich, Grüße in die alte Heimat zu senden, vor allem *unserem* Bundespräsidenten Theodor Heuss." Dr. Scheuer war Teilnehmer des ersten Weltkriegs und dabei schwer verwundet worden.

Als ich nach meiner Rückkehr bei einem Besuch dem Bundespräsidenten das Tonband mit den Grüßen seines Landsmannes und Freundes vorspielen konnte, war dies sein erster unmittelbarer Kontakt mit einer vergangenen Zeit, in der beide in der württembergischen Stadt zusammengelebt hatten. Theodor Heuss war tief bewegt, und es kam nicht von ungefähr, daß er fast ein Jahrzehnt danach bei seinem Israel-Besuch etliche Tage in Shave Zion verbrachte, wo es zu seinen glücklichsten Stunden gehörte, mit dem Skizzenblock Szenen dieser Gemeinde einzufangen, die zur neuen Heimat dieser einstigen württembergischen Landsleute geworden war.

In vielen Gesprächen über Deutschland mit Menschen, die vor den Nationalsozialisten fliehen mußten, wurden gern die Erinnerungen an die Zeiten zurückgerufen, in denen sie als Soldaten im ersten Weltkrieg waren, Tapferkeitsauszeichnungen erhielten und zu Offizieren befördert wurden.

Die heutige Generation in unserem Land wird wohl vielfach kopfschüttelnd vor derartigen Gedanken von Menschen stehen, die durch ihr Vaterland alles verloren haben, häufig aber trotz der Verfolgungen und Verluste der Meinung sind, daß das heutige Deutschland nicht mit dem Hitlers zu vergleichen sei.

So bestätigte es mir Ben Gurion einmal in den Monaten des Eichmann-Prozesses in Jerusalem, als durch diesen Prozeß diese jüdischen Menschen noch einmal voll vom Schmerz über die Ermordung ihrer Verwandten erfüllt wurden, aber auch vom Schmerz über den Verlust all dessen, was sich für sie mit der alten Heimat in Europa verband. Nächtelang verliefen diese Gespräche, bei denen sie nicht selten aus verstaubten Kästchen, aus Schuhkartons ihre Erinnerungsstücke kramten. Da waren die Urkunden über die Verleihung von Kriegsauszeichnungen des Ersten Weltkrieges, Photos, der alte Paß, der oftmals das „J" trug, um sie als Ausgestoßene zu kennzeichnen. Eine Leidensgeschichte in einem Karton, mitgeführt im schmalen Fluchtgepäck.

Aus all diesen Gesprächen formte sich der Gedanke, doch einmal für eine neue Jugend, aber auch für aufgeschlossene Menschen einer älteren Generation Dokumente zusammenzustellen, die das ganze tragische Verhältnis der deutschen Juden zu ihrem Vaterland aufzeigen. Es begann nicht erst 1914, als der große Weltkrieg ausbrach, diese Geschichte führte zurück zu den Befreiungskriegen 1813, in denen es bereits jüdische Soldaten in deutschen Armeen gab. In New York fand ich vieles aus diesen Zeiten, in Freiburg im militärhistorischen Forschungsamt der Bundeswehr und überall dort, wo man noch Dokumente über das deutsche Judentum bewahrt hatte. Man darf das 19. Jahrhundert nicht ausklammern, will man den langen Weg zeigen vom Menschen "zweiter Klasse" bis zum Weltkrieg 1914 - 1918, als der jüdische Soldat Offizier werden konnte und es gelegentlich erreichte, als gleichberechtigter Staatsbürger anerkannt zu werden. Tatsächlich gibt es aus dieser Zeit *ebensoviele* Schilderungen, Darstellungen von antisemitischen Vorgängen, wie in der vorangegangenen Zeit. Die wohl schmerzlichste unter ihnen ist die Judenzählung, die 1916 befohlen wurde, damit festgestellt werde, wieviele Juden nicht unmittelbar an den Fronten kämpften und wo sie sich überall „herumdrückten". Auch diese Dinge gehören hierher, wie die Aussagen aus der Zeit vor dem Kriege, die ich in den Archiven fand, und die aufzeigen, welche Einstellung man zum „Juden" im öffentlichen Bereich generell hatte, wie man dem Andersgläubigen eine Ecke abseits der Gleichberechtigung zuwies, und wie man in letztlich als Bürger zweiter Klasse einstufte.

Selbst in den Demokraten, die das religiöse Leben im Kriege bekunden, wird die Sorge um die Gleichberechtigung sichtbar. Die Predigten der Feldrabbiner und vor allem das Interview mit dem letzten 1975 noch lebenden 93jährigen Feldrabbiner Dr. Salzberger, den ich in London sprechen konnte, bezeugen die damalige Sorge. Es war das letzte Gespräch, das ich mit diesem Manne haben durfte. Es ist ein Vermächtnis geworden. Am 21. Dezember 1975 starb er in seinem Exil in London. Er kam in der Nachkriegszeit nach Deutschland, sprach immer wieder zur „Woche der Brüderlichkeit", arbeitete mit an der Aussöhnung unserer beiden Völker, an der Aussöhnung von Deutschen verschiedener Konfessionen. Arbeiten jüdischer Schriftsteller und Dichter: Auch dieses Kapitel gehört in dieses Buch. Sie zeigen nur allzu deutlich, wie viele jüdische Bürger Deutschlands in den Stunden des Krieges gefühlt und geschrieben haben: Wie viele andere Deutsche auch. Genauso patriotisch, genauso national oder wird man hier sagen müssen, genauso nationalistisch? Sie waren Kinder ihrer Zeit wie alle Deutschen. Für eine heutige Generation mag das unverständlich sein, aber die Darstellung wäre unwahr, wollte man diesen Patriotismus schmälern, ihn verbergen wollen.

An dieser Stelle soll aber auch nicht verschwiegen werden, daß gerade auch unter den Juden zahlreiche Männer gegen den Krieg waren, die häufig als Mitglieder sozialistischer Parteien in der Assimilation keine Lösung des Problems des Antisemitismus sahen. Um sie soll es aber in diesem Buch nicht gehen, sondern in erster Linie um diejenigen, denen Zürndörfers Grundsatz galt, „Für das Vaterland in der Not einzutreten, aber auch gleichzeitig die Gleichberechtigung der Glaubensbrüder zu erstreiten", ein Weg, der letztlich unter Hitler in die Emigration und Vernichtung führte, trotz all der Bemühungen als gleichberechtigter Bürger angesehen zu werden. Wieviele deutsche Juden hätten sich retten können, wenn sie nicht geglaubt hätten, durch ihr Eisernes Kreuz, ihren Einsatz für ihr Vaterland, geschützt zu sein.

Das friedliche Zusammenleben, die deutsch-jüdische Symbiose, von der so viel gesprochen wurde, und die Gemeinsamkeiten im geistigen, wissenschaftlichen und künstlerischen, aber auch soldatischen Bereich wurden durch den barbarischen Geist der Nationalsozialisten und ihre grauenvollen Verbrechen weggefegt. Nach vielen Beispielen guten Zusammenlebens erscheinen noch heute, fast 40 Jahre danach, die organisierten Massenmorde, die sich mit dem Namen Auschwitz verbunden haben, als unfaßbar. Sie sind der moderne Inbegriff der Unmenschlichkeit geworden. Die Verpflichtung eines jeden Bürgers, sich in den zahlreichen Publikationen hierzu ausführlich zu informieren, kann durch dieses Buch nicht erfüllt werden. Gezeigt werden soll an dieser Stelle lediglich, wie in Organisationen, die schwere Schuld auf sich geladen haben, Menschen versucht haben, oft unter Einsatz ihres eigenen Lebens andere vor dem Tod zu bewahren. Die berichteten Geschichten haben exemplarischen Charakter. Sie sollen wiedergegeben werden, bevor sie in Vergessenheit geraten. Wenn ich für das vorliegende Buch den Titel wählte: „Ein Stück von uns", so liegt darin ein Bekenntnis zu diesen Menschen jüdischer Herkunft. Dieses Buch ist ein Versuch, aufzuzeigen, daß trotz all der Furchtbarkeiten, trotz all der Ängste und Unsicherheiten, die von jüdischer Seite erlitten wurden, die Verbindung beider Seiten die Oberhand gewonnen hat. Juden waren und sind, trotz all der Ausrottungsmaßnahmen der Nationalsozialisten, ein Stück von uns, von Deutschland geblieben. Daran ändert auch nicht, daß viele derjenigen, die durch die Zeit des Verbrechens aus unserem Land fliehen mußten, heute im Zionismus aufgegangen sind oder in anderen Staaten dieser Erde eine neue, eine völlig andere Heimat gefunden haben. Die deutsch-jüdische Kultursymbiose ist ihnen geblieben, die Verbindung zu dem Land, indem sie einmal als glückliche Bürger lebten, in dem sie ihre Heimat hatten, trotz des Ringens um eine echte Anerkennung, um das volle Recht gleichberechtigter Bürger.

Theodor Herzl, der Vater des modernen, politischen Zionismus, verfaßte im April des Jahres 1896 seine Schrift „Der Judenstaat". Darin hat er eine Passage geschrieben, die die Ablehnung der Juden, nicht nur in Deutschland - ich möchte sagen hier noch am wenigsten - und den Antisemitismus analysiert. In dieser Analyse findet man Gedanken wieder, die die Chancen eines erfolgreichen Ringens um die politische Gleichberechtigung jüdischer Menschen, d. h. auch im soldatischen Bereich, einschätzt. Darum soll diese Stelle aus dem „Judenstaat" hier widergegeben werden:

„ Ich glaube den Antisemitismus, der eine vielfach komplizierte Bewegung ist, zu verstehen. Ich betrachte diese Bewegung als Jude, aber ohne Haß und Furcht. Ich glaube zu erkennen, was im Antisemitismus roher Scherz, gemeiner Brotneid, angeerbtes Vorurteil, religiöse Unduldsamkeit - aber auch was darin vermeintliche Notwehr ist. Ich halte die Judenfrage weder für eine soziale, noch für eine religiöse, wenn sie sich uns auch noch so anders färbt. Sie ist eine nationale Frage, und um sie zu lösen, müssen wir sie vor allem zu einer politischen Weltfrage machen, die im Rate der Kulturvölker zu regeln sein wird.

Wir sind ein Volk, ein Volk.

Wir haben überall ehrlich versucht, in der uns umgebenden Volksgemeinschaft unterzugehen und nur den Glauben unserer Väter zu bewahren. Man läßt es nicht zu. Vergebens sind wir treue und an manchen Orten sogar überschwängliche Patrioten, vergebens bringen wir dieselben Opfer an Gut und Blut wie unsere Mitbürger, vergebens bemühen wir uns, den Ruhm unserer Vaterländer in Künsten und Wissenschaften, ihren Reichtum durch Handel und Verkehr zu erhöhen. In unseren Vaterländern, in denen wir ja auch schon seit Jahrhunderten wohnen, werden wir als Fremdlinge ausgeschrien; oft von solchen, deren Geschlechter noch nicht im Lande waren, als unsere Väter da schon seufzten. Wer der Fremde im Lande ist, das kann die Mehrheit entscheiden; es ist eine Machtfrage, wie alles im Völkerverkehre. Ich gebe nichts von unserem ermessen guten Recht preis, wenn ich das als ohnehin mandatloser Einzelner sage. Im jetztigen Zustande der Welt und wohl noch in absehbarer Zeit geht Macht vor Recht. Wir sind also vergebens überall brave Patrioten, wie es die Hugenotten waren, die man zu wandern zwang. Wenn man uns in Ruhe ließe ...! Aber ich glaube, man wird uns nicht in Ruhe lassen."

Wenn man bedenkt, daß Theodor Herzl diese Sätze 1896 schrieb, so hält man ihn angesichts der heutigen Situation der Weltlage 1976 für einen Propheten, der die innere Ablehnung der Juden, die unsichtbare Verfolgung, wie ich sie nennen möchte, bereits damals scharf erkannte und konsequenterweise aus diesen Gedanken den Zionismus, die Idee vom eigenen Judenstaat, entwickelte.

Wenn man die Entwicklung der Judengesetze unter Hitler betrachtet und hierbei die Äußerungen des Reichsbundes Jüdischer Frontsoldaten einbezieht, wie ich es in diesem Buch versucht habe, so erhält man ein Bild völliger Hilflosigkeit derjenigen, die sich nicht vorstellen konnten, daß sie „vergebens treue und an manchen Orten sogar überschwängliche Patrioten" gewesen sein sollten, um nunmehr vogelfrei einer verbrecherischen Entwicklung preisgegeben zu sein.

In diese Zeit der schwersten Verfolgungen - und auch das soll hier dokumentiert werden -, gehören aber gerade im Bereich der deutschen Soldaten viele Zeugnisse persönlichen Mutes, viele Beweise von Menschlichkeit und Opferbereitschaft. Es sind nicht nur vereinzelte wenige Fälle, in denen Offiziere im Zweiten Weltkrieg ihr Leben opferten, um verfolgten Juden zu helfen, sich vor sie zu stellen oder durch ihren mit dieser Frage verbundenen Widerstand gegen das Hitler-Regime ihr Leben zu gefährden. Auch diese Zeugnisse gehören zu der Aussage „Ein Stück von uns". Ich glaube weder an eine Kollektivschuld, noch an eine Kollektiv-Reinwaschung. Beides ist in diesem furchtbaren Erlebnisbereichen nicht enthalten. Es gilt vielmehr in dieser Zeit, da wir bereits den Abstand einiger Jahrzehnte vom Zeitpunkt des Geschehens haben, an Hand von Dokumenten und vielleicht auch noch von Zeugen zu versuchen zu differenzieren. Die Offiziere jener Tage, die hier und dort versuchten zu helfen, zu lindern, sichere Orte ausfindig zu machen, Stempel, die sie zur Verfügung hatten, zur Rettung gefährdeter Juden zu benutzen und sich damit selbst in Gefahr zu bringen, haben ein Stück vom anständigen Deutschland repräsentiert und gerettet.

Wenn ich über diese Einleitung die Frage schrieb: „Warum?" so mag die Antwort in zweierlei Gründen zu suchen sein. Einmal in dem Wunsch, daß diese Zeit der jüdisch-deutschen Entwicklung im Bereich der Armeen nicht vergessen wird, daß die jetzt schon vielfach zerstreuten Dokumente und Darstellungen zusammengefaßt werden, nicht zu einem historisch-wissenschaftlichen Werk, wie es bereits von hervorragenden Historikern geschehen ist, sondern als Lesebuch, in dem junge Menschen die Sprache jener Zeit erleben sollen und die Originaltöne jener oftmals schrill in den Ohren klingenden Musik hören können. Zum einen war es das Lied von den großen jüdischen Patrioten, zum anderen waren es die oftmals schmerzhaften Erlebnisse jüdischer Soldaten in der Zurücksetzung selbst noch im Kriege, die mühe- und dornenvolle Entwicklung in der Epoche der Emanzipation im neunzehnten Jahrhundert bis in die zwanziger Jahre. Das furchtbarste Kapitel des Dritten Reiches gehörte hierher, bis dann nach dem Aufbau der Bundesrepublik Deutschland eine neue demokratische Armee, die Bundeswehr, ins Leben gerufen wurde, in der verschiedene Versuche unternommen wurden, all das, was weit über ein Jahrhundert virulent war, was sich dann in den grausamen Ereignissen in der Zeit zwischen 1933 und 1945 entlud, neu zu formulieren. Andererseits war es der Versuch, auf einer Ebene der Gleichberechtigung und des Ausgleichs, einen neuen Anfang zu machen aber auch der Versuch, das geschichtliche Bewußtsein um diese Vergangenheit bei der jungen Generation zu formen und zu festigen.

Zu diesen Gedanken, zu diesem „Warum?" gehört wohl auch ein Wort des persönlichen Bekenntnisses. Ich war einer von jenen, die diese brutale Zeit unter Hitler ausstieß und wehrunwürdig stempelte. Mein Vater hatte sechs lange Jahre im ersten Weltkrieg in sibirischer Kriegsgefangenschaft zubringen müssen, bis er mit einigen hundert kriegsgefangenen Kameraden, die er durch die Linien der russischen Revolution führte, 1920 nach Deutschland zurückkehren konnte. Vier Brüder meiner Mutter waren als Soldaten an den Fronten des ersten Weltkrieges, drei von ihnen wurden schwer verwundet. Alle waren sie ausgezeichnet worden. Der fünfte Bruder, der seinem Alter nach - 1919 war er erst 17 Jahre alt - noch nicht Soldat sein konnte, wurde 1945 in Königsberg von der Gestapo erschossen. Die Mutter kam 1944 in das Konzentrationslager Theresienstadt. 1963, genau 23 Jahre nachdem ich als Soldat in das Luftgaunachrichten Regiment 3 in Berlin Kladow eingerückt war, meldete ich mich zur ersten Wehrübung in einer Kaserne der Bundeswehr. Manche Kameraden, die ein ähnliches Schicksal traf, taten es mir gleich.

Auch über die Versuche der Bundeswehr, dieses Thema, ,,Ein Stück von uns", zu realisieren, soll in diesem Buch Zeugnis gegeben werden. Dieser Teil ist auch eine Anwort auf das ,,Warum?"

Als ich in New York zum ersten Mal das Leo Baeck-Institut besuchte, wo dann der Gedanke zu diesem Buch bei vielen Gesprächen reifte, berichtete mir der Direktor Dr. Fred Grubel von einem Gespräch mit einem Besucher aus Berlin. Nach einem Rundgang durch das Haus sagte er nachdenklich in eine Gesprächspause hinein: ,, Hier spürt man erst, war wir Deutschen verloren haben." Dieser Satz stimmt nicht zuletzt dort nachdenklich, wo man beginnt, sich mit jenen deutschen Juden und ihrer Zeit zu beschäftigen, die versucht haben, ihrem Vaterland zu dienen, aber auch die Gleichberechtigung ihrer Glaubensbrüder zu erstreiten, wie es Josef Zürndörfer in seinem Testament schrieb.

Ich möchte dieses Vorwort nicht schließen, ohne all jenen zu danken, die diese Dokumentation ermöglicht haben. An erster Stelle muß hier Herr Dr. Fred Grubel und dem Leo Baeck-Institut gedankt werden. Mit großer Aufgeschlossenheit hat er Mikrofilme, Dokumente und Erfahrungen aufgeblättert obwohl wir damals noch nicht wußten, wie das endgültige Buch aussehen würde. Der Wiener Library in London gebührt dieser Dank ebenso, wie Herrn Dr. Jürgen Rhower in Stuttgart, dem Militärarchiv des Württembergischen Hauptstaatsarchivs und dem Militärarchiv des Bundesarchivs in Freiburg im Breisgau. Unvergessen bleiben mir einige Gespräche. Vor allem war es ein ganzer Nachmittag mit E.G. Löwenthal in Berlin, dessen Hinweise echte Wegweiser durch das

Gestrüpp vieler Gedanken wurden und mir so den Mut gaben, die Auswahl in dem vorliegenden Sinn zu treffen. Hierhin gehören Herbert Sulzbach und der bereits erwähnte Rabbiner Dr. Salzberger in London. Das Tonband mit seinem Bericht wird ein bedeutsames Zeugnis dieser Epoche bleiben. Nicht zuletzt möchte ich dem Enkelsohn des früheren württembergischen Feldrabbiners Aron Taenzer danken, daß er mir durch Vermittlung von Dr. Grubel die Erlaubnis zur Verwendung eines Kapitels aus dem Tagebuch seines Vaters gegeben hat. Ernst Schaeffer gehört hierher, der ebenfalls seine Aufzeichnungen öffnete, um das Bild jener Zeit zu vervollständigen. Ich danke aber auch all jenen Offizieren des Zweiten Weltkrieges, die mir teils nach langem Zögern von ihren eigenen Versuchen berichteten, unter eigener Gefährdung jüdischen Menschen Rettung und Hilfe zu bringen.

1. KAPITEL

Die Juden in Armee und Gesellschaft im 19. Jahrhundert

I.
Historische Einleitung

Eine Darstellung der jüdischen Beteiligungen an den Befreiungskriegen von 1813-1815, an den Feldzügen von 1864 und 1866 und am Krieg 1870/71, ist nur im Zusammenhang mit der Behandlung der Frage der Gleichberechtigung der Juden zunächst in Preußen und dann im Reich möglich. Wichtige Erkenntnisse hierzu hat der Historiker Harald Rüddenklau vermittelt, u.a. in seiner Dissertation von 1972: „Studien zur bayerischen Militärpolitik 1871-1914". Als weiteres grundlegendes Werk ist die in der „Schriftenreihe wissenschaftlicher Abhandlungen des Leo Baeck-Instituts" beim Verlag J. C. B. Mohr (Paul Siebeck) Tübingen 1968 erschienene neue Untersuchung von Ernest Hamburger zu nennen: „Juden im öffentlichen Leben Deutschlands - Regierungsmitglieder, Beamte und Parlamentarier in der monarchichen Zeit 1848-1918". Seine Motivation - so der Klappentext - „erklärt sich aus den Erfahrungen, die er im höheren Verwaltungsdienst und als Parlamentarier gesammelt hat und aus seinen Erlebnissen als deutscher Jude". Hamburger ist einer der führenden Mitarbeiter im Leo Baeck-Institut in New York.

Das 19. Jahrhundert brachte den Juden in Deutschland bedingt durch die geistesgeschichtlichen Auswirkungen der Aufklärung (Lessing: „Nathan der Weise"!), des Liberalismus und des Humanismus die Emanzipation als Staatsbürger. Im Bewußtsein der Bevölkerung wurde diese Entwicklung jedoch weitgehend nicht mitvollzogen. Für sie blieben im allgemeinen die Juden eine geschmähte Minderheit sowohl im religiösen als auch im sozialen Bereich, in dem noch immer Gewerbebeschränkungen eine wesentliche Rolle spielten, denen die Juden schon seit dem Mittelalter ausgesetzt waren. Zur wirtschaftlichen Diskriminierung kam der christliche Antijudaismus, der in weiten Teilen der Bevölkerung tief verwurzelt war.

Eine sicher wesentliche Etappe auf dem Weg zur rechtlichen Gleichstellung der Juden war das Toleranzedikt Josephs II. von 1782. Entscheidend für die letztliche Durchsetzung war die zunehmende Stärkung des Bürgertums gegenüber dem Adel, dessen Privilegien gegenüber dem Bürger in den Anschauungen der Zeit immer weniger eine Rechtfertigung fanden. Die Forderung nach Gleichheit und Freiheit war somit gleichermaßen solche des Bürgers wie des ihm nicht gleichgestellten Juden. Nicht ohne Grund finden sich in besonderem Maße auch Juden unter denen, die für die Durchsetzung bürgerlicher Freiheiten kämpften. Nicht ohne Einfluß auf die Entwicklung, vor allem im westlichen Deutschland, blieb die Behandlung der Juden im Nachbarland Frankreich, wo die Französische Revolution ihnen die Gleichberechtigung gebracht und den bis dahin gültigen Begriff der „jüdischen Nation" beseitigt hatte. Der Begriff „jüdisch" galt jetzt nur noch als Beschreibung einer Religionszugehörigkeit. Rückschläge in der napoleonischen Ära konnten diese Entwicklung nicht endgültig aufhalten, sie lösten jedoch zwiespältige Reaktionen aus.

In Preußen erreichten die Juden 1869 endgültig die Gleichberechtigung. Trotz der rechtlichen Gleichstellung herrschten nach wie vor die alten Vorurteile über die Juden im Bewußtsein der Bevölkerung. Dadurch wurde eine soziale Integration der Juden verhindert. Allerdings gelang es vielen Juden aus den Dörfern, in denen die Verachtung und der Haß außerordentlich stark waren, in die Städte abzuwandern und sich dort eine neue Existenz aufzubauen. Dort paßten sie sich häufig unter sozialem Druck mehr den Lebensgewohnheiten der Christen an. Dieser Assimilationsprozeß vollzog sich besonders stark in intellektuellen Schichten. Er war unter anderem auch begleitet von religiösen Reformen, die zu heftigen Reaktionen bei den orthodoxen Juden führten. Getragen wurde diese, den Reformen entgegengesetzte Bewegung hauptsächlich vom Ostjudentum, das sind die im Zuge mittelalterlicher Verfolgungen ausgewanderten, jetzt aber wieder zurückgekehrten Juden. Sie konnten aber die zunehmende Assimilation nicht aufhalten, die für weite Teile der jüdischen Bevölkerung den Verlust ihrer jüdischen Identität bedeutete. In großem Maße waren Juden zum Träger der deutschen bürgerlichen Kultur geworden, was unter der nichtjüdischen Bevölkerung nicht zum Abbau ihrer Vorurteile führte, sondern häufig aus Neid zur Verstärkung ihres Antisemitismus.

Trotz aller Vorurteile, die auch durch staatliche Maßnahmen nicht ausgeräumt wurden, gelang vielen Juden in Preußen, aber auch in anderen deutschen Ländern und selbst in Bayern allmählich der wirtschaftliche und gesellschaftliche Durchbruch. Es entstand innerhalb der bürgerlichen Gesellschaft eine von dieser weitgehend akzeptierten jüdischen Schicht, die vor allem im Ruhrgebiet, in Berlin und in Oberschlesien eine bedeutende Rolle spielte und es zu besonderen Leistungen in bestimmten bürgerlichen Erwerbszweigen, wie etwa dem Zeitungswesen, der Medizin und der Wissenschaft brachte.

Hamburger belegt die Entwicklung in der Emanzipationsepoche mit interessanten Zahlen: „Lebten 1840 noch 40 % der preußischen Juden in der Provinz Posen, so wohnten 1910 43 % von ihnen in Berlin und in den später in die Gemeinde Groß-Berlin eingegliederten Vororten; dieser Prozentsatz kam 30 % der deutschen Juden gleich. Daneben entwickelten sich Breslau und Frankfurt am Main durch Zuzug aus schlesischen bzw. hessischen Klein- und Mittelstädten zu jüdischen Großgemeinden. Auch im Süden zeigte sich die gleiche Tendenz durch Zuzug nach München, Mannheim und auch Nürnberg, wo bis 1848 Juden keine Niederlassungserlaubnis hatten. Im Verhältnis zur Gesamtbevölkerung dieser Städte blieb der Anteil der Juden auch gegen Ende des Kaiserreiches in den Großstädten stets klein. In Kattowitz (Oberschlesien) betrug er 6,9 %, in Frankfurt 6,3 %, in Berlin und Breslau etwas über 4 %, in Posen 3,6 %. In keiner anderen Gemeinde erreichte er 3 %, während in der ersten Hälfte des Jahrhunderts einige posensche, westpreußische und bayerische Gemeinden zuweilen ein Drittel und in einigen Fällen über die Hälfte jüdischer Einwohner zählten."

„Trotz der Geringfügigkeit ihrer Zahl wurden die Juden in den Großstädten ein wirtschaftlich und sozial bedeutsames Element. Sie zeigten eine sozial eigentümliche Berufsverteilung. Sie waren in der Landwirtschaft, zu der ihnen der Zugang in den meisten Teilen Deutschlands verschlossen gewesen war, nur in seltenen Fällen tätig. Sie verschwanden zu einem großen Teil wieder aus dem Handwerk, ihre Abwanderung aus den kleinen Städten, vor allem aus dem Posenschen, trug zu diesem Rückgang bei, aber auch der allgemeine Niedergang des besonders krisenanfälligen selbständigen Handwerks im Zeitalter des Aufblühens der Industrie. Sie waren kaum in der Arbeiterschaft und unterdurchschnittlich in der Industrie tätig, in der sie im Textil-, Bekleidungs- und Nahrungsmittelgewerbe konzentriert waren. Sie waren weit über ihren Anteil an der Gesamtbevölkerung unter den Selbständigen im Handel, Börsen- und Bankwesen sowie in der Angestelltenschaft vertreten und drangen gleichfalls überdurchschnittlich in die freien Berufe ein.

Mehr als die Stellung der Juden in den verschiedenen Sparten der Wirtschaft begann seit den fünfziger Jahren die erhebliche Zahl der jüdischen Schüler an höheren Schulen und der jüdischen Studenten aufzufallen. Bereits 1860 stellten sie 5,8 %, später 6-8 % der Schüler an höheren Lehranstalten Preußens, in Berlin selbst 10 %.

Ebenso waren 7-8 % der Hochschulstudenten in den letzten Jahrzehnten vor dem Ersten Weltkrieg deutsche Juden. Traditionsgemäß waren sie stärker als die Gesamtbevölkerung bestrebt, ihren Kindern Bildung auf den Lebensweg zu geben. Sie blieben sich aber auch stets des für Juden besonders schweren Konkurrenzkampfes im Leben bewußt, der nur bei bester Ausbildung erfolgreich bestanden werden konnte. Daneben aber erklärt auch ihre Konzentration in den Großstädten den beträchtlichen Anteil jüdischer Schüler und Studenten an den deutschen höheren Schulen und Universitäten."

Nach von Hamburger zitierten Quellen stieg die Gesamtzahl der Studierenden an deutschen Universitäten von 1886 bis 1909 von 13 658 auf 21 113, die der deutschen Juden unter den Studenten von 1 184 auf 1 440, die Zahl der ausländischen Juden von 129 auf 400. Letztere kamen zumeist aus Rußland, wo ein Numerus clausus ihre Abwanderung an Universitäten anderer Staaten verursachte.

Dagegen blieben die staatlichen Laufbahnen den deutschen Juden weitgehend verschlossen. Die Niederschlagung der Revolution von 1848 hatte das Ende des Liberalismus gebracht. In Preußen setzte sich der Standpunkt durch, daß der Liberalismus nicht nur die von allen anerkannte Freizügigkeit gebracht, sondern auch zu einer gefährlichen Auflösung der den Staat tragenden Fundamente geführt habe. Das Denken in der preußischen Armee wurde von dieser Vorstellung maßgeblich beeinflußt. Liberales Gedankengut war die Grundlage des Wehrpflichtgesetzes von 1818 gewesen, das der Landwehr u. a. die Wahl der Offiziere gebracht hatte. Im ständigen Schwanken zwischen Reform und Restauration, das für das Preußen der ersten Hälfte des 19. Jahrhunderts charakteristisch war, wurde dann das liberale Element im preußischen Heer, speziell auf dem Sektor der Erziehung und Bildung, immer mehr zurückgedrängt. Gleichzeitig erfolgte die Abgrenzung gegenüber der liberalistischen Staatsauffassung des 19. Jahrhunderts. In diesem Zusammenhang charakteristisch ist die Rede Bismarcks vom 15. Juni 1847, der unter besonderer Bezugnahme auf die Stellung der Juden betonte, daß der preußische Staat von seinem Selbstverständnis her „von Gottes Gnaden" ein christlicher Staat sei und damit ein Instrument zur Verwirklichung des christlichen Gedankengutes. Das bedeutete, daß der Herrscher als Instrument Gottes gesehen wurde.

Somit war es für Bismarck eine Selbstverständlichkeit, daß die Juden zwar gleichberechtigt waren, sie aber nicht ein Teil dieses Instrumentes sein konnten, weil sie selbst keine Christen waren. Dies sei eben, so meinte Bismarck, das einzige Reservat, das den Juden vorenthalten werden müsse. Die Folge dieses Prinzips war, daß - von einigen bekannten Ausnahmen abgesehen - jüdischen Bürgern Preußens der Zugang zum öffentlichen Dienst verwehrt wurde. Diese Sperre mußte erst recht für das Militär gelten. Ausnahmen waren außerordentlich selten. Die bisherige Isolierung der Juden von der übrigen Bevölkerung wurde durch diese Zurückweisung noch verschärft. Innerhalb der Armee bestand die Offizierswahl, die letztlich eine deutlichere Selektion bewirkte. Angesichts der gegen Juden allgemein bestehenden Aversion hatten diese damit kaum eine Chance, Offizier zu werden. Das preußische Kriegsministerium zeigte sich an diesen Fragen, die vor allem in den oberen Gesellschaftsschichten zunehmend diskutiert wurden, völlig uninteressiert. So konnte die groteske Situation entstehen, daß etwa Freunde des Kaisers, wie z. B. der spätere Außenminister Walter Rathenau oder der große Reeder Ballin und andere mit ihm an der Tafel saßen, während ihre Söhne in der Regel nicht einmal Reserveoffiziere werden konnten. Vor 1914 wurden vor allem in jenen Bereichen Ausnahmen gemacht, die von Infanterie und Kavallerie nicht für ganz „voll" angesehen wurden, d. h. bei Truppenteilen, die als „nicht satisfaktionsfähig" galten, wie z. B. der Train oder die Sanitätsabteilungen.

Im allgemeinen wurden die Juden in allen deutschen Armeen nach 1870 gleich behandelt. Von welchen Prinzipien dabei ausgegangen wurde, zeigt beispielhaft eine Analyse in einem Sonderdruck der „Militärgeschichtlichen Mitteilungen" 1970 „Bildung und Herkunft der bayerischen Offiziere 1860-1914 - zur Geschichte von Mentalität und Ideologie des bayerischen Offizierskorps". Der Historiker Hermann Rumschöttel schreibt unter der Überschrift: „Der Trend zur Exklusivität; die konfessionelle Zusammensetzung des Korps; die Judenfrage" u. a.:

> „Das wachsende Ansehen des Offizierskorps und die zentrale Bedeutung des Militärs im Deutschen Reich weckten in weiten Kreisen Bayerns das Interesse am Offiziersberuf. Das große Angebot ermöglichte es den Regimentskommandeuren, bei der Auswahl der Aspiranten die häusliche Erziehung wieder stärker zu bewerten."

Da die Bildungsbarriere ein Privileg für bestimmte Schichten bedeutete, wurde im Laufe der Zeit die Sozialstruktur der Truppe immer mehr mit jener der herrschenden Schichten zur Deckung gebracht. Auch die Forderung nach dem Abitur als Voraussetzung für die Offizierslaufbahn war ein Mittel, die bestehenden gesellschaftlichen Verhältnisse zu erhalten, ja zu zementieren. Wie weit man (in der Theorie) 1914 wieder war, zeigt die Referentendisskussion zur sozialen Herkunft „Avantageure" von 1913. Am 26. Juni 1914, wenige Wochen vor dem Weltkrieg, äußerte der Generalmajor Paul Ritter von Kneußl:

„Selbstverständlich sind aber den Kommandeuren bei der Auswahl der jungen Leute, die als Offiziere in Frieden und Krieg Führer der Mannschaften sind, natürliche Grenzen gezogen."

Und Major Haack präzisierte diese „natürlichen Grenzen" in seiner Stellungnahme zu der Frage, ob bei der Annahme von Offiziersaspiranten gewisse Faktoren in einer bestimmten Reihenfolge wirksam sein sollten. Dies hielt er „geradezu für gefährlich", wohl wissend, daß man der Öffentlichkeit gegenüber die wissenschaftliche Bildung der Herkunft vorziehen müsse. Ihn lehre jedoch die Erfahrung, daß die wissenschaftlichen Leistungen auf der Schule gerade für den Offizier keineswegs die hohe Bedeutung haben, wie für einen gelehrten Beruf. Viel wichtiger sei die Erziehung, „nicht die in der Schule, sondern die in der Familie".

An anderer Stelle untersucht Rumschöttel die Lage der Juden im bayerischen Korps und zitiert in diesem Zusammenhang den bayerischen Militärbevollmächtigten Ludwig Freiherr von Gebsattel mit einem Bericht vom 30 Juni 1911 an das Kriegsministerium, wonach die „hohe Bewertung des Charakters im Gegensatze zur Überschätzung der Gelehrsamkeit in immer weiteren Kreisen als richtig anerkannt wird".

Daß es Gebsattel, der am altpreußischen Vorbild orientiert war, vor allem um die Erhaltung des Adelseinflusses im Offizierskoprs ging, wenn er „Erziehung" und „Charakter" so stark betonte, wird in einem anderen Bericht deutlich. Wenn Demokraten - so Gebsattel - gegen die Bevorzugung des Adels im Offizierskorps kämpften, dann wollten sie damit nur die Herrschaft des konservativen Staatsgedankens brechen.

„Sie erstreben damit den Ersatz konservativer Elemente durch demokratische in der Hoffnung, daß die Armee, wenn sie einmal genügend mit Demokraten und Juden - was ja sehr häufig das gleiche ist - durchsetzt ist, auch in Deutschland das führende Instrument der Revolution wird."

Wenn auch nicht so stark wie in Preußen, so war doch auch im bayerischen Offizierskorps ein latenter Antisemitismus konservativer Kreise vorhanden, der sich um die Jahrhundertwende und zum Weltkrieg hin immer mehr verstärkte. Juden waren in Bayern im aktiven Offizierskorps kaum und bei den

Offizieren des Beurlaubtenstandes nur schwach vertreten. Trotzdem wurden in Preußen wiederholt Stimmen laut, in Bayern seien zu viele Juden in der Armee. Tatsächlich gab es zwischen 1870 und 1899 fünf aktive Offiziere jüdischen Glaubens bei der bayerischen Armee, die Zahl der Reserveoffiziere lag zwischen 50 und 100. Viele von ihnen befanden sich beim Train. Zwar wurden bei der Ablehnung jüdischer Offiziersaspiranten „praktische Probleme" in den Vordergrund gestellt - wie Schwierigkeiten mit den Feiertagen und dem Essen - doch waren es im Grunde „rassische Vorbehalte", die man gegenüber den Juden geltend machte. Eugen von Frauenholz formulierte das in seiner „Geschichte des Königlich Bayerischen Heeres", S. 93, so:

„Man hat nur im allgemeinen den Juden keine großen kriegerischen Fähigkeiten zugetraut und die Übertragung ihrer mehr auf den Gelderwerb gerichteten Interessen in das Offizierskorps gefürchtet."

Während für die unteren Instanzen meist „Jude gleich Jude" war, unterschied man im Kriegsministerium zwischen solchen, die aktive, und solchen, die Reserveoffiziere werden sollten.

Zusammenfassend ist festzustellen, daß der Staat des Kaiserreiches einer klaren und eindeutigen Entscheidung über die volle Gleichberechtigung der Juden ausgewichen ist. Sucht man nach Gründen, so sind sie wohl in der allgemeinen Führungsschwäche des Wilhelminischen Reiches nach dem Ende der Bismarck-Ära zu sehen, in der die Thesen des Kanzlers vom Staat als einem „Instrument Gottes" - und damit zur Rolle der Juden in einem solchen Staat - voll anerkannt wurden und auch dem konservativen Selbstverständnis zumindest des preußischen Staates entsprachen. Insofern ist die Stellung der Juden im Heer vor dem Ersten Weltkrieg nur ein Teilaspekt des Wilhelminischen Systems überhaupt, für das kennzeichnend ist, daß drängende Reformen aufgrund der Struktur des Reiches und der Fehlbesetzung der obersten Ämter entweder nicht in Angriff genommen wurden oder aber nicht durchgesetzt werden konnten.

Daß jüdische Offiziere und Reserveoffiziere weniger bei den „Kampftruppen" als beim Train und bei den Sanitätseinheiten zu finden waren, liegt nicht nur an der Minderbewertung dieser Truppenteile. Bei den Sanitätstruppen kam hinzu, daß Juden überdurchschnittlich in der allgemeinen Ärzteschaft vertreten waren. Daß im Krieg bei den oftmals hohen Verlusten der Kampftruppe zunächst nur wenige Juden registriert wurden, war unter diesen Umständen zwangsläufig. Diese Tatsache wurde von antisemitischen Kreisen jedoch sofort in den Vorwurf gewendet, die Juden drückten sich vor dem Kampf, säßen ausschließlich in der „Etappe" oder würden sich in einer Zeit, die vom ganzen Volk sehr hohe Opfer verlange, auf Kosten dieses Volkes ein gutes Leben machen. Diese Vorwürfe gehörten zu den Hauptansatzpunkten der antisemitischen Agitation, mit der die Nationalsozialisten die Vernichtung der Juden propagandistisch vorbereitete.

II.
Juden in den Kriegen von 1813/1815, 1864, 1866 und 1870/1871

Bereits an den Feldzügen deutscher Truppen im 19. Jahrhundert nahmen trotz zahlreicher Schwierigkeiten und Diskriminierungen jüdische Soldaten und Freiwillige teil. Über diese Zeit berichtet ausführlich eine Schrift des Vereins zur Abwehr des Antisemitismus in Berlin (Eigenverlag), „Die Juden im Heere".

Diese Schrift wendet sich zunächst gegen die „offenbare Verfassungswidrigkeit", daß die Juden trotz aller auferlegten gleichen Pflichten dennoch in Preußen, Baden, Hessen, Würrtemberg grundsätzlich und auch in Bayern sehr häufig vom Offiziersstand ausgeschlossen seien. Manche Antisemiten zielten sogar darauf ab, die Juden ganz vom Militärdienst zu befreien und ihnen dafür eine Geldsteuer aufzuerlegen. Was damit bezweckt werde, sei klar. Denn: „Man weiß, daß die Blutsteuer, die Pflicht, dem Vaterlande im Krieg und Frieden mit Einstellung seiner Person zu dienen, die eigentliche Grundlage der bürgerlichen Gleichberechtigung ist... Man möchte also den jüdischen Bürgern die Militärpflicht nehmen, um den Boden der Gleichberechtigung zu erschüttern und sie wieder zu Schutzjuden zu machen."
Bei der Darstellung des jüdischen Anteils an den Befreiungskriegen 1813-1815 geht die Untersuchung zunächst auf die Stellung der Juden in Deutschland im 18. Jahrhundert ein. Daß sie in den meisten deutschen Staaten, darunter Preußen, Anfang des 19. Jahrhunderts vom Militärdienst noch ausgeschlossen waren, wird auf die historische Stellung der Juden als „Schutzjuden" zurückgeführt.

„Erst durch das Edikt vom 11. März 1812, das die Juden zu Staatsbürgern erhob, wurden sie auch militärpflichtig. Die Juden hatten also, als sie anfingen, preußische Soldaten zu werden, keine militärische Tradition."

Hierzu bemerkt die erwähnte Schrift:
„Tradition und die Übung fehlte ganz, und trotzdem bestanden sie in dem unmittelbar darauf folgenden Befreiungskrieg die Feuerprobe als Bürger und Patrioten und rechtfertigten das Vertrauen, das der Staat in sie setzte. Die Dankbarkeit ist die Mutter der Begeisterung und die Juden waren stets im Laufe der Geschichte dankbar für jeden noch so geringen Fortschritt, den man ihnen gewährte. Nach den Feststellungen des preußischen Kriegsministeriums (Militärwochenblatt vom 4. November 1843), traten in den Jahren 1813-1815 als Freiwillige 561 Juden ein - etwa fünfeinhalb Prozent der im wehrfähigen Alter sich damals in Preußen befind-

lichen Juden. Dazu kamen 170 Juden, welche ausgehoben wurden, so daß zusammen 731 Juden den Krieg mitmachten. Wie immer in einer Zeit großer Begeisterung, vergaß man, für eine kurze Weile wenigstens, alle Vorurteile, und der König sicherte *allen* Freiwilligen einen Anspruch auf Anstellung im Dienste des Staates zu."

Das geht auch aus nachstehendem (in der Zeitschrift „Sulamith", 4. Jahrgang, Heft 7, veröffentlichten) Schreiben des Fürsten von Hardenberg an den Banquier H. Jacob Levy in Berlin hervor:

Wien, 24. Mai 1815

Auf Ihre Vorstellung vom 9. d. M. erwidere ich Ihnen, daß Ihr Sohn, da er erst 17 Jahre alt wird, um so weniger verpflichtet ist, in den aktiven Militärdienst zu treten, als er bereits den Feldzug 1813/14 im Leibhusaren-Regiment mitgemacht hat. Seine Anstellung bei dem Kriegs-Kommissariat hat daher gar kein Bedenken, und da er im Kriege wider Frankreich gedient hat, so ist mit Bezug auf die allgemeine Königl. Zusicherung, nach welcher sämtliche Freiwillige, ohne Rücksicht auf ihr Glaubensbekenntnis, einen Anspruch auf die Anstellung im Dienste des Staates haben, insofern sie sonst dazu qualifiziert sind, kein Hindernis zu seiner Ansetzung vorhanden. Sie können sich deshalb mit Vorzeigen dieser Resolution bei der Behörde legitimieren.

Daß die Juden eine große Begeisterung mitbrachten und im Kriege ihre Pflicht taten, beweisen viele Dokumente. Selbst Heinrich von Treitschke, der gewiß nicht im Geruche der Judenfreundschaft stand, läßt den jüdischen Kriegern Gerechtigkeit widerfahren. Im zweiten Bande seiner Deutschen Geschichte erzählt er, daß eine Reihe jüdischer Jünglinge an den Befreiungskriegen teilgenommen haben und er gesteht:
„Die Söhne jener gebildeten Häuser, die sich schon ganz als Deutsche fühlten, taten ehrenhaft ihre Schuldigkeit."

Und wo er über den teilweise unmilitärischen Sinn der Juden spricht, - nämlich im zweiten Band seiner Deutschen Geschichte - da hat er noch soviel Gerechtigkeitsgefühl, um zu sagen:
„Was hätte sie auch zu den Fahnen locken sollen? Von den Offiziersstellen waren sie durch das Gesetz von 1812 ausgeschlossen, und da der König an dieser Vorschrift streng festhielt, so fand sich während der langen Friedensjahre nach den Freiheitskriegen nur ein einziger jüdischer Offi-

zier in der Linten Armee, der langjährige Lehrer an der Artillerieschule, Bura, ein musterhaft bescheidener und tüchtiger Soldat." Treitschke setzt dann noch hinzu: „Die jungen Teutonen hatten natürlich kein Auge für die verwickelten historischen Tatsachen, welche den militärischen Sinn der Juden nur zu leicht erklären."

Aus zwei jüdischen Flugschriften damaliger Zeit geht hervor, wie das deutsche Volksbewußtsein in den Juden schnell erwachte, obwohl sie erst seit einem Jahre Bürger waren, und mit welcher Begeisterung sie für die Befreiung Deutschlands eintraten. Die beiden Flugschriften sind betitelt: a) Zuruf an die Jünglinge, welche den Fahnen des Vaterlandes folgen. (Berlin, bei W. Dietrici 1813. 8); b) Der heilige Verein oder die wahre Vaterlandsliebe. Ein Wort seiner Zeit. (1813. 5. 1. 8.)

Hier sollen die markantesten Stellen ohne jeden Kommentar wiedergegeben werden, denn diese Flugschriften sprechen ihre eigene beredte, überzeugende Sprache:

„Wer hört nicht mit Freuden diesen ehrenvollen Ruf, für das Vaterland zu fechten und zu siegen? Wer lebt nicht jetzt ein doppelt Leben durch die erfüllte Hoffnung: in diesem jugendlichen Alter schon ein vollkommenes Glied des Staatskörpers und dessen Spitze sich zu nennen? Wer wünschte dieses Leben nicht zehnfach, um zehnfach es zum Wohle des Vaterlandes und dessen heiliger Krone, um zehnfach es zu Füßen unseres geliebten Königs aushauchen zu dürfen. O, große, große Pflicht, für das Vaterland zu leben, ihm seine Kräfte, Leben zu weihen. Und Euch, Mitbrüder und zugleich Genossen unseres Glaubens, Euch muß diese Pflicht doppelt groß, doppelt heilig sein, Euch muß der Ruf, dem Ihr jetzt folget, mit doppelter Kraft beseelen. Euer Mut, Euer Wille wird von dem Gefühl der Dankbarkeit geheiligt. Jetzt ist der Augenblick gekommen, wo Ihr bezahlen, wo Ihr mit Eurem Blute, mit Eurem Leben danken könnt, jetzt ist der Zeitpunkt da, wo Ihr beweisen müßtet, daß Ihr nicht unwert seiet dieser Huld, daß Ihr dem Könige und Eurem Vaterlande nicht weniger ergeben seid, als Eure anderweitigen Mitbrüder, denen Ihr zur Seite fochtet. . . Kann uns der Tod denn schrecklich erscheinen, wenn er uns in Erfüllung unserer Pflicht begegnet? Für seinen König streiten, heißt für die Gottheit streiten! O, Tod fürs Vaterland, du bist das schönste Los, das einem Sterblichen hienieden zufallen kann . . ."

Aus der zweiten Flugschrift, der als Motto die Verse Klopstocks dienen: „Auch ich sinne dem großen Gedanken nach, Deiner wert zu sein - mein Vaterland.", sei folgende Stelle hervorgehoben, die eine exemplarische Verteidigung zur damaligen Zeit gegen den Vorwurf jüdischen Kosmopolitismus darstellt:

„. . . Mag der Zeitgeist sich anders gestalten, und die öffentliche Meinung eine andere Dichtung nehmen, der edle Vaterlandsfreund bleibt sich immer gleich; sich stützend auf das erhebene Pflichtgefühl für das Vaterland, wirkt er ohne Unterlaß zum allgemeinen Besten seiner Mitbrüder fort, und je höher sich die Wogen des ungestümen Weltmeeres über das Vaterland erheben, je höher er seine Bürgertugenden steigen läßt - verachtet jede Gefahr, siegend über jedes Ungemach, triumphierend im Tod mit der Losung: Vaterland! . . . Laßt uns allen Ländern Gutes wünschen, unserem Vaterland aber das Beste. . . Mit dem Wunsche des Besten begrüßen wir Preußen, das Land des Biedersinnes, der Tapferkeit, der Festigkeit der Bürgertreue. . . Wir grüßen es, als unser teures Vaterland, und sind stolz darauf, es das Unsrige zu nennen! Im ungeteilten Dankgefühl der hohen Wohltaten erfreuen wir uns seiner Gesetze. Ist nicht dessen Fürst einer der größten Menschenfreunde? Ist er nicht der Vater und Wohltäter seines Volkes, liebt er nicht alle gleichumfassend? Fühlt nicht sein Herz die größte Wonne wohlzutuen? Heil dem Volke, das einen solchen Fürsten sein nennen kann! Heil dem Fürsten, dem solch ein Volk angehört!"

Und daß diese Begeisterung nicht leeres Wortgeklimper war, beweisen die Zahlen jüdischer Freiwilliger und Gefallener und nicht zuletzt die Tatsache, daß schon unter den ersten Soldaten, denen das Eiserne Kreuz verliehen wurde, ein Jude namens Günzburg war.
Eine Gedenktafel in der Synagoge zu Schwerin enthält folgende Inschrift: „Mit Gott für Fürst und Vaterland kämpften in den Befreiungskriegen 1813-15: " (Es folgen dann die Namen von 28 jüdischen Gefallenen.)
Daß derartige Zahlen unvollständig sind, hält die erwähnte Schrift in folgenden Worten fest:
„Diese Tafeln dürfen gewiß auf Vollständigkeit keinen Anspruch erheben. Wenn man dazu rechnet, diejenigen, die im Kriege noch Juden waren und nachher zum Christentum übertraten, und die, die durch irgendwelche Ursachen in Vergessenheit geraten sind, so ist es nicht zu hoch angeschlagen, wenn man die Zahl der freiwilligen jüdischen Mecklenburger auf 40 annimmt. Bedenkt man, daß in Mecklenburg damals nur 2200 Juden lebten, so machen diese Freiheitskämpfer erwa 2 Prozent der jüdischen Bevölkerung aus, während die christliche Bevölkerung, die 300 000 zählte, im ganzen nur 1200 Soldaten, also nur 2,5 Prozent in den Krieg schickte.

Diese jüdischen Soldaten haben im großen und ganzen ihre Pflicht mit Begeisterung erfüllt. Manche sogar haben einen seltenen Heldenmut bewiesen."

Nach einer ausführlichen und zuverlässigen Denkschrift aus dem Jahre 1897 „Die Juden als Soldaten" waren für 1813-15 jetzt noch 125 jüdische Soldaten jener Zeit mit Namen nachzuweisen, darunter ein Major, 3 Premierleutnants, viele Sekondeleutnants, Sergeanten u. a. m.; 16 von diesen 125 Mann erhielten das Eiserne Kreuz; 20 von diesen 125 Mann starben den Tod fürs Vaterland. Selbst eine jüdische Frau, Luise Grafemus, diente als Wachtmeister!

Infolge des gewaltigen Andranges zu den Fahnen, der durch die Begeisterung der gesamten Bevölkerung hervorgerufen wurde, war eine genaue amtliche Listenführung damals unmöglich gewesen. Deshalb ging nur aus der Minderzahl dieser Listen das Glaubensbekenntnis der einzelnen Soldaten hervor; man machte eben damals keinen Unterschied nach der Religion, sondern nahm jeden, der sich anbot, für die Befreiung Deutschlands von der französischen Besatzung zu kämpfen. Die sich aus den offiziellen Listen ergebende Zahl von jüdischen Freiwilligen muß daher, wenn man der Wahrheit nahekommen will, mindestens verdoppelt werden. Herr Professor Martin Philippson hat aufgrund von unanfechtbarem privatem Material die unvollständigen offiziellen Protokolle ergänzt und in seiner verdienstvollen Studie über „den Anteil der jüdischen Freiwilligen an dem Befreiungskriege 1813-14" im Januar/Februar 1906 der „Monatsschrift für Geschichte und Wissenschaft des Judentums" die Namen von im ganzen 392 jüdischen Freiwilligen für 1813/14 ermittelt mit Angabe ihres Truppenteils und der Dekorierungen. Für das Kriegsjahr 1815 sind von ihm in gleicher Weise die Namen von 101 jüdischen Kriegsfreiwilligen festgestellt worden.
Nicht nur mit der Waffe, auch als Ärzte wie als deutsche Patrioten taten die Juden ihre Pflicht. Mit Recht konnte der Christ Buchholz sagen: „Tatsache ist es, daß jüdische Ärzte und Wundärzte ihr Leben den Gefahren der Hospitäler aussetzten und als heilige Opfer fielen. Tatsache ist es, daß jüdische Frauen und Mädchen keine Anstrengungen, keine Gefahren scheuten, um den Verwundeten Trost und Hilfe angedeihen zu lassen. Tatsache ist es endlich, daß alle israelitischen Bürger durch die zahlreichsten freiwilligen Geldopfer Beweise der Anhänglichkeit an König und Vaterland gaben."

Die vorurteilsfreien Historiker und Schriftsteller erkennen diese Tatsachen voll an. Aber auch an lobenden Äußerungen von Behörden und hervorragenden Staatsmännern der damaligen Zeit fehlt es nicht. So schrieb der damalige Staatskanzler Fürst Hardenberg am 4. Januar 1815:

„Auch hat die Geschichte unseres letzten Krieges wider Frankreich bereits erwiesen, daß die Juden des Staats, der sie in seinen Schoß aufgenommen, durch treue Anhänglichkeit sich hervortun. Die jungen Männer jüdischen Glaubens sind die Waffengefährten ihrer christlichen Mitbrüder gewesen, und wir haben unter ihnen Beispiele des wahren Heldentums und der rühmlichen Verachtung der Kriegsgefahren aufzuweisen, sowie die übrigen jüdischen Einwohner, namentlich auch die Frauen, in Aufopferung jeder Art den Christen sich anschlossen."

Im vereinigten preußischen Landtag von 1847 hat die preußische Regierung in einer aufgrund der Ermittlungen des Kriegsministeriums abgefaßten amtlichen Denkschrift ein sehr bemerkenswertes ausführliches Urteil über das Verhalten der Juden im Heere ausgesprochen. Abschließend heißt es dort:

„Faßt man den Inhalt dieser Ermittlungen zusammen, so darf man als erfahrungsmäßiges Resultat annehmen, daß die Juden des preußischen Heeres von den Soldaten der christlichen Bevölkerung im allgemeinen nicht erkennbar unterschieden sind, da sie im Kriege gleich den übrigen Preußen sich bewährt, im Frieden den übrigen Truppen nicht nachgestanden haben, insbesondere die jüdischen Religionsverhältnisse nirgends als ein Hindernis bei dem Kriegsdienste hervorgetreten sind."

Und ein solches Urteil sprechen die Behörden über die Juden in einer Zeit aus, in welcher die Gesetzgebung und noch mehr die Verwaltung sie zum Teil noch als Ausgestoßene und Unfreie behandelte, also den herrschenden Vorurteilen einen viel bequemeren Deckmantel bot als heute.

Die Behandlung der Juden im Fall Burg

Typisch dafür, wie schwer, ja unmöglich es Juden gemacht wurde, trotz amtlicher Anerkennung eine ihnen zukommende Stellung in der Armee zu erringen, ist das Schicksal des aus armem Elternhaus stammenden Berliner jüdischen Freiwilligen Burg, der bei Kameraden und Vorgesetzten allgemein beliebt war, sich wiederholt ausgezeichnet hatte und auch durch militärische Veröffentlichungen hervorgetreten war. Als er zum Offizier befördert werden sollte, wurde ihm nahegelegt, sich zunächst einmal taufen zu lassen. Burg lehnte entschieden ab.

Bezeichnend für die damals vorherrschende Einstellung ist der Ablehnungsbescheid des Königs Friedrich Wilhelm III. auf ein weiteres Beförderungsgesuch: „Ich kann auf Euer Königlicher Hoheit Bericht vom 1. d. M. den bei der Artillerie und Ingenieurschule als Lehrer stehenden Premierleutnant Burg von der ersten Artillerie-Brigade nicht zum Hauptmann von der Armee ernennen und verspreche mir von seiner geistigen Ausbildung, er werde noch zur Erkenntnis der Wahrheit und des Heils des christlichen Glaubens gelangen. Seinen nützlichen Diensten lasse ich gerne Gerechtigkeit widerfahren und für die Bearbeitung seiner Lehrbücher mögen Eure Königliche Hoheit ihm die beiliegenden 50 Taler in Gold als Gratifikation zustellen lassen."

Berlin, 6. Dezember 1850   (gez.) Friedrich Wilhelm.

Generalinspekteur Prinz August gab jedoch nicht nach und erreichte nach mehreren vergeblichen Versuchen schließlich doch die Beförderung Burgs zum Hauptmann und unter König Friedrich Wilhelm IV. die zum Major.

Kein geringerer als Theodor von Hippel, der die nationale Bewegung von 1813 durch seinen „Aufruf an mein Volk", eingeleitet hatte, sprach sich 1842 in einer Denkschrift für die volle Gleichbereichtigung der Juden und ihre Zulassung zu den Offiziersstellen aus:

„Der Soldatenstand hat im Frieden erst einen einzigen Juden, Lehrer der Artillerieschule, zum Offizier befördert und sogar mit einem Orden geziert. Daß es ihnen an Mut nicht fehle, haben ihre ersten Vertilgungskriege in Kanaan, ihre Mekkabäer, ihre Verteidigung Jerusalems gegen Titus und ihre tollkühnen Rebellionen gegen die Römer, das kriegerischste Volk der Welt, bewiesen, Ebenso läßt sich auf die neueste Zeit unter Napoleon und auf unsere jüdischen Freiwilligen in den Jahren 1813/15 verweisen. Nur Vorurteil kann sie also vom Kriegsdienste und vom Offiziersstande ausschließen wollen, gegen den ihre Religion kein Hindernis ist. Über Vorurteile aber zu siegen, ist der Beruf eines weisen Königs, dem, ohne Unterschied der Religion und des Standes, jeder Untertan gleich wert sein muß, der Gott fürchtet und seine Gebote hält, aber, mit anderen Worten, ein treuer Unteran ist."

In bezug auf 1813-15 hob Theodor von Hippel ausdrücklich hervor, daß die westpreußischen Juden, obwohl sie vor dem Edikt von 1812 noch für unfähig zum Wehrdienst in Preußen erachtet worden waren, doch 1813 „in Haufen zum Heere eilten", daß mehrere sich durch Tapferkeit gleich den märkischen und schlesischen auszeichneten, Offiziere wurden, selbst bei der Kavallerie, und Kreuze und Orden erhielten.

Die Juden in den Feldzügen von 1864 und 1866

Das Material über die Beteiligung von Juden an den Feldzügen von 1864 und 1866 ist dürftig und unvollständig, vor allem was das Jahr 1864 betrifft. Eine erst 32 Jahre später veröffentlichte Untersuchung („Die Juden als Soldaten") führt nur 194 jüdische Kriegsteilnehmer an. Ihre Zahl muß jedoch wesentlich höher gewesen sein. Aus der damals kleinen Stadt Prenzlau werden allein 19 jüdische Soldaten, von denen fünf ausgezeichnet wurden, zwei von ihnen wurden verwundet, einer fiel.

In ihrer Untersuchung über die Beteiligung jüdischer Soldaten auf preußischer Seite am preußisch-österreichischen Krieg von 1866 zitiert die Veröffentlichung „Die Juden im Heere" Theodor Fontane als Kronzeuge. Sie weist darauf hin, daß dieser sich als Dichter und deutschtreuer Patriot einen guten Ruf erworben habe und hebt aus seinem Buche „Deutscher Krieg von 1866" (Band I S. 143) her, daß sich die jüdischen Soldaten während des Feldzuges sehr ausgezeichnet hätten.

„Es war, als ob sie sich das Wort gegeben hätten, der alten Vorstellung ein Ende zu machen", heißt es bei Fontane an anderer Stelle.

In den Listen des Werkes „Die Juden als Soldaten" werden nur etwa 200 jüdische Gemeinden, vorzugsweise preußische, mit 1025 Namen jüdischer Kriegsteilnehmer angeführt. Tatsächlich müssen es aber wesentlich mehr gewesen sein. Bemerkenswert ist die große Zahl jüdischer Ärzte, die an diesem Krieg teilgenommen haben. Unter ihnen befanden sich zwei Generalärzte aus Bayern, vier Oberstabsärzte und an die 20 Stabsärzte. Zahlreiche der jüdischen Kriegsteilnehmer wurden mit Orden ausgezeichnet.

Die Juden im Krieg 1870/71

Die Einstellung jüdischer Kreise in Deutschland zum Krieg mit Frankreich 1870/71 wird in der Schrift des „Vereins zur Abwehr des Antisemitismus", „Die Juden im Heere", wie folgt beschrieben:

„Die große Bedeutung des deutsch-französischen Krieges für Deutschlands Einigkeit und Zukunft und die hell aufflackernde Begeisterung für die große nationale Sache teilten die Juden mit den anderen Deutschen. Waren sie doch stets in ihrer größten Anzahl demokratisch gesinnt und als solche Schwärmer für die Vereinigung Deutschlands. Wir erinnern nur an die zwei Flugblätter Berthold Auerbachs (September 1870) gegen

Viktor Hugo, in denen der so kernig deutsch empfindende jüdische Dichter all die Phrasen Hugos gegen Deutschland energisch zurückweist und mit heller Begeisterung für die gerechte nationale Sache Deutschlands eintrat. Wir erinnern ferner an die von von Sybel in seiner „Begründung des deutschen Reiches durch Wilhelm I." mitgeteilte Tatsache, daß es der jüdische Abgeordnete Levi aus Landau war, der in der bayerischen Kammer warm für den Krieg gegen Frankreich eintrat und erklärte:
„Bei uns sind alle Parteien einig. Die Provinz weiß, was ihr zunächst bevorsteht, wir wollen aber deutsch sein und mit den deutschen Brüdern gehen." Diese patriotische Gesinnung ist um so mehr anzuerkennen, da Herr Simon Levi aus Landau ein reicher Gutsbesitzer war, der bei einem Einbruch der Franzosen in die Pfalz nur Schaden und große Unannehmlichkeiten zu erwarten hatte. Diese Stimmung zeigte sich auch in der großen Beteiligung der jüdischen Soldaten am Kriege und an ihrer Tapferkeit auf dem Feld."

Der Versuch, durch eine von jüdischen Kreisen initiierte private Fragenbogenaktion 1894 einen Überblick über die Beteiligung jüdischer Soldaten zu gewinnen, mußte zwangsläufig zu unzulänglichen Ergebnissen führen. Von rund 2.500 angeschriebenen jüdischen Gemeinden Deutschlands antworteten nur etwa 1.100 mit einigermaßen auswertbarem Material. Hinzu kommt, daß gerade die größten jüdischen Gemeinen - Berlin, Breslau, Posen, Hamburg u. a. - aus rein lokalen Gründen für die Statistik nicht herangezogen werden konnten. So muß die in einer ersten Liste genannte Zahl von 4.700 jüdischen Kriegsteilnehmern wahrscheinlich verdoppelt werden. 483 jüdische Soldaten wurden als verwundet oder gefallen gemeldet, 373 erhielten das Eiserne Kreuz oder vergleichbare Auszeichnungen anderer Bundesstaaten. Unter den jüdischen Ärzten, die Kriegsteilnehmer waren, befanden sich zahlreiche später berühmt gewordene Wissenschaftler. Eine Reihe von Heldentaten jüdischer Kriegsteilnehmer verzeichnet das „Deutsche Heldenbuch", in dem hervorragende Kriegstaten deutscher Offiziere und Soldaten aus dem Krieg von 1870/71 zusammengefaßt wurden.
Abschließend kommt die Untersuchung zu dem Ergebnis:
Die Juden haben eine ungefähr ebenso große Anzahl von Kriegern gestellt wie die übrige Bevölkerung.
Die Juden haben durch Tapferkeit ein Aufrücken in die höheren Chargen im Verhältnis zu ihrer Stärke erreicht und sind in hervorragendem Maße in die niederen führenden Stellungen als Unteroffiziere eingerückt.

Die Juden haben eine ebenso hohe Anzahl von Dekorationen aufzuweisen wie die übrigen Soldaten.

Die Juden haben sich ebenso mutig geschlagen und sind wie die anderen Soldaten verwundet oder niedergeschossen worden.

Die Juden haben als Ärzte einen bedeutsamen Anteil an den sanitären Hilfsleistungen gehabt.

Und sie haben mit dem gleichen Interesse, mit der gleichen Sorge, mit dem gleichen Jubel und Frohlocken die Kriegsereignisse fern vom Schauplatz verfolgt. Und es haben sich jüdische Frauen und Mädchen ebenso rege an den Liebeswerken beteiligt, die den Soldaten im Feld, den siegesgeschmückt heimkehrenden Kriegern galten.

Welchen Wert die militärischen Kreise dem Werke „Die Juden als Soldaten" beigemessen haben, geht aus einer Besprechung in den „Jahrbüchern für die deutsche Armee und Marine" hervor (Herausgeber: Oberstleutnant Schnakenburg, 1897), in der es heißt:

„Diese Zahlen stellen der militärischen Brauchbarkeit und dem guten Verhalten der jüdischen Soldaten vor dem Feinde ein allerdings glänzendes Zeugnis aus."

III.

Die antisemitische Praxis nach dem Kriege von 1870/71

Die Gleichberechtigung wird nicht anerkannt

Zu diesem Thema berichtet die Untersuchung „Die Juden im Heere": „Es will manchmal scheinen, daß die Militärverwaltung auch heute noch den Grundsatz der Gleichberechtigung, die Grundsäule der Verfassung, nicht kennt, Die Forderung der Gleichstellung von Juden und Christen in der Armee, die schon Theodor von Hippel erhob, ist auch heute, im zwanzigsten Jahrhundert, noch unerfüllt geblieben. Ja, es ist offenbar in den letzten 25 Jahren ein Rückschritt auf diesem Gebiete zu verzeichnen. Denn 1870-71 fochten auf deutscher Seite - abgesehen von den zahlreichen Sanitätsoffizieren - etwa 100 Offiziere jüdischen Glaubens, die Mehrzahl in der preußischen Armee, 22 im bayerischen Heere, einige in den sächsischen, badischen, hessischen, braunschweigischen und mecklenburgischen Kontingenten. Viele davon erhielten das Eiserne Kreuz oder es wurden ihnen die entsprechenden Auszeichnungen der Bundesstaaten verliehen. Ein großer Teil wurde weiter befördert, viele zu Premierleutnants, nicht wenige zu Hauptleuten und Stabsoffizieren, u. a. in der aktiven Armee Oberstleutnant Henle-München. Auch in dem folgenden Jahrzehnt wurden Juden Reserveoffiziere. Erst infolge der antisemitischen Agitation stockte dieses Argument, und es wurde in Preußen seit etwa 1880 zur feststehenden Regel, keinen Juden mehr zum Offizier zu befördern. Nur in Bayern werden noch gelegentlich geeignete jüdische Aspiranten Offiziere. In dem größten Teile von Deutschland, namentlich in Preußen und in all den anderen Ländern des preußischen Militärkontingents, kann der Jude auch bei der glänzendsten Befähigung und besten Führung nicht einmal Reserveoffizier werden. Auch in Bayern sind die paar jüdischen aktiven Offiziere entweder ausgestorben oder mit sanfter Gewalt verabschiedet worden, und auch der jüdische Reserveoffizier ist hier nicht so häufig, wie man anzunehmen pflegt. Daß dies ein Hohn auf die Gleichberechtigung ist, ist wohl klar, und so ist die Angelegenheit keine jüdische Frage, sondern eine Frage der Gerechtigkeit. Die antisemitische Phrase, daß der Jude nach der Verfassung wohl alles werden könne, aber nicht müsse, ist zu feig, als daß man sie ernst nehmen könnte. Wenn man einer Bevölkerungsklasse durch die Hintertür der Verwaltung das unmöglich macht, was die Verfassung ihr verbürgt, so ist das eine traurige Staatsmoral. Will man ehrlich zu Werke gehen, dann ändere man das Gesetz; so lange aber das Gesetz besteht, muß es befolgt werden.

Wenn man von der Unfähigkeit der Juden für den Offiziersstand spricht, so wird dieser Vorwand schon dadurch hinfällig, daß man den jüdischen Aspiranten, sobald er die Taufe annimmt, glatt befördert. Es kann doch aber nicht die Aufgabe des Staates sein, die Leute zu einer Taufe ohne Überzeugung zu verleiten und eine Prämie auf die Charakterlosigkeit zu setzen. Der „Frankfurter Zeitung" wurden im Mai 1909 von berufener Seite folgende Zahlen zur Verfügung gestellt:
Es dienten seit 1880 nach zuverlässiger privater Feststellung in Preußen: 25.000-30.000 Einjährig-Freiwillige jüdischen Glaubens (davon wurde keiner zum Reserveoffizier befördert);
1.200-1.500 Einjährig-Freiwillige rein jüdischer Abstammung (Vater und Mutter Juden), aber zum christlichen Glauben übergetreten (davon wurden etwa 300 zu Reserveoffizieren befördert).
Nun wird man bei aller Achtung vor der christlichen Weltanschauung nicht ernstlich behaupten wollen, daß mit der Taufe plötzlich die militärische Fähigkeit kommt. Wenn der getaufte Jude sich für den Offiziersstand eignet, so ist nicht einzusehen, warum der Nichtgetaufte dieses Standes unwürdig sein solle. Am Anfang des vorigen Jahrhunderts war wenigstens der religiöse Grund ehrlich gemeint, heute ist er in den meisten Fällen nicht einmal das.
Der Ausschluß der Juden von der Beförderung zum Offizier wirkt nach vielen Seiten hin nachteilig. Die Fälle von Schikanierungen und Beschimpfungen jüdischer Soldaten häufen sich in erschreckender Zahl. Heute ist es sehr begreiflich, wenn namentlich mancher Unteroffizier sich sagt: Die Juden müssen doch wohl minderwertig sein, denn sie werden grundsätzlich vom Offiziersstand ausgeschlossen, also habe ich keine Ursache, meine jüdischen Soldaten sanft anzufassen."

Die Frage der Zurücksetzung der Juden im Heere bildete in den Jahren nach 1900 häufig den Gegenstand parlamentarischer Verhandlungen im Reichstag.

Bezeichnend ist ein Beitrag des freisinnigen Abgeordneten Eickhoff in einer dieser Debatten:
„. . . Aber ich frage Sie: liegen hier nicht die schwersten Verletzungen der Verfassung vor? Ist es nicht aller Welt bekannt, daß ein jüdischer Einjähriger - und sei er militärisch noch so tüchtig - heute kaum noch zum Gefreiten oder gar zum Unteroffizier befördert wird? Und ich frage den Herrn Kriegsminister: ist in der letzten Zeit überhaupt ein einziger Jude noch zum Reserveoffizier befördert worden, obwohl er sicherlich alle militärischen Vorbedingungen dazu mit Leichtigkeit erfüllt hätte?

Meine Herren, ich meine, über solche Zustände kann man nicht mit billigen Späßen, aber auch nicht mit Stillschweigen hinweggehen. Sehr richtig! Wir unsererseits beklagen solche Zustände aufs tiefste aus zweierlei Gründen. Einmal, weil nichts so sehr die Sozialdemokratie gestärkt hat, als die Ungerechtigkeit, die auf diesem und anderen Gebieten in unserem Staatsleben zutage getreten ist, weil nichts so sehr die Unzufriedenheit mit den bestehenden Zuständen hervorruft, als die fortgesetzte Verletzung des Grundsatzes, ohne den ein modernes Staatsleben nicht zu bestehen vermag, des Grundsatzes: Gleiches Recht für alle! Meine Herren, ich habe vor 30 Jahren in Heidelberg die Ehre gehabt, zu den Füßen Heinrich von Treitschkes zu sitzen. Damals hat er in seiner begeisternden Weise uns, seinen Jüngern, immer wieder zugerufen: laßt euch nicht verderben die Freude am Vaterlande! Damals gab es keinen Unterschied in der Konfession, keinen Antisemitismus, damals saßen wir, Juden und Christen, einträchtig in derselben Burschenschaft zusammen, der Heinrich von Treitschke und meine Wenigkeit angehörten. Sie aber verderben zahlreichen Gliedern des Volkes die Freude am Vaterland, wenn Sie nicht dieser Ungerechtigkeit und vielen anderen in unserm Staatsleben ein Ende bereiten helfen. Und noch aus einem anderen Grunde halte ich diese Zustände für überaus beklagenswert. Wenn immerfort unseren jüdischen Mitbürgern, die im Heere ihrer vaterländischen Pflicht genügen, vom Leutnant bis zu den höchsten Chargen hinauf eine solche ungerechte Behandlung zuteil wird, dann setzen Sie sie geradezu in Widerspruch mit den Worten der Verfassung, die der König selber beschworen hat. An eines Königs Wort soll man nicht rütteln und nicht deuteln. Wenn der Herr Minister aber nicht das Seinige tut, daß hier endlich Wandel geschaffen wird, dann kann man sich nicht mehr darüber wundern, daß immer zahlreichere Kreise unseres Volkes an des Königs Wort zu rütteln und zu deuteln wagen. Dann untergraben Sie am letzten Ende die Grundlagen des Thrones selber, den wir mit Ihnen allzeit zu stützen bereit sind."

In der Generalversammlung des Vereins zur Abwehr des Antisemitismus am 16. April 1904 wurde das Thema „Die Juden im Heere" gründlich behandelt. Abschließend wurde die folgende Resolution einstimmig angenommen, die bezeichnend ist für die Situation der Juden im deutschen Heere zur damaligen Zeit:
„Die Stellung der Juden im deutschen Heere entspricht in keiner Weise dem verfassungsmäßigen Grundsatz konfessioneller Gleichberechtigung.

Zumal in Preußen ist heute das Aufrücken unserer jüdischen Mitbürger in Offiziersstellungen tatsächlich ausgeschlossen. Da die Juden an den Heereslasten wie an allen anderen Staatslasten zum vollen beteiligt werden, so erscheint ihre aus fachlichen Gründen schlechterdings nicht zu rechtfertigende Zurücksetzung im Heere als eine staatsbürgerliche Ehrenkränkung, die eines Rechtsstaates unwürdig ist."

In einer Stellungnahme zu schweren Angriffen antisemitischer Abgeordneter auf jüdische Soldaten am 22. März 1904 im Parlament erklärte der Kriegsminister immerhin, daß die Juden nicht schlecht dienten, daß gegen die jüdischen Soldaten nichts zu sagen sei und daß er der Überzeugung sei, daß sie auch tatsächlich überall ihre Schuldigkeit im Frieden tun und daß sie sie auch im Kriege tun würden. Freilich fügte der Minister die Bemerkung hinzu, daß diese jüdischen Soldaten von denen, die sie nicht wollten, ertragen werden müßten.

In einer weiteren Interpellation im Zusammenhang mit der Diskriminierung von Juden erklärte der Kriegsminister bei anderer Gelegenheit im Parlament: „Ich habe schon einmal darauf hingewiesen, daß es keine Bestimmung und kein Gesetz gibt, welche darauf hinwirken, daß etwa aus konfessionellen Gründen vielleicht irgend jemand nicht zugelassen werden könnte als Reserveoffizier. Ich bin allerdings der Meinung, daß es in der Armee wohl vorgekommen ist und vorkommt, daß ein junger Mann israelitischen Glaubens einfach deshalb nicht Reserveoffizier wird, weil er ein Jude ist. Damit will ich durchaus nicht zurückhalten, daß dies in der Tat meine Ansicht ist. Aber wenn diese Religion auch als Grund angegeben ist, so ist das gegen die allerhöchsten Bestimmungen. (Zurufe von den Sozialdemokraten.) Es ist ausdrücklich in einer Verfügung, die am 10. Juni 1908 vom Kriegsministerium ergangen ist, daran erinnert, daß es unstatthaft ist, Einjährig-Freiwillige und Reserveoffiziersaspiranten lediglich wegen ihrer Zugehörigkeit zu einer bestimmten Religionsgemeinschaft, wegen des Standes ihres Vaters und dergleichen von der besonderen Ausbildung, von der erwähnten Prüfung und Beförderung usw. auszuschließen. Ich hoffe, daß dies eine gewisse Wirkung dahin hat, daß man tatsächlich alle Einjährig-Freiwilligen, alle Aspiranten durchaus nur auf ihre Tüchtigkeit ansieht und nach ihrer Tüchtigkeit befördert. Diese selben Grundsätze sollen auch bei der Wahl zum Reserveoffizier gelten. Es ist also nicht statthaft, daß ein Reserveoffizier einen jungen Mann, der sonst die Befähigung hat, abweist, einfach, weil er Jude ist. (Hört, hört! und Zurufe.) Es ist darauf durchaus hingewirkt worden, namentlich in den letzten Jahren."

„Kurze Zeit darauf hat Herr von Einem", so berichtet die Schrift „Die Juden im Heere", „sein Amt mit dem eines kommandierenden Generals vertauscht und es wurde behauptet, daß er durch sein offenes Eintreten für die Sache der Gerechtigkeit Anstoß erregt hat. Wieviel davon auf Wahrheit und wieviel auf bloßer Kombination beruht, läßt sich nicht feststellen. Bei den Konservativen und Antisemiten hat er sich sicherlich damit keine neuen Sympathien erworben. Jedenfalls hatte aber der Abgeordnete Gothein durchaus den Nagel auf den Kopf getroffen, als er den Stoßseufzer des Kriegsministers, er werde wegen seiner Erklärung wahrscheinlich „schwer angegriffen" werden, dahin kommentierte, er fürchte, wenn Herr von Einem seine Intentionen energisch durchsetzen wolle, dann werde er nicht mehr lange bleiben."

Die Schrift bemerkt hierzu:

„Die Klage über die ungleiche Behandlung der Juden im Heere wird nimmermehr verstummen, denn sie ist eine Frage der Verfassung und der staatlichen Gerechtigkeit. Jeder ehrliche Politiker muß dafür eintreten, daß diese Schmach, die dem Vaterlande auch im Auslande gewiß nicht zum Ruhme gereicht, beseitigt wird. Stärker als die Lüge ist die Macht der Wahrheit, und die neue Zeit muß auch mit diesem Rest eines Erbes aus finsterer Zeit aufräumen. Gleiches Recht und gleiche Pflichten sind die Grundsäulen des modernen Staates."

Wenn auch in den Vorschriften für die Ernennung von Offizieren von der Religion keine Rede ist, so wird der Unterschied zwischen Theorie und Praxis offensichtlich in der Kabinettsordre vom 29. März 1890, wo es heißt:
„Die Heranziehung eines ausreichenden und geeigneten Offizierersatzes ist eine ernste Pflicht der Truppenkommandeure. Die Fahnenjunker müssen aus Kreisen entnommen werden, in denen der Adel der Gesinnung zu Hause ist, der das Armeekorps zu allen Zeiten beseelt hat. Neben den Sprossen der adligen Geschlechter, neben den Söhnen meiner braven Offiziere und Beamten, erblicke ich die Träger der Zukunft meines Heeres und in den Söhnen solcher ehrenwerter bürgerlicher Häuser, in denen die Liebe zu König und Vaterland, ein warmes Herz für den Soldatenstand und christliche Gesittung gepflegt werden."

Sollten jedoch diese und andere Klippen endlich umschifft worden sein, so blieb noch das Landwehroffizierskorps selbst, das den vorgeschlagenen Aspiranten zum Offizier zu wählen hatte und mit Stimmenmehrheit entschied.

„Dieses Landwehroffizierskorps will nun um keinen Preis hinter dem aktiven Offizierskorps „zurückstehen", so die Schrift „Die Juden im Heere", „und ist daher meist päpstlicher als der Papst, d. h. es sagt „Nein!"', obwohl die Vorschrift für den Offizierersatz im Beurlaubtenstande der Wahl nicht entgegensteht. (Heeresordnung)

Inzwischen wurde vom Kaiser eine Kabinettsordre erlassen, daß bei der Wahl der Offiziere keine Rücksicht auf das Glaubensbekenntnis genommen werden dürfe. Anfangs, als das Gerücht auftauchte, wollte man nicht recht daran glauben. In einem späteren Prozeß aber sagte ein Offizier aus, daß diese Kabinettsordre tatsächlich ergangen ist. Der Kriegsminister von Eimen hat die Existenz dieser Ordre in der Sitzung des Reichstags vom 19. März 1909 ausdrücklich bestätigt. Einen praktischen Nutzen aber scheint sie bis jetzt nicht gehabt zu haben; denn auch Herr von Einem sprach nur die resignierte Erwartung aus, daß sie eine „gewisse Wirkung" haben werde. Selbst der Kaiser scheint gegen die reaktionären Mächte in Preußen vergebens anzukämpfen."

An anderer Stelle wird berichtet:

„Aus vielen Städten sind in letzter Zeit Fälle bekannt geworden, wo, um allen Eventualitäten zu entgehen, überhaupt kein jüdischer Einjähriger zum Gefreiten befördert worden ist. Man sieht, die Sache hat verschiedene Methoden und diese letztere ist jedenfalls die einfachste. Welcher vornehme Geist bei gewissen Offizieren herrscht, das beweist eine Erzählung von Freiherr von Schlicht, daß viele Offiziere ihre Hunde so abrichten, daß sie nichts annehmen, wenn man ihnen zuruft: „Das kommt vom Juden!". Und Leute von solcher pöbelhaften Denkweise nennen sich Angehörige des vornehmsten Standes! Es ist die alte Erfahrung: der Antisemitismus wirkt mit der Zeit auf jeden vorrohend.

Es melden sich tatsächlich jüdische junge Leute zum Unteroffizierstand, aber sie werden nicht angenommen. Ja, nicht nur den Offizier, sondern auch den Unteroffizier scheint man den jüdischen Bürgern nicht gönnen zu wollen. Es sind in den letzten Jahren Fällen bekannt geworden, wo man Juden, die in die Unteroffizierschule eintreten wollten, ohne jeden Grund abschlägig beschieden hat. In den in den Tageszeitungen veröffentlichten Anzeigen, die die jungen Leute auffordern, sich zum Eintritt in die Unteroffizierschulen zu melden, wurde verlangt, daß die Bewerber unter anderen Zeugnissen auch einen Konfirmationsschein mitbringen sollen. Auf die Beschwerden des Zentralvereins deutscher Staatsbürger jüdischen Glaubens im Jahre 1904, antwortete der Kriegsminister, daß keine Bestimmungen existieren, die den Juden ausschließen."

Auch hier sah die Praxis wieder ganz anders aus, wie aus einer Stellungnahme des preußischen Oberstleutnants a. D. Karl von Wartenberg in der Zeitschrift „Zukunft" hervorgeht:

„Daran, daß sich trotzdem im deutschen Heere die Israeliten nicht als Vorgesetzte verwenden lassen, trägt das Widerstreben des christlichen Mannes die Schuld, einem Juden zu gehorchen. So fremd unserem einfachen Mann, wenn er nicht konfessionell oder religiös beeinflußt wurde, auch jede Gehässigkeit gegen Andersgläubige ist: gegen die Pflicht, jüdischen Vorgesetzten zu gehorchen, lehnt er sich innerlich auf. Ein jüdischer Soldat zeichnete sich im letzten Feldzug so aus, daß er in kürzester Zeit der Liebling aller Offiziere wurde und sie nicht eher ruhten, als bis sie seine Beförderung zum Unteroffizier durchgesetzt hatten. Kaum war er es aber, als die Schwierigkeiten mit den Mannschaften begannen; und so taktvoll sich auch bei jeder Gelegenheit der junge Unteroffizier benahm: sehr bald mußten die Offiziere bereuen, daß sie seine Ernennung vorgeschlagen hatten. Denn sie konnten nicht verkennen, daß unter der Zugehörigkeit des Unteroffiziers zum Judentum die Disziplin der Kompanie litt.

Die Staatsraison steht aber über der Theorie. Verlangt sie, daß Soldaten jüdischen Glaubens nicht in die Charge eines Unteroffiziers vorrücken, so muß dieser Forderung unter allen Umständen genügt werden, mag sich das Rechtsgefühl noch so sehr dagegen aufbäumen. Die salus publica ist eben das höchste Gesetz. In Frankreich und Italien stellt sie auf konfessionellem und religiösem Gebiete an die Armee nicht so harte Forderungen wie bei uns; vielleicht, weil Franzosen und Italiener religiös weniger tief empfinden als wir Deutschen. So bedauerlich es ist: unsere jüdischen Mitbürger müssen der Eigenart des christlichen deutschen Soldaten Rechnung tragen und sich damit begnügen, den Rechtsanspruch ihrer Söhne theoretisch zu betonen. Das fordert übrigens auch ihr eigenes Interesse. Welche Befriedigung kann diesen Söhnen ein militärisches Amt gewähren, in dem sie stets auf dem Qui vive leben, bei jeder Berührung mit ihren Untergebenen einen Konflikt fürchten müssen? Ich kann deshalb das Verfahren der militärischen Behörde nur billigen, die sich nicht zu entschließen vermag, das Heer und junge jüdische Leute ernsten Unzuträglichkeiten auszusetzen."

In einer Stellungnahme zu schweren Verunglimpfungen gegenüber jüdischen Soldaten kam der Abgeordnete Eickhoff im Reichstag zurück. Dieses Mal ließ sich der Kriegsminister herbei, zu erklären, daß die Juden nicht schlecht dienten, daß gegen die jüdischen Soldaten nichts zu sagen sei, und daß er der Überzeugung sei, daß sie auch tatsächlich überall ihre Schuldigkeit im Frieden tun und daß sie sie auch im Kriege tun würden. Freilich fügte der Minister die eigentümliche Bemerkung hinzu, daß diese jüdischen Soldaten von denen, die sie nicht wollen, ertragen werden müssen.

Zur weiteren Interpellation im Zusammenhang mit den Diskriminierungen erklärte der Kriegsminister bei anderer Gelegenheit im Parlament:

„Ich habe schon einmal darauf hingewiesen, daß es *keine Bestimmung* und kein Gesetz gibt, welche darauf hinwirkten, daß etwa aus *konfessionellen Gründen* vielleicht irgend jemand nicht zugelassen werden könnte als Reserveoffizier. Ich bin allerdings der Meinung, daß es in der Armee wohl vorgekommen ist und vorkommt, daß ein junger Mann israelitischen Glaubens einfach deshalb nicht Reserveoffizier wird, weil er Jude ist. Damit will ich durchaus nicht zurückhalten, daß dies in der Tat meine Ansicht ist. Aber wenn diese Religion auch als Grund angegeben ist, so ist das gegen die allerhöchsten Bestimmungen. (Zurufe von den Sozialdemokraten.) Es ist *ausdrücklich* in einer *Verfügung*, die am 10. Juni 1908 vom Kriegsministerium ergangen ist, daran erinnert, daß es *unstatthaft* ist, Einjährig-Freiwillige und Reserveoffiziersaspiranten lediglich wegen ihrer Zugehörigkeit zu einer *bestimmten Religionsgemeinschaft*, wegen des Standes ihres Vaters und dergleichen von der besonderen Ausbildung, von der erwähnten Prüfung und Beförderung usw. auszuschließen. Ich hoffe, daß dies eine gewisse Wirkung dahin hat, daß man tatsächlich alle Einjährig-Freiwilligen, alle Aspiranten durchaus nur auf ihre Tüchtigkeit ansieht und nach ihrer Tüchtigkeit befördert. Diese selben Grundsätze sollen auch bei der Wahl zum Reserveoffizier gelten. Es ist also nicht statthaft, daß ein Reserveoffizier einen jungen Mann, der sonst die Befähigung hat, abweist, einfach weil er Jude ist. (Hört, hört! und Zurufe.) Es ist darauf durchaus hingewirkt worden, namentlich in den letzten Jahren."

„Kurze Zeit darauf hat Herr von Einem, so berichtet die Schrift „Die Juden im Heere" sein Amt mit dem eines kommandierenden Generals vertauscht und es wurde behauptet, daß er durch sein offenes Eintreten für die Sache der Gerechtigkeit Anstoß erregt hat. Wieviel davon auf Wahrheit und wieviel davon auf bloßer Kombination beruht, läßt sich nicht feststellen. Bei den Konservativen und Antisemiten hat er sich sicherlich damit keine neuen Sympathien erworben. Jedenfalls hatte aber der Abgeordnete *Gothein* durchaus den Nagel auf den Kopf getroffen, als er den Stoßseufzer des Kriegsministers, er werde wegen seiner Erklärung wahrscheinlich „schwer angegriffen" werden, dahin kommentierte, er fürchte, wenn Herr von Einem seine Intentionen energisch durchsetzen wolle, dann *„werde er nicht mehr lange bleiben".* Die Schrift bemerkt dazu:

Die Klage über die ungleiche Behandlung der Juden im Heere wird nimmermehr verstummen, denn sie ist eine Frage der Verfassung und der staatlichen Gerechtigkeit. Jeder ehrliche Politiker muß dafür eintreten, daß diese Schmach, die dem Vaterlande auch im Auslande gewiß nicht zum Ruhme gereicht, beseitigt wird. Stärker als die Lüge ist die Macht der Wahrheit, und die neue Zeit muß auch mit diesem Rest eines Erbes aus unserer Zeit aufräumen. *Gleiches Recht und gleiche Pflichten sind die Grundsäulen des modernen Staates."*

Wenn auch in den Vorschriften für die Ernennung von Offizieren von der Religion keine Rede ist, so wird der Unterschied zwischen Theorie und Praxis doch ganz klar an der Kabinettsordre vom 29. März 1890. In ihr heißt es: „Die Heranziehung eines ausreichenden und geeigneten Offizierersatzes ist eine ernste Pflicht der Truppenkommandeure. Die Fahnenjunker müssen aus Kreisen genommen werden, in denen der Adel der Gesinnung zu Hause ist, der das Armeekorps zu allen Zeiten beseelt hat. Neben den Sprossen der adligen Geschlechter, neben den Söhnen meiner braven Offiziere und Beamten erblicke ich die Träger der Zukunft meines Heeres auch in den Söhnen solcher ehrenwerter bürgerlicher Häuser, in denen die Liebe zu König und Vaterland, ein warmes Herz für den Soldatenstand und *christliche Gesittung* gepflegt werden."

Sollten jedoch diese Klippen endlich umschifft worden sein, so blieb noch das Landwehroffizierkorps selbst, das den vorgeschlagenen Aspiranten zum Offizier zu wählen hatte und mit Stimmenmehrheit entschied. Dieses Landwehroffizierkorps will nun um keinen Preis hinter dem aktiven Offizierkorps „zurückstehen" - so die Schrift „Die Juden im Heere" - und ist daher meist päpstlicher als der Papst, d. h. es sagt „Nein!" obwohl die Vorschrift für den Offiziersersatz im Beurlaubtenstande der Wahl nicht entgegensteht. (Heerordnung.) „Inzwischen wurde vom *Kaiser* eine *Kabinettsordre* erlassen, daß bei der Wahl der Offiziere *keine Rücksicht auf das Glaubensbekenntnis* genommen werden dürfe. Anfangs, als das Gerücht auftauchte, wollte man nicht recht daran glauben. In einem späteren Prozeß aber sagte ein Offizier aus, daß diese Kabinettsordre tatsächlich ergangen ist. Der Kriegsminister von Einem hat die Existenz dieser Ordre in der Sitzung des Reichstags vom 19. März 1909 ausdrücklich bestätigt. Einen praktischen Nutzen aber scheint sie bis jetzt nicht gehabt zu haben; denn auch Herr von Einem sprach nur die resignierte Erwartung aus, daß sie eine „gewisse Wirkung" haben werde. Selbst der Kaiser scheint gegen die reaktionären Mächte in Preußen vergebens anzukämpfen."

An anderer Stelle wird berichtet:

„Aus vielen Städten sind in letzter Zeit Fälle bekannt geworden, wo, um allen Eventualitäten zu entgehen, überhaupt *kein jüdischer Einjähriger zum Gefreiten befördert* worden ist. Man sieht, die Sache hat verschiedene Methoden und diese letztere ist jedenfalls die einfachste. Welcher vornehme Geist bei gewissen Offizieren herrscht, das beweist eine Erzählung von Freiherrn von Schlicht, daß viele Offiziere ihre Hunde so abrichten, daß sie nichts annehmen, wenn man ihnen zuruft: „Das kommt vom Juden!". Und Leute von solcher pöbelhaften Denkweise nennen sich Angehörige des vornehmsten Standes! Es ist die alte Erfahrung: der Antisemitismus wirkt mit der Zeit auf jeden verrohend."

Auch hier sah die Praxis wieder ganz anders aus, wie aus einer Stellungnahme des preußischen Oberstleutnant a. D. Karl von Wartenberg in der „Zukunft" hervorgeht. Bezeichnend der Artikel eines hohen Offiziers:

„Daran, daß sich trotzdem im deutschen Heere die Israeliten nicht als Vorgesetzte verwenden lassen, trägt das *Widerstreben des christlichen Mannes die Schuld,* einem Juden zu gehorchen. So fremd unserem einfachen Mann, wenn er nicht konfessionell oder religiös beeinflußt wurde, auch jede Gehässigkeit gegen Andersgläubige ist: gegen die Pflicht, jüdischen Vorgesetzten zu gehorchen, lehnt er sich innerlich auf. Ein jüdischer Soldat zeichnete sich im letzten Feldzug so aus, daß er in kürzester Zeit der Liebling aller Offiziere wurde und sie nicht eher ruhten, als bis sie seine Beförderung zum Unteroffizier durchgesetzt hatten. Kaum war er es aber, als die Schwierigkeiten mit den Mannschaften begannen; und so taktvoll sich auch bei jeder Gelegenheit der junge Unteroffizier benahm: sehr bald mußten die Offiziere bereuen, daß sie seine Ernennung vorgeschlagen hatten. Denn sie konnten nicht verkennen, daß unter der Zugehörigkeit des Unteroffiziers zum Judentum die Disziplin der Kompagnie litt.
Die Staatsraison steht aber über der Theorie. Verlangt sie, daß Soldaten jüdischen Glaubens nicht in die Charge eines Unteroffiziers vorrücken, so muß dieser Forderung unter allen Umständen genügt werden, mag sich das Rechtsgefühl noch so sehr dagegen aufbäumen. Die salus publica ist eben das höchste Gesetz. In Frankreich und Italien stellt sie auf konfes-

sionellem und religiösem Gebiete an die Armee nicht so harte Forderungen wie bei uns; vielleicht, weil Franzosen und Italiener religiös weniger tief empfinden als wir Deutschen. So bedauerlich es ist: unsere jüdischen Mitbürger müssen der Eigenart des christlichen deutschen Soldaten Rechnung tragen und sich damit begnügen, den Rechtsanspruch ihrer Söhne theoretisch zu betonen. Das fordert übrigens auch ihr eigenstes Interesse. Welche Befriedigung kann diesen Söhnen ein miliärisches Amt gewähren, in dem sie stets auf dem Qui vive leben, bei jeder Berührung mit ihren Untergebenen einen Konflikt fürchten müssen? Ich kann deshalb das Verfahren der militärischen Behörde nur billigen, die sich nicht zu entschließen vermag, das Heer und junge jüdische Leute ernsten Unzuträglichkeiten auszusetzen."

Großes Aufsehen und Empörung erregten in diesem Zusammenhang in den weitesten Kreisen der Bevölkerung ein Vorkommnis in Mülhausen im Elsaß. In der Schrift über die Juden im Heere wird folgendes berichtet: „Dort hat der Rittmeister der dritten Eskadron des Jägerregiments Nr. 5, Graf von Gersdorf, den jüdischen Einjährigen Max Bloch durch vorschriftswidrige Behandlungen und fortgesetzte Beleidigungen zum Selbstmord getrieben. Das Kriegsgericht, das sich am 13. und 20. April d. Js. in erster Instanz mit der Sache zu beschäftigen hatte, nahm zwar nur einen einzigen Fall von Beleidigung, begangen durch den Ausdruck „Judenjunge" oder „Judenlümmel", als erwiesen an, und verurteilte den Rittmeister zu der gesetzlich geringsten zulässigen Strafe von zwei Tagen Stubenarrest. Aus den Zeugenvernehmungen geht jedoch unzweifelhaft hervor, daß der Rittmeister den Einjährigen systematisch durch abfällige Bemerkungen zu kränken gesucht hat.
Der Vertreter der Anklage geißelte insbesondere die Gefühlsrohheit, die in der Bemerkung zum Ausdruck gekommen sei: „Wenn Sie vom Pferde fallen und das Genick brechen, ist es auch kein Schaden fürs Vaterland...", „Mir ist jeder Bauernjunge lieber als Sie..." ", „Er solle auf das Geld seines Vaters sich nichts einbilden, das sein Vater zusammengeschachert habe, um keinen schlimmeren Ausdruck zu gebrauchen."

Die Berufungsinstanz hat zwar in ihrer Verhandlung am 14. Mai dieses Urteil, dessen Milde allenthalben das größte Aufsehen erregte, kassiert und den Rittmeister zu 15 Tagen Stubenarrest verurteilt, kein objektiv Denkender wird aber bestreiten können, daß auch bei dem zweiten Urteil das Mißverhältnis zwischen Schuld und Sühne noch ein sehr großes ist. Man sieht, mindestens von derselben Wichtigkeit wie die Frage der Beförderung der Juden ist die Frage ihrer Behandlung in der Armee. Die Juden haben das Recht, zu verlangen, daß ihre Söhne ihres Glaubens, ihrer Abstammung wegen nicht den Insulten antisemitischer Vorgesetzter preisgegeben werden.

Besonders bezeichnend für die traditionelle Voreingenommenheit der militärischen Behörden war bei diesem Prozeß die Äußerung des Anklagevertreters der ersten Instanz, man brauche „sich nicht zu verhehlen, daß nach unserer allgemeinen deutschen Auffassung die jüdische Abstammung noch nie ein Vorzug gewesen ist".

Jüdische Gleichberechtigung - eine Sache der Allgemeinheit

Wie sich das Problem in der jüdischen Gleichberechtigung im Staate - und damit in der Armee - im kaiserlichen Deutschland vor dem Weltkrieg 1914-1918 darstellte, wird von den Verfassern der Untersuchung „Die Juden im Heere" in einer Schlußbetrachtung klar und überzeugend charakterisiert:

„Unsere Arbeit ist keine „philosemitische" und wir treten nicht für die Juden als Juden ein, sondern für Menschen und deutsche Bürger. Und wir treten gegen Lüge und Entstellung für die Wahrheit ein. Wir würden unsere Aufgabe als gelöst betrachten, wenn es uns gelungen ist, die Leser davon zu überzeugen, daß die Juden Menschen sind wie wir alle, keine Teufel und keine Engel, sondern Menschen mit edlen und unedlen Trieben, mit guten und schlechten Anlagen, und daß Religion und Abstammung sie nie daran hindern, gute Bürger zu sein und ihre Pflicht gegen das Vaterland zu erfüllen. Daraus folgt für jeden gesund denkenden Menschen, daß die Juden überall da gute Bürger sind, wo man ihnen nicht nur auf dem Papier, sondern auch im Leben alle Rechte einräumt und die Möglichkeit gibt, sich als treue Söhne des Vaterlandes zu betätigen...

Schon in alten Zeiten waren die Juden dankbar, wenn man ihnen Gutes bewies, und lohnten es durch Liebe. Wo man aber in ihnen durch Verfolgung und Entrechtung den Haß nährte und sie künstlich zu Fremden erzog, da wird man von ihnen keine Begeisterung für den Staat erwarten dürfen. Auch in keiner Zeit können wir es beobachten, daß die Juden in allen freien Ländern, wo die Vorurteile gegen sie ganz geschwunden sind, sich auf allen Gebieten als gute Patrioten und als nützliche Glieder der Gesellschaft bewähren. Man erweist daher der Gemeinschaft einen schlechten Dienst, wenn man aufgrund veralteter Anschauungen und niedriger Instinkte im ausgesprochenen Gegensatz zur Verfassung die Juden zu Bürgern zweiter Klasse zu stempeln bestrebt ist. Die Staatsweisheit darf sich nicht damit begnügen, gerechte Gesetze zu machen, sondern sie muß auch darüber wachen, daß die Gesetze zur Wirklichkeit werden und daß keiner Bürgerklasse die Freude am Vaterlande, die Quelle aller gemeinnütziger Handlungen, verkümmert wird.

Wenn man in jüngster Zeit, wo man sich des religiösen Fanatismus schämt, das Rassengespenst heraufbeschworen hat, um die Köpfe zu verwirren, so kann es nur Aufgabe der Aufklärung sein, den schiefen Folgerungen zweifelhafter Hypothesen ganz energisch entgegenzutreten. Der Staat kann sich nur mit den Handlungen und nicht mit dem Blute des Bürgers befassen. Die meisten jüdischen Familien sind seit Jahrhunderten in Deutschland ansässig, ja viele seit länger als einem Jahrtausend, wir meinen, das genügt, um bodenbeständig zu sein. Diese Juden haben stets ihre deutsche Heimat geliebt und für Deutschlands Größe und Fortschritt im Krieg und Frieden gleich den anderen Deutschen gekämpft. Es ist eine grausame und törichte Logik aus der Tatsache, daß ihnen Jahrhunderte hindurch die Bürgerrechte entzogen wurden, zu schließen, daß sie Fremde sind. Die deutschen Juden sind deutsch in ihrem Denken und Empfinden, das beweisen sie auf allen Gebieten, und als Deutsche dürfen sie eine gerechte Behandlung auch im Heere beanspruchen. Es ist im Grunde nicht für sie, sondern für das Reich beschämend, daß man heute, ein halbes Jahrhundert nach ihrer gesetzlichen Emanzipation, noch darum kämpfen muß, daß sie auch im Heere die ihnen von der Verfassung verbürgte Gleichberechtigung genießen.

Wer geschichtlich zu denken vermag, der weiß, daß es im Grunde die alten Vorurteile sind, die sich in neue Gestalten wandeln und gegen die man in der Kultur immer wieder anzukämpfen hat. Und - man kann sie immer viel besser durch Tatsachen als durch Worte widerlegen. Es gab Zeiten in Deutschland, wo man behauptete, daß den Juden jede Fähigkeit für Kunst und Wissenschaft fehle, weil man ihnen die Tore der Hochschulen nicht öffnen wollte. Heute wird es - von den verbohrten Antisemiten abgesehen - wohl kaum einen geben, der nicht eingesteht, daß wir unter den deutschen Juden hervorragende Künstler und Gelehrte besitzen. Heute behauptet man nur noch, daß der Jude sich nicht zum Offizier eignet weil man ihm die Möglichkeit nehmen will, sich seiner inneren Neigung entsprechend zu betätigen. Man mache doch statt aller leeren Betrachtungen bisher das Experiment und lasse die Juden probeweise Offiziere werden, und man wird sich schon nach kurzer Zeit davon überzeugen, daß auch diese letzte Burg der Reaktion vor der Macht der Tatsachen zusammenstürzt. . .

Die Frage der Durchführung der Gleichberechtigung der Juden ist keine jüdische Angelegenheit, sondern eine Sache der Allgemeinheit. Wir alle haben ein warmes Interesse daran, daß das Recht und nicht das Vorurteil im Vaterland herrsche, daß den gleichen Pflichten überall gleiche Rechte entsprechen, denn das ist der Grundpfeiler des Kulturstaates. Wir alle wollen ehrlich daran arbeiten, alle Vorurteile, die einer jüngeren Zeit entstammen, zu beseitigen, dann erst wird die Bahn für die wirtschaftliche, kulturelle und ethische Entwicklung Deutschlands frei werden, dann erst gelangen wir zur Größe."

Kampf um Gleichberechtigung auch in der Weimarer Republik

Daß sich eine 1922 veröffentlichte Broschüre noch einmal mit dem Thema „Der Anteil der jüdischen Freiwilligen an dem Befreiungskriege 1813/1814" befaßt, ist vielsagend. Schon das Erscheinungsjahr zeigt, daß der Antisemitismus auch in der Frühzeit der Weimarer Republik virulent war. Der Verfasser dieses Sonderdrucks der „Jüdischen Volkszeitung", Jahrgang XXIX Nr. 1-9, Professor Michael Fraenkel, Breslau, gibt denn auch in seinem Vorwort zu verstehen, daß die Untersuchung als Reaktion auf antisemitische Tendenzen entstanden ist. Er schreibt:
„Wir deutschen Juden bewährten uns auch im Weltkriege als gute treue Söhne unseres deutschen Vaterlandes, wir zeigten uns würdig der Vergangenheit. Deshalb erscheint es vielleicht angebracht und nützlich, einen Rückblick zu werfen auf die Leistungen derjenigen, die uns den Weg gewiesen haben der Ehre und des Pflichtgefühls vor einem Jahrhundert. Eine viel umstrittene Frage ist die nach der Beteiligung der deutschen Juden an den Befreiungskriegen."

Im einzelnen berichtet die Untersuchung:
„. . . Um den in Zahlen vielleicht nicht so erheblichen Anteil der jüdischen Freiwilligen an den Befreiungskriegen den tatsächlichen damaligen Verhältnissen entsprechend würdigen zu können, müssen wir uns zunächst den Stand der damaligen Gesetzgebung inbetreff des Kriegsdienstes der Juden vor Augen halten. Der Zutritt zum Heere war ihnen bis zu dem bekannten Judenedikt von 1812 überhaupt nicht gestattet. Der Artikel 16 dieses Ediktes unterwarf sie den gleichen Verpflichtungen zum Militärdienst, wie die übrige Bevölkerung. Aber damit war im Grunde wenig geändert. Denn grundsätzlich war die gesamte Bewohnerschaft der Residen-

zen Berlin, Breslau, Potsdam, sowie das ganze höhere Bürgertum, zu dem Beamte, Fabrikanten, Großkaufleute etc. gehörten, vom Militärdienst befreit. So blieb die Zahl der Juden, die zu solchem herangezogen werden konnten, sehr gering. Erst die Kabinettsordre vom 9. Februar 1813 hob sämtliche Ausnahmen von der Dienstpflicht im Heere auf. Trotzdem erschien es selbst hochstehenden Beamten ganz seltsam, daß auch auf die Juden diese Vorschrift Anwendung finden sollte. Noch am 1. April 1813 - also sieben Wochen nach Erlaß des Gesetzes - frug der Staatsrat Lecog bei der kurmärkischen Regierung an „ob nicht die Jünglinge des jüdischen Glaubens von 17-24 Jahren mit zur Rekrutierung gezogen werden könnten". - Es ist sonach nicht zu verwundern, wenn der ungebildete Bestandteil der jüdischen Bevölkerung in den preußischen Provinzen nur langsam den Gedanken einer patriotischen Pflicht des Waffendienstes faßte. Seit mehr denn einem Jahrtausend war sie ja desselben gänzlich entwöhnt und hatte nicht einmal die Möglichkeit dazu vor Augen gehabt. Wenn sich also das Ungeheure des neuen Pflichtenkreises bei ihr nur allmählich Bahn brach, so ist es geradezu staunenswert und in hohem Grade anzuerkennen, daß Hunderte von Jünglingen des jüdischen Glaubens Aushebung und Zwang nicht abwarten, sondern freiwillig auf den ersten Ruf des Königs zu den Waffen eilten, zumal gegen den französischen Kaiser, der zwar Deutschland unterdrückte, aber als erster in Europa ihren bis dahin mißhandelten Glaubensgenossen Ehre und bürgerliche Freiheit gewährt hatte. Sie waren daher überall gewohnt, ihn als ihren Beschützer anzusehen und die Wendung gegen ihn bedeutet einen großen Akt des Heroismus. War doch selbst das preußische Edikt von 1812 nur aufgrund der Anregung und des Beispiels entstanden, die Frankreich und unter dessen Einwirkung die französischen Vasallenstaaten gegeben hatten. Allein das Interesse und auch die Dankbarkeit ihrer Glaubensgemeinschaft hielt die jüdischen Jünglinge nicht davon ab, in den Kampf zu ziehen für ein Vaterland, das ihnen ein solches erst seit Jahresfrist geworden war. Von dem gewaltigen Umschwung in den Gemütern kann sich der Nachgeborene kaum eine Vorstellung machen. Mit einem Schlage waren Tausende von Jünglingen und Männern, die den Begriff des Vaterlandes bisher nicht kannten und nicht kennen konnten, gleichberechtigte Bürger geworden. Sie, die man bisher Fremde gescholten, mit allerlei Unnamen belegt, aus allen Gesellschaften ausgeschlossen, die Schwere helotenartigen Joches hatte fühlen lassen, und in denen man damit die Sehnsucht nach ihrer früheren Heimat erweckt hatte, durften sich nun ebenbürtig mit anderen fühlen und den teuren Namen „Vaterland" aussprechen. Bisher hatten sie nur entbehrende Pflichten gekannt; sie hatten schmeicheln, sich bücken, kriechen und vor allen Dingen - zahlen müssen. Jetzt lernten sie zum ersten Male Rechte kennen, mit denen freiwillig übernommene Pflichten verbunden waren. Und diese Pflicht, dem Vaterlande zu helfen, und ihm zu dienen, beanspruchten sie nun als ein köstliches Recht. Die zu Hause Gebliebenen spendeten in reichem Maße. Rahel Levin schrieb schon am 20. April 1813 „die Juden geben, was sie nur besitzen, an die wandte ich mein Geschrei zuerst". In den Gabenlisten stehen die Juden obenan. Jeder gab wirklich nach seinem Vermögen. Um von solchen Gaben einen kleinen Begriff zu erhalten, seien die nachstehenden Zahlen angeführt, bei deren Beurteilung zu bedenken ist, wie ausgesogen das Land nach den furchtbaren Zeiten war, die es durchgemacht hatte. Die Nessource der jüdischen Kaufmannschaft in Berlin gab überhaupt die erste patriotische Spende: 700 Taler. Die Gesellschaft der Freunde in Berlin sammelte 863 Taler zur Bewaffnung freiwilliger Krieger. In Breslau brachte ein besonders zu diesem Zwecke errichteten Verein jüdischer Bürger die höchst beträchtliche Summe von 5079 Talern auf. Als die Franzosen noch in Berlin waren, am 11. Februar 1813, spendete R. S. Gumpert 300 Taler zur Equipierung unvermögender Freiwilliger und erhielt für diesen „tätigen Beweis patriotischer Gesinnung" ein offizielles Dankscheiben. Aus der Vossischen Zeitung jener Tage läßt sich eine große Anzahl Gaben zusammenstellen, wie J. Levy dies hier getan hat. Besonders rührend ist es, daß Frauen und Männer silberne Gabeln, Messer und Löffel, daß Kinder ihre Sparbüchsen leerten, daß nach einer religiösen Andacht in der Synagoge eine beträchtliche Kollekte zustande kam. Als Helferinnen in Hospitälern, durch mildtätige Werke zeichneten sich jüdische Frauen aus. Auch Männer beteiligten sich an derartigen Liebeswerken: der jüdische Hospitalverpfleger Sandheim in Mannheim wird in der Schrift eines Christen besonders wegen seiner Tätigkeit gerühmt.

Aber besonders stark war der Andrang jüdischer Freiwilliger und die Beteiligung solcher, die dem Rufe des Königs folgten. Die Frankfurter Juden erinnerten den Freiherrn von Stein später an die Beteiligung ihrer Söhne. In der Marienkirche zu Lübeck werden Namen jüdischer Krieger neben denen christlicher verzeichnet; der Todesmut des jüdischen Freiwilligen Meyer Hilsbach aus Breslau, der sich unter den Augen des Königs mit Wunden bedeckt, dem Feinde entgegenwarf, wird sogar von einem Judenfeinde gerühmt.

Julius von Boß, dem man gewiß keine philosemitische Tendenz zuschreiben darf, bekannte später: „Wenn jener Zeit die reichsten jüdischen Wechsler zu Berlin ihre Söhne unter die Waffe stellten - nicht etwa suchten sie mit Geld sich dessen zu entheben, wie ihre Frauen zu den Vereinen traten, den verwundeten Schwestern Hilfe brachten, die Spitäler täglich besuchten, worin der ansteckende Typhus herrschte." Der Staatskanzler Fürst Hardenberg schrieb am 4. Januar 1815 an den Grafen Grote (Akten des Wiener Kongresses): „Die jungen Männer jüdischen Glaubens sind Waffengefährten ihrer Mitbürger gewesen, und wir haben unter ihnen Beispiele des wahren Heldenmutes und der rühmlichen Verachtung der Todesgefahr aufzuweisen, sowie die Einwohner Berlins, namentlich auch die Frauen, in Opfern jeder Art sich den Christen angeschlossen haben."

Außerordentlich bedeutsam ist es, daß nur 80 Juden wirklich ausgehoben, also einem Befehle folgend durch die Behörden dem Heere einverleibt wurden, alle anderen waffenfähigen jungen Israeliten Preußens waren bereits vorher zu den Fahnen geeilt. Außer jenen 80 ist nach einer Berechnung des Kriegsministeriums im Jahre 1843 ihre Zahl auf 263 angegeben. Philippson weist nach, daß von einzelnen Armeekorps nur unvollkommene Listen existierten und erhebt mit vollem Recht den Vorwurf der leichtfertigen Abschätzung bei amtlichen Listen.

Es gehörte oft viel Opfermut dazu, als Jude, den man doch nie unter Waffen gesehen hatte, unter den vorurteilsvollen und bisweilen recht rohen Kriegsgefährten seine Pflicht zu tun und auszuharren.

Über die Mitwirkung einer jüdischen Frau an den Feldzügen wird berichtet:
„Luise Grafemus (eigentlich Esther Manuel) aus Hanau gebürtig, 30 Jahre alt, jüdischer Abkunft und Religion, Witwe des Wachtmeisters Grafemus im Regiment Konstantin Garde-Ulanen, wollte ihrem Manne, der sie und zwei Kinder verlassen hatte, im Jahre 1813 nach Schlesien nachziehen, entschloß sich aber, in der Hilflosigkeit, worin sie sich befand, als sie Berlin erreicht hatte, selbst Kriegsdienst zu nehmen, welches ihr um so leichter ward, als sie in Manneskleidern reisete. Sie trat daher in das Königsberger 2. Landwehr-Ulanen-Regiement, unter dem Major von Hermann, machte die Feldzüge von 1813 und 1814, erst als Freiwilliger, zuletzt als Wachtmeister mit, wurde zweimal verwundet, bei Jüterbog am Fuß und in der Gegend von Metz, erhielt auf dem Marsche durch Holland im Armeekorps des Generals Grafen Bülow von Dennewitz das Eiserne Kreuz, traf unvermutet am 29. März 1814 mit ihrem Manne (der noch immer in russischen Diensten stand) bei Montmartre zusammen, verlor ihn aber schon am folgenden Tage durch eine Kanonenkugel. Mit ehrenvollen Wunden und Auszeichnungen bedeckt, mit ehrenvollsten Zeugnissen des Wahlverhaltens entlassen, ist sie seitdem vom Regiment abgegangen und kehrt nun, nach einigem Aufenthalt in Berlin, nach Hanau,

ihrer Heimat, zu ihren Kindern zurück. Möge sie dort ihre Mutterpflichten mit eben der Treue erfüllen, die ihr als Krieger den Beifall Sr. Majestät des Königs und des Heeres erwarb!..."

Wie kriegsbereit sich auch die Juden an anderen Orten zeigten, geht aus folgendem merkwürdigen Vorfalle hervor. Die Darmstädtische Regierung hatte den jüdischen Untertanen den Vorschlag gemacht, sich durch eine Geldablösung vom Heeresdienste zu befreien; ein jüdischer Bezirksvorsteher gab sich zum Handlanger dieser erbärmlichen Maßregel her. Dagegen richteten die Juden des Städtchens Geseke am 12. Mai einen flammenden Protest, aus dem hier einzelne Stellen mitgeteilt werden mögen:

„Infolge der höchsten Verordnung vom 23. Januar d. J. haben wir uns gestellet und uns den Verrichtungen und sonstigen militärischen Dienstleistungen wie jeder brave Untertan ohne Murren gefügt. Wir müssen uns schämen, wenn wir als biedere Deutsche nunmehr zurücktreten und statt der Lanze das Hasenpanier wählen wollen. Wir sind nicht jene feigen Menschen, welche vielleicht der Vorsteher und andere sein mögen. Wir bleiben unserer Sache getreu und werden, wo es nötig wird, unser Vaterland mit Vergnügen mit unserem Blute verteidigen helfen. Wir müssen uns also die höchste Gnade verbitten und sind überzeugt, daß Seine Königliche Hoheit, unser Großherzog, diesen Brudersinn nicht verkennen, sondern mit höchstem Wohlgefallen aufnehmen werde. Wir lassen uns daher auf den einseitig von dem Vorsteher gewagten Befreiungsvorschlag nicht ein, protestieren ausdrücklich mit der bestimmten Erklärung, daß wir nicht zahlen, sondern in Gemäßheit der vorergangenen Verordnung den einmal gewählten Militärstand nicht verlassen werden."

Das tapfere Verhalten einzelner Juden wurde ihnen vielfach von ihren Vorgesetzten bescheinigt. Im ganzen haben während der Feldzüge 1813, 1814, 1815 nicht weniger als 72 Juden das Eiserne Kreuz für Kombattanten, vier den russischen St. Georgsorden, vier das Militärehrenzeichen erhalten. Das Eiserne Kreuz am weißen Bande für Nichtkombattanten wurde fünf Ärzten, einem Kaufmann, einem Gutsbesitzer jüdischen Glaubens verliehen. Außer den vielen, die Eiserne Kreuze erhielten, empfing einer, der Hofagent Simon Kremser, gestorben 1851 in Breslau, den Orden Pour le merite. Er war Kommissar des Fürsten Blücher. Nach einer Angabe von M. Fraenkel, die indes nicht offiziell verbürgt ist, sind 1815 in der Schlacht von Bellealliance 55 jüdische Offiziere der Landwehr gefallen.

Daß die Taufe um des Avancements willen auch hie und da der verdienten Verachtung begegnet, beweist ein Wort, das König Ludwig XVIII. an seinen General, Baron Wolf, bei einer Audienz gerichtet hat. Wolf war als Jude bis zum Rang eines Generals befördert worden und nach dieser Ernennung vom Glauben der Väter abgefallen. Bei der ersten Audienz, zu der er nach vollzogener Taufe vom König empfangen wurde, erlebte er eine Überraschung. Während ihn sein Fürst bisher ganz auffallend ausgezeichnet und bei den Audienzen vor den anderen in sein Kabinett gerufen hatte, ließ er ihn diesmal als letzten eintreten. Ganz bestürzt fragte Wolf nach dem Grunde dieser augenscheinlichen Ungnade. Und der König antwortete:

„Ich war bisher stolz, unter meinen Generälen einen Israeliten zu haben und gerade darum habe ich Sie öfters empfangen und begünstigt. An christlichen Generälen leide ich keinen Mangel."

Im Zusammenhang mit den großen Leistungen jüdischer Ärzte im Kriege wird auch die besondere charitative Tätigkeit zweier jüdischer Frauen hervorgehoben. Die Mutter des großen Komponisten Giacomo Meyerbeer, Frau Kommerzienrat Amalie Beer, stellte ihre Kraft nicht in den Dienst eines einzelnen Vereins oder eines einzelnen Lazarettes, sondern wußte durch ihre eigene Persönlichkeit und die großen Mittel, die ihr zur Verfügung standen, überall wo es Not tat, helfend einzugreifen. Madame Beer, so wird sie in den Listen genannt, ebenso die Gattin des Geh. Medizinalrats Dr. Hirsch, haben als einzige Jüdinnen den Luisenorden empfangen, der nur in besonderen Fällen nach strenger Auswahl vom König verliehen wurde.

Bemerkenswert, in ihrem Phatos völlig dem Geiste der Zeit angepaßt, sind patriotische Reden von Rabbinern, sowie Texte und Gedichte jüdischer Schriftsteller und Dichter. In diesem Zusammenhang verdient erwähnt zu werden, daß der große patriotische Dichter der Befreiungskriege, Theodor Körner, in Wien in einem wesentlich jüdischen Kreise lebte und verkehrte, zu dem die schöne Marianne Saaling und die jüdischen Frauen Eskeles und Arnstein gehörten. Marianne Saaling war am 11. April 1786 als Tochter des Hofjuweliers Jacob Salomon in Berlin geboren - sie war wohl die interessanteste Persönlichkeit der Familie, „Das Mädchen aus der Fremde", wie man sie in Wien nannte, stand auf der Höhe ihrer Schönheit, als sie 1811 in Karlsbad Theodor Körner begegnete, der mehr als ein Liebesgedicht ihr gewidmet hat.

Dazu Fraenkel:

„Ludwig Börne, damals noch Louis Baruch geheißen, den man mit Unrecht einen Französling genannt hat, war im Herzen stets ein guter Deutscher, einer der wenigen, die in jener Zeit Preußens Führerrolle für Deutschland ahnten und wünschten. Damals war er seit 1812 Beamter des Großherzogtums Frankfurt und hatte nicht viel Zeit zu schriftstellern, eine Zeitlang aber arbeitete er an der Zeitung der Stadt Frankfurt mit. Sein einziger Artikel, der sich bestimmt nachweisen läßt. „Was wir wollen", ist ein Zeugnis hochgesteigerter nationaler Empfindungen. Der Verfasser gibt darin ein schönes Programm für Männer, Frauen und Kinder, weist ihnen ihre Tätigkeit an in den Kriegszeiten und für die kommenden Jahre des Friedens, und spricht als sein Programm und als das seiner gleichdenkenden Glaubensgenossen aus:

„Wir wollen freie Deutsche sein, frei in unserem Hasse, frei in unserer Liebe. Mit dem Leibe nicht, nicht mit dem Herzen einem fremden Volke ergeben. Tyrannei verwundet und kann nur töten; aber die Luft, die schmeichelnde, vergiftet und versiecht, jene lähmt die Kraft, diese auch den Willen. Wir wollen frei sein, nicht jenen Inselbewohnern untertan, die uns bereichern und entnerven. . .

Wir wollen freie Deutsche sein und damit wir es bleiben, über sklavische willenlose Völker auch nicht herrschen. Mögen jene Knaben sich mit den Scherben ihres zerbrochenen Ruhms ergötzen, wir wollen ihr Spiel nicht teilen und nicht stören, wir wollen es belächeln und verachten. . .

Wir wollen Deutsche sein, ernsten ruhigen Sinns, nicht in dumpfer Gefühlslosigkeit auf dem Bauche kriechen, nicht mit wächseren Flügeln in das Reich der Sonne steigen. Wir wollen stark sein, der Gebieter in seiner Macht, im Gehorsam der Bürger."

Auch Heinrich Heine hat trotz seiner späteren Begeisterung für Napoleon den Freiheitskämpfen nicht teilnahmslos ferngestanden, vielmehr ergriff der Sechzehnjährige bald nach der Schlacht bei Belealliance das Wort. Die Echtheit dieses Gedichtes ist von manchem angezweifelt worden, da es nicht in Heines Handschrift, sondern nur in einem Abdruck vorliegt. Das Gedicht ist erfüllt von wahrem Patriotismus.

Und des Trugs Altäre wanken,
Stürzen ein in grausen Schlund.
Alle deutschen Herzen danken;
Frei ist deutscher heilig Grund.

Siehst du's lodern hoch vom Berge?
Sag' was deut' die Flamme wild?
S' deut dies Feuer auf dem Berge
Deutschland reines starkes Bild.

Aus der Sünde Macht enttauchet
Stehet Deutschland unversehrt;
Noch die stumpfe Stelle rauchet,
Wo die schö're Form entgährt . . .

Alte Sitte, alte Tugend,
Und der alte Heldenmut.
Schwerter schwinget Deutschlands Jugend.
Hermanns Engel scheut kein Blut . . .

Deutschlands Töchter wie Luise,
Deutschlands Söhne Friedrich gleich.
Hör' im Grabe mich Luise,
Herrlich blüh das deutsche Reich.

Die Nachforschungen nach dem Leben und Schicksal jüdischer Kriegsfreiwilliger sind überaus schwierig. Die meisten Historiker haben die Mitarbeit der Juden einfach übergangen und nur prominente Juden flüchtig gestreift. Abschließend kommt Fraenkel zum Ergebnis:

„Die deutschen Juden, die sich dank Moses Mendelsohns unsterblichem Wirken, als Deutsche zu erkennen gelernt haben, die mit ihrer ganzen Kultur in Deutschland wurzeln, und die durch Tat und Wort, durch Leben und Gesinnung sich eins fühlen mit ihren Landesgenossen, haben stets ihre Pflicht erfüllt. Sie haben auch im Weltkriege ihr Blut freudig hingegeben und die schwersten Opfer gebracht und werden nie ermüden, alles zu geben, was man von ihnen fordert. Sie preisen dies nicht als besonderes Verdienst, sie verlangen für ihre Pflichterfüllung keinen Extralohn, sie fordern nur freien Raum für die Betätigung ihrer Kraft, nicht Duldung, kein Geschenk, sondern Anerkennung ihres Glaubens und ihrer Eigenart. Wir Juden kämpften fürs Vaterland, aber wir erwarten von ihm, wie wir es immer gefordert - Gerechtigkeit."

Bismarck: Emanzipation der Juden ist kein Fortschritt!

Wie man allen Darstellungen und Stellungnahmen entnehmen kann, stand die Beteiligung jüdischer Soldaten an den Befreiungskriegen immer wieder in unmittelbarem Zusammenhang mit dem ungelösten Problem der jüdischen Gleichberechtigung im kaiserlichen Deutschland. Das preußische Edikt vom 11. März 1912 hatte zwar den Juden volle Staatsbürgerrechte eingeräumt und sie im Artikel 16 wie andere Staatsbürger zum Militärdienst verpflichtet. Wie hartnäckig diese Vorurteile waren, wird verständlich, wenn man bedenkt, daß eine Persönlichkeit mit so nachhaltigem Einfluß auf die Geisteshaltung und Einstellung der gesamten deutschen Bevölkerung wie der nachmalige Reichskanzler Bismarck sich noch ein Menschenalter vor dem Edikt voll Stolz öffentlich zu diesem Vorurteil bekannte! Für ihn bedeutete Emanzipation der Juden kein Fortschritt, wie er vor der „Kurie der drei Stände", dem damaligen Parlament, 1847 ausdrücklich erklärte. 30 Jahre nach den Befreiungskriegen räumte er zwar den Juden das Recht ein, ihr Blut für das „deutsche Vaterland" zu vergießen, er verwarf es jedoch, daraus einen Anspruch auf Emanzipation abzuleiten! Auch das Recht, ein „obrigkeitliches Amt" zu bekleiden, sprach er ihnen ab.

Dies geht aus der Grundsatzrede hervor, die der damalige Abgeordnete und spätere Reichskanzler von Bismarck-Schönhausen am 15. Juni 1847 in der 32. Sitzung der Kurie der drei Stände anläßlich einer Debatte über die „Verordnung betreff die Verhältnisse der Juden" hielt. [1]

Durch die Städteordnung von 1808 waren die Juden in Preußen zu Stadtbürgern, durch das Gesetz vom 11. März 1812 zu Staatsbürgern erhoben worden. Der nun dem Vereinigten Landtag vorgelegte Gesetzentwurf gewährt allen Juden der Monarchie, mit Ausschluß der im Großherzogtum Posen wohnenden, die volle bürgerliche Rechtsgleichheit mit den christlichen Untertanen und ermächtigt sie zur Bildung von „Judenschaften", läßt sie aber nur zu solchen Staats- und Gemeindeämtern zu, mit denen eine obrigkeitliche Autorität nicht verbunden war. Der Entwurf wird von vielen Rednern, die die volle Emanzipation der Juden wünschen, als ein Rückschritt bezeichnet. Zustimmend äußert sich jedoch der Abgeordnete von Bismarck-Schönhausen:

[1] Entnommen: „Reden des Fürsten Bismarck", hersg. von Philipp Stein, 1. Band: „Der Abgeordnete Otto von Bismarck-Schönhausen 1847-1952", Verlag Philipp Recklam jun., Seite 21-32)

„Ich muß öffentlich bekennen, daß ich einer Richtung angehöre, die der geehrte Abgeordnete von Krefeld gestern als finster und mittelalterlich bezeichnete, derjenigen Richtung, welche es nochmals wagt, der freieren Entwicklung des Christentums, wie sie der Abgeordnete von Krefeld für die einzig wahre hält, entgegenzutreten. Ich kann ferner nicht leugnen, daß ich jenem großen Haufen angehöre, welcher, wie der geehrte Abgeordnete aus Posen bemerkte, dem intelligenteren Teile der Nation gegenübersteht und diesem intelligenteren Teile in, wenn mein Gedächtnis mich nicht täuscht, ziemlich geringschätzender Weise entgegengesetzt wurde, dem großen Haufen, welcher noch an Vorurteilen klebt, die er mit der Muttermilch eingesogen hat, dem Haufen, welchem ein Christentum, das über dem Staate steht, zu hoch ist. Ich geh zur Sache selbst über. Die meisten Redner haben über das vorliegende Gesetz sich weniger ausgesprochen, als über die Emanzipation im allgemeinen. Ich folge diesem Wege. Ich bin kein Feind der Juden, und wenn sie meine Feinde sein sollten, so vergebe ich ihnen. Ich liebe sie sogar unter Umständen. Ich gönne ihnen auch alle Rechte, nur nicht das, in einem deutschen Staate ein obrigkeitliches Amt zu bekleiden. Ich bin der Meinung, daß der Begriff des christlichen Staats so alt sei, wie das ci-devant heilige römische Reich, so alt wie sämtliche europäische Staaten, daß er gerade der Boden sei, in welchem diese Staaten Wurzel geschlagen haben, und daß jeder Staat, wenn er seine Dauer gesichert sehen, wenn er die Berechtigung zur Existenz nur nachweisen will, sobald sie bestritten wird, auf religiöser Grundlage sich befinden muß. Für mich sind die Worte: „Von Gottes Gnaden", welche christliche Herrscher ihrem Namen beifügen, kein leerer Schall, sondern ich sehe darin das Bekenntnis, daß die Fürsten das Scepter, welches ihnen Gott verliehen hat, nach Gottes Willen auf Erden führen wollen. Als Gottes Willen kann ich aber nur erkennen, was in den christlichen Evangelien offenbart worden ist, und ich glaube, in meinem Rechte zu sein, wenn ich einen solchen Staat einen christlichen nenne, welcher sich die Aufgabe gestellt hat, die Lehre des Christentums zu realisieren, zu verwirklichen. . .
Wenn indes auch die Lösung nicht immer gelingt, so glaube ich doch, die Realisierung der christlichen Lehre sei der Zweck des Staates; daß wir aber mit Hilfe der Juden diesem Zwecke näherkommen sollten als bisher, kann ich nicht glauben. Erkennt man die religiöse Grundlage des Staates überhaupt an, so glaube ich, kann diese Grundlage bei uns nur das Christentum sein. Entziehen wir diese Grundlage dem Staate, so behalten wir als Staat nichts als ein zufälliges Aggregat von Rechten, eine Art Bollwerk gegen den Krieg aller gegen alle, welchen die ältere Philosophie aufgestellt

hat. Seine Gesetzgebung wird sich dann nicht mehr aus dem Urquell der ewigen Wahrheit regenerieren, sondern aus den vagen und wandelbaren Begriffen der Humanität, wie sie sich gerade in den Köpfen derjenigen, welche an der Spitze stehen, gestalten. . .
Ich gehe von der Theorie der Frage auf einige praktische Momente über. In den Landesteilen, wo das Edikt von 1812 gilt, fehlen den Juden, soviel ich mich erinnere, keine anderen Rechte, als dasjenige, obrigkeitliche Ämter zu bekleiden. Dieses nehmen sie nun in Anspruch, sie verlangen, Landräte, Generäle, Minister, ja unter Umständen auch Kultusminister zu werden. Ich gestehe ein, daß ich voller Vorurteile stecke, ich habe sie, wie gesagt, mit der Muttermilch eingesogen, und es will mir nicht gelingen, sie wegzudisputieren; denn wenn ich mir die Repräsentanten der geheiligten Majestät des Königs gegenüber einen Juden denke, dem ich gehorchen soll, so muß ich bekennen, daß ich mich tief niedergedrückt und gebeugt fühlen würde, daß mich die Freudigkeit und das aufrechte Ehrgefühl verlassen würden, mit welchem ich jetzt meine Pflichten gegenüber dem Staat zu erfüllen bemüht bin. Ich teile diese Empfindung mit der Masse der niederen Schichten des Volkes und schäme mich dieser Gesellschaft nicht. Warum es den Juden nicht gelungen ist, in vielen Jahrhunderten sich die Sympathie der Bevölkerung in höherem Grade zu verschaffen, das will ich nicht genau untersuchen; ein geehrter Redner aus der Grafschaft Wart hat die Gründe schärfer herausgestellt, als ich sie hier wiederholen möchte. Nur eines ist mir nicht klar geworden, nämlich wie der geehrte Redner diejenigen Leute, die er, wenn ich richtig verstand, als zu schlecht für seinen Umgang bezeichnete, zu seinen vorgesetzten Beamten, selbst zu Ministern haben möchte, wenn er es nicht braucht. Der geehrte Redner sprach die Überzeugung aus, daß die Juden, seien sie auch jetzt, was sie wollten, sich ändern könnten und würden, und führte zum Beweis dessen an, was sie früher gewesen seien. Darauf muß ich erwidern, daß wir es nicht mit den Makkabäern der Vorzeit, noch mit den Juden der Zukunft zu tun haben, sondern mit den Juden der Gegenwart, wie sie jetzt sind. Darüber, wie sie jetzt sind, will ich mir in Bausch und Bogen kein Urteil erlauben. Ich gestehe zu, daß in Berlin und überhaupt in größeren Städten die Judenschaft fast durchaus aus achtenswerten Leuten besteht; ich gebe zu, daß solche auf dem Lande nicht bloß zu den Ausnahmen gehören, obgleich ich sagen muß, daß der entgegengesetzte Fall vorkomme. Wir haben von der Mildtätigkeit der Juden zur Unterstützung ihrer Sache gehört. Nun Beispiel - gegen Beispiel - ich will ein anderes geben, ein Beispiel, in welchem eine ganze Geschichte der Verhältnisse zwischen Juden und Christen liegt. Ich kenne eine Gegend, wo die jüdische Bevölkerung

auf dem Lande zahlreich ist, wo es Bauern gibt, die nichts ihr Eigentum nennen auf ihrem ganzen Grundstück; von dem Bette bis zur Ofengabel gehört alles Mobiliar dem Juden, das Vieh im Stalle gehört dem Juden, und der Bauer zahlt für jedes einzelne seine tägliche Miete; das Korn auf dem Felde und in der Scheune gehört dem Juden, und der Jude verkauft dem Bauer das Brot-, Saat- und Futterkorn metzenweis. Von einem ähnlichen christlichen Wucher habe ich, wenigstens in meiner Praxis, noch nie gehört! Man führt zur Entschuldigung dieser Fehler an, daß sie aus den gedrückten Verhältnissen der Juden notwendig hervorgehen müßten. Wenn ich mir die Reden von gestern vergegenwärtige, so möchte ich glauben, daß wir in den Zeiten der Judenhetzen lebten, daß sich jeder Jude tatsächlich alles das müsse gefallen lassen, was der ehrliche Synlok erdulden wollte, wenn er nur reich wäre. Aber davon sehe ich nirgends etwas, sondern ich sehe nur, wie gesagt, daß der Jude nicht Beamter werden kann, und nun ist mir doch das eine starke Schlußfolge, daß, weil jemand nicht Beamter werden kann, er ein Wucherer werden müsse. Einer der Abgeordneten der pommerschen Ritterschaft ist so weit gegangen, zu behaupten, daß die Juden von jeder edleren Beschäftigung, mit Ausnahme des Handels, ausgeschlossen seien. Das einzige aber, wovon sie ausgeschlossen sind, ist der Hafen der Bürokratie, und ich appelliere an den geehrten Redner selbst, ob er in seiner Behauptung nicht zu weit geht, indem darin liegt, daß nur das Beamtentum und der Handel edle Beschäftigungen sein sollen. Einem anderen Redner der schlesischen Ritterschaft möchte ich mich, für die Folge seiner Rede eher anschließen, wenn er nur den Schluß seiner Rede als integrierenden Teil derselben stets beibehalten will. Er will die Juden emanzipieren, wenn sie selbst die Schranken niederreißen, die sie von uns trennen... Ich für meine Person werde mein Votum gegen den uns vorliegenden Gesetzentwurf geben, weil ich von der Korporierung von Leuten, die keine Korporation bilden wollen, keinen Vorteil erwarten kann, weil eine Korporation, wenn die ganze Korporierung von den Beteiligten mit Vorurteil und Abneigung aufgenommen wird, ein totgeborenes Kind bleibt. Ich für meine Person würde für die Ausdehnung des Gesetzes von 1812 auf sämtliche Provinzen stimmen, vielleicht mit einem Vorbehalt, in Beziehung auf Posen diejenigen exceptionellen Bestimmungen zu treffen, die der Grad der Sittlichkeit vieler dortiger Juden in bezug auf Eigentum notwendig machen könnte. Außerdem, wenn der Zustand der polnischen Juden wesentlich verändert würde, so könnte dies eine bedeutende Attraktionskraft auf Millionen russischer Juden ausüben, die in Rußland, meines Erachtens, sich nicht mehr heimisch fühlen können. Ob aber eine Übersiedlung derselben wünschenswert ist, überlasse ich denen zu beurteilen, welche das Glück gehabt haben, russische Juden en masse kennenzulernen. Ich glaube auch, daß die in Posen ansässigen Juden, auch wenn es ihnen erlaubt ist, nicht in bedeutenden Massen nach den deutschen Provinzen auswandern werden, weil die vergleichsweise - ich möchte nicht gern einen Ausdruck wählen, der verletzen könne - Sorglosigkeit des polnischen Charakters in Beziehung auf zeitliche Güter den Juden aus Polen stets ein Eldorado gemacht hat. Ich glaube, daß das Gesetz von 1812 auch den Juden willkommen sein wird, ich muß sogar annehmen, nach dem, was ich hier von der Tribüne öfters gehört habe, daß gerade dieses Gesetz zu denen gehört, welche die damaligen Juden zur Teilnahme an dem vaterländischen Kampfe begeistert haben; auch von dem jungen Manne von neunzehn Jahren, von dem gestern erzählt wurde, glaube ich, dies annehmen zu können. Ich erwähne diesen hauptsächlich deshalb, weil mir eine Äußerung, welche der verehrte Redner, der diese Erzählung vortrug, gestern machte, schmerzlich war und mit den vaterländischen Gefühlen, welche ihn gewöhnlich beleben, nicht im Einklang zu stehen scheint. Er sagte, es wäre schon genug, wenn schon ein einziges Menschenleben vergebens geflossen ist, welches für die deutsche Freiheit floß, und bisher steht die Freiheit Deutschlands nicht so niedrig im Preise, daß es nicht der Mühe lohnte, dafür zu sterben, auch wenn man keine Emanzipation der Juden damit erreicht. Ferner haben mehrere Redner wieder auf das nachahmungswerte Beispiel von England und Frankreich verwiesen. Diese Frage hat dort weniger Wichtigkeit, weil die Juden nicht so zahlreich sind wie hier. Ich möchte aber den Herren, die so gern ihre Ideale jenseits der Vogesen suchen, eins zur Richtschnur empfehlen, was den Engländern und Franzosen auszeichnet: das ist das stolze Gefühl der Nationalehre, welches sich nicht so leicht und so häufig dazu hergibt, nachahmungswerte und bewunderte Vorbilder im Auslande zu suchen, wie es hier bei uns geschieht!" (Bravoruf!)

Diese Ausführungen rufen lebhaften Widerspruch hervor. Abgeordneter von Beckerath erwidert, wenn Herr von Bismarck glaube, daß man das Leben des Menschen in Anspruch nehmen könne, ohne ihm gerecht zu werden, so sei diese Ansicht wohl auch eines jener Vorurteile, die er mit der Muttermilch eingesogen habe. Abgeordneter von Bismarck-Schönhausen erwidert darauf:
„Es ist mir nicht erinnerlich, davon gesprochen zu haben, daß es erlaubt sei, das Opfer eines fremden Menschenleben für andere Zwecke als die des Vaterlandes in Anspruch zu nehmen. Ich habe nur dem Vaterlande und nicht der Emanzipation dieses Opfer als eines vindiziert, welches ich

für so notwendig halte, daß ich es nicht einmal sehr hoch anschlage. Im Gegenteil, die Abwesenheit der Fähigkeit, dieses Opfer dem Vaterlande ohne Nebenzwecke zu bringen, ist mir ein wesentlicher Fehler an jedem Manne und namentlich an jedem Deutschen! Wenn das eine mittelalterliche Ansicht ist, so bekenne ich mich dazu."

„Jüdische Elemente verderblich für das Offizierskorps"

Wie gering noch sieben Jahre vor dem Weltkrieg 1914-18 die Chancen von Juden waren, Offiziere zu werden, und wie sie in der Praxis behandelt wurden, zeigt der folgende Geheimbericht des bayerischen Militärbevollmächtigten in Berlin über eine Unterredung mit dem deutschen Kriegsminister von Einem Anfang 1907:

Geheim-Bericht des bayerischen Militärbevollmächtigten in Berlin, Oberst Ludwig Freiherr von Gebsattel, an den General der Infanterie und bayerischen Kriegsminister, Freiherr von Horn, betr. Juden als Mitglieder von Offizierskorps, Bericht 121 vom 14. 1. 1907.
(Bayerisches Hauptstaatsarchiv - Abteilung IV Kriegsarchiv-MKr 43, ohne Stückzahl, Original)
Seine Exzellenz der Kriegsminister von Einem sagte mir, ein Jude, freisinniges Mitglied des Abgeordnetenhauses, habe ihm gelegentlich einer Unterredung erzählt, die Söhne reicher norddeutscher Juden dienten deshalb mit Vorliebe in Bayern, weil sie da alle ohne irgendwelche Schwierigkeiten zu Offizieren befördert würden. Seine Exzellenz bat mich, da diese Frage gelegentlich der immer wiederkehrenden Interpellationen über Vorgänge bei den Wahlen zum Reserveoffizier im Reichstage zur Sprache kommen könnte, ihm kurz zu sagen, wie die einschlägigen Verhältnisse in der bayerischen Armee lägen.
Ich erwiderte darauf, meines Wissens habe seit Jahren ein einziger Jude als aktiver Offizier in der bayerischen Armee gedient, aber auch dieser sei schon seit längerer Zeit ausgeschieden, hingegen sei ein Jude Mitglied des aktiven bayerischen Sanitäts-Offizierkorps.
Jüdische Reserveoffiziere gäbe es allerdings eine größere Zahl; nur einzelne Regimenter und ganz wenige Reserveoffizierkorps hätten, nicht ohne erhebliche Schwierigkeiten, es verstanden, sich bis jetzt ganz frei von Juden zu halten. Eine grobe Lüge aber wäre es, zu behaupten, daß alle norddeutschen in Bayern dienenden Juden ohne weiteres auch ihre Beförderung zum Reserveoffizier erreichten. Ich habe im Gegenteil die Über-

zeugung, daß man es gerade bei den Juden besonders strenge nehme und nur wirklich tüchtigen Elementen die dienstliche Qualifikation erteile.

Von den Kavallerie-Regimentern, um die es sich bei der Angabe des betreffenden Herrn anscheinend handelt, würden außerdem die meisten Juden, denen die dienstliche Qualifikation nicht verweigert werden könne, zu Reserveoffizieren zum Train begutachtet und diese dann auch beim Train zu Reserveoffizieren ernannt. Das bayerische Kriegsministerium enthalte sich jeder Einflußnahme und habe, so viel ich wisse, nie einen Erlaß hinausgegeben, der sich nach der einen oder anderen Richtung mit dieser Frage beschäftige.

Auf meine Bitte legte mir dann der Minister auch seine Ansicht dar: In Preußen habe es früher jüdische Reserveoffiziere gegeben, jetzt gebe es schon seit einer Reihe von Jahren keine mehr. Er, der Minister, halte das nicht für richtig, ja er bedauere es gewissermaßen, denn wir hätten einen großen Bedarf an Reserveoffizieren und seien unter den Juden sicher eine ganze Zahl hierzu geeigneter und brauchbarer Elemente; sodann würde bei Zulassung zum Reserveoffizier nach seiner festen Überzeugung eine gar nicht zu unterschätzende Zahl von Juden abgehalten, die Sozialdemokratie moralisch und vor allem mit Geld zu unterstützen. Es würde aber gerade das bayerische Kriegsministerium sich stets jeder Einflußnahme auf die Offizierswahlen der Reserveoffizierkorps enthalten, müsse dieser gewiß sehr demokratischen Einrichtung die Freiheit der Bestimmung, aber auch die Verantwortung überlassen. Eine Änderung bezüglich des Wahlmodus denke er Seiner Majestät nicht vorzuschlagen, da sich alle befragten Stellen einstimmig dagegen ausgesprochen hätten. Wenn man ihn frage, warum die Juden nicht zum aktiven Dienst als Offiziere zugelassen würden, beabsichtige er zu antworten, es bestehe durchaus keine Bestimmung dagegen, es stehe jedem Juden frei, diese Laufbahn zu wählen, wenn er einen Kommandeur findet, der ihn annimmt und ein Offizierkorps, das ihn wählt.

Persönlich müsse er mir allerdings sagen, daß er beides in der preußischen Armee für undenkbar halten und sei diese ablehnende Haltung nach seiner Ansicht auch vollkommen berechtigt, denn, zugegeben, daß unter Umständen auch ein Jude einmal ein guter und selbst hervorragender Offizier sein könnte, so sei doch der ganze jüdische Charakter, die ganze Denk- und Handlungsweise des Einzelnen sowie ihrer Sippe gerade von der im deutschen Offizierkorps glücklicherweise noch durchgängig vorhandenen Sinnesart zu grundverschieden, daß ein Eindringen jüdischer Elemente in das aktive Offizierkorps nicht nur für schädlich, sondern für direkt verderblich zu erachten sei.

Ich konnte Seiner Exzellenz nur erwidern, daß seine Ansicht sich nicht bloß mit meiner persönlichen Anschauung, sondern, soweit ich dies sagen könne, auch mit jener des Königlich-Bayerischen Kriegsministers in jedem Punkt decke...

von Gebsattel

Wenn man demgegenüber vergleicht, wie den Söhnen von Junkern schon vom Prinzip her der Zugang zum Offizierstand erleichtert wurde, wird verständlich, wie schwierig, ja unmöglich, es von vorneherein für jüdische Mitbürger sein mußte, diese Laufbahn einzuschlagen. Dafür als Zeugnis ein weiterer Bericht des bayerischen Militärbevollmächtigten in Berlin, Generalmajor von Gebsattel.

Bericht des bayerischen Militärbevollmächtigten in Berlin, Generalmajor Ludwig Freiherr von Gebsattel, an den General der Infanterie und bayerischen Kriegsminister, Freiherr von Horn, betr. Ergänzung der Offiziere, Bericht 1973 vom 20. 10. 1908.
(Bayerisches Hauptstaatsarchiv Abt. IV Kriegsarchiv-MKr 1843, Stück 113, Original)
Als ich in der vergangenen Woche mich im preußischen Militärkabinett betreff der üblichen Vorpatentierung der Abiturienten erkundigte, kam das Gespräch auch auf die Frage, ob der Eintritt von Nichtabiturienten in die Armee nicht überhaupt nur ein notwendiges Übel sei. Es war mir sehr interessant, feststellen zu können, daß das Militärkabinett den direkt entgegengesetzten Standpunkt einnimmt. Niemals würde, so wurde mir versichert, das Militärkabinett seine Zustimmung dazu geben, daß in Preußen das Abiturientenexamen als conditio sine qua non gefordert würde, auch wenn es denkbar wäre, den ganzen Ersatz durch Abiturienten decken zu können. Das sei nicht nur ein Gebot der Dankbarkeit, sondern auch der Klugheit. Es sei zuzugeben, daß des öfteren Söhne von Offizieren, Gutsbesitzern, kurz von Junkern das Abiturium nicht erreichten; diese von der Offizierslaufbahn auszuschließen, würde aber schweres Unrecht und schwere Undankbarkeit sein gegen ihre Väter und ihre Familie, denen Preußen und in zweiter Linie wohl auch Deutschland seine jetzige Stellung verdankt, Männern, die sehr oft noch geringere Bildung aufwiesen, als jetzt ihre Söhne, deren Leistung im Kriege aber eine unübertreffliche, für alle Zeiten vorbildliche war. Es sei ein Unsinn zu behaupten, das Volk habe die Befreiungskriege, habe den Feldzug 70/71 gewonnen, das Volk sei ohne Führer stets und überall eine hilflose Masse, seine Führer aber waren in überragender Mehrzahl die Abkömmlinge der Offiziere Friedrichs des

Großen, die preußischen Junker. Es würde aber auch unklug sein, diese jungen Leute zurückzuweisen, denn für die Masse der Offiziere brauche man keine Gelehrten, auch durchaus nicht bloß künftige Generalfeldmarschälle, sondern Leute mit praktischem Sinn, mit Ehr- und Pflichtgefühl, mit Begeisterung für ihren Beruf, mit einer gewissen Gewandtheit zur Behandlung von Untergebenen, vor allem aber mit dem Herz auf dem rechten Fleck! Niemand werde behaupten können, daß gerade diese Eigenschaften bei den vielleicht weniger glänzend studierenden Sprößlingen der Offiziersfamilien, der Familien des kleinen preußischen Adels, in denen sie seit zwei Jahrhunderten gepflegt und vererbt wurden, in geringerem Maße vorhanden wären, als bei jungen Leuten von unbekannter Herkunft, aber mit vorzüglichen Examens-Resultaten. . .

2. KAPITEL

Die Juden im Ersten Weltkrieg

Über die „vaterländische" Haltung und das oft tragische Schicksal jüdischer
Soldaten in deutschen Armeen im Weltkrieg 1914-1918 berichten verhältnismäßig viele Dokumente. Einige von ihnen sind bezeichnenderweise erst zu Beginn der nationalsozialistischen Schreckensherrschaft entstanden, als jüdische
Organisationen und Einzelpersönlichkeiten glaubten, sich mit dem Verweis
auf die Erfüllung ihrer staatsbürgerlichen Pflichten im Ersten Weltkrieg gegen
die braune Diktatur und die von ihr betriebene antisemitische Hetze verteidigen zu können.

Diese Dokumente zeigen, daß sich in den 100 Jahren seit den Befreiungskriegen trotz aller Erlasse und gesetzlichen Regelungen mit dem Ziel der Gleichberechtigung für die Juden in Deutschland tatsächlich nur wenig geändert
hatte. Man erwartete „Pflichterfüllung" bis zum letzten, benutzte gleichzeitig aber jede Gelegenheit, um die jüdischen Mitbürger, insbesondere die Soldaten unter ihnen, zu diffamieren und zu diskriminieren.

I. „Ich kenne keine Parteien mehr, ich kenne nur noch Deutsche"

Am 4. August 1914 empfing der Kaiser im Berliner Schloß Vertreter aller
Parteien des Reichstages, Abgesandte der Konfessionen und vieler Organisationen, um die Einigkeit der Nation zu dokumentieren. An diese Standes-
vertreter sprach der Kaiser die berühmt gewordenen Worte: „Ich kenne keine
Parteien mehr, ich kenne nur Deutsche und zum Zeugnis dessen, daß Sie fest
entschlossen sind, ohne Parteiunterschiede, ohne Standes- und Konfessions-
unterschiede zusammenzuhalten, mit mir durch dick und dünn, durch Not
und Tod zu gehen, fordere ich die Vorstände der Parteien auf, vorzutreten
und mir dies in die Hand zu geloben."
Der Mann, der dieses Erlebnis mit anderen im Kaiserschloß zu Berlin teilte,
war der königliche Oberarzt a. D. und Universitätsprofessor, der jüdische Pri-
vatdozent Dr. Max Rothmann.

Er erfuhr wenig später, was von dem stolzen Kaiserwort zu halten war und wie Juden weiterhin als Bürger zweiter Klasse behandelt wurden.

Im Oktober 1914 war der achtzehnjährige Sohn Professor Rothmanns bereits als Kriegsfreiwilliger an der Front gefallen, schon vorher, am 1. September 1914 hatte er seinen zweiten, damals 15 Jahre alten Sohn für die Kadettenanstalt anmelden wollen, ganz im Sinne der Familientradition von Professor Rothmann, dessen Großvater dem Kaiser in drei Kriegen gedient hatte und der in diesem Dienst ausgezeichnet worden war.

Wie Rothmann bei der Behandlung seines Anliegens, den Sohn in die Kadettenanstalt aufzunehmen, erniedrigt wurde, zeigen einige Dokumente über den langen Irrweg des Gesuches durch verschiedene Instanzen unter anderem auch über den Generalstabschef Generaloberst Moltke, bis zur endgültigen Ablehnung.

Eine Aktennotiz Rothmanns:

Kadetten-Angelegenheit Rothmann.

1. 9. 14 Angabe des diensttuenden Hauptmanns des Kadettenkorps, daß reichlich Platz vorhanden sei.

4. 9. Auf Rat des Oberstudienrats des Kadettenkorps, Geh. Rat Rehrmann, Besprechung mit einem Geheimrat im Kriegsministerium. Daraufhin am 6. 9. vorschriftsmäßige Anmeldung des fünfzehnjährigen Sohnes zur Aufnahme ins Kadettenkorps.

9. 9. Ablehnung, weil in Obertertia kein englischer Unterricht.

11. 9. Nachweis der Aufnahme des Nebenmanns in der Klasse ohne irgendwelche englischen Kenntnisse. Erneutes Aufnahmegesuch, Ersuch einer Besprechung mit dem Kommandeur.

12. 9. Erneute Ablehnung ohne Angabe von Gründen.

14. 9. Unterredung mit dem Obersten von Bardeleben, Instruktionen gestatten die Aufnahme nicht, Immediatgesuch an den Kaiser notwendig. Den Kriegsminister geht es nichts an.

18. 9. Immediatgesuch an den Kaiser unter Berufung auf die durch Handschlag mit den Parteiführern am 4. 8. im Weißen Saal bekräftigte Willensmeinung desselben unter Hervorhebung der vom Großvater in drei Kriegen mit Auszeichnung geleisteten Dienste. Unterstützung des Gesuches durch Geheimen Obermedizinalrat Professor Dr. Waldeyer. Am gleichen Tage Brief an Generaloberst von Moltke, dem Generalstabschef.

22. 9. Antwort des Letzteren, daß er das Gesuch gern zur weiteren Entscheidung dem Chef des Militärkabinetts übermittelt hat.

10. 11. Erst nach zweimaliger Anfrage beim Militärkabinett ablehnende Antwort des stellvertretenden Kriegsminister von Wandel, die in Abschrift beiliegt.

8. 12. Antwort von dem Kriegsminister.
2. 1. Brief von Moltke.
17. 1. Antwort des Kriegsministeriums (von Wandel) mit dem Vorschlag, den Sohn als Fahnenjunker bei einem Truppenteil anzumelden, um ihn Offizier werden zu lassen.

2880/10.14.C 1.   Berlin, den 8. XII. 14.
W., 30. Metzstr. 89

An den stellvertretenden Kriegsminister

Ew. Excellenz bestätige ich den Empfang des Bescheides auf meine Eingabe vom 18. 9. 14 an seine Majestät den Kaiser um Aufnahme meines Sohnes Hans in das Kadettenkorps. Ich vermisse unter den zurückgegebenen Papieren meine Eingabe an den Kaiser sowie den Brief an Sr. Excellenz, den Generaloberst von Moltke, den derselbe laut Brief an mich vom 29. 9. 14 in der gleichen Angelegenheit dem Herrn Chef des Militärkabinetts übermittelt hat.

Die Gründe der von Ew. Excellenz gegebenen Entscheidung kann ich leider noch nicht als richtig anerkennen. Ew. Excellenz können sich aus den Reichstagsverhandlungen, Kommissionen für den Reichshaushaltsetat, 76. Sitzung vom 9. IV. 13, überzeugen, daß die damals vom Herrn Kriegsminister geäußerte Ansicht, daß die Kadettenanstalten christliche Erziehungsanstalten seien, unrichtig ist. Auch sind, soweit ich unterrichtet bin, bereits wiederholt Angehörige nichtchristlicher Konfessionen im Kadettenkorps erzogen worden.

Was aber die christliche Gesinnung betrifft, so kennen Ew. Excellenz ja meine Gesinnung nicht, soweit sie nicht aus meiner Thronvorstellung hervorgeht. Ew. Excellenz würden sie vielleicht als eine christliche bezeichnen, ich aber nenne sie mit Stolz eine deutsche.

Mein ältester Sohn ist bereits im Oktober als der erste der Kriegsfreiwilligen seines Regimentes gefallen. Um so mehr ist es mein dringender Wunsch, daß mein zweiter und jetzt einziger Sohn dem Vaterlande seine Dienste als Offizier widmet. Ew. Excellenz gestatte ich mir daher, die Bitte zu unterbreiten, mir in dieser Angelegenheit eine Audienz zu gewähren.

Mit vorzüglicher Hochachtung
Ew. Excellenz ergebener
Max Rothmann
Universitätsprofessor

Berlin 2.1.15.

Sehr geehrter Herr Professor

ich danke Ihnen für Ihre Zeilen denen
ich die Erwiderung wirklich bei füge. Ich kann
Ihnen zu meinem Bedauern nicht helfen
da die Entscheidung lediglich beim Kr.-M.
liegt. Möge das Geschick es fügen, daß
wir aus diesen Kriegen, in denen alle
Erwachsenen während Volks Schulter an
Schulter ihr Leben einsetzen, die allen
werden übermannend Überzeugung
gewinnen, daß wir alle dieselben sind.
Nehmen Sie meinen besten Gruß aus drücke
über auch gleichzeitig meinen Glück-
wünsche zu dem Jahreswende. Ihre Söhne
die ihnen Tornister den Vorwärts ge-
Gemeinde mit freiem Herzblut be-
fingals fort.

Aufrichtig der Ihrige
v. Moltke
Generaloberst

Sehr geehrter Herr Professor   Berlin, 2. 1. 15.

Ich danke Ihnen für Ihre Zeilen, in denen ich die Anlagen wieder beifüge. Ich kann Ihnen zu meinem Bedauern nicht helfen, da die Entscheidung lediglich beim Kr. M. liegt. Möge das Geschick es fügen, daß wir aus diesem Kriege, in dem alle Angehörigen unseres Volkes Schulter an Schulter ihr Leben einsetzen, die alles andere überwiegende Überzeugung gewinnen, daß wir alle Deutsche sind. Nehmen Sie meinen Beileidsausdruck, aber auch gleichzeitig meinen Glückwunsch zu dem Heldentode Ihres Sohnes, der seine Treue dem Vaterland gegenüber mit seinem Herzblut besiegelt hat.

Aufrichtig der Ihrige
Moltke, Generaloberst

An Herrn Dr. Max Rothmann,
Universiätsprofessor und Privat-
dozent Hochwohlgeboren

Kriegsministerium   Berlin W 66, den 17. 1. 1915
Nr. 1471/1.15.C 1   Leipziger Str. 5

Die Antwort an Euerer Hochwohlgeboren vom 10. November 1914 Nr. 2880/10.14 C 1 enthält den Wortlaut einer für die Aufnahme von Kadetten maßgebenden Bestimmung. Da das Kriegsministerium an dem darin zum Ausdruck gebrachten Standpunkt festhalten muß, würde auch eine mündliche Aussprache erfolglos bleiben, weshalb Eure Hochwohlgeboren gebeten werden, sich nicht bemühen zu wollen.

Wenn Euere Hochwohlgeboren den lebhaften Wunsch habe, Ihren Sohn Offizier werden zu lassen, wird Ihnen ergebenst anheimgestellt, ihn als Fahnenjunker bei einem Truppenteil anzumelden, sobald er das vorgeschriebene Lebensalter erreicht und die sonstigen Bedingungen erfüllt hat.

Das Seiner Majestät dem Kaiser und König vorgelegte Throngesuch vom 18. 9. 1914, ist bestimmungsgemäß den diesseitigen Akten einverleibt und wird nicht zurückgesandt.

Der Brief an seine Excellenz den Herrn Generalobersten von Moltke folgt anbei zurück.

Die Erledigung dieser Angelegenheit hat sich durch Nachforschungen nach dem Verbleib des letzterwähnten Briefes verzögert.

In Vertretung
(Wandel)

II. Die „vaterländische" Haltung der deutschen Juden

Als der Erste Weltkrieg ausbrach, standen die deutschen Juden als Staatsbürger jüdischen Glaubens voll zu ihrem Staat. Zahlreiche Dokumente beweisen dies, auch wenn heute das vom Zeitgeist geprägte Pathos mancher Aufrufe und mancher Dichtung jüdischer Schriftsteller befremdend wirken mag:

1. Aufrufe und Veröffentlichungen jüdischer Organisationen

An die deutschen Juden:

In schicksalsernster Stunde ruft das Vaterland seine Söhne unter die Fahnen. Daß jeder deutsche Jude zu den Opfern an Gut und Mut bereit ist, die die Pflicht erheischt, ist selbstverständlich. Glaubensgenossen! Wir rufen Euch auf, über das Maß der Pflicht hinaus Eure Kräfte dem Vaterland zu widmen! Eilet freiwillig zu den Fahnen! Ihr alle - Männer und Frauen - stellet Euch durch persönliche Hilfeleistung jeder Art und durch Hergabe von Geld und Gut in den Dienst des Vaterlandes!

Berlin, den 1. August 1914

Verband der deutschen Juden
Centralverein deutscher Staatsbürger
jüdischen Glaubens

„Im deutschen Reich" (Organ des „Centralvereins)
XX. Jahrgang Nr. 9, September 1914

An die Ortsgruppen und Mitglieder des Centralvereins deutscher Staatsbürger jüdischen Glaubens!

In den Zeiten des Krieges werden wir nicht so häufig wie sonst zu unseren Lesern sprechen. Wir werden deshalb unsere Zeitschrift nur in unregelmäßigen Abständen erscheinen lassen, sie aber stets dann herausgeben, wenn wichtige Mitteilungen an unsere Mitglieder und Freunde zu machen sind. Auch während der Kriegszeit ist die Arbeit für den Centralverein für jeden, der nicht dem Vaterland mit der Waffe dienen kann, groß. Zunächst bitten wir dringend, unserm Bureau, Berlin SW 68, Lindenstr. 13, I, alles auf die Beteiligung der Juden am Kriege Bezügliche mitzuteilen, da der

Umfang der Beteiligung der deutschen Juden an dem Feldzuge für spätere Zeiten festgestellt werden muß. Dazu gehören nicht etwa nur die Angaben von Namen und Schicksalen der Kriegsteilnehmer, sondern vor allen Dingen auch die kleinen Vorfälle, welche die Stimmung kennzeichnen und charakterisieren. Die Erlebnisse von Angehörigen, die in die Heimat berichtet werden, haben nicht nur für die nächsten Freunde, sondern auch für unsern großen Leserkreis das höchste Interesse. Wenn wir derartige Zuschriften oder Abschriften erhalten, mit der Erlaubnis, Unwesentliches auszuscheiden, das übrige, soweit zulässig, zu verwerten, so wird sicherlich eine Sammlung von höchstem Interesse geschaffen werden. Die uns zugehenden Personalnachrichten werden sorgfältig gesammelt und später gegebenenfalls gemeinschaftlich mit dem Verbande der deutschen Juden bearbeitet werden.

„Im deutschen Reich"
XX. Jahrgang, Nr. 9, September 1914

Unter den Waffen

Deutschland ist zu den Waffen gerufen worden. Was wir lange kommen sahen und was kommen mußte, ist eingetroffen; die niedrigsten Instinkte der Menschheit, Habsucht und Neid, haben Deutschlands Gegner zur Herausforderung veranlaßt. Durch Redlichkeit und Ehrlichkeit war Deutschland groß geworden. Unermüdliche Arbeit, reger Fleiß und energisches Vorwärtsstreben haben die Stellung Deutschlands in der Welt jeden Tag bedeutsamer erscheinen lassen. In Rußland, in Frankreich und in England war es anders. Die Stützbalken jedes Staatsgebäudes: Freiheit und Recht, sind in Rußland schon total vermorscht von innerer Fäulnis. Die Korruption sitzt am Ruder. Bestechung und nicht Tüchtigkeit entscheidet über das Vorwärtskommen des Einzelnen, Tyrannenlaune und nicht der Wille des Volkes über das Schicksal des Landes. Das Wort Gerechtigkeit ist zum Spott geworden. Die Behandlung der russischen Juden - vielmehr ihre barbarische Mißhandlung - hat der Welt seit Jahrzehnten schon den moralischen Tiefstand der Russen gezeigt. Nun enthüllt ihre Kriegführung die ganze Bestialität der kosakischen Horden.
Frankreich war zuerst von dem blinden Verlangen nach Rache für den Verlust von Elsaß-Lothringen zu Rußland hingetrieben worden, von dessen überschätzter Macht es sich die Verwirklichung seiner Revanchehoffnungen versprach. Um Rußland seinen Wünschen geneigt zu machen,

hat es immer neue Milliardenopfer bringen müssen. Opfer, die das ehedem reiche französische Rentnervolk beinahe ruiniert haben. Wenn es sich von dem Bündnis mit Rußland auch hätte freimachen wollen, nun war es schon zu tief darin verstrickt. Sollte das Nationalvermögen nicht ganz vergeblich dem Moskowiter geopfert worden sein, dann mußte Frankreich jetzt bis an's Ende mit ihm gehen und in einer Gemeinschaft verbleiben, von der die uralte Kulturtradition Frankreichs, von der seine Geschichte und sein eigentlicher Geist geschändet wird. Wenn es diesmal unter deutschen Schlägen zusammenbricht, büßt es damit nur blutig den Verrat an den großen Idealen der Menschheit.

Und England? Deutschland war ihm zu mächtig geworden. Alle Freundschaftsbeteuerungen konnten über diese offensichtliche Tatsache nicht hinwegtäuschen. Unser aufblühender Handel, unsere Kolonien, unsere Flotte waren England ein Dorn im Auge. In Deutschland war Arbeit, Eifer und Streben an der Tagesordnung. Die großen Fortschritte auf allen Gebieten kulturellen Lebens wurden von der Welt anerkannt und von jetzt mit uns in Krieg liegenden Staaten mit Neid und Kampf für Ehre und Wahrheit, für die Ehre der Kultur und für die Ehre der sittlichen Weltanschauung. Wir können das behaupten, weil die Tatsachen für uns sprechen.

Über die deutschen Juden und den Krieg zu sprechen, erübrigt sich für den, der die Verhältnisse einigermaßen kennt. Die deutschen Juden waren und sind deutsch bis auf die Knochen. Sie sind im Laufe der Geschichte ein unlösbarer Bestandteil des deutschen Volkes geworden, Daß sie alles für ihr Vaterland, für ihre Heimaterde, für die Kultur, in der sie geboren und erzogen sind, einsetzen werden, ist selbstverständlich. Daß sie mit Gut und Blut bis zum letzten Mann für die Ehre und das Wohl der Gesamtheit eintreten müssen, ist zu klar, um es zu betonen.

Der Krieg hat den Juden die Freude gebracht, daß aus kaiserlichem Munde Parteien und Konfessionen im öffentlichen Leben als abgetan erklärt worden sind. Das kaiserliche Wort: „Ich kenne nur noch Deutsche" soll für uns Juden ein Panier sein!

Besondere Begeisterung führte die Juden ins Feld: die unmenschliche Behandlung der Juden in Rußland gibt dem Kampf gegen das russische Moskowitertum für die Juden eine besondere Bedeutung. Indem Frankreich und England sich mit einem solcher Staate verbündeten, ihn zu fördern suchten, haben sie sich derselben Unkultur schuldig gemacht. Und wenn wir als Deutsche schon an sich mit Begeisterung zu den Waffen gegriffen haben, so haben wir es als deutsche Juden noch um so lieber getan, als ein Kampf gegen Barbarei und Unkultur mit diesem Kriege verbunden ist. Und Gott wird mit unsern deutschen Fahnen sein, weil sie einem Heere voranschweben, das einig und kräftig ist in sich, tapfer und gottesfürchtig, getragen von der Liebe der Zurückgebliebenen und von der Güte und Wahrheit der Sache, welche es vertritt!

Die im Felde Stehenden kämpfen mit Gott für Fürst und Vaterland, für Kaiser und Reich; wer zu Hause bleibt, wird auch gerade als Jude durch Liebestätigkeit, Zurückhaltung, Bescheidenheit und wahre Demut dem hoheitsvollen Ernst dieser Tage gerecht werden.

Die Stellung des Centralvereins zu der durch die Beilegung aller Parteikämpfe geschaffenen neuen inneren Lage ist Gegenstand sehr zahlreicher an uns gelangter Anfragen. Wir antworten:

Der Centralverein hat gekämpft für die Erfüllung der vom Gleichberechtigungsgesetz den jüdischen Staatsbürgern gegenüber eingegangenen Verpflichtungen. Wir haben um sie kämpfen müssen, denn noch bis in die jüngsten Tage hinein war das Wort des Gesetzes nicht Tat geworden. Nun kündet sich auch sittlich eine neue Morgenröte Deutschlands an. Ein in der Weltgeschichte beispielloser Krieg einigt unser bedrängtes Vaterland, schafft mit einem erlösenden Schlage für alle seine Bürger gleiches Recht, zwischen allen Schichten Gottesfrieden. Da ist selbstverständlich auch unser Kampf um das bisher verkümmerte Recht eingestellt. Hoffentlich für alle Zeit. Hoffentlich für immer werden nun die feindseligen Finsterlinge verstummt sein, die den freudig Gut und Blut fürs Vaterland opfernden Juden in Friedenszeiten die bürgerliche Gleichheit bestreiten, die sie als Fremdlinge ausschreien, als Minderwertige entrechten wollten. Hoffentlich . . .

Die Geschichte des Judentums ist nicht dazu angetan, Optimisten zu schaffen. In allen Kämpfen um den Fortschritt der Menschheit haben wir mitgefochten; wann aber sind die höchsten bürgerlichen Güter gerecht verteilt worden unter die Streiter?

. . . „Dieses Mal!" antwortet unsere Sehnsucht. Wir warten auf ihre Erfüllung . . .

Auch sonstige Ereignisse, die mit den Bestrebungen unseres Vereins im Zusammenhang stehen, bitten wir, uns baldtunlichst zu berichten; wir sichern jedem die Rückendeckung der Dokumente und Erstattung seiner Portokosten zu.

An die Vorstände unserer Ortsgruppen werden wir uns demnächst mit einem besonseren Rundschreiben wenden.

Der Vorstand des Centralvereins deutscher Staatsbürger jüdischen Glaubens.

Ein Auszug aus der Schrift
„Im deutschen Reich"
XX. Jahrgang, Nr. 9, September

Krieg

Daß Deutschlands Zwist und Zerrissenheit
Nun endlich waren geschwunden
Und daß in Treue und Einigkeit
Sich alle hatten verbunden;
Daß Deutschland als festgefügtes Reich
Neben anderen sollte ragen:
Das machte die Neidesseelen weich,
Das konnten sie nimmer ertragen!

Daß die Deutschen aus Völkern und Völkelein
Nun ein einzig Volk geworden,
Und daß keine Grenze mehr war an dem Main,
Daß einig der Süden und Norden;
Daß ein kraftvoller Stamm, seiner Kraft sich bewußt,
Sich emporrang nach schmachvollen Tagen:
Das hat die Neider kränken gemußt!
Das konnten sie nimmer ertragen!

Daß die Deutschen nun gar in emsigem Fleiß
Sich blühenden Handel geschaffen,
Und daß sie der Arbeit erstrebten den Preis,
Um freiere Bahn sich zu schaffen;
Daß ein blühendes Reich war geworden das Land
Und daß Frucht seine Äcker getragen:
Das haben die Neider mit Schrecken erkannt,
Das konnten sie nimmer ertragen!

Und die serbische Mordlust zunächst begann,
Von russischer Tücke beflügelt.
Was die fränkische Rachgier förderte dann,
Hat die Hinterlist Englands besiegelt.
Und den Kampf zu bieten, ein jeder allein,
Getraute sich keiner zu wagen;
Zu schimpflichem Wirken im trauten Verein:
So konnten sie schnell sich vertragen!

Doch eines vergaß jener Feiglinge Schar
- Und das wird ihr sich'res Verderben -,
Daß ja nie unser Mut noch gebrochen war,
Den die Väger uns immer vererben.
Wenn die ganze Welt voller Teufel wär',
Wir würden sie alle verjagen,
Da wir einig sind, ein Volk, ein Heer.
Und in Liebe und Treu uns vertragen.

Ja, wir stehn zueinander! Verschwunden ist
Jeder Unterschied, wo er bestanden;
Ob hoch oder nieder, ob Jud' oder Christ,
Ein Volk nur in all unsern Landen!
Wir kämpfen zusammen für Kaiser und Reich,
Zusammen die Neider wir schlagen:
Durch Kampf zum Sieg! Und Streich auf Streich!
Durch Kriegsnot zu ruhigen Tagen!

M. H.

„Im deutschen Reich"
XX. Jahrgang, Nr. 10-12, 1914

Umschau

„Nur die Zusammenfassung aller im deutschen Volke vorhandenen sittlichen und geistigen Kräfte hat Deutschland zur Einheit und Größe geführt. Diese Güter zu wahren, ist Pflicht jedes Patrioten. Niemand darf
zurückgewiesen werden, der für das Vaterland Gut und Blut, geistigen
und sittlichen Besitz einsetzt, mag er Jude oder Christ, arischer oder semi-
tischer Abstammung sein. Höher als alles steht das Vaterland; das Heil
des Vaterlandes aber beruht auf Gerechtigkeit!" - Mit solchen Grundsätzen ist vor 21 Jahren der Centralverein deutscher Staatsbürger jüdischen
Glaubens in die politische Arena eingetreten, nicht nur für die Verwirklichung der den deutschen Juden zugesicherten Gleichberechtigung, sondern für das, was die Grundfesten jedes Staates bildet: Recht, Gerechtigkeit, Kulturfortschritt, friedliches Zusammenwirken aller Bürger für die
Wohlfahrt der Gesamtheit. Dabei wußten die deutschen Juden sich stets
eins mit den Besten der Bevölkerung, mit denen sie so vieles verband:
deutsche Gemütstiefe, deutsche Sprache, deutsche Sitte und Bildung und
jene Heimatliebe, die bei den deutschen Juden um so tiefer wurzelt, als
die stets unlöslich verbunden ist mit dem ihnen anerzogenen herzlichen

Familiensinn. Wohin auch deutsche Juden verschlagen wurden, sprachen sie deutsch und fühlten sie deutsch jenes Heimweh nach dem Duft deutscher Linden und Tannen. Verbittert und vergrämt, verbannt aus der Heimat, zurück sich sehnend nach der Mutter, bekannte sich ein deutscher Jude bei aller Wehmut zu der Erkenntnis: „Deutschland hat ewigen Bestand; es ist ein wunderbares Land!" Um so begeisterter treten jetzt die deutschen Juden mit Gut und Blut für das in seinem Bestand durch zahlreiche Feinde bedrohte Vaterland ein. „Es kann der Beste nicht in Frieden leben, wenn es dem bösen Nachbarn nicht gefällt." Gegen eine ganze Reihe solcher Nachbarn, die Jahre hindurch trotz der Beteuerung ihrer Friedensliebe die Absicht hatten, das Deutsche Reich zu überfallen, gilt es zu kämpfen und zu siegen. „Das ist kein Kampf um die Güter der Erde, das Heiligste schützen wir mit dem Schwerte": das deutsche Vaterland und den heimatlichen Herd!

Unser Kaiser, der seinen Stolz darein setzte, ein Friedenskaiser zu sein, zog notgedrungen das Schwert, und alle folgten freudig seinem Aufruf zum heiligen Krieg gegen Barbarei und Ungerechtigkeit. Furchtlos und treu scharten sich die deutschen Juden um die deutschen Fahnen, auf denen sie die Inschrift: „Gott, unser Panier" zu lesen glauben, aber auch freudig, da der kaiserliche Führer erklärte, keine Parteiungen, keine Konfessionen, sondern nur noch Brüder zu kennen. Die deutschen Juden stehen nun Schulter an Schulter, in Reih und Glied mit ihren christlichen Kameraden, ohne daß man nach Abstammung und Bekenntnis fragt.

Treue dem Kaiser und dem Vaterlande

haben sie geschworen, und sie werden sie mit ihrem Herzblute, so besiegeln, wie sie unzählige Male ihre Glaubenstreue damit besiegelt haben. Als der Mobilmachungsbefehl erschien, vielfach schon vorher, hatten sie sich dazu gerüstet, und besonders wurde die Jugend der jüdischen Bevölkerung in Deutschland von vaterländischer Begeisterung so erfaßt, daß sie sich in großer Zahl freiwillig zur Fahne meldete. Im ganzen deutschen Reich stellten sich die Mitglieder der jüdischen Verbindungen (des Kartell-Convents „K. C." sowie des Kartells jüdischer Verbindungen) sowie der jüdischen Turnvereine sofort dem Vaterlande zur Verfügung. Der Verband jüdischer Jugendvereine Deutschlands richtet eine Aufforderung an seine Mitglieder, sich als Freiwillige zum Heeresdienst zu melden, oder, wenn sie zu jung sind, zur Hilfe bei den Erntearbeiten.

Aber nicht nur vor dem Feinde erfüllen die Juden mit großer Begeisterung ihre Pflicht dem deutschen Vaterlande gegenüber, andern Deutschen in bezug auf Vaterlandsliebe und Opferfreudigkeit. Gibt es doch fast keine jüdische Familie, die nicht Söhne oder andere teure Verwandte im Felde hat; aber nicht diesen allein, sondern allen Streitern für Deutschlands gerechte Sache gilt die allgemeine Fürsorge. Ein Beispiel, in wie hervorragender Zahl jüdische Familien in diesem Kriege Mitkämpfer stellen, liefert die Tatsache, daß der Rittergutsbesitzer Caminer, früher in Raddatz bei Neustettin, jetzt in Berlin, sechs Söhne im Felde hat, daß die jüdische Witwe Jacobus in Zempelburg sieben Söhne und einen Schwiegersohn ins Feld geschickt hat, die jüdische Witwe S. Guttmann in Ezillen in Ostpreußen acht Söhne, die jüdische Witwe C. Feibusch in Rogasen ebenfalls acht Söhne, und von der in Posen ansässigen Familie Baum sind sogar zehn Söhne in den Krieg gezogen.

Zu Beihilfen für das ,,Rote Kreuz" fühlen sich auch in Deutschland ansässige russische Juden verpflichtet. Auf Ersuchen eines in Dresden lebenden Russen jüdischen Glaubens veröffentlichte der amtliche ,,Dresdner Anzeiger" nachstehenden Aufruf:

,,Die Progrome à la Rischinew und die Blutmärchen à la Riew scheinen nicht mehr zu ziehen, und so sah sich die russische Herrschaft gezwungen, einen Mord an dem allverehrten österreichischen Thronfolger anzustiften, um das Auge der Kulturwelt von der russischen Mißwirtschaft abzulenken!

Glaubensgenossen! Ihr, die ihr schon so viel von eurem fluchtartig verlassenen ,,Vaterland" gelitten habt, bedenket den heiligen Kampf, den das deutsche und österreichische Volk jetzt führen! Es ist Pflicht eines jeden hier ansässigen russischen Juden, sich nach Kräften für die Gastfreundschaft, die er hier genießt, zu revanchieren! Sammelt für das Rote Kreuz!"

Eine ähnliche von rühmenswerter Dankbarkeit zeugende Anregung ging von dem russischen Zigarettenfabrikanten Flatter aus; diese lautete: ,,Die russisch-jüdischen Bewohner Dresdens werden hierdurch erinnert, daß sie in Dresden, als einer der schönsten Städte Deutschlands, Gastfreundschaft, Erwerb und eine zweite Heimat gefunden haben. Sie sollten sich nunmehr auch zu Opfern zur Linderung der Kriegsnot, in die ihre Beschützer geraten sind, bereit finden.

Deutschland schützte unser Leben und Vermögen, es gab uns Erwerbsmöglichkeit! Ich richte an alle russischen Juden Dresdens hiermit die Aufforderung, Spenden für unsere tapferen und treuen Verteidiger zu sammeln. Nieder mit Rußland! Es lebe Deutschland!"

Wenn dieses überströmende Dankgefühl russischer Juden im scheinbaren Widerspruch mit den Begriffen steht, die deutsche Juden von der Vaterlandsliebe haben, muß man sich vergegenwärtigen, daß diese Juden erst in Deutschland eine menschenwürdige Behandlung fanden. Sie können nur mit dem tiefsten Widerwillen an das zurückdenken, was das Moskowitertum über sie verhängte, das nicht nur ihnen, sondern auch vielen Nichtjuden die Heimat verleidete, die jetzt der Schicksalsstunde Rußlands gleichgültig gegenüberstehen, in der hoffentlich eine unglaubliche Mißwirtschaft zusammenbrechen dürfte. Dabei darf nicht übersehen werden, daß das Verhalten des russischen Zaren während der Judenmetzeleien zu der Annahme berechtigt hat, er habe die Pogrome als einen nützlichen Abrechnungsmodus der Russen mit den Juden betrachtet. Der kurz nach der Affäre von Rischinew (April 1903) von der Regierung als Gouverneur nach der Hauptstadt Bessarabiens gesandte Fürst Urussow äußerte sich in seinen Memoiren darüber wie folgt: „Bis dahin hatte den Ruf eines unentwegten Judenfeindes nur der Großfürst Sergej Alexandrowitsch, der Generalgouverneur von Moskau. Seit dem Jahre 1903 aber wurde es für alle Welt augenscheinlich, daß auch der Kaiser, wenn nicht im Handeln, so doch im Fühlen und Denken ein Feind der Juden sei."

Vaterländische Lyrik jüdischer Schriftsteller

Gedichte des bekannten Theaterkritikers und Schriftstellers Alfred Kerr. Wiedergegeben aus „Die Harfe" - Vierundzwanzig Gedichte - 1917, S. Fischer Verlag, Berlin.

Wir wollen
(Erschien am ersten Mobilmachungstag am 2. August 1914)

Wir wollen in den Tagen
Der steilsten Lebensfahrt
Nicht säumen - und nicht fragen
Wie alles war.

Wenn auf des Hauses Pfosten
Die Sonne morgen scheint,
Schaut sie in West und Osten
Den Feind.

Sie spürt ein Wipfelbeben
Und hört ein Flügelwehn.
Deutschland kämpft um sein Leben.
Es wird nicht untergehen.

Es geht eine Schlacht

Es geht eine Schlacht . . . mit schwerem Gang.
Am Weichselfluß? Am Wasgenjoch?
Die Stille redet. Tagelang.
Wir wissens nicht. Und wissens doch.

Es rinnt ein Ruf. Durch Frühlingsgrau'n
Durch alle Nächte. Heimatwärts.
Es schwillt ein flüsterndes Geraun
Von eurem Blut in unser Herz.

Es hallt ein Schrei. Es hallt ein Schuß.
Er trifft uns in die eigne Stirn.
Es zieht ein heimlich steter Fluß
Von eurem Hirn in unser Herz.

Es weht der Allerseelenwind
Wir schreiten alle einen Schritt.
Und die wir fern vom Felde sind,
Wir kämpfen mit; wir sterben mit.

Aus den Dichtungen von Ernst Lissauer

Auch der jüdische Schriftsteller und Dichter Ernst Lissauer, geboren 1882 in Berlin, hat sich 1914 nach Kriegsbeginn durch Flugblätter, die er mit dem Titel „Worte in die Zeit" überschrieb und selbst verlegte, besonders engagiert. „Die Hälfte des Reinertrages ist für die Kriegswaisen bestimmt", schrieb er im Kopf dieser Blätter, die er so einleitete:
„Es gilt in diesem Kriege nicht nur Großmacht und Vormacht, nicht nur Gebiete und Kohlenstationen, nicht nur Handel und Siedelung; es gilt Bestand und Dauer des einigen Volkes, Wahrung und Wirkung der deutschen Kultur, die eben in eine neue Phase voller Triebkraft und Fülle wuchs. Dieser Krieg verklärt sich im Geiste und wiederum: die Geister waffnen sich. Der Geist der Volkheit, aus großer Geschichte her, in große Geschichte hin, bläst über den Massen, über den Waffen dieser Zeit. Und ist heute auch das Wort gering hinter der Tat, zu jeglicher Zeit ist das Wort verrucht, das nicht schlagendes Herz und greifende Hände hat: in solchem Sinn wollen diese Worte mit Hand anlegen."
Lesen wir als Beispiel sein Gedicht:

„Führer"

„In den Grenzen in Westen und Osten,
An beiden Meeren, entlang den Strand,
Erdharte Wolken lagern, Land überm Land,
Himmlische Mannschaft steht in Lüften auf Posten.

Luther, der Landsknecht Gottes, mit riesiger Bibel bewehrt,
Bach, vorbetend preisende Orgelgesänge,
Kant, gewappnet mit Pflicht, gewaffnet mit Strenge,
Schiller, die mächtige Rede schwingend als malmendes Schwert.

Beethoven, von kämpfenden Erzmusiken umdröhnt,
Goethe, kaiserlich ragend, von Tageswerksonne gekrönt,
Bismarck, großhäuptig, geharnischt, pallaschbereit,
Des ewigen Bundes Kanzler in Ewigkeit, . . .

Seht sie gedrängt verdämmern in Ferneschein,
Dürer und Arndt und Hebbel, Peter Wischer und Kleist und Stein.

Rings über Deutschland stehn sie auf hoher Macht,
Generalstab der Geister, mitwaltend über der Schlacht."

(Quelle: Leo Baeck-Institut New York)

Dr. Nahum Goldmann: „Der Geist des Militarismus"

„Der deutsche Krieg" hieß eine politische Flugschriftenreihe, die von Ernst
Jäck herausgegeben wurde. Im 52. Heft, das bei der Deutschen Verlagsanstalt Stuttgart und Berlin 1915 erschien, kam Dr. Nahum Goldmann zu Wort,
der nach dem Zweiten Weltkrieg einer der wichtigsten Verhandlungspartner
Dr. Adenauers und der folgenden Bundesregierungen bei den ersten Versuchen war, das deutsch-israelische und damit das deutsch-jüdische Verhältnis
auf eine neue Grundlage zu stellen. Ernst Jäck schrieb damals in einem Geleitwort der Schrift Goldmanns mit dem Titel „Der Geist des Militarismus":
„Diese Schrift gewinnt an Bedeutung durch die Person ihres Verfassers:
Nahum Goldmann ist von Geburt russischer Jude; er ist geboren 1894 in
Wischnewo als Sohn eines Schriftstellers. In früher Jugend nach Deutschland gekommen, ist er in seinem Denken und Empfinden ein so guter
Deutscher geworden, daß er diese schöne Schrift für Deutschland schrei-
ben konnte."

Es folgen einige typische Auszüge aus der Schrift:

„Die Parole, die in diesem Kriege von den Gegnern Deutschlands - und sie sind es ja gewesen, die ihn verursacht haben - ausgegeben worden ist, heißt: Kampf gegen den Militarismus. Die westeuropäische Zivilisation kämpft gegen den preußischen Militarismus, gegen den Potsdamer Geist - dieser Satz bildet die Leitidee aller Betrachtungen und Äußerungen über den Krieg, die man in der französischen und englischen Presse liest und von den namhaftesten Männern Frankreichs und Englands verkündet hört. Man wird in Deutschland gut tun, sich mit dieser Parole eingehend auseinanderzusetzen; sie so abzutun, daß man sie nicht ernst nimmt, oder sogar, daß man ihre Verkünder unehrlich schimpft, ist gewiß nicht die richtige Art. Eine Idee, die von Männern wie Bernard Shaw und Chesterton, von Henri Bergson und Emile Boutroux mit höchster Emphase verkündet wird, durch die der alte weise Skeptiker Anatole France sich dermaßen begeistert fühlt, daß er um seine Einstellung in die Armee bat, eine solche Idee kann man nicht - auch jetzt nicht - mit einem Witz oder einer Geiststreichelei erledigen. Und was die andere Art der Widerlegung betrifft, so scheint es mir auch in Kriegszeiten nicht nur die vornehmste, sondern auch die vernünftigste Methode der Polemik zu sein, den Gegner als anständig zu betrachten, so lange wenigstens, als er nicht greifbare Beweise einer unanständigen Gesinnung gegeben hat. Es dürfte sich also doch wohl der Mühe verlohnen, dieses Schlagwort vom Militarismus einmal näher zu betrachten.

Was verstehen die Gegner Deutschlands darunter? Hier muß von vornherein eins betont werden, um Mißverständnisse auszuschließen: unter militärischem Geist wird nicht kriegerischer Geist verstanden. Es wäre absurd, dem deutschen Volke einen besonders kriegerischen Geist zuzusprechen, was auch in der Tat nicht geschehen ist; wenn ein europäisches Volk diese Bezeichnung überhaupt verdient - ich schneide hierbei das offizielle Rußland aus, wo das Volk nichts, eine kleine Clique ist -, so ist es gewiß das französische. In Wahrheit jedoch ist keine moderne Nation kriegerisch gesinnt; der Geist unserer Zeit, der Charakter der modernen Wirtschaft wie die Eigenart des modernen Geistes ist allen kriegerischen Neigungen durchaus feind, ist so friedliebend, wie es selten eine Zeit gewesen ist.

Also kriegerischer Geist bildet nicht den Sinn dessen, was die Wortführer Englands und Frankreichs Militarismus nennen. Eine besondere militärische Tüchtigkeit aber soll auch nicht mit diesem Schlagwort bezeichnet werden, denn die Gegner Deutschlands werden wohl nicht geneigt sein, diese Eigenschaft gerade Deutschland zuzuerkennen, oder wenn schon, sie für bekämpfenswert zu erklären. Der Gedanke aber, den ich neulich von einem klugen Manne im „Daily Telegraph" dargelegt fand, daß nämlich das Heer ein Unglück, die Flotte aber ein Segen für die Kultur sei, dieser „geniale" Einfall wird wohl auch nicht den Inhalt der Parole bilden, mit der die besten Köpfe Englands und Frankreichs die Vernichtung Deutschlands als im Interesse der Kultur für notwendig begründen wollen. So bleibt denn für den Begriff des Militarismus nur ein Sinn übrig: er bedeutet, daß der militärische Geist das deutsche Volk auch in seinem nichtmilitärischen Teile beherrsche, daß die Grundsätze, auf denen das Heer aufgebaut ist, auch die leitenden Prinzipien des allgemeinen deutschen Volkslebens, des deutschen Geistes und der deutschen Kultur darstellen. Will man daher den tieferen Inhalt dieses also verstandenen Militarismus erfassen, so muß man die Prinzipien, auf denen das moderne Heerwesen beruht, erkennen; nur vom militärischen Geiste aus läßt sich der militärische Geist verstehen.

Welches sind nun die Prinzipien, auf denen jedes moderne Heer beruht? Sie sind leicht zu erkennen . . .
Wir brauchen diese beiden Vorgänge nur prinzipiell zu fassen, und wir haben in ihnen die zwei Grundprinzipien, auf denen das Heer beruht, die zwei Leitideen alles Militärischen aufgefunden: die eine heißt Uniformierung, die andere Subordination.
Uniformierung und Subordination; das ist es, was den militärischen Menschen vom Zivilisten unterscheidet. Er ist zunächst einmal Soldat - dies lehrt ihn die Uniform; er ist sodann je nach dem Range Untergebener oder Vorgesetzter - das besagt das Subordinationsprinzip . . .

Fassen wir zunächst das Uniformierungsprinzip ins Auge; es ist unschwer zu erkennen, daß es nur eine Ausdrucksform der großen demokratischen Idee ist. Durch die Uniform werden alle durch das Leben geschaffenen Unterschiede der Menschen zunächst einmal beseitigt; in der Uniform ist niemand Adliger oder Bürgerlicher, Millionär oder Bettler, Künstler oder Philister, Orthodoxe oder Atheist, sind vielmehr alle nur eins: Soldaten, Glieder der Armee. Es gibt vielleicht im gesamten Umkreis unseres Lebens keine stärkere, machtvollere Ausdrucksform der demokratischen Idee als die militärische Uniformierung. Es ist denn auch kein Zufall, daß der Gedanke der allgemeinen Wehrpflicht in der größten demokratischen Massenerhebung entstanden ist, die die Geschichte kennt: in der Französischen Revolution; und man darf wohl behaupten, daß kaum ein anderes

Ergebnis dieser Revolution für die Folgezeit wirkungsvoller und bedeutsamer geworden ist als gerade der Gedanke der allgemeinen Wehrpflicht, der mit Notwendigkeit zur Umgestaltung, zur Demokratisierung der europäischen Staaten führen mußte und denn auch geführt hat. Der tief demokratische Zug alles Militärischen, der im Uniformierungsprinzip zum Ausdruck kommt, zeigt sich nicht minder deutlich an der Wahrnehmung, daß alle absoluten „Soldatenkaiser" bei allem Absolutismus doch ausgesprochen demokratisch waren, von Cäsar bis Napoleon.

Die Französische Revolution hat das moderne Militär nur in seiner einen Seite geschaffen: in seiner demokratischen Grundlage, in seinem Uniformierungsprinzip. Dies eine Prinzip aber erfordert notwendigerweise seine Ergänzung durch ein anderes. Alle Demokratie ist als solche unvollkommen und, extrem durchgeführt, für die Dauer unmöglich lebensfähig. Wenn alle Menschen als völlig gleich erklärt werden und diese Gleichheit nun restlos verwirklicht werden soll, tritt notwendigerweise Anarchie ein. Denn alles Gesetzliche beruht auf dem Prinzip des Gehorsams, der Unterordnung, der Herrschaft; unter sich völlig Gleichen ist aber Herrschaft und Gehorsam undenkbar. So führt stets alle übertriebene Demokratie zur Demagogie und Anarchie, und diese schlägt dann mit Notwendigkeit in das andere Extrem um: in die Despotie - ein Gemeinplatz geschichtlicher Erkenntnis, der in der Tertia bereits gelehrt wird. Dies eben unterscheidet die Realität von der Ideenwelt, daß im Reiche des Geistes das erstrebenswerteste die möglichste Reinheit der Ideen ist, in der Welt des Realen aber etwas nur existieren kann, das auf einer Synthese verschiedener Extreme beruht. Das demokratische Prinzip erfordert so seine Vervollständigung durch ein anderes, durch sein entgegengesetztes Prinzip: das aristokratische. Sagt das eine: die Menschen sind gleich, so lehrt das andere: sie zerfallen in Herrschende und Beherrschte; offenbart uns das eine unsere Rechte, so predigt uns das andere unsere Pflichten; das eine ermahnt: fordere, das andere befiehlt: gehorche!

Was so von der demokratischen Idee überhaupt gilt, trifft auch natürlich für das Uniformierungsprinzip als eine partielle Ausdrucksform derselben zu; es erfordert seine Ergänzung, seine Korrektur durch eine aristokratische Idee und erhält sie durch das Subordinationsprinzip. Wie sehr dieses aristokratischen Geist wiederspiegelt, braucht nicht erst aufgewiesen zu werden; nirgends ist die Trennung der Menschen in Befehlende und Gehorchende so restlos durchgeführt wie im Heere.

Mit dieser Erkenntnis der beiden Prinzipien der Uniformierung und der Subordination, die das moderne Militärwesen beherrschen, als Ausdrucksformen der großen Ideen des Demokratischen und Aristokratischen, haben wir ihr tiefstes Wesen noch nicht erfaßt. Sie lassen sich noch weiter zurückleiten auf ein tieferes, elementareres Daseinsprinzip, und dies in ihrer Verschmelzung zu einer Gesamtidee. Die demokratische Idee nämlich, wie sie im Uniformierungsprinzip sich äußert, ist von dem gewöhnlichen, bekannten Gedanken der Menschengleichheit prinzipiell verschieden. Dieser Gedanke denunziert die Menschengleichheit aus den angeborenen, allen Menschen gemeinsamen Menschenrechten; er enthält so von vornherein ein utilitaristisches Element: Ein Recht ist etwas, was mir zugute kommt, was mir nützlich ist; enthält daneben auch ein rebellisches, revolutionäres Element: ein Recht ist etwas, was ich mir erfordern und gegebenenfalls erkämpfen muß; und enthält endlich ein entwürdigendes, plebejisches Element: ihm ist die plebejische Geste des Bittens eigentümlich; Heines „Gleichheitsflegel" sind bekannt. Alle drei Eigentümlichkeiten offenbart diese Form des demokratischen Gedankens am stärksten in dem Ereignis, in dem sie sich so ausgelebt hat, wie niemals wieder: in der Französischen Revolution. Daß sie revolutionär war, braucht nicht gesagt zu werden: wie rasch sie ihren ursprünglichen Idealismus verlor und banal-utilitaristisch wurde, ist bekannt; und daß es nie eine plebejischere Zeit gegeben hat als jene Jahre, in denen die Marat und Robespierre die Herrschaft innehatten, ist nicht minder bekannt.

Ganz anders ist die demokratische Idee, wie sie im militaristischen Uniformierungsprinzip zum Ausdruck kommt. Diese leitet die Gleichheit aller nicht aus den gemeinsamen Rechten ab, sondern aus den gemeinsamen Pflichten. Als Mensch hat man Rechte, als Soldat aber hat man in erster Reihe Pflichten; der freigeborene Mensch des Rousseauschen „Contrat social" fordert; der Soldat gehorcht. Das demokratische Uniformierungsprinzip findet seine Stütze und Berechtigung im aristokratischen Subordinationsprinzip: im Gehorchen, in der Erfüllung ihrer Subordinationspflichten sind sich alle Soldaten gleich. Damit aber gewinnt die demokratische Idee, wie sie uns im Heere entgegentritt, statt des utilitaristischen Charakters einen ethischen, statt des revolutionären einen konservativen, statt des plebejischen einen aristokratischen: die Erfüllung seiner Pflichten verleiht, dem Menschen Würdegefühl und Stolzbewußtsein. Sucht man nun nach den geistesgeschichtlichen, philosophischen Quellen beider Formen des demokratischen Gedankens, so wird man sie mühelos finden: der demokratische Gedanke der Menschenrechte, wie ihn die Französische Revolution formulierte, ist geboren aus der französischen rationalistischen Aufklärungsphilosophie; der demokratische Gedanke der Soldatenpflichten ist dagegen entstanden aus der deutschen idealistischen Philosophie. War der Citoyen der Französischen Revolution das lebendig gewordene Theorem des „Contrat social", so mag man demgegenüber mit Recht den preußischen Feldwebel als den personifizierten kategorischen Imperativ Kants bezeichnen. Hier sind wir nun schon dahin gelangt, wohin die Verkünder der Parole: Nieder mit dem Militarismus! hinzielen. Sie wollen mit ihrem Schlachtruf sagen: der Geist, der im Militär herrscht, sei spezifisch deutscher. Wir haben in der Analyse der Grundelemente des militärischen Geistes erkannt, daß sie recht haben. Diejenige Idee, die diesen militaristischen Geist vor allen andern charakterisiert, ist der Gedanke der durch die allen Menschen gemeinsamen Pflichten begründeten Menschengleichheit; diese Idee aber ist eine spezifische deutsche Idee. Nirgends hat der deutsche Geist einen reineren und erhabeneren Ausdruck gefunden als in der idealistischen Philosophie; nichts ist für die idealistische Philosophie wesentlicher und charakteristischer als ihre Ethik; keine Idee ist für die Ethik der idealistischen Philosophie bezeichnender und wichtiger als die der Pflicht, kein Gefühl ihrer Moral eigentümlicher als das der Würde. Beides aber: Pflichtidee und Würdegefühl sind die beiden höchsten Tugenden, die der militärische Geist kennt, sind die schönsten Eigenschaften, die den militärischen Menschen zieren. Diese Erkenntnis von der Wesensverwandtschaft militaristischen und deutschen Geistes tritt noch in anderer Hinsicht zutage, in dem Gedanken nämlich, der, Uniformierungs- und Subordinationsprinzip, Pflichtidee und Würdegefühl in sich vereinigend, die oberste Idee alles militärischen Geistes darstellt, diejenige, in der er seine höchste Krönung erfährt: in der Idee des Organismus. Jeder, der ein modernes Heer in seiner Gesamtheit anschaut, wird ihm - sei er auch fanatischer Pazifist und Antimilitarist - seine höchste Bewunderung nicht versagen können; es gibt kein zweites Gebilde in unserer Zeit, das die große und schwere Aufgabe, aus einer Anzahl von Einzelmenschen einen neuen, geschlossenen und einheitlichen Organismus zu schaffen, so vollkommen gelöst hat wie die Armee. Keine andere Korporation, kein Verein, kein Club, keine Genossenschaft, keine Partei, keine Kirche kann sich, was Geschlossenheit und Einheitlichkeit betrifft, dem Heere zur Seite stellen. Welcher Gedanke aber kommt in dieser höchsten Leistung des militärischen Geistes zur Verwirklichung, wenn nicht die Idee des Organismus? Die Idee, die eben besagt, daß ein organisches Gebilde mehr ist als eine mechanische Zusammenfassung der Einzelglieder, daß das Ganze mehr ist als die Summe seiner Teile, daß - diesen Gedanken aufs Menschlich-Soziale angewandt - ein organisches Kollektivum ein Höheres und Wertvolleres darstellt als die willkürliche, gesetzlose Zusammenfassung aller Einzelindividuen. Diesen großen Gedanken bis zur höchsten Vollkommenheit verwirklicht zu haben, ist das größte historische Verdienst der modernen Armee, ist die gewaltigste Leistung des militaristischen Geistes.

Aber auch theoretisch, in der Analyse ihres gedanklichen Inhalts, erweist sich die Idee des Organismus als der oberste, beherrschende Gedanke des militärischen Geistes; sie birgt in sich die beiden Leitprinzipien desselben: das Uniformierungs- und das Subordinationsprinzip. Jeder Organismus bedeutet zunächst die Nivellierung und die Uniformierung seiner Teile; sie sind alle gleich als Teile des höheren Ganzen; er bedeutet aber sodann die Gliederung der Teile untereinander nach Rangprinzipien, als höhere und niedere: ihre Subordinierung. Man darf sagen: das Demokratische mit dem Aristokratischen verschmolzen, ergibt die Idee des Organismus. Theoretisch wie praktisch erweist sie sich als die leitende Idee des Militarismus.

Zugleich aber ist diese Idee eine der bedeutsamsten und folgereichsten der gesamten deutschen Philosophie, des gesamten deutschen Geistes. Ob man Kant nennt oder Goethe, Fichte oder Schiller, Schelling oder Lessing, Hegel oder Herder, Novalis oder Marx, - um zwei Männer von der größten Polarität des Seins und Denkens zu nennen - bei allen ist die Idee des Organismus diejenige, die ihr gesamtes Denken leitet und beherrscht. Daß das Absolute wertvoller sei als das Singuläre, das Allgemeine bedeutsamer als das Individuelle, das Ganze mehr sei als die Summe aller Teile, das war der tiefste Glaube der deutschen Philosophie und der deutschen Dichtkunst auf ihrer höchsten Entwicklungsstufe; dieser Gedanke beherrscht all ihre Metaphysik, all ihre Ethik, ihre Ästhetik ebenso wie ihre Staatslehre, ihre Naturauffassung nicht minder wie ihre sozialen Ideen; sie ist Ausgangspunkt und Endpunkt, Voraussetzung und Resultat; sie ist eine wahrhaft zentrale Idee des deutschen Geistes.

Was wir vorhin als den höchsten Gedanken der idealistischen Ethik erkannten, der Begriff der Pflicht, ist nur eine Ableitung aus dieser fundamentalen Idee des Organismus, weil die Menschheit eben mehr ist als der Mensch, weil die Menschheit nicht die Summe der Einzelindividuen vielmehr das Einzelindividuum nur einen Teil der Gesamtmenschheit darstellt, sind nicht die Rechte, die der Einzelne von der Gesamtheit fordern kann das Primäre, sondern die Pflichten, die er ihr gegenüber erfüllen muß. Und ebenso wie man die spezifisch deutsche Ethik der Pflichten aus der Idee des Organismus ableiten kann, so lassen sich die meisten großen, schöpferischen Gedanken der deutschen Kultur letzten Endes auf sie zurückleiten. Man hat sie denn auch schon vielfach - so vor allem Hippolyte Taine - als die Zentralidee der modernen deutschen Geisteskultur bezeichnet.

So gelangen wir denn auch hier zu derselben Erkenntnis: es ist richtig, wenn man den militaristischen Geist mit dem deutschen identifiziert. Die Idee des Organismus in all ihren Ausgestaltungen erkannt und verkündet zu haben, macht die größte Leistung des militaristischen Geistes aus. Militaristischer und deutscher Geist sind im Grunde identisch. Man gestatte mir, dasselbe noch kurz in anderer Weise zu formulieren. Ich habe früher einmal (f. „Von deutscher Ordnung" in der „Frankfurter Zeitung", erstes Morgenblatt vom 18. September 1914) den spezifisch deutschen Geist als Geist der Ordnung zu definieren gesucht. Das eben Gesagte läuft auf dasselbe hinaus. Auch die Idee der Ordnung birgt in sich die beiden Prinzipien der demokratischen Uniformierung und der aristokratischen Subordination. Will man eine Anzahl von Dingen ordnen, so muß man sie zunächst uniformieren, einander gleichstellen als gleiche Objekte der ordnenden Tätigkeit; keines darf dieser Tätigkeit entzogen werden. Sodann aber muß man unter den Dingen ein Subordinationsverhältnis herstellen; man muß sie pyramidal aufbauen, nach Klassen und Rängen. Und dieses ganze so geordnete Gebilde will nun als neue Einheit aufgefaßt werden, nicht mehr als die Summe der geordneten Dinge, sondern als ein neues Ganzes: und hier treffen wir wieder die Idee des Organismus. Ob man den deutschen Geist als Geist der Ordnung bezeichnet oder die Idee des Organismus als den spezifischsten Gedanken des deutschen Geistes erklärt, beides besagt dasselbe: man definiert das eine Mal den deutschen Geist nach seinem formalen Charakter und charakterisiert ihn das andere Mal in seiner inhaltlichen Eigenart; und es kommt beiden Bezeichnungen gleich, wenn man ihn den militaristischen Geist nennt.

Dr. Goldmann war Mitarbeiter im Auswärtigen Amt

Die Ausführungen Goldmanns aus dem Jahre 1916 spiegeln die Tragik einer Persönlichkeit wider, die einerseits zu den großen Zionisten zu zählen ist, andererseits trotz der russischen Herkunft Deutschland tief verbunden war. Man kann sie als menschliche Tragödie werten, wenn man bedenkt, wie kritisch und reserviert nach 1948 bis in die Gegenwart der junge Staat Israel, seine Führung und viele seiner Bürger sich gegenüber Nahum Goldmann verhielten, der trotz der schrecklichen Katastrophe der Jahre 1933-1945 unbeirrt versuchte, eine Aussöhnung zwischen Deutschen und Juden und zwischen der BRD und Israel zustande zu bringen. Auch andere Vorstöße Goldmanns auf dem außenpolitischen Gebiet, nicht zuletzt in der arabischen Frage, stießen in Israel nicht auf Gegenliebe, sondern vielfach auf harte Ablehnung.

Goldmann war im Ersten Weltkrieg einige Zeit im Auswärtigen Amt in Berlin tätig. Auch in dieser Position versuchte er, sich für jüdische Siedlungen in Palästina einzusetzen, wobei er als junger Mann schon meisterliches diplomatisches Geschick zeigte. Einzelheiten über diese Zeit berichtet eine Biographie Goldmanns von Jacob Dränger, die 1964 unter dem Titel „Nahum Goldmann - ein Leben für Israel" bei der Europäischen Verlagsanstalt erschienen ist.

1915 erging an Goldmann, der damals in Bad Nauheim lebte, der Ruf, ein Referat in der „Abteilung für jüdische Angelegenheiten" im Auswärtigen Amt in Berlin zu übernehmen. Goldmann stellte sich der Aufgabe, die aus dem besetzten Osten einlaufenden Berichte zu jüdischen Fragen auszuwerten, mit großer Freude. Gleichzeitig setzte er seine Studien an der Philosophischen Fakultät der Berliner Universiät fort. Alsbald nach seiner Ankunft in Berlin nahm er Kontakte mit den führenden zionistischen Kreisen auf. Mit ihnen setzte er auf die angeblichen Zusagen verschiedener kriegführender Mächte, unter ihnen auch der Amerikaner, den Juden eine nationale Heimstätte in Palästina zu geben. Besonders problematisch war es, von deutscher Seite Versprechungen zu erhalten, weil der Bundesgenosse des Reiches, die Türkei, als Beherrscher Palästinas gegenüber dem Zionismus eine ausgesprochen ablehnende Haltung einnahm.

Als Mitte 1916 Informationen nach Berlin drangen, die Türken wollten die jüdischen Kolonien in Palästina verschwinden lassen, waren die Kreise um Goldmann außerordentlich beunruhigt. Goldmann war sich sofort im klaren, daß nur eine direkte Intervention des Kaisers helfen könnte, der sich schon wiederholt zu persönlichen Fürsprachen beim Sultan in zionistischen Angelegenheiten bereitgefunden hatte und ja auch mit dem „Vater des Zionismus", Theodor Herzl, auf palästinensischem Boden zusammengetroffen war. Mehrmals hatte Kaiser Wilhelm II. solche Aktionen aufgrund prozionistischer Fürsprachen des Großherzogs Friedrich von Baden und des Fürsten Philipp zu Eulenburg unternommen.

Mit viel Geschick gelang es schließlich Goldmann, in dem hochangesehenen Theologen Professor Dr. Hermann Leberecht Strak, einem besonderen Vertrauten der Kaiserin Auguste Viktoria, der immer wieder als beredter Anwalt der Juden aufgetreten war, die geeignete Mittelsperson zu finden.

Dränger schließt dieses Kapitel seines Buches mit der Feststellung:

„Wenige Tage nach dem Besuch (Straks) erhielt Goldmann von Strak die Nachricht, daß der Kaiser auf Fürsprache seiner Gemahlin Auguste Viktoria unmittelbar bei der Hohen Pforte zugunsten der Juden interveniert habe. Dieser gewiß nicht kleine Erfolg eines politischen Debütanten entbehrte wahrlich nicht einer pikanten Note. Erst später sollte man erfahren, daß als Triebfeder jenes geschichtlichen Ereignisses ein *20jähriger Student* gewirkt hatte, der überdies als „feindlicher Ausländer" erstaunlicherweise im deutschen Auswärtigen Amt arbeitete, sich aber trotzdem entsprechend den Kriegsgesetzen zweimal wöchentlich in Zehlendorf polizeilich melden mußte!"

Das erste persönliche Gespräch nach den furchtbaren Ereignissen zwischen 1933 und 1945 zwischen einem Repräsentanten der 1949 entstandenen Bundesrepublik Deutschland und einem Vertreter des Judentums fand im Dezember 1951 statt, als Dr. Adenauer als Bundeskanzler der Bundesrepublik Deutschland der britischen Regierung in Londen einen ersten Besuch abstattete. Im Claridge-Hotel empfing Dr. Adenauer Dr. Nahum Goldmann, der durch einen Seiteneingang ins Hotel kam, weil es zu diesem Zeitpunkt noch nicht möglich war, sich offen mit dem deutschen Bundeskanzler zu treffen.

Dies war der Anfang zu vielen Begegnungen, auch zu den Verhandlungen über das Luxemburger Wiedergutmachungsabkommen mit Israel und der Jewish Claimes Conference, deren Präsident Dr. Goldmann war.

Dr. Max Simon: Der Weltkrieg und die Judenfrage

Bezeichnend für die Beurteilung des Verhältnisses zwischen den Deutschen und ihrer jüdischen Minderheit und der Rolle des Weltkrieges für die Judenfrage in Deutschland ist eine Betrachtung von Dr. Max Simon, die 1916 bei P. G. Teubner in Leipzig unter dem Titel „Der Weltkrieg und die Judenfrage" erschienen ist.

In ihr wird deutlich, daß die Position der Juden in Deutschland vorwiegend unter den Aspekten ihrer Lage in anderen Ländern, die mit Deutschland im Kriegszustand sich befanden, gesehen wurde. Es fällt auf, wie stark alle diese Schlußfolgerungen auf die außerordentlich unglückliche Situation der Juden in Rußland zugeschnitten sind und die anderen Kriegsgegner Deutschlands in erster Linie in ihrer Rolle als verbündete Rußlands gesehen werden. So wird verständlich, daß selbst dem Antisemitismus in Deutschland eine besondere Qualifikation zugesprochen wird, die ihn angeblich wesentlich vom Antisemitismus in anderen Ländern und hier wieder in erster Linie in Rußland unterscheidet. So wird letzten Endes auch der Weltkrieg als die große Chance gesehen, diesen Antisemitismus zu überwinden und dem Judentum nicht nur in Deutschland, sondern in ganz Europa zu einer neuen Position absoluter Gleichberechtigung zu verhelfen.

Erstes Kapitel
Die Frage der jüdischen Gleichberechtigung

1. Unser Feind Rußland

Überblickt man die europäischen Staaten vom Gesichtspunkt unserer bürgerlich-politischen Gleichberechtigung, so erkennt man sofort, daß sie in zwei Gruppen zu scheiden sind: auf der einen Seite stehen sämtliche mittel- und westeuropäischen Staaten, in denen die Juden rechtlich und verfassungsgemäß volle Gleichberechtigung besitzen, auf der anderen steht Rußland, in dem sie bis heute politisch entrechtet und Ausnahmegesetzen unterworfen sind, in dem sie verfolgt und mißhandelt werden, in dem Probleme und Ritualmordprozesse an der Tagesordnung sind. Wäre diese Gegenüberstellung - die nicht nur vom jüdischen Gesichtspunkt, sondern darüber hinaus vom Standpunkt der gesamten europäischen Kultur die allein richtige und vernünftige ist - auch für die allgemeine politische Situation maßgebend, dann bedürfte unsere politische Stellungnahme als Juden wohl auch nicht eines Wortes der Beleuchtung und Untersuchung. Es wäre vielmehr für jeden Juden ganz selbstverständlich, daß er mit all seinen Sympathien auf der Seite der Gegner Rußlands stehen und nichts sehnlicher herbeiwünschen müßte als eine Niederlage des Zarenreiches. Wodurch die gegenwärtige Situation der Judenheit jedoch erschwert, wodurch die Klarheit und Sicherheit ihrer Stellungnahme getrübt wird, das ist vor allem die unnatürliche, sinnlose und vom Standpunkt der höheren Kulturgemeinschaft Europas verderbliche politische Konstellation, die die Weststaaten England und Frankreich mit Rußland zusammengekoppelt hat. Dieses Bündnis ist es, was viele Juden in ihrem Urteil stutzig und unentschieden macht. Denn heißt nicht gegen Rußland Stellung nehmen, es zugleich auch gegen die Entente in ihrer Gesamtheit zu tun? Und haben wir als Juden Grund, die Niederlage der Weststaaten zu wünschen? Und vor allem: mildert nicht das Bündnis mit England und Frankreich die Rückständigkeit des Zarenreiches, liegt nicht hierin eine Art von Bürgschaft für den Fortschritt Rußlands und damit auch für die Gleichstellung seiner jüdischen Bürger? Und im Zusammenhang mit diesen scheinbar „mildernden Umständen", die die natürliche jüdische Antipathie gegen Rußland abschwächen und beschwichtigen mögen, tritt dann noch gewöhnlich ein anderer Gesichtspunkt auf, der die entschiedene Stellungnahme gegen Rußland hemmt, die antisemitischen Erscheinungen im öffentlichen Leben Deutschlands. Wenn in Rußland die Juden entrechtet sind, enthält man ihnen auch in Deutschland so manche Rechte vor? Stehen sie nicht hier viel ungünstiger da als in den Weststaaten? Wenn man also aus jüdischem Instinkt schon gegen Rußland ist, kann man da als Jude ohne weiteres für Deutschland und die Zentralmächte eintreten? Dies sind die beiden Momente, die eine klare und entschiedene Stellungnahme der Juden hemmen. Eins steht nun von vornherein fest: wir können keinesfalls rückhaltlos mit unseren Symathien auf seiten der Entente stehen, denn zu ihr gehört auch Rußland, und welcher Jude der noch eine Spur jüdischen Empfindens hat, könnte einen Sieg Rußlands herbeiwünschen? Andererseits scheinen aber die erwähnten beiden Gesichtspunkte: das Bündnis Rußlands mit den Weststaaten und der Antisemitismus in Deutschland, auch unsere Stellungnahme für die Zentralmächte unmöglich zu machen. Also? Zwischen beiden Parteien lavieren wäre von allen Haltungen die verwerflichste: politisch wie moralisch. Stellung müssen wir nehmen und Stellung können wir nehmen; denn beide Momente, die unsere instinktiv natürliche Stellungnahme, wie sie durch unsere Antipathien gegen Rußland gegeben sind, hemmen könnten, sind nur Scheingründe und halten einer näheren Betrachtung und Kritik nicht stand. Das soll im folgenden gezeigt werden.

2. Der Antisemitismus in Deutschland

Beginnen wir mit dem weniger wichtigen der beiden Argumente: dem deutschen Antisemitismus. Es ist eine Tatsache, die kein Jude bestreiten darf und kein Deutscher bestreiten wird, daß im öffentlichen Leben Deutschlands mannigfache Äußerungen des Antisemitismus wahrzunehmen sind. Es ist eine Tatsache, daß in Deutschland vor dem Kriege Juden bis auf wenige Ausnahmefälle keine Offiziere wurden, daß ihnen der Zutritt zur Beamtenlaufbahn fast unmöglich gemacht, zur Richter- und Dozentenkarriere erschwert wird, daß die große und mächtige konservative Partei einen antisemitischen Passus in ihrem Programme hat, kurzum, daß in so manchen Dingen der jüdische Staatsbürger in Deutschland seines Judentums wegen zurückgesetzt wird. Und es ist unter solchen Umständen ein verständliches Argument, wenn demgegenüber auf die günstigere Stellung der Juden in Frankreich und England hingewiesen wird. Dieses Argument erhält auch eine historische Stütze durch die Tatsache, daß in Frankreich die Juden früher emanzipiert worden sind als in Deutschland, woraus dann von französischer Seite oft schon das Verdienst hergeleitet ward, den Gedanken der Gleichberechtigung der Juden überhaupt erst in die Welt gesetzt zu haben, so daß es gewissermaßen den Juden aller Länder gegenüber einen Anspruch auf Dankbarkeit und Liebe besitze. All diese Tatsachen sind durchaus richtig. Dennoch aber wäre die schlagwortmäßige Gegenüberstellung von Deutschland als dem Lande des Antisemitismus und Frankreich als dem Lande der Emanzipation durchaus unberechtigt. Zunächst ist es eine historische Ungenauigkeit, daß Frankreich die Gleichberechtigung der Juden zuerst durchgeführt habe, vielmehr wurde sie in der Verfassung der Vereinigten Staaten von Nordamerika sowie in Holland schon früher proklamiert. Auch der Gedanke selbst ist kein spezifisch französischer, sondern war nur eine notwendige Folge der freigeistigen und liberalen Idee des 18. Jahrhunderts und wurde in Deutschland von den Anhängern des Fortschritts ebenso vertreten wie in Frankreich. Es ist beispielsweise bekannt, daß Graf Mirabeau, als er den Auftrag auf Erteilung der Gleichberechtigung an die Juden in der französischen Nationalversammlung begründete, sich in seiner Begründung des Antrags vor allem auf die Schrift des deutschen Historikers Dohm (eines Freundes Moses Mendelsohns) stützte, in der dieser den Gedanken der jüdischen Emanzipation warm verteidigt hatte. Daß die Emanzipation selbst in Frankreich früher durchgeführt wurde als in Deutschland, lag einfach in dem Umstande begründet, daß die Einführung der Konstitution und die Reformierung des Staatswesens nach den modernen Prinzipien in Frankreich eben früher vor sich ging als in Deutschland. Als sie in Preußen durch Stein erfolgte, da ward auch sofort die Emanzipation der Juden verkündet. Noch ein anderes Moment darf beim Vergleich zwischen Deutschland und Frankreich nicht vergessen werden. In Frankreich wurden die Juden von Anfang an einzig und allein als Menschen und als Bürger emanzipiert; für ihr Sonderdasein als Juden hatte man sowohl damals als auch heute sehr wenig Verständnis. Schon in der Nationalversammlung, die die Gleichberechtigung der Juden aussprach, erklärte der Abgeordnete Clermont-Tonnere: „Die Juden als Menschen verdienen alle Rechte, die Juden als Volk keine!" In der Erteilung der Gleichberechtigung in Frankreich lag somit die Erwartung mehr, die Forderung ausgesprochen, daß sie ihre jüdische Sonderart aufgeben und ganz und gar im Franzosentum aufgehen würden, was dann auch zum größten Teile geschehen ist.

Hingegen erkannte man in Deutschland von Anfang an das Recht der Juden auf ihre Eigenheiten und Traditionen an, und bis zum heutigen Tage kommen die regierenden Kreise Deutschlands allen religiösen Forderungen der Juden mit außerordentlichem Verständis entgegen.

Weitaus wichtiger als diese historische Argumentation ist aber diejenige, die auf den deutschen Antisemitismus von heute verweist. Aber auch hier ist eine einseitige Gegenüberstellung von Deutschland und Frankreich unmöglich. Was zunächst die Theorie des Antisemitismus betrifft, so haben an ihr französische Schriftsteller ebenso Anteil wie deutsche; Gobineau und Renan dürfen in dem gleichen Grade als die geistigen Väter des Antisemitismus angesprochen werden wie Treitschke und Chamberlain, der überdies von Geburt Engländer ist; und Drumonts „Les juifs en France" ist ein antisemitisches Hetzbuch, das von den Pamphleten eines Theodor Fritsch nicht übertroffen wird. Hingegen wird man in Deutschland von heute kaum Namen von Schriftstellern und Dichtern von der Bedeutung eines Brunetiere, Lemaitre, Barres, Bourget in Frankreich finden, die in so offenkundiger und gehässiger Weise wie diese ihren Antisemitismus bekundet haben. Daß aber auch die antisemitischen Instinkte der breiten Massen in Frankreich sehr leicht wach werden können, hat wohl der Dreyfusprozeß zur Genüge bewiesen. Wenn dennoch die Zurücksetzung der Juden im öffentlichen Leben, in der Offizier- und Beamtenlaufbahn, in Deutschland häufiger und stärker ist als in Frankreich, so liegt der eigentliche Grund nicht etwa in einer stärkeren antisemitischen Gesinnung des deutschen Volkes, sondern in dem Umstande, daß Deutschland, vor allem Preußen, noch heute in seiner sozialen Struktur gebundener, traditionaler, weniger demokratisiert ist als die Weltstaaten. Die Ausübung der Staatsgewalt liegt noch heute in Preußen-Deutschland in einem stärkeren Maße in den Händen der früher allein herrschenden Schichten des Adels und der Großgrundbesitzer als dies in England und Frankreich der Fall ist. Daß aber diese Schichten sich zunächst gegen die Abgabe eines Teiles ihrer Macht an die anderen breiteren Volkskreise sträuben, ist historisch begreiflich und war in den Weststaaten nicht anders gewesen. Ein guter Teil der Ursachen, die nun den Zutritt der Juden in Deutschland zur Beamten- und Offizierslaufbahn bis heute erschwert haben ist aber hier zu suchen; es ist das großenteils nichts anderes als eine besondere Ausdrucksform des allgemeinen Widerstandes, den die beherrschenden Stände überall dem Emporsteigen der früher rechtlosen Schichten entgegensetzen, deren stärkste Vertreter sie - mit Recht - in den Juden sehen. Die Frage des Zurückdrängens des deutschen Antisemitismus ist darum mit in erster Reihe eine Frage einer stärkeren Demokratisierung Deutschlands. In dem Maße, als diese Demokratisierung die restlose freie Öffnung der Bahn zur aktiven Mitwirkung an der Leitung und Verwaltung des Staates für alle Kreise des Volkes erfolgen wird, werden auch die Lücken der jüdischen Gleichberechtigung schwinden. Da aber eine solche Demokratisierung des öffentlichen Lebens in Deutschland - die keinesfalls eine sklavische Nachahmung der westeuropäischen Demokratie bedeuten, sondern in völliger Wahrung der deutschen Eigenart erfolgen muß - nach dem Kriege zweifellos eintreten wird - darüber sind sich alle heute in Deutschland völlig klar -, darf man mit gutem Grund auf ein allmähliches Schwinden des deutschen Antisemitismus für die Zukunft rechnen.

Noch ein anderes Moment deutet auf eine immer stärkere Überwindung des deutschen Antisemitismus hin: die fortschreitende Entwicklung des Landes zur weltpolitischen Betätigung. Für jeden Kenner der deutschen Verhältnisse ist es klar, daß der deutsche Antisemitismus in der inneren Politik zum großen Teil die Folge einer kleinlichen provinziellen politischen Gesinnung und Denkweise ist, mit eines der Überreste der alten verderblichen Kirchturmspolitik. In dem Grade, als das deutsche Volk Weltpolitik treiben, als es politisch großzügiger, weiter zu denken lernen wird, werden die inneren erbitterten, vielfach sehr kleinlichen Kämpfe zwischen den einzelnen Schichten und Klassen, und damit auch der Antisemitismus, an Heftigkeit und Bedeutung verlieren. Ein Volk, das große Weltpolitik treibt, hat an andere Dinge zu denken, als an kleinliche antisemitische Nadelstichpolitik, und muß notwendigerweise dazu gelangen, auch in der Verwaltung seines Staates die Tüchtigkeit allein nach ihrem Wert zu würdigen, ohne danach zu fragen, ob der Träger als Jude oder Nichtjude geboren ist. Diese beiden Momente: die stärkere Demokratisierung im Innern und die weltpolitische Betätigung nach außen, stellen die bedeutsamsten inneren Wirkungen dar, die der Krieg für Deutschland nach sich ziehen wird; beide Momente aber wirken dem Antisemitismus entgegen und müssen eine immer stärkere Zurückdrängung desselben zur Folge haben. Diese Ansicht hat vor einiger Zeit auch der deutsche Botschafter in Nordamerika, Graf Berstorff, in einem Interview zum Ausdruck gebracht, das er einem Mitarbeiter der „New Yorker Staatszeitung", Dr. J. S. Mélamed, gewährt hat, und das wir seiner symptomatischen Bedeutung wegen in seinen wichtigsten Teilen hier wiederge-

ben (zitiert aufgrund der Veröffentlichung im „Jüdischen Archiv",
Nr, 1, Seite 1-28):
„Was denkt man in Deutschland über die Leistungen der jüdischen Soldaten in diesem Kriege?" fragte Dr. Melamed den deutschen Botschafter.
„Ich kann Ihnen nur sagen", antwortete Graf Bernstorff, „daß unsere
jüdischen Soldaten sich glänzend schlagen. Sie sind tapfer, mutig und
intelligent und unsere Regierung weiß das zu schätzen. Bisher sind ungefähr 800 jüdische Soldaten mit dem Eisernen Kreuz ausgezeichnet worden und 200 jüdische Soldaten sind auf dem Schlachtfelde zu Offizieren
ernannt worden." „Glauben Exzellenz, daß der Eindruck, den diese
kriegerischen Leistungen gemacht haben, irgendwelche politischen Folgen nach sich ziehen werden?" „Die Folgen sind schon jetzt sichtbar",
antwortete Graf Bernstorff. „Vor dem Kriege genossen die deutschen
Juden alle politischen und bürgerlichen Freiheiten, nur Offiziere konnten sie nicht werden. Nicht deshalb, weil die Regierung dagegen war,
sondern weil sie von dem Offizierskorps nicht gewählt worden sind. Die
Regierung konnte beim besten Willen nichts dagegen tun, weil unsere
Offizierkorps in dieser Frage vollständig autonom sind. Jetzt sind aber
im deutschen Heere etwa 200 Offiziere jüdischen Glaubens, mit anderen
Worten, die Macht der Ereignisse hat sich stärker erwiesen als die Vorurteile des deutschen Offizierkorps. Da nun dieses bis jetzt existierende
Vorurteil in nicht weniger als 200 Fällen gebrochen wurde, so darf man
ruhig behaupten, daß das Vorurteil als solches überhaupt nicht mehr
exisitert. Sobald ein Regiment einen oder mehrere Juden zu seinen Offizieren zählt, wird in der Zukunft ein jüdischer Offiziersaspirant wegen
seines Judentums nicht mehr abgewiesen werden können. Die jüdische
Offiziersfrage in Deutschland kann als gelöst betrachtet werden."
Im Laufe der Unterhaltung ließ sich Graf Bernstorff über die soziale und
politische Stellung der Juden in Deutschland aus: „Kein englischer oder
amerikanischer Jude nimmt eine solche Stelle in seinem Lande ein, wie
etwa Herr Ballin in Deutschland. Der deutsche Kaiser nennt viele jüdische Herren seine Freunde. Bis jetzt ist es den Juden in Deutschland
nicht schlecht gegangen. Sie hatten die Möglichkeit, ihre wirtschaftlichen
und intellektuellen Kräfte zu entwickeln und zu einem großen Faktor im
Leben Deutschlands zu werden. Sie haben dank ihrer Energie und Begabung auf allen Gebieten des wirtschaftlichen und geistigen Lebens
Großes geleistet und sich starke Positionen geschaffen. Es ist wahr, der
Antisemitismus war weit verbreitet, aber nach dem Kriege wird der Judenhaß verschwinden, denn erstens wird das Volk nach dem Kriege viel
demokratischer werden, und zweitens ist das deutsche Volk von der

Treue der deutschen Juden zum Reich und von ihrer ehrlichen Anteilnahme am jetzigen Kriege überzeugt. Ich bin fest überzeugt, daß, soweit Deutschland in Betracht kommt, der Antisemitismus als abgetane Sache betrachtet werden kann. Nach dem Kriege wird die jüdische Emanzipation ganz und voll durchgeführt." Diese Worte des bedeutenden Staatsmannes verdienen größte Beachtung. Sie zeigen, wie man in leitenden Kreisen Deutschlands vielfach über den Antisemitismus denkt, und bestätigen unsere Ansicht, daß er in der Zukunft immer mehr schwinden muß. Jedenfalls aber, dies geht wohl aus allem klar hervor, daß es nicht zu begründen wäre, wollten wir Juden den verschiedentlich noch vorhandenden Antisemitismus in Deutschland zum irgendwie entscheidenden Gesichtspunkt unserer Stellungnahme machen. So sehr wir die antisemitischen Erscheinungen im öffentlichen Leben Deutschlands bedauern, so scharf wir auch dagegen protestieren und ankämpfen müssen, so müssen wir uns doch vor Übertreibung hüten, Deutschland schlechthin als einen antisemitischen Staat anzusprechen und darum etwa gegen ihn Stellung zu nehmen. Der Antisemitismus in Deutschland - es kann nicht genug betont werden - ist eine Folge der stärkeren Herrschaft der alten, traditionellen, antidemokratischen Anschauungen und Lebensformen; im Wesen des modernen deutschen Staates liegt er keinesfalls begründet und muß mit der stärkeren Demokratisierung desselben schwinden.

Aber auch in seiner heutigen Form: wie könnte man ihn in Vergleich stellen zum Antisemitismus in Rußland? Die Gleichberechtigung der Juden ist in Deutschland ebenso anerkannt wie in den Weltstaaten; in Rußland ist sie es nicht. Die Lage der Juden in Deutschland ist wirtschaftlich glänzend, und auch politisch besitzen sie eine achtunggebietende Macht; in Rußland ist sie politisch ebenso menschenunwürdig wie wirtschaftlich. Es wäre absurd, wollte man auf die Behauptung, unser schlimmster Feind sei Rußland, mit dem Hinweis erwidern, auch in Deutschland gäbe es antisemitische Erscheinungen. Der Antisemitismus in Rußland betrifft das Dasein und die Zukunft von sechs Millionen Juden; in Deutschland handelt es sich aber um die Frage, ob einige hundert Juden Offiziere und leitende Beamte werden können, eine Frage, die zwar prinzipiell bedeutsam, aber praktisch wirklich keine Daseinsfrage des jüdischen Volkes darstellt. Der Hinweis auf den deutschen Antisemitismus kann und darf uns in unserer Stellungnahme gegen Rußland keineswegs behindern oder irremachen.

III.
Jüdische Religion und Seelsorge in der deutschen Armee

Dr. Aron Taenzer, der selbst Feldrabbiner im Ersten Weltkrieg war und über den in diesem Kapitel noch berichtet werden wird, schrieb über die jüdische Militärseelsorge im Jüdischen Lexikon (Band IV, Seite 184 bis 185) das folgene Kapitel:

Jüdische Militärseelsorge im Ersten Weltkrieg

„Eine jüdische Militärseelsorge war und ist in der deutschen Heeresorganisation weder im Kriege noch im Frieden vorgesehen. Der 1866 von der preuß. Regierung eingenommene Standpunkt: „bei der verhältnismäßig geringen Zahl und der Verteilung der jüdischen Soldaten in der ganzen Armee sei die Anstellung von jüdischen Feldgeistlichen weder möglich noch nötig" blieb im Prinzip auch in der Folgezeit beibehalten. Im Kriege von 1870/71 hat erstmalig der Hörer des Jüd.-theol. Seminars in Breslau, Dr. Isaak Blumenstein (geb. 1843, gest. 1903 als Rabbiner in Luxemburg) um die Erlaubnis zur Ausübung der Seelsorge unter den jüdischen Feldsoldaten nachgesucht. Sie wurde ihm erteilt, und ebenso den später sich meldenden Hörern der gleichen Anstalt Dr. Adolph Lewin (geb. 1843, gest. 1910 als Rabbiner in Freiburg im Breisgau) Dr. Jakob Guttmann und Dr. Benjamin Rippner (gest. 1888 als Rabbiner in Glogau). Diese grundsätzliche Beschränkung auf die Zulassung von sich freiwillig meldenden Rabbinern ward auch im Weltkrieg beibehalten für die ca. 30 Feldrabbiner, die in allen deutschen Fronten die jüdische Feldseelsorge ausübten. Ihr Tätigkeitsbereich erstreckte sich zumeist über eine ganze Armee. Ab August 1915 erhielten sie monatliche Aufwandsentschädigungen, jedoch nur aus „Billigkeitsrücksichten", weil das preußische Kriegsministerium an dem Standpunkt festhielt, daß ihnen ein Rechtsanspruch auf Gewährung von Vergütungen für ihre Tätigkeit nicht zusteht". Ein Erlaß vom Jahre 1916 bezeichnete sie als in einem Vertragsverhältnis stehend. Die Tätigkeit der Feldrabbiner erstreckte sich auf die Veranstaltung von Gottesdiensten, auch für die Kriegsgefangenen, den Besuch von Lazaretten und Sanitätsformationen, die Mitwirkung bei Beerdigungen, Verteilung von religöser Lektüre und Liebesgaben aus der Heimat, wozu noch an der Ostfront auf Wunsch oder mit Genehmigung des Armee-Oberkommandos die Mitwirkung bei Hilfsaktionen für die jüdische Zivilbevölkerung im Kriegsgebiete kam. Im Auftrage der Feldrabbiner des Ostens gab Feldrabbiner Dr. Sali Levi 1918 ein „Jüdisches Feldgebetbuch" heraus.

Von Feldrabbiner Dr. M. Salomonski (jetzt Berlin) erschien 1917 „Ein Jahr an der Somme", von Feldrabbiner Dr. A. Taenzer (jetzt Göppingen) 1917 „Brest-Litowsk, ein Wahrzeichen russischer Kultur im Weltkriege". In einer Serie von Aufsätzen hat Feldrabbiner Dr. Leo Baeck Einblicke in die jüdische Feldseelsorge gegeben."   A.Tz.

Schwierigkeiten bei der Vereidigung von Rekruten israelitischen Glaubens.

Die Rücksichtnahme auf Glauben und Gebräuche der jüdischen Minderheit erforderte differenzierte Regelungen für die Praxis. Bis ins kleinste Detail ist denn auch das Verfahren der Vereidigung jüdischer Soldaten in einer Anordnung des preußischen Königs Friedrich Wilhelm aus dem Jahre 1846 festgelegt: Abschrift zu Nr. 58o/7.13. A 2.

Ich bestimme über die Vereidigung der Ersatzmannschaften, zur Beseitigung der seither wahrgenommenen Verschiedenheit, hierdurch folgendes:

1. Die Vereidigung der Ersatzmannschaften erfolgt - ohne daß dadurch besondere Kosten entstehen dürfen - durch Offiziere unmittelbar nach der Aushebung nach der durch den betreffenden Landwehr-Brigade-Kommandeur für jeden Aushebungsort im voraus herbeizuführenden Anordnung.

2. Bevor zu der Vereidigung geschritten wird, sind die Ersatzmannschaften, wo es angeht, confessionsweise in den Kirchen und Synagogen durch Geistliche zur Eidesleistung vorzubereiten. Hiernächst werden sie

3. an dem zur Eidesabnahme bestimmten Orte wieder versammelt und, nach geschehener Vorlesung der Kriegsartikel, so weit es in Garnisonen statt finden kann, bei der Fahne oder am Geschütz, sonst aber auf den Säbel oder Degen des Offiziers, nach vorausgegangener Erklärung der symbolischen Bedeutung, der für jede Confession vorgeschriebenen Formel gemäß vereidigt. Sobald dies geschehen, hat

4. der vereidigende Offizier unter der vorher anzufertigenden namentlichen Liste zu bescheinigen, daß und wann von ihm den verzeichneten Leuten der Eid abgenommen worden ist.-

Indem ich dem Kriegsministerium überlasse, hiernach weiter zu verfügen, bemerke ich zugleich, daß unter geeigneten Umständen der Eidesabnahme ein besonderer kirchlicher Akt nacherfolgen kann.

Berlin, den 26. November 1846   gez. Friedrich Wilhelm

Es zeigt sich, besonders im ersten Weltkrieg, daß diese Bestimmung gar nicht so leicht einzuhalten war, nicht zuletzt deshalb, weil die jüdischen Truppen im Verhältnis zu den christlichen unter den Rekruten außerordentlich schwach waren. Aber auch Nachlässigkeit im Verhalten der Offiziere, die für die Vereidigung zuständig waren, insbesondere gegenüber den berechtigten Interessen der jüdischen Rekruten, führe dazu, daß immer wieder Eingaben jüdischer Gemeinden und jüdischer Einzelpersonen an die verschiedenen Behörden erforderlich wurden, um die Interessen der jüdischen Rekruten zu wahren.

Wie kompliziert die Behörden das Problem sahen, zeigt typisch ein Schreiben des württembergischen Kriegsministeriums an das stellvertretende Generalkommando vom 8. Mai 1915:

„Nachdem die schriftliche Eingabe der K.-Israelitischen Oberkirchenbehörde vom 20. 4. 1916 auch noch durch den Vorstand der genannten Behörde, Kirchenrat Dr. Kroner, mündlich bekräftigt und dabei erneut zum Ausdruck gebracht worden ist, welch außerordentlich große Bedeutung gerade in gegenwärtiger ernster Zeit darauf gelegt würde, wenn sich die Vereidigung der israelitischen Rekruten unter möglichst gleichen Bedingungen vollziehen würde, wie diejenige der christlichen Mannschaften, möchte das Kriegsministerium dem so eindringlich geäußterten Wunsche doch nach Möglichkeit entgegenkommen.

Wenn die Israeliten zahlenmäßig auch nur annähernd so stark vertreten wären, wie diejenigen der christlichen Konfessionen, so würde für deren Vereidigung ja ohne weiteres die gleichen Bestimmungen in Kraft treten, wie für christliche Mannschaften. Es kann aber nicht verlangt werden, daß in Garnisonen, wo nur einzelne israelitische Leute zur Vereidigung kommen, der ganze umständliche Apparat in Bewegung gesetzt wird wie bei den andern Konfessionen. Vielleicht könnte aber auch dort wenigstens einigermaßen entgegen gekommen werden, indem angeordnet würde, daß derjenige Offizier, der nach bisheriger Gepflogenheit die Vereidigung in der Kaserne auf einen Säbel vorgenommen hatte, sich nach der Synagoge zu begeben hätte, um dort im Anschluß an die religiöse Vorbereitung den Eid in der gleichen einfachen Weise abzunehmen. In Garnisonen, wo eine größere Anzahl von israelitischen Mannschaften zur Vereidigung gelangt, könnte unter Umständen weiter gegangen werden, indem eine Fahne durch eine Gruppe - bei sehr großer Beteiligung vielleicht auch durch eine Kompanie - in die Synagoge verbracht würde, wo die Vereidigung dann im Beisein einer Abordnung von Offizieren zu erfolgen hätte. Die mehr oder weniger große Feierlichkeit der Vereidigung würde durch den Garnisonältesten, je nachdem eine kleinere oder größere Anzahl von Rekruten zur Vereidigung käme, festzustellen sein.

101

Bevor das Kriegsministerium mit der israelitischen Kirchenbehörde in weitere Verhandlungen eintritt, wäre dem Kriegsministerium von Wert, wenn sich das (-) zu vorstehenden Anregungen äußern wollte."

Unter Berücksichtigung verschiedener inzwischen gesammelter Stellungnahmen, erwiderte schließlich der stellvertretende Generalkommandeur dem Königlichen Württembergischen Kriegsministerium unter dem 30. Mai 1916, wobei er sich abschließend für eine allgemeine Regelung in allen Bundesstaaten des Reiches ausspricht:

„Dem Königlichen Kriegsministerium beehrt sich das stellvertretende Generalkommando in der Angelegenheit der Vereidigung israelitischer Rekruten ergebenst zu erwidern, daß nach Auffassung des stellvertretenden Generalkommandos dienstliche Hindernisse einem den Wünschen der Israelitischen Oberkirchenbehörde entgegenkommenden Verfahren nicht entgegenstehen. Bezüglich des Verfahrens selbst schlägt das Generalkommando vor, die Vereidigung, statt in der Kaserne, in der Synagoge im unmittelbaren Anschluß an die religiöse Vorbereitung durch einen Offizier auf dessen Degen - im Beisein einer Abordnung von Offizieren - vornehmen zu lassen. Die Verbringung einer Fahne in die Synagoge wird sich wegen der stets geringen Anzahl von israelitischen Rekruten nicht lohnen. Während des Krieges z. B. sind bei 9 Vereidigungen in Stuttgart zusammen nur 107 israelitische Rekruten vereidigt worden, in Ulm bei 14 Vereidigungen nur 138. Dabei war die Höchstzahl bei einer Vereidigung in Stuttgart 19, in Ulm 22.
Da bei der Angelegenheit auch prinzipelle Fragen hereinspielen, empfiehlt sich vielleicht eine allgemeine, gleichmäßige Regelung in allen Bundesstaaten. v. Schaefer."

Auch religiöse Feiertage bereiteten Schwierigkeiten.

Die religiösen Feiertage waren auch für die jüdischen Soldaten an den Fronten und in allen Stellungen des Krieges nicht ohne Weiteres aufgehoben, ihre Einhaltung bereitete aber naturgemäß Schwierigkeiten. Die jüdischen Gemeinden kümmerten sich mit Eingaben und Bittgesuchen bei den obersten Behörden darum, soviel wie möglich von den Gebräuchen und Geboten zu erhalten, vor allem von den Speisevorschriften für die höchsten Tage des Pessachfestes und des Neujahrtages. Hinzu kam das Problem der Gewährleistung der Seelsorge für verwundete Soldaten in den Lazaretten und für gefangene jüdische Soldaten. Aus den verschiedenen Eingaben spricht vor allem die Sorge, daß der andere Glaube der jüdischen Soldaten und die ihn schützenden besonderen Vorschriften auch respektiert werden:

Freie Vereinigung für   Frankfurt/a.M., den 4. März 1915
die Interessen des or-   Telefon Amt 1, 5653
thodoxen Judentums
(Eingetragener Verein).

Betr.: Berücksichtigung des jüdischen Osterfestes in der Armee.

Ew. Excellenz
beehren wir uns, folgendes ganz ergebenst vorzutragen.
Vom 29. März abends bis einschließlich 6. April findet das jüdische Passahfest statt. Hiervon sind der *30.* und *31.* März und der *5.* und *6.* April Hauptfeiertage. *Die besonders strengen biblischen Speisevorschriften (Verbot allen gesäuerten Backwerkes etc.) für das Passahfest gelten jedoch für die gesamte Dauer des Festes.*
Diesen Vorschriften *vollkommen* gerecht zu werden, bietet im Felde sehr erhebliche Schwierigkeiten, denen wir zwar durch Organisation von Liebesgaben-Sendungen ritueller Lebensmittel zu einem kleinen Teile abzuhelfen versuchen, die aber *gänzlich* nur für die nach einer jüdischen Gemeinde Beurlaubten zu beseitigen wären.
Die Vorabende zum ersten und zweiten Feiertag sind mit besonderen religiösen Pflichten verbunden und werden in den jüdischen Familien nach einer seit Jahrtausenden geheiligten Liturgie am häuslichen Tisch in besonderer Weise begangen. Es wohnt diesen sogenannten Sederabenden für den konservativ erzogenen Juden ähnlicher religiöser Gefühlswerte inne wie dem Weihnachtsabend für den Christen.
Aufgrund der vorstehenden Darlegungen und in völliger Würdigung der Notwendigkeit, im Kriege alle Sonderwünsche möglichst zu beschränken, gestatten wir uns folgendes zu beantragen:
a) Den in *heimatlichen Garnisonen* oder in den *Etappenstationen* befindlichen jüdischen Soldaten bitten wir, soweit nicht die dienstlichen Interessen es unmöglich machen, für die Dauer des Festes oder wenigstens für die Hauptfeiertage Urlaub gewähren zu wollen. Den hiernach in den Garnisonen verbleibenden Mannschaften wolle zur Einnahme der Mahlzeiten ausreichender Urlaub für den Besuch eines am Orte oder in der Nähe befindlichen jüdischen Kosthauses gewährt werden.

b) Den jüdischen Mannschaften *an der Front* wolle, soweit es die Kriegslage gestattet, die Möglichkeit gegeben werden, zum wenigsten die *beiden Sederabende* (29. März und 30. März) nach traditioneller Weise in Gruppen gemeinsam zu begehen.

c) Bei der *Neueinstellung von Rekruten und Landsturmpflichtigen* bitten wir, die jüdischen Feiertage insofern berücksichtigen zu wollen, als die für die letzten März. oder ersten Apriltage einzuberufenden Mannschaften jüdischen Glaubens *auf Antrag* erst am 8. April einzutreten brauchen, das Fest also noch unter Wahrung der religionsgesetzlichen Vorschriften in ihrem Familienkreise begehen können.

d) Etwaige Wünsche der in den *Etappenlazaretten* und *Reservelazaretten* befindlichen jüdischen Verwundeten nach Meinung der am Passahfeste verbotenen und Empfang rituell erlaubter Speisen mögen seitens der leitenden Ärzte an die am Platze oder in der Nähe befindlichen Rabbinate, wo solche fehlen, den Synagogengemeinden weitergeleitet werden. Es wird sich dann in den meisten Fällen die Möglichkeit bieten, dem religiösen Empfinden der Verwundeten ohne Schädigung der gesundheitlichen oder disziplinären Interessen Rechnung zu tragen und dadurch einen schweren Gewissenszwang zu vermeiden.

Wir wären über dankbar, wenn diesen Anträgen wohlwollender Weise stattgegeben und die Kommandobehörden und Sanitätsbehörden zur möglichst weitgehenden Berücksichtigung der religiösen Bedürfnisse der jüdischen Mannschaften angewiesen werden würden, die ja gerade heute mehr als je des stärksten religiösen Haltes bedürfen.

> In ehrfurchtsvoller Ergebenheit:
> Der Vorstand
> der freien Vereinigung für die Interessen des
> orthodoxen Judentums, e.V.
> i./A. gez. Rabbiner Salomon Breuer.

an den Herrn Kriegsminister, Excellenz Berlin.

Kriegsministerium   Berlin W 66, den 21. März 1915
                                                       Leipziger Straße 5
Nr. 879/3-15- C 1.
Abschrift mit dem Anheimstellen ergebenst übersandt, den Wünschen zu entsprechen, soweit es angängig ist und sich mit den dienstlichen Interessen vereinbaren läßt.

Um Bekanntgabe durch Tagesbefehl wird ergebenst ersucht.

                                                       gez. Wandel

An das Königlich Württembergische
Kriegsministerium
in Stuttgart

Abdruck beehrt sich das Kriegsministerium zur gefälligen Kenntnisnahme ergebenst zu übersenden.

Wandel

Wo im einzelnen die Schwierigkeiten lagen, geht aus einem Schreiben des Kriegsministeriums, unterzeichnet vom Kriegsminister von Falkenhayn, an den Vorstand der Freien Vereinigung für die Interessen des orthodoxen Judentums, vom 3. Oktober 1913 hervor:

„Auf die mit dem gefälligen Schreiben vom 17. Oktober 1912 eingereichte Denkschrift über die religiösen Interessen der jüdischen Mannschaften in der deutschen Armee erwidere ich nach eingehender Prüfung der Angelegenheit folgendes ergebenst:

Zu Antrag 1. Das Kriegsministerium kann es nicht für angängig erachten, Soldaten jüdischen Glaubens zu gestatten, sich nach Wunsch rituell zubereitetes Essen in die Kasernen zusenden zu lassen; es ist jedoch nichts dagegen einzuwenden, daß die betreffenden Truppenkommandeure einzelne Leute auf Antrag unter Berufung auf die Religionsgesetze, soweit angängig, von der Teilnahme an den gemeinschaftlichen Speiseeinrichtungen entbinden. Die Zusendung rituell zubereiteter Speisen in die Kasernen würde aber auch in diesen Fällen unterbleiben müssen. Die Truppenteile sind von hier aus entsprechend unterrichtet worden. Eine Abänderung der Bestimmung in § 7 Ziffer 11 der Friedens-Verpflegungsvorschrift erscheint nicht notwendig.

Zu Antrag 2. Dem Vorschlage, die den jüdischen Soldaten zustehenden Beköstigungsgelder *durch die Truppenteile unmittelbar* in einer Summe an die Vereine abzuführen, die die rituelle Verpflegung der Soldaten besorgen, kann nicht nähergetreten werden. Das Erforderliche müßte vielmehr den in Frage kommenden jüdischen Mannschaften selbständig überlassen bleiben.

Zu Antrag 3. wird ergebenst bemerkt, daß für die Zuteilung der Auszuhebenden an die Truppen gesetzlich nur das militärische Bedürfnis maßgebend ist. An diesem Standpunkt darf im Interesse der Armee und der Allgemeinheit nichts geändert werden. Es wird aber darauf hingewiesen, daß der *freiwillige* Eintritt in das Heer auch orthodoxen Juden die Möglichkeit gibt, sich die passende Garnison zu wählen.

Ein Bedürfnis zur Berücksichtigung des Antrages 3 kann ich daher nicht anerkennen.

Zu Antrag 4 und 5. Die Bestimmung in Ziffer 190 letztem Absatz der Garnisondienst-Vorschrift, wonach Soldaten jüdischen Glaubens an den jüdischen Feiertagen möglichst vom Dienste befreit bleiben sollen, bezieht sich auch auf die Sabbathe. Die Bestimmung bietet somit den Kommandostellen eine genügende Handhabe, an den Sabbathen Dienstbefreiung eintreten zu lassen und den Besuch des Gottesdienstes zu gestatten. Durch die Wahl des Wortes „möglichst" in vorerwähnter Bestimmung ist den religiösen Interessen der jüdischen Soldaten diesseitigen Erachtens ausreichend entgegengekommen.

Der in Antrag 4 erbetenen Befreiung jüdischer Mannschaften vom Schießen an den Sabbathen kann aber, soweit es sich um diese Dienstverrichtung während der Gefechts- und Schießübungen und sonstigen Truppenübungen in kleinen oder großen Verbänden handelt, im dienstlichen Interesse nicht entsprochen werden. Dagegen hat das Kriegsministerium Veranlassung genommen, den Truppen anzuempfehlen, die jüdischen Soldaten an Sabbathen ohne zwingenden Grund nicht zum *Schul*schießen heranzuziehen. Es ist ferner dem dortigen Antrag entsprechend den Truppen anempfohlen, die jüdischen Soldaten an Sabbathen nach Möglichkeit vom Schreiben zu befreien.

Eine Bindung der Befehlsstellen dahin, daß sie ausnahmslos mindestens zweimal im Monat den Sonnabendvormittag den jüdischen Soldaten für ihren Gottesdienst freizugeben haben, kann nicht in Betracht kommen.

Zu Antrag 6. Auch die Dienstbefreiung für den Sonnabendnachmittag ist durch die Vorschrift im letzten Absatz der Ziffer 190 der Garnisondienst-Vorschrift in einer den militärischen wie den religiösen Interessen genügenden Weise geregelt. Die Dienststellen sind aber darauf hingewiesen worden, daß die Dienstbefreiung auch nur für den Sonnabendnachmittag zur Erledigung religiöser Obliegenheiten für den jüdischen Soldaten von Wert ist.

Eine Kommandierung von jüdischen Mannschaften zum Gottesdienst halte auch ich nicht für angängig.

Um die in der Denkschrift dargelegten Bedenken gegen die von jüdischen Mannschaften im Einzelfalle zu stellenden Gesuche um Dienstbefreiung zu zerstreuen, sind die Dienststellen ersucht worden, den jüdischen Rekruten nach ihrer Einstellung unter Hinweis auf Ziffer 190 letzten Absatz der Garnisondienst-Vorschrift die Einreichung von Dienstbefreiungsgesuchen anheimzustellen.

Zu Antrag 7. Die schon bestehende Vorschrift, wonach Ersatzmannschaften nach Möglichkeit konfessionsweise in den Kirchen und Synagogen durch Geistliche zur Eidesleistung vorzubereiten sind, ist der Armee erneut in Erinnerung gebracht worden.

Zu Antrag 8. Die Truppenteile können Anträgen der zuständigen Rabbiner oder besonderen Vertrauensmänner auf Aushändigung von Verzeichnissen der eingestellten jüdischen Rekruten auch ohne besondere Ermächtigung durch das Kriegsministerium nachkommen. Da aber die Fürsorge für die Seelsorge an den außerhalb der Militärgemeinden stehenden Heeresangehörigen auch in Zukunft allein den beteiligten Religionsgemeinschaften überlassen bleiben muß, kann eine allgemeine Weisung in dieser Hinsicht nicht erteilt werden.

Zu Antrag 9a wird auf vorstehende Ausführungen zu Antrag 4 und 5, betreffs *Antrag 9b, 10 und 11* auf das Schreiben meines Herrn Amtsvorgängers vom 8. März 1911 Nr. 1249/2.11.A 1 ergebenst Bezug genommen. Die jüdischen Feiertage schon bei Festsetzung der Ruhetage während der Manöver und sonstigen Übungen *allgemein* zu berücksichtigen, würde nur in seltenen Fällen mit den militärdienstlichen Interessen vereinbar, jedenfalls aber dann ausgeschlossen sein, wenn mehrere Feiertage aufeinanerfolgen, wie z. B. beim Neujahrsfeste.

Der Kriegsminister
gez. v. Falkenhayn

An den Vorstand der Freien Vereinigung für die Interessen des orthodoxen Judentums,
z. Hd. des Herrn Rabbiners Dr. Salomon Breuer
in Frankfurt/M.

Abdruck von Vorstehendem mit dem Ersuchen um entsprechende gefällige weitere Veranlassung ergebenst übersandt. Das Kriegsministerium legt auf die Berücksichtigung der Wünsche und Vereinigung, soweit ihnen im Vorstehenden Rechnung getragen ist, Wert, weil die Förderung religiösen Sinnes im militärischen Interesse liegt.

Zu Antrag 7 wird auf die abschriftlich beigefügte A.K.O. vom 26. November 1846 - Ziffer 2 - ergebenst Bezug genommen.

gez. v. Falkenhayn

Erinnerungen des Feldrabbiners Dr. Aron Taenzer

Aufschlußreich für die Beurteilung der damaligen Situation ist der Bericht Dr. Aron Taenzers über seine Erlebnisse als Feldrabbiner. Das Manuskript seiner Erinnerungen befindet sich im Leo Baeck-Institut in New York. Durch Vermittlungen des Direktors des Instituts, Dr. Fred Grubel, und mit Genehmigung des Enkelsohnes Dr. Taenzers, des heute in New York lebenden Rabbiners Uri Taenzer, wurde mir ein Teil der Aufzeichnungen zur Verfügung gestellt.

Erstes Kapitel
Das erste Kriegsjahr

Wer doch imstande wäre, jene einzigartige Empfindung hingebungsvoller Begeisterung lebenstreu zu schildern, welche in den ersten Augusttagen des Jahres 1914 jedes deutschfühlende Herz höher schlagen ließ! Noch heute zittert diese Empfindung in mir nach und haftet unverwischbar in meiner Erinnerung. Unzählige Male seither, während der oft so langen und eintönigen Fahrten auf Panjewagen oder Feldbahnen durch die russischen Sandwüsten und ebenso in Stunden ernsester Selbstprüfung nach der Wiederkehr in die ach so schwergeprüfte Heimat, habe ich es versucht, dieser damaligen, so begeisterungsvollen Stimmung auf den Grund zu kommen. Waren es Eroberungssucht, Beutegier, Kriegslust einer Generation, die nach 43 Friedensjahren den fürchterlichen Ernst des Krieges und seine unausbleibenden Opfer nicht kannte und darum auch nicht fürchtete? Nein, und tausendmal nein. Nichts von alledem. Und wenn auch die Kultur des 20. Jahrhunderts durch den berüchtigten § 231 des Versailler Gewaltfriedens in beispielloser Weise geschändet worden ist. Die Behauptung von der alleinigen deutschen Schuld am Kriege ist und bleibt trotz der unter den allerschwersten Drohungen erpreßten deutschen Unterschrift die widerlichste Lüge der Weltgeschichte, um so widerlicher, als sie ihre Urheber gegen ihr eigenes besseres Wissen in alle Welt gesetzt haben, um ihre eigene schwere Schuld zu verschleiern und zugleich für ihre von Anfang an als Kriegsziel festgelegte Vernichtung Deutschlands eine Rechtfertigung zu konstruieren. Eben diesen Vernichtungswillen der seit langem hierzu verschworenen Feinde kannte oder fühlte bei Kriegsausbruch jeder Deutsche, und darum war es nichts als Liebe, hingebungsvolle Liebe zum so schwer bedrohten Deutschtume, zur deutschen Heimat, zur deutschen Kultur, zum deutschen Volke, die damals alle deutschen Herzen erfüllte. Heilig und reich war damals die Empfindung der deutschen Volksseele, wenige wußten, aber alle fühlten, daß dieser Krieg uns von den Feinden aufgezwungen war, daß er der Verteidigung der Heimat gegen die drohende Vernichtung galt. Wie nur berechtigt aber dieses damalige Gefühl war, haben die Erinnerungen (Lücke im Original) kriegszeit vollauf bestätigt.

Weihevolle Stunden waren es, die wir alle in jenen ersten Augusttagen durchlebten, denn sie waren von der reinsten Pflichterfüllung getragen, von der Pflichterfüllung gegen Volk und Vaterland.

Und sie allein war es, die damals auch mich begeisterte, auch mich, den 43jährigen, durch Beruf und Lebenserfahrung tiefernst gewordenen Mann nur eine Liebe, nur eine Sorge kennen ließ: das deutsche Vaterland.Was sonst mein Sinnen so ganz erfüllte: der Berufskreis, die wissenschaftliche Arbeit, die Vaterpflicht sechs Kindern gegenüber, alles trat in den Hintergrund, erschien nebensächlich und bedeutungslos gegenüber der großen und täglich sich vergrößernden Gefahr, die dem deutschen Vaterlande drohte. Als in den letzten Julitagen die Aussicht auf Erhaltung des Friedens immer mehr dahinschwand, und als vollends am Freitag, den 31. Juli, die nach der unerträglich gewordenen Spannung der vorausgegangenen Tage wie eine Erlösung empfundene kaiserliche Verordnung erschien, durch welche über das ganze deutsche Reichsgebiet der Zustand des drohenden Krieges verhängt wurde, da stand es bei mir fest, an einem etwaigen Kriege im Heeresdienst teilzunehmen. Obwohl ich seinerzeit bei der Musterung als zum Heeresdienst untauglich befunden worden war. Jetzt mußte eben jeder tauglich sein, der den redlichen Willen hierzu hatte.

Nun waren die Würfel gefallen, ein in seinem weitaus überwiegenden Teile durch und durch friedfertiges Volk wie das deutsche sah sich durch den Vernichtungswillen seiner Feinde zu einem schweren Kampfe um seine nationale Existenz gezwungen. Einheitlich geschlossen stand damals das ganze Volk diesem ihm aufgezwungenen Verteidigungskriege gegenüber, alle Schranken politischer, sozialer und konfessioneller Art waren geschwunden. Der Kaiser kannte und im Volke gab es nur noch Deutsche. Jener verhängnisvolle 1. August war ein Sabbat. In seiner Ausgangsstunde, am späten Abend, war meine Gemeinde nahezu vollzählig in der Synagoge versammelt. Der Gottesdienst galt eigentlich dem 9. Ab, dem alljährlichen Gedenk- und Trauertage ob der Zerstörung Jerusalems. Trug dieser Gottesdienst an sich schon ein tiefernstes Gepräge, da er die Erinnerung an Israels tausendjährige Leidensgeschichte außerhalb seines Stammlandes weckte, so war heute eine besonders ernste, in vertiefter Andacht sich kundgebende Stimmung unverkennbar. War doch jedes Herz von der bangen Sorge erfüllt, was wohl die nächste Zukunft der Gesamtheit und dem Einzelnen bringen werde. Nach Schluß des Gottesdienstes, es mochte gegen 10 Uhr sein, schrieb ich meine erste Eingabe an die mir unmittelbar vorgesetzte Israelische Oberkirchenbehörde in Stuttgart und bat um meine Entsendung als Feldrabbiner. Um die Mitternachtsstunde brachte ich das Schreiben selbst zum Postamte. Es hätte dieser Eile nicht bedurft, denn erst nach genau einem Jahr ging mein Wunsch in Erfüllung. Um nichts zu versäumen, meldete ich mich auch in den nächsten Tagen brieflich und telegraphisch beim „Verband der deutschen Juden" in Berlin, der beim Mangel jeder gesetzlichen Regelung sofort bei Kriegsausbruch die dankenswerte Initiative zur Einrichtung einer jüdischen Feldseelsorge ergriffen hatte und durch Vermittlung die „Zulassung" der Feldrabbiner durch das Kriegsministerium in Berlin erfolgte. Mit begreiflicher Ungeduld sah ich der, wie ich bestimmt erwartete, baldigen und günstigen Entscheidung entgegen.

Mit dem ersten Mobilmachungstage hatte sich auch das Bild unter meinem Fenster verändert. In dem nun verödeten großen Festzelte sammelten sich die einberufenen Heerespflichtigen vor ihrem gemeinsamen Abmarsche zum Bahnhofe, täglich viele Hunderte, alle in guter Stimmung. So mancher, den ich damals um seinen Ausmarsch beneidet habe, hat indessen sein frühes Heldengrab im Feindesland gefunden. Für Dienstag, den 4. August, vormittags 10 Uhr, hatte ich einen Sondergottesdienst anberaumt, um von den circa 30 schon in den ersten Mobilmachungstagen ausmarschierenden Gemeindemitgliedern - ihre Zahl hat sich im Laufe des Krieges auf 92 erhöht, von denen sechs gefallen sind - Abschied zu nehmen und ihnen Gottes Wort und Segen mit auf den Weg zu geben. Vollzählig erschien die Gemeinde zu diesem ersten Kriegsgottesdienst, die Ausmarschierenden zumeist schon in Uniform. Einer besonderen Ermahnung zu treuester Pflichterfüllung bedurfte es nicht. Auf allen Zügen war vollstes Verständnis für den Ernst der Lage und die feste Entschlossenheit zu lesen, für das bedrohte Vaterland alle Kräfte einzusetzen. Mein Hinweis auf die Betätigung des alle ohne Unterschied der Konfession verbindenden Gemeingefühles und auf die hieraus sich ergebende Verpflichtung zur weitgehenden Unterstützung der Familien aller Ausmarschierten hatte alsbald guten Erfolg. Eine von mir noch am gleichen Tage in meiner Gemeinde eingeleitete Sammlung für das „Rote Kreuz" brachte einen stattlichen Ertrag, wie sich überhaupt die Mitglieder meiner Gemeinde in opferwilligster Weise während des ganzen Krieges an den fortlaufend veranstalteten Sammlungen für Kriegshilfe beteiligt haben. Auf Anregung der Israelischen Oberkirchenbehörde wurde in die Reihenfolge der Synagogenspenden für die Dauer des Krieges auch eine Abteilung „Kriegswohltätigkeit" aufgenommen, deren Ertragnis das Kirchenvorsteheramt fortlaufend entsprechenden Zwecken zuführte. Auch die Mitglieder des „Israelischen Frauenvereines" und des ..israelischen Jungfrauenvereines", die sich während der ganzen Dauer des Krieges in hingebungsvoller Weise am vaterländischen Hilfswerke beteiligt haben, nahmen auf meine Anregung hin mit Kriegsbeginn einen früher bestandenen Nähkranz wieder auf, „um für die Zwecke des ‚Roten Kreuzes' eine möglichst große Beihilfe leisten zu können". Mehrere Mitglieder dieser Vereine wurden späterhin durch Verleihung des Charlottenkreuzes ausgezeichnet.

Der alle Kreise der Bevölkerung damals erfüllende Geist patriotischer Opferwilligkeit kam in besonders erhebender Weise zum Ausdrucke bei dem Liebesdienste am Bahnhofe von Göppingen, an dem ich mich einige Zeit beteiligte. Bereits in den Jahren 1870 und 1871 hatte sich die Göppinger Einwohnerschaft durch einen solchen Liebesdienst, der der Bewirtung der den Bahnhof passierenden Truppen diente, in hervorragender und anerkannter Weise ausgezeichnet. Und ein Sohn des Mannes, der damals in eifriger Weise an diesem Liebesdienste beteiligt war, leitete ihn jetzt, als er sich spontan sofort nach dem Kriegsausbruch organisierte. Herren und Damen aus allen Kreisen der Bevölkerung waren Tag und Nacht unermüdlich am Werke, um den diese Hauptverkehrsstrecke besonders zahlreich passierenden Truppen Kaffee, Brot, Obst, Rauchmaterial aller Art, Ansichtskarten usw. in der denkbar herzlichsten Weise zu verabfolgen. Die Liebesgaben waren Spenden der Einwohnerschaft von Göppingen und Nachbarorten, bei der sie durch die mit größtem Eifer mitwirkende Schuljugend gesammelt wurden. In besonderer Erinnerung ist mir die reichliche Bewirtung eines großen Trupps von Italienern geblieben, die aus verschiedenen Orten Württembergs abgeschoben, hier zur Weiterbeförderung an die Bahn gebracht worden waren. Hunderte von Männern, Weibern und Kindern, alle von Fußmärschen bös mitgenommen, fanden eine sehr liebevolle Behandlung. Die Männer wurden reichlich mit den so heißbegehrten Zigaretten, die Kinder mit der sonst so sparsam behandelten Milch bedacht, so daß es von allen Seiten mit echt italienischer Lebhaftigkeit zu hören war: „gute Teutsche" usw. Und doch ahnten wir es damals schon, daß diese unsere „Bundesbrüder" bald zu unseren Feinden gehören werden. Vielleicht mag unter den am Göppinger Bahnhof 1914 Bewirteten so mancher 1915 mit dabei gewesen sein, als der tobende Pöbel in „sacro egoismo" die Teilnahme Italiens am Kriege auf Seite der Entente erzwang.

Auf meine Eingabe an die Israelische Oberkirchenbehörde um Entsendung als Feldrabbiner erhielt ich am 4. September einen ablehnenden Bescheid mit folgender Begründung: „Bei der Beratung über die Frage der Bestellung von israelitischen Feldgeistlichen hat sich ergeben, daß für die israelitischen Mannschaften des XIII. Armeekorps einen besonderen Feldgeistlichen in der Person eines dazu besonders bestimmten Rabbiners zu bestellen, in der Ausführung auf unüberwindliche Schwierigkeiten stoßen würde. Die Zerstreutheit der israelitischen Mannschaften innerhalb der einzelnen Truppenteile, noch mehr die Zerteilung in die großen Truppenverbände würde eine ersprießliche Tätigkeit eines Rabbiners nicht aufkommen lassen. Es ist deshalb in einem Bericht an das Ministerium des Kirchen- und Schulwesens beantragt worden, die einberufenen Vorsänger für kirchliche Bedürfnisse der Israeliten zu verwenden." Als ich im folgenden Jahre meine Tätigkeit im Felde aufnahm, genügten wenige Tage, um mich davon zu überzeugen, daß diese Auffassung weder den Aufgaben, noch dem Arbeitsbereich des Feldrabbiners gerecht wurde. Aber auch jetzt schon erkannte ich, daß ein Bedürfnis nach weiteren Feldrabbinern unbedingt gegeben war, weil die sechs nach einer Mitteilung des „Verbandes der deutschen Juden" vom 13. September, damals tätigen Feldrabbiner unmöglich auch nur annähernd für den weithin sich erstreckenden Zweifrontenkrieg ausreichen konnten. Ich nahm mir deshalb vor, mein Gesuch bei längerer Dauer des Krieges zu einem günstigeren Zeitpunkte zu erneuern.

Zunächst aber war mir durch die unerwartete Ablehnung die geradezu drückende Aussicht eröffnet, die Kriegszeit im engen Rahmen des heimatlichen, wenn auch durch verschiedene Aufgaben erweiterten, Berufskreises zu verleben. Ich fühlte nunmehr wie so viele andere damals, das lebhafteste Verlangen, konnte es schon nicht im Heeresdienst sein, so doch daheim, irgend eine größere außerberufliche Arbeitsleistung im Dienste der Gesamtheit zu übernehmen. Eine sehr glückliche Fügung wollte es, daß sich mir alsbald Gelegenheit hierzu bot. In einem Gespräche mit einem Lehrer der Mädchenrealschule in Göppingen erfuhr ich, daß die Aufstellung des Lehrplanes für das demnächst beginnende Wintersemester für die Klassen VI und VII an dieser Anstalt auf Schwierigkeiten stoße, weil der an diesen Klassen den Unterricht in Deutsch, Geschichte und Kunstgeschichte erteilende Rektor, Professor H., zum Heeresdienst einberufen, ein Ersatz für ihn jedoch noch nicht gefunden sei. Noch am gleichen Tage stellte ich mich der K. Ministerialabteilung für die höheren Schulen in Stuttgart zur ersatzweisen, ehrenamtlichen Erteilung dieses Unterrichts zur Verfügung. An die Stelle des Unterrichts in Kunstgeschichte wollte ich den bei dem gesteigerten vaterländischen Interesse besonders wichtigen, bisher aber kaum berücksichtigten Unterricht in Bürgerkunde treten lassen. Deutsch und Geschichte aber waren schon Hauptfächer meines Universitätsstudiums gewesen. Bereits am 9. September verständigte mich die Ministerialabteilung, daß sie mein Anerbieten annehme, während mir die Oberkirchenbehörde am 10. September ihren Dank für das Anerbieten aussprach. An das nun folgende Jahr meiner Lehrtägigkeit an den beiden obersten Klassen der Mädchenrealschule, die im Rahmen des gesetzmäligen Schulbetriebes 12 Wochenstunden umfaßte, denke ich mit besonderer Freude zurück, weil es mir seelische Befriedigung und geistige Anregung in reichstem Maße bot. Dankbar gedenke ich des kollegialen Entgegenkommens seitens des Lehrkörpers der Anstalt und nicht minder auch des Lerneifers und guten Willens der Schülerinnen, wodurch mir meine Aufgabe wesentlich erleichtert wurde. Die in der Schule angebahnten freundlichen Beziehungen haben mir späterhin im Felde durch Zeichen anhänglichen Gedenkens manche frohe Stunde bereitet. Recht schwer ward mir der Abschied von der Schule, als ich, wie im nächsten Kapitel gezeigt werden soll, Ende Juli 1915 infolge meiner Einberufung als Feldrabbiner den liebgewordenen Unterricht niederlegen mußte. Von der k. Ministerialabteilung für die höheren Schulen in Stuttgart erhielt ich das folgende, vom 6. August 1915 datierte Schreiben:

,,Für Hochwohlgeboren!

Die k. Israel. Oberkirchenbehörde teilt uns heute mit, daß Sie wegen Ihrer Einberufung als Feldgeistlicher den seit Kriegsbeginn an den beiden Oberklassen der dortigen Mädchenrealschule ehrenamtlich erteilten Unterricht in Deutsch, Geschichte und Bürgerkunde niedergelegt haben. Für den freudigen Opfermut, mit dem Sie sich ein volles Jahr hindurch in selbstloser Weise der freiwillig übernommenen schwierigen Aufgabe unterzogen haben und für die hierdurch der Schule geleisteten ausgezeichneten Dienste erlaube ich mir, Ihnen den wärmsten Dank der Schulverwaltung auszudrücken. Ich habe die dankbare Anerkennung der Ministerialabteilung auch zur Kenntnis der k. Israel. Oberkirchenbehörde gebracht.

Mit vorzüglicher Hochachtung
gez. Prof. Knöll''.

Zweites Kapitel
Einberufung und Abreise

„Wie bereits erwähnt, hatte die Oberkirchenbehörde meine erstmalige Meldung zum Heeresdienste als Feldgeistlicher am 4. September 1914 abschlägig beschieden. Der „Verband der deutschen Juden in Berlin", an den ich mich ebenfalls gleichzeitig gewandt hatte, setzte mich zwar damals „auf die erste dem preußischen Kriegsministerium vorgelegte Liste der zur Verwendung als Feldgeistliche geeigneten und vorgeschlagenen Rabbiner". Aber nach Mitteilung des Referenten im preußischen Kriegsministerium mußte ich außer Betracht bleiben, weil ich als württembergischer Rabbiner nur vom württembergischen Kriegsministerium bestellt werden könnte. Bei diesem aber bestand bis in den Sommer 1915 hinein keine Neigung hierfür, und auch die Oberkirchenbehörde hatte meine zweitmalige Meldung vom 16. Dezember 1914 ganz ohne Bescheid gelassen. Im Laufe des ersten Kriegsjahres hatte sich nun die Zahl der Feldrabbiner vermehrt und waren alle größeren deutschen Bundesstaaten unter diesen vertreten. Die Kriegsministerien von Bayern und Sachsen hatten selbständig je einen Feldrabbiner bestellt, andere Bundesstaaten, deren Truppen der preußischen Heeresverwaltung unterstanden, sind vom preußischen Kriegsministerium bei der weiteren Ernennung von Feldrabbinern berücksichtigt worden. So standen bereits Feldrabbiner auch aus Baden, Hessen, Hamburg und Bremen im Felde. Nur Württemberg war noch nicht unter den Feldrabbinern vertreten. Wenn nun das württembergische Kriegsministerium von sich aus einen Feldrabbiner nicht bestellen wollte u. z. mit Rücksicht auf die Verteilung der württembergischen Truppenteile auf verschiedene Armeen, so hätte dasselbe auch auf einen entsprechenden Wunsch der Oberkirchenbehörde es dem preußischen Kriegsministerium nahelegen können, daß dieses die nächste Gelegenheit benützen möge, entsprechend der bereits geschehenen Berücksichtigung anderer Bundesstaaten durch Ernennung eines in diesen amtierenden Rabbiners, auch einen württembergischen Rabbiner für die jüdische Feldseelsorge zu bestimmen. Und nach dieser, eine Lösung ermöglichenden Richtung hin, setzten meine Bestrebungen nunmehr ein. Am 17. Mai hatte ich mich mit meinem Jahrgange 1871 zur Landsturm-Musterung gestellt und dabei freiwillig von der Einleitung des mir mit vollstem Rechte zustehenden Unabkömmlichkeitsverfahrens Abstand genommen. Ich wurde als kriegsverwendungsfähig ausgehoben, was ich ja auch gewünscht hatte. Nunmehr trat ich am 26. Mai in einer größeren Eingabe nochmals an die Oberkirchenbehörde heran, wies auf die seither bedeutend vermehrte Zahl der jüdischen Heeresangehörigen und auf die schon dargelegte Berücksichtigung aller anderen größeren Bundesstaaten hin und bat deshalb, meine Bestellung als Feldrabbiner beim württembergischen Kriegsministerium zu befürworten. Von diesem Schreiben gab ich auch meinem Kirchenvorsteheramte in der Sitzung am 6. Juni Kenntnis. Dieses beschloß in meiner Abwesenheit einstimmig, bei der Oberkirchenbehörde zu beantragen, mich als „für Schule, Gemeinde und Synagoge unabkömmlich erklären zu lassen". Erfreulicherweise entschloß sich jedoch die Oberkirchenbehörde laut Erlaß vom 1. Juli 1915, meine Eingabe empfehlend an das württembergische Kriegsministerium zu leiten, welches sie in gleicher Weise an das preußische Kriegsministerium weitergab. Hiervon wurde ich am 13. Juli verständigt. So winkte meinem Wunsche Erfüllung u. z. wie ich mit Recht annahm, schon in kurzer Zeit, weil durch die in der ersten Julihälfte erfolgte Neuaufstellung der „Bug-Armee", die baldige Einberufung eines weiteren Feldrabbiners für diese zu erwarten stand. Ich legte deshalb alsbald der Oberkirchenbehörde entsprechende Vorschläge für eine Vertretung in meinem heimatlichen Amte im Falle meiner Einberufung und auch zugleich die Bitte vor, die Frage der Deckung meiner Ausrüstungskosten und der Gewährung einer monatlichen Feldzulage zu regeln.

Mit diesen letzteren Punkten hatte es folgende Bewandtnis.

Wie noch an anderer Stelle ausführlich dargelegt werden soll, fehlte es bei Kriegsausbruch und noch über das erste Kriegsjahr hinaus an jeder gesetzlichen und einheitlichen Regelung aller die jüdischen Feldgeistlichen betreffenden Fragen. Sie wurden vielmehr von Fall zu Fall durch ein gewisses Wohlwollen seitens der Kriegsministerien oder der Oberkommandos entschieden. Bezüglich der Ausrüstung und Besoldung der Feldrabbiner hielt das preußische Kriegsministerium lange an seinem Prinzip der „Zulassung" mit allen aus diesen sich ergebenden Konsequenzen fest. Eine Uniform für die Feldrabbiner war nicht vorgeschrieben. Nur die Berechtigung zum Tragen der Armbinde mit dem Genfer Kreuze war ihnen zuerkannt. Die zuerst ins Feld gekommenen Rabbiner waren deshalb gezwungen, mit einer freigewählten, jener der christlichen Feldgeistlichen nur teilweise ähnlichen Uniform, ihren Dienst anzutreten. Sie wurden aber dann von den Kommandostellen im Felde, wie späterhin die folgenden Rabbiner von der heimatlichen Militärbehörde, auf die für die Militärgeistlichen im Armee-Verordnungsblatt v. J. 1913, S. 254, enthaltene Feldbekleidungsvorschrift hingewiesen, der sie ihre Uniform anpassen sollten. Eine ausdrückliche diesbezügliche Verfügung ist für die Feldrabbiner überhaupt nicht erlassen worden. Konsequenterweise lehnte die Heeresverwaltung auch jede Tragung von Kosten für die Ausrüstung und ebenso jede Besoldung der Feldrabbiner ab. Freilich zunächst auch für die evangelischen und katholischen freiwilligen, außeretatmäßigen Feldgeistlichen. Doch diesen wurde bald eine monatliche Aufwandsentschädigung von 150 Mark gewährt, die von den Intendanturen der Armee zu zahlen und aus Kap. 17, Titel 2, des Reichsheeresetats zu decken war. Rabbiner und sonstige - wie z. B. die altlutherischen - nicht zu den beiden christlichen Hauptkirchen gehörende Feldgeistliche waren hiervon nach Ansicht der Kriegsministerien ausgeschlossen. Eine sehr anzweifelbare Auffassung, weil in dem angeführten Titel 2, der Mittel für Vergütung an mit Militärseelsorge betraute Zivilgeistliche auswarf, nicht die Beschränkung wie in Titel 1 bei den Besoldungen auf die evangelischen und katholischen Feldgeistlichen vorgesehen war. Einige Intendanturen trugen dem auch ohne weiteres Rechnung, indem sie die gleiche monatliche Aufwandsentschädigung auch den Feldrabbinern verabfolgten. Da aber auch in diesem Punkte eine Verfügung zunächst fehlte, blieb der Standpunkt des preußischen Kriegsministeriums im allgemeinen gewährt und wurde den Feldrabbinern zunächst weder ein Kostenersatz für die Ausrüstung noch eine monatliche Aufwandsentschädigung zugestanden. Beides mußte vielmehr von den Israeliten der betreffenden Bundesstaaten aufgebracht werden. In Preußen und Bayern durch Vereine, in Sachsen durch den Synagogenverband, in Baden durch den badischen Oberrat. In allen Fällen wurden die Ausrüstungskosten mit 600 Mark, die monatliche Aufwandsentschädigung mit 150 Mark festgesetzt. Die gleiche Regelung suchte ich nun auch für mich bei der Oberkirchenbehörde nach. Am 13. August erhielt ich dann den Bescheid, daß mir aus der isreal. Zentralkirchenkasse ein Ausrüstungsbeitrag von 600 Mark und eine monatliche Aufwandsentschädigung von 150 Mark bewilligt werde unter der Voraussetzung, daß bei etwaiger künftiger Beihilfe von anderer Seite eine Kürzung dieser Leistungen der Zentralkirchenkasse eintreten werde. Bald darauf wurde übrigens die ganze Frage durch einen Erlaß des preußischen Kriegsministeriums vom 21. September 1915, Nr. M 7836.15.0.4 neu geregelt. In diesem heißt es: „Den zur Seelsorgeausübung beim Feldheer zugelassenen evangelisch-altlutherischen Pastoren und Rabbinern wird unter Aufrechterhaltung des Standpunktes, daß ihnen ein Rechtsanspruch auf Gewährung von Vergütungen für ihre Tätigkeit nicht zusteht, mit Rücksicht auf die durch die Kriegsverhältnisse geschaffene besondere Lage aus Billigkeitsrücksichten rückwirkend auf den 1. August 1915 eine monatliche Entschädigung von 300 Mark und eine einmalige Beihilfe in gleicher Höhe für ihre persönliche Aufrüstung zugebilligt . . . Die Nachweisung der Entschädigungsbeträge erfolgt bei Kapitel 43, Titel 1, des Kriegsjahresetats." Der Oberkirchenbehörde habe ich hierauf die entsprechende Rückzahlung geleistet.

Meine Einberufung als Feldrabbiner ward mir durch folgendes Dienstschreiben mitgeteilt, das ich am 6. August erhielt:

Kriegsministerium	Berlin W. 66, den 29. 7. 1915
Nr. M. 6212/15 C.4.	Leipziger Str. 5

Euer Hochwohlgeboren übersendet das Kriegsministerium in der Anlage ergebenst den Ausweis, der Sie ermächtigt, im Bereich der zur Bug-Armee gehörigen Truppen die Seelsorge für die jüdischen Heeresangehörigen auszuüben. Der sofortigen Ausreise steht nichts entgegen. Sie wollen sich zunächst nach Breslau zum stellvertretenden Generalkommando VI. Armeekorps begeben, das Sie aufgrund des Ausweises mit Wagen, Wagenpferden und dem Trainfahrer ausstatten und weiter in Marsch setzen wird. Ihre Zulassung ist auf Anregung des württembergischen Kriegsministeriums erfolgt. Dieses ist ersucht worden, wegen Ihrer Zurückstellung von der Einberufung zum Heeresdienst das Weitere zu veranlassen.

Im Auftrage
gez. Frhr. von Langermann

Der Ausweis hatte folgenden Wortlaut:

Zu Nr. M. 6112/15 C.4.

Ausweis

für den Rabbiner Dr. Taenzer in Göppingen zur Ausübung der jüdischen Seelsorge bei der mobilen Armee.
Dem Rabbiner Dr. Taenzer in Göppingen ist gestattet worden, im Bereich der dem Armee-Oberkommando der Bug-Armee unterstellten Truppen die Seelsorge für die jüdischen Heeresangehörigen auszuüben.
Er hat für seinen Aufenthalt auf dem Kriegsschauplatze zu beanspruchen: die Stellung eines Wagens, zweier Pferde und eines Trainfahrers, freie Verpflegung, freies Quartier, freie Reise zur Armee, Rationen für die Pferde, Mitbenutzung der Dienstkraftwagen, soweit Platz vorhanden.
Maßgebend für diese Ansprüche ist die für die christlichen Felddivisionsgeistlichen bestehende Ordnung.
Anderweitige Gebührnisse stehen ihm nicht zu.
Wegen Ausstellung der erforderlichen Militärfahrscheine, insbesondere für die Reise nach Breslau, hat er sich an die betreffenden Etappenkommandanturen zu wenden.

Seine Ausstattung mit Wagen, Wagenpferden und Trainfahrer erfolgt durch das stellvertretende Generalkommando des VI. Armeekorps, an das er sich dieserhalb unter Vorzeigung dieses Ausweises zu wenden hat.

Alle Militär- und Zivilbehörden werden ersucht, den Genannten zur Erreichung seines Zweckes tunlichste Unterstützung und erforderlichenfalls den nötigen Schutz und Beistand zu gewähren.

Er ist berechtigt, das im Artikel 20 des Abkommens zur Verbesserung des Loses der Verwundeten und Kranken bei den im Felde stehenden Heeren vom 6. Juli 1906 vorgesehene Abzeichen, nämlich eine auf dem linken Arme befestigte Binde mit dem Roten Kreuz auf weißem Grunde zu tragen. Er hat diese Binde unter Vorzeigung des Ausweises bei der nächsten Militärbehörde stempeln zu lassen.

Berlin, den 29. Juli 1915

(L. S.: Kön. Preuß. Kriegsministerium   Im Auftrage
Versorgungs- und Justiz-Departement)   gez. Frhr. von Langermann

Ich habe es damals so recht an mir selbst erfahren, daß es für den rechten Willen unüberwindliche Schwierigkeiten nicht gibt. Obwohl ich selbst durchaus unerfahren in allen militärischen Dingen war, und obwohl ich niemand Kundigen in der Nähe hatte, den ich um Rat hätte fragen können, war ich doch schon in wenigen Tagen in vorschriftsmäßiger Weise reisefertig. Wohl reichte der bewilligte Ausrüstungsbeitrag nicht aus und hatte ich ein Erkleckliches aus eigener Tasche beizusteuern. Doch brachte ich dieses doch kleine Opfer gern, da ich nun endlich ins Feld sollte. Sämtliche Stücke der Uniform lieferte mir in vorschriftsmäßiger und befriedigender Weise die Stuttgarter Firma Bender & Co. Das anfängliche Fremdgefühl in der mir so ungewohnten Kleidung war rasch überwunden, wie mir überhaupt alle äußerlichen Dinge damals durchaus nebensächlich waren. Wie kaum jemals zuvor habe ich in jenen Tagen ein ganz und gar verinnerlichtes, der unmittelbaren Umgebung entrücktes Leben geführt, da mein ganzes Sinnen und Trachten nur darauf eingestellt war, in welcher Weise und mit welchen Mitteln ich mich draußen unseren kämpfenden Truppen u. z., wie von vornherein bei mir feststand, unbekümmert um deren Religionsbekenntnis, nützlich erweisen konnte. Um doch wenigstens etwas vom Felddienste zu wissen, hatte ich in den letzten Wochen verschiedene einschlägige Schriften durchgelesen und auch in einem Stuttgarter Tattersaal Reitunterricht genommen, bei dem ich es bis zu einem respektablen Reitweh brachte. Auch schaffte ich mir einen Revolver an und ließ mich in dessen Handhabung unterweisen, was sich späterhin als recht zweckmäßig erwies. Meine heimatliche Vertretung hatte die Oberkirchenbehörde meinem Vorschlage gemäß genehmigt. Sie wurde in rabbinischen Angelegenheiten dem Rabbiner Dr. Schlesinger in Buchau a. F., in Schul- und Gemeindeangelegenheiten dem Vorsänger Bodenheimer in Göppingen übertragen. Verschiedene im Gange befindliche gemeinnützige Unternehmungen mußte ich teils abbrechen, teils durch andere fortsetzen lassen. Ein Vortragskurs über „Deutsche Geschichte im 19. Jahrhundert" fand vorzeitigen Abschluß und wurde erst nach dem Kriegsende wieder von mir aufgenommen. Die Leitung der 1910 von mir gegründeten und später von der Stadtverwaltung als „Städtische Bibliothek" übernommene, stark frequentierte Volksbibliothek übernahm mein jüngerer Sohn, dem in dem Buchbinder G. eine erfahrene Kraft zur Seite stand, während mein ältester Sohn meinen Unterrichtskurs in Gabelsberger Stenographie für Verwundete und Kriegsinvalide fortsetzte. Am Samstag, den 15. August, verabschiedete ich mich von meiner Gemeinde und am folgenden Tag trat ich über Nürnberg-Dresden die Fahrt nach meinem vorläufigen Bestimmungsort Breslau an. Wie sich unschwer denken läßt, nicht eben leichten Herzens. Ich konnte es jetzt den Familienvätern, die schon im Felde standen, nachfühlen, wie schwer der Abschied von Weib und Kindern beim Ausmarsche fällt. Und wie jenen, half auch mir das Pflichtgebot über die ersten schweren Stunden hinweg. Die lange Fahrt, zumeist in Gesellschaft von Offizieren, ließ mir Muße zu innerer Sammlung und gab mir willkommene Gelegenheit, mich in meinem künftigen Umgangskreis etwas einzuleben.

Am 16. August, nachts 10 Uhr, traf ich in Breslau ein. Der Bahnhof war streng überwacht, alle Ankommenden hatten sich genau auszuweisen, was auf mich Neuling einen vorzüglichen Eindruck machte. Nach sorgfältiger Prüfung meiner Papiere wurde mir ein ziemlich gutes Quartier in dem für Offiziere reservierten Hotel „Europ. Hof" angewiesen. Am folgenden Tage meldete ich mich beim stellvertretenden Generalkommando, wo man auf mein Eintreffen bereits vorbereitet war. Man verwies mich an die Train-Bregg-Abteilung, die meine Ausrüstung mit Trainfahrer, Wagen und Pferden in wenigen Tagen besorgte. Mit dem Transport sollte ich zur Bug-Armee abgehen u. z. nach Ulmow an der galizischen Grenze. Da mir gleichzeitig mitgeteilt wurde, daß dort zur Zeit die Cholera arg grassiere, benützte ich die Zeit des erzwungenen Aufenthaltes in Breslau zur erstmaligen Impfung gegen Cholera und gegen Typhus. Ich vervollständigte auch meine persönliche Ausrüstung mit verschiedenen mehr oder weniger nützlichen Dingen, versah mich bei der Kartenvertriebsstelle mit dem nötigen Kartenmateriale und überlief die Linienkommandantur fürtwährend um Auskunft, wann endlich mein Transport abgehen werde. Unerfahrene Neulinge sind eben immer ungeduldig.

Die Transporte zur Bug-Armee waren jedoch damals, wie ich späterhin erfuhr, infolge von Umgruppierungen für mehrere Tage eingestellt worden. Am Montag, den 23. August, morgens 8 Uhr, erfolgte endlich, vom Bahnhof Ohlauer Tor aus, meine Abreise mit einem großen Transport, dessen Führer Major von Richthofen war, mit dem ich späterhin, als er Etappenkommandant in Kobryn war, noch oft dienstlich zusammenkam."

Betrachtungen, Predigten und Gebete

Feldrabbiner Leo Baeck
Shabbath-Gedanken für jüdische Soldaten

Während des Ersten Weltkrieges gehörte der Berliner Rabbiner Leo Baeck, der seit 1912 in dieser Stadt wirkte, zu den rund 30 Rabbinern, die den deutschen Soldaten jüdischen Glaubens bei den deutschen Truppen geistigen Zuspruch vermittelten. Leo Baeck, dessen Name nach dem Ende des Dritten Reiches in seiner großen Bedeutung für das deutsche Judentum weit über die jüdische Welt hinaus erst in seiner ganzen Bedeutung gewürdigt wurde, hatte seit 1933 die Rolle des geistigen Führers des liberalen deutschen Judentums übernommen. Er wurde in diesem Schicksalsjahr der Präsident der Reichsvertretung der deutschen Juden. Bereits vor Beginn der Verfolgungszeit war Leo Baeck als Leiter der „Hochschule für die Wissenschaft des Judentums", an der die liberalen Rabbiner studierten, hervorgetreten. Von 1943 bis 1945 war er in das Konzentrationslager Theresienstadt deportiert worden.

Der Zentralrat der Juden in Deutschland schuf auf seinen Namen den Leo-Baeck-Preis, der an Personen verliehen wird, „deren Charakter und Tätigkeit dazu beitragen, Religiosität, Achtung vor Geisteswissenschaft, Wohltätigkeit und Humanität im Sinne Baecks fortzupflanzen". Leo Baeck starb am 2. November 1956 in London.

Als Feldrabbiner verfaßte Leo Baeck die folgenden Shabbath-Gedanken, die hier im Auszug folgen. Sie liegen im Leo Baeck-Institut in New York, wo heute noch die Geschichte des deutschen Judentums erforscht wird.

"Es ist uns ein gewohntes Wort geworden, daß wir hier „draußen" im Felde stehen. Wir sind draußen, und das kann hart und rauh klingen.

Im Vaterlande drinnen, in unserer Heimat, in unserem Hause, zu dem unsere Gedanken hinziehen, dort ist es warm und hell, dort sind die Unseren, dort walten und hüten Behagen und Frieden, dort ist das schützende Dach über dem Haupte. Aber wir hier sind draußen und halten die Wacht im Kalten und Grauen, im Sturm und Regen und Schnee, und wie aus weiter Ferne blicken wir nach der Heimat aus, fast wie zu einem Sternenlichte hin, das in die dunkle Nacht seine Strahlen hinaussendet.

Wir empfinden es alle tief, was es bedeutet, das Heim zu entbehren, den Platz, wo nicht nur unser Fuß ruht, sondern unser Herz auch wohnt. Wohl haben wir in neuer Selbständigkeit gelernt, vieles uns zu bereiten, Hand in Hand mit der kameradschaftlichen Treue neben uns. Wie viele Geschicklichkeit und arbeitende Kunst, die wir kaum vermutet, ist von Woche zu Woche mehr in uns allen hervorgewachsen. Wir haben unsere Stätte des Rastens und Wohnens; sie ist meist unser Werk, und wir sind stolz darauf. Aber wir haben doch kein Heim. Vielleicht schon deshalb nicht, weil wir immer nur unter Männern sind, es keine sorgende weibliche Hand hier gibt. Ein Heim ist es nicht; wir sind draußen. Darum wird jeder Gedanke an die Zukunft zum Gedanken an unser Haus, zu dem Wunsch, einst drinnen in der Heimat wieder zu sein. So soll es auch unser Hoffen und Sehnen, unser Gebet immer bleiben.

Aber wenn so unsere Empfindungen heimwärts fliegen, so soll doch eins immer mit ihnen gehen, immer sie begleiten. Wir wollen stets daran denken, was alles uns gegeben worden ist seit dem Tage, da wir hinausgezogen sind. Die Monate, in denen wir hier draußen stehen, haben uns vieles gebracht, was uns ein Besitztum bleiben kann. So manches wir entbehren müssen, durch vieles sind wir dafür hier reicher geworden. Eines ist es zuerst. Unser Blick dringt jetzt weiter und tiefer, die Welt um uns ist größer geworden. Wie vieles mehr als früher hat sich vor uns geöffnet. Wir haben Menschen sehen und hören gelernt, die einst neben uns im Vaterlande gelebt hatten, nur neben uns; sie kannten uns nicht, noch kannten wir sie. Hier draußen hat die gleiche Pflicht und das gleiche Geschick uns alle zueinander geführt; wir haben begonnen, miteinander zu leben, Auge und Ohr hinzuwenden, zu verstehen, um verstanden zu werden. Und es gibt doch kein besseres Wissen, als um Menschen zu wissen, sie zu entdecken und ihnen die Hand zu reichen, einen Blick in ihre Seele zu tun. In früheren Tagen daheim hatten wir gemeint, die Welt, die große Welt von der man spricht, das sei der weite Markt der Eitelkeit, jene sich dehnende Breite des Äußerlichen und Nichtigen, jenes Schimmern von Flitter und Schein; dorthin zu gelangen und dort zu gelten, das ist so oft der Weg des Irrens und Suchens und Mühens gewesen. Wenn die erste ernste Stunde hier draußen gekommen ist, dann ist das alles hinter uns versunken. Wir sind dessen inne geworden, daß die wahre, die große Welt die ist, in welcher der Mensch den Menschen findet. Sie hat sich für uns weiter ausgedehnt. Wir stehen draußen in dem erhebenden Sinne auch, daß die Feinde überall zurückgehalten und zurückgedrängt sind, daß nicht auf des Vaterlandes Acker das Vaterland verteidigt werden muß; jenseits der Grenzen steht unsere Wacht. Es ist der harte Gang des Krieges, daß Vernichtung seinen Weg bezeichnet. Wir sehen rings um uns her, was er zerstören mußte, um zum Siege zu dringen. Aber wir wissen das andere auch: Er hat ebenso sehr seine stillen, fast könnte man sagen, seine friedlichen Pfade. Dankbarkeit kann zurückbleiben überall, wohin wir im Dienste der Waffen gekommen sind. Die Ehre und die Würde des Vaterlandes und mit ihr die Ehre und Würde unseres Glaubens sind in unsere Hand gelegt. Die Menschen im fremden Lande, sie sollen es erfahren, wer wir sind, es erfahren durch die Geradheit und Rechtschaffenheit, die wir beweisen, durch die Freundlichkeit und Güte, die wir üben hier draußen im Lande des Feindes. Viele dieser Menschen haben Schweres erduldet, ihre Herzen sind durchpflügt, durchackert worden, sie sind empfänglich geworden für jedes Korn des Guten, so daß es aufwachsen kann als Frucht der Zukunft. Jeder kann dazu helfen. Zu jedem von uns ist hier draußen diese Stunde gekommen, Rechtes zu tun. Sie hat uns, wenn wir sie genutzt, innerlich reicher gemacht, und unsere Welt ist größer geworden . . ."

„. . . wir denken des Tages, den Gott uns schenken möge, an dem wir nach Opfer und Pflicht wieder drinnen im Vaterlande sein werden, um in Jahren des Friedens zu wirken und zu schaffen. Dann soll, was wir hier gewonnen haben und hier geworden sind, unser Besitztum bleiben. In unserem Heim soll es leben als der Segen einer großen, ernsten Zeit, der Zeit, da wir draußen standen."

Wir müssen siegen

Erst 1918 ist die Schrift „Jüdische Seelsorge an der Westfront" von Feldrabbiner Dr. Salomonski im Lamm-Verlag, Berlin, erschienen mit dem Beitrag „Wir müssen siegen". Dort heißt es unter anderem:

„Segen oder Fluch, das ist es ja, um das unser deutsches Vaterland jetzt kämpfen muß mit der ganzen Kraft, Segen oder Fluch, das ist es ja, was jedem einzelnen von uns zufallen wird aus diesem Kampf.

Um nichts Halbes, das fühlen wir alle, gehts in diesem Kriege, sondern um etwas Ganzes, um ein ganz großes Glück oder ein ganz großes Unglück. Und das ist das Gewaltige, und ich will es ruhig aussprechen, auch das Schöne an diesem Kriege! Ja, auch ein Krieg kann schön sein. Ein Krieg, der so begonnen, so aufgenommen wird, wie er in unserem Deutschland begonnen und aufgenommen wurde, der ist schön trotz aller Schrecken, die er bringt, einem jeden von uns noch bringen wird, trotz aller Wunden, die er schon geschlagen hat und noch schlagen wird, der bringt Segen. Wir sind jetzt drei Wochen im Kriege. Möchten wir sie missen diese Wochen? Ist einer unter uns, der sie streichen möchte aus seinem Leben, trotz der entsetzlichen Spannung, die auf uns lastete, trotz der Aufregungen, die diese Zeit einem jeden von uns brachte? Möchten wir sie missen diese Tage der Begeisterung, da die Welle des einen großen Wollens unser ganzes deutsches Volk erfaßte, diese Tage frohen, mutigen Glaubens an den Sieg unserer guten Sache? Und ist endlich einer unter uns, der nicht fühlte, daß diese drei Wochen Krieg ihn innerlich ein Stück weiter gebracht, der nicht fühlte, daß er reifer und besser geworden? Ja, wir sind besser geworden. Ich will in der großen Zeit, in der wir jetzt stehen, nicht die Schatten der Vergangenheit heraufbeschwören, aber hatten wir nicht alle das Empfinden, daß die Worte unseres deutschen Liedes - Einigkeit und Recht und Freiheit für das deutsche Vaterland - Worte waren, zu denen die Wirklichkeit nicht immer recht passen wollte? Das ist vorbei, und wird, das ist der Glaube der Besten in unserem Deutschland, für immer vorbei sein. Dafür bürgt die sittliche Kraft, die in unserem deutschen Volke steckt und sich vielleicht noch niemals deutlicher gezeigt hat, als in diesen Tagen. Ein Volk, das mit einer solchen Schlichtheit wegwirft die Sense, die Feder, die Bücher und dafür in die Faust nimmt das Schwert, ein Volk, in dem jeder einzelne mit einer Inbrunst, und doch mit solcher Selbstverständlichkeit sich losreißt von Weib und Kind, von Vater und Mutter, von Schwester und Braut und weggeht, vielleicht auf Nimmerwiedersehen, ein Volk, das durch die Straßen marschiert mit solch festem Schritt, solch leuchtendem Aug, solch hellem, frohen Sang, als wenns zum Feste ginge, ein solches Volk trägt in sich die Bürgschaft für die Zukunft, das wird auch in Friedenstagen nicht vergessen, was es in erster Zeit sich und anderen unausgesprochen gelobt. Aber nicht nur unser Volk als Ganzes, jeder einzelne von uns ist anders, ist besser geworden.

Sind das dieselben Menschen, die nur sich kannten, nur an ihr Behagen dachten, die jetzt jede Unbequemlichkeit, Schlaflosigkeit, Hunger und Durst und Hitze ertragen, nur um anderen Hilfe zu bringen, anderen eine gewisse Erleichterung zu gewähren, sind das dieselben Menschen, die kleinlich und mißtrauisch ihr Geld hüteten, tausend Mittel erdachten, wie sie es mehren, tausend Mittel, wie sie es sichern konnten vor Einbruch und Feuer und Verlust, und die nun mit einem Male, da alles zu schwanken beginnt, jetzt, da es so gut wie gewiß ist, daß sie Verluste erleiden werden, dennoch heiter sind, dennoch all die materiellen Sorgen, die sie früher erfüllten, zurücktreten fühlen hinter dem einen großen Gedanken: Wird Deutschland siegen, wird das Ganze erhalten, das Ganze am Leben bleiben?

Und sind das endlich dieselben Menschen, die früher ängstlich darauf achteten, daß die unsichtbaren Zäune, die sie zwischen sich und anderen aufgerichtet, auch nicht um Haaresbreite verschoben wurden, jetzt selbst beginnen, sie niederzureißen und zwar so gründlich, daß sie mit Gottes Hilfe in der Form nie wieder erstehen werden?!

Ja, es ist, als ob das Kaiserwort: „Ich kenne nur Deutsche" wie ein Funke geflogen wäre aus dem Kaiserschlosse und eingedrungen wäre in jedes deutsche Haus, in jedes deutsche Herz und dort ausgebrannt hätte all das Kleinliche, Vorurteilsvolle, Bittere, was die Kinder eines Volks, die Söhne eines Vaterlandes von einander schied!

Man muß die Frage aufwerfen: Woher stammen diese neuen Werte, woher stammt diese Kraft, die das ganze deutsche Volk, die jeden einzelnen in diesen Tagen mit ungeahnter Macht durchdringt?

Es gibt nur eine Antwort. Die Kraft stammt aus dem Glauben. Unser deutsches Volk glaubt. Es gibt nichts Größeres, als wenn man von einem Volke sagen kann, daß es gläubig ist; denn Glauben haben, das heißt Kraft haben, heißt stark sein im Glück und stark sein im Unglück."

Ja, es ist wahr das Wort, das wir in diesen Tagen so oft hören, so oft lesen: Wir müssen siegen. Aber nicht nur, weil wir sonst verlustig gingen unserer staatlichen Existenz, unserer Habe, unseres Lebens, das wäre ein armseliges Muß. Wir müssen siegen in einem höheren Sinne, weil mit unseren Bataillonen marschieren der Glaube und das Recht. Und die sind unbesiegbar.

Mögen einzelne, mögen Tausende fallen, Deutschland wird leben, Deutschland muß leben!

Amen!

... liebt nächst Gott das Vaterland

Nicht nur durch das Wort, sondern auch durch die Schrift haben die Rabbiner im ganzen deutschen Reich bekundet, „daß ihnen die Verteidigung des Vaterlandes eine heilige Sache ist, und daß sie in ihren Gemeinden und darüber hinaus zu begeisterter Teilnahme an diesem Kampfe aneifern wollen ..."

„In einem von dem Bezirksrabbiner Dr. Beermann in Insterburg an die jüdischen Mannschaften in seinem Bezirk gerichteten Rundschreiben, das in der Insterburger Garnison durch das Generalkommando zur Verteilung gelangte, wird gesagt: „Kameraden, Brüder! Nie war das Schwert für eine gerechtere Sache gezogen. Unser Kaiser hat in 25 Jahren mit Aufbietung all seiner Geisteskraft und Willensmacht den Frieden gehalten. Doch die Neider haben ihn freventlich gestört. Rußland, das auch eure Glaubensbrüder so unmenschlich behandelte, bedroht Deutschlands Grenzen, Rußland, das Serbiens Mordbuben gegen unseren Bundesgenossen Österreich gehetzt hat. Die Treue gegen das befreundete Österreich, der Schutz deutscher Gesinnung und Gesittung gegen russische Roheit und Unbildung macht den Krieg zu einem heiligen. Wir stehen auf Gottes Seite, darum wird Gott auf unserer Seite stehen! So zieht denn getrost in die Schlacht. Zeigt euch eures deutschen Volkes würdig. Bewahret auch darin den freudigen Stolz auf euren israelitischen Glauben, daß ihr Wunder der Tapferkeit tut, als echte Enkel der Makkabäer, deren kleine Schar durch die Kraft der Begeisterung die Übermacht der Feinde schlug."

„Wer deutsch und jüdisch fühlt, liebt nächst Gott das Vaterland mit ganzem Herzen, mit ganzer Lebenskraft, mit ganzem Vermögen!"

Gebet

für unseren König, unser Volk und unser Land.

Unser Vater! Unser König! Bekämpfe unsere frevelhaften Feinde und strafe sie für ihren Uebermut. Vernichte sie, wenn sie uns entgegentreten, unterwirf uns unsere Gegner und gib, daß überall Furcht und Beben sie ergreife. Schwäche ihre Kraft, vereitle ihren Plan, daß sie wie ihre Flotte den Untergang finden. Viele streiten gegen uns, aber wir werden sie besiegen, denn Du, o Gott, bist unser Schild und unser Heil, und laß kein Schwert mehr in unser Land eindringen. Denn was gilt in Deinen Augen die Größe der Heeresmacht? Du läßt im Augenblick sie dahinschwinden. Wir ersehnen nur Frieden und Wohlfahrt und kämpfen nur um unsren Bestand. Dein Wille, o Herr, geschehe, was Du tust, ist gut, und auf Dich allein vertrauen wir. Der Gott des Himmels und der Wahrheit wird jeden Streit von uns fernhalten, und alle Feinde werden Frieden uns entbieten, wenn Du, o Gott, mit uns bist.

O Herr! Schirme und schütze, rette und stärke unseren erhabenen Kaiser und König

Wilhelm II.,

gib ihm Ansehen und Macht und laß sein Tun gelingen, laß die Feinde ihm unterliegen, daß er mit seinem tapferen Heere sieggekrönt in unser Land heimkehre, in Frieden und Freude, in Ruhm und Glanz!

Amen.

126

Jom Kippur 1914

Wie sich der Jom-Kippur-Tag 1914 im Felde abspielte, ist einem Bericht „Im Deutschen Reich", Jahrgang 20, Nr. 10 bis 12, Oktober bis Dezember 1914, zu entnehmen. Hier lesen wir:
„Wie der Kaiser dem religiösen Bedürfnis seiner im Felde stehenden israelitischen Soldaten anläßlich des höchsten jüdischen Feiertages, des Versöhnungstages, Rechnung getragen hat, geht aus einem Armeebefehl hervor, der auf Anordnung des Kaisers am 30. September streng ausgeführt wurde. Danach mußten sich sämtliche israelitische Soldaten, sofern sie sich nicht in der Feuerlinie befanden und daher unabkömmlich waren, unter Führung jüdischer Reserveoffiziere und Offizierstellvertreter bei den einzelnen Brigaden an einem bestimmten Punkt am Morgen des Versöhnungstages einfinden, um dann eine hinter der Front gelegene Stadt aufzusuchen. Da in Nordfrankreich nirgends Synagogen vorhanden waren, wurde dort der Gottesdienst für die jüdischen Soldaten der einzelnen Armeekorps in katholischen Kirchen abgehalten.
Die Feier begann morgens um halb acht Uhr und dauerte bis zum Eintritt der Dunkelheit. Die Feldrabbiner predigten zweimal, vormittags und abends, und stimmlich begabte Soldaten fungierten als Vorbeter. Die meisten Besucher der Gotteshäuser fasteten und hielten bis zum Schluß der Andacht aus. Dann erhielten sie aus eigens zu diesem Zwecke herbeigeschafften Feldküchen ein kräftiges Essen und kehrten in der Nacht noch zu ihren Regimentern zurück. Aus vielen Feldpostbriefen, die jüdische Soldaten an ihre Angehörigen in der Heimat schreiben, geht hervor, daß sie niemals einer so ergreifenden Andacht beigewohnt hätten wie an jenem Tage in Frankreich. - Die gegen Rußland kämpfenden isrealitischen Krieger waren am 30. September für den ganzen Tag beurlaubt und konnten den Gottesdienst mit ihren Glaubensgenossen in den Grenzstädten Ostpreußens begehen."

Pessachfest an der Westfront

Über eine Pessachfeier an der Westfront berichtet ein Feldpostbrief, der ebenfalls in der Zeitschrift „Im Deutschen Reich", 22. Jahrgang, Juli/August 1916 Nr. 7/8 wiedergegeben ist.
„Nach einem mehrstündigen Marsche in B. angekommen, begaben wir uns nach kurzer Rast nach dem Rathause, in dessen großem Saal für etwa 60

Mann Tische gedeckt waren. Einige Kameraden hatten vom Proviantamt alles für die Sederfeier erforderliche erhalten und nett hergerichtet. Matz und koscherer Wein waren vom Verein für das orthodoxe Judentum in Frankfurt geschickt worden, und neues Porzellan und neue Gläser erschienen besonders einladend. Gegen sieben Uhr war die Festgesellschaft aus unserer Division, Männer in den verschiedensten Lebensaltern, vereinigt. Ich traf manchen, den ich schon vom Feldgottesdienst her kannte. Der Offizierstellvertreter B. aus K., ein Hüne von Gestalt, begrüßte uns und gab bekannt, daß das Generalkommando in jeder Weise die Abhaltung des Gottesdienstes und des Ostermahles gefördert habe. Es sei für die beiden Abende und Mittage warmes Essen bereitgestellt worden; jeder Mann habe außerdem 1. M. baren Zuschuß erhalten. Die Kost sei rituell hergestellt worden.

Der Offizierstellvertreter B. hielt dann eine Ansprache, in der er den Seder-Abend als jüdisches Familienfest feierte. Feldwebel D. - ein Lehrer - nahm hierauf den Gebetmantel um und sprach in der altbekannten Vesach-Melodie das Abendgebet. Hierauf setzten wir uns zum Seder nieder, für den alle Zutaten zur Sederschüssel besorgt waren. Offizierstellvertreter B., der Lehrer ist, trug die Haggadah in der in der Heimat üblichen Weise vor; der jüngste Kriegsfreiwillige durfte das „Manischkano" sprechen, abwechselnd durften dann andere Mitkämpfer Teile der Haggadah vorlesen. Bei dem folgenden Abendessen stellte sich heraus, daß weit mehr Leute gekommen waren, als man vorausgesehen hatte. Das Essen war nicht knapp, aber es fehlte an Tellern und Bestecken, so daß mancher mit seinem Nachbarn von einem Teller aß oder einen von einem anderen Kameraden gebrauchten benutzte. Saß man doch wieder einmal an einem gedeckten Tisch; da kam es auf solche Kleinigkeiten nicht an. Während beim ersten Teil der Feier die Stimmung im allgemeinen im Gedenken an die Lieben zu Hause nachdenklicher Natur schien, verfehlten Speise und Trank nicht ihre Wirkung auf das leiblichen Genüssen zugängliche Soldatengemüt. Man unterhielt sich lebhaft angeregt über Kriegserlebnisse, Verwandtschaft, Friedensaussichten, Auszeichnungen usw. Der kräftig gesungene zweite Teil der Sederfeier erhöhte die Stimmung noch mehr. Hierbei bewährte sich die weite Verbreitung solcher altjüdischer Melodien; denn jeder konnte mehr oder weniger harmonisch mitsingen. So war es bald elf Uhr geworden und die Zeit des Stadturlaubs nahezu verstrichen; wir zogen deshalb nach unserem Massenquartier, einer Maschinenhalle, in der auf drei übereinander angebrachten Holzgestellen nach der Art von Apfelbetten mit frischem Stroh belegte Lager bereitet waren. Jeder Mann konnte mit warmen Decken sich ein molliges Lager bereiten. Noch die Pesach-Melodien im Gedächtnis, hörten wir gewaltigen Donner schwerer Geschütze aus der Richtung von U., was uns aber nicht hinderte, halb in das allgemeine Schnarchkonzert einzustimmen. Am anderen Morgen begann der Gottesdienst um 9 Uhr, bei dem in Ermangelung einer Thora-Rolle aus dem Gebetbuch vorgelesen wurde. Lehrer R. hielt eine zur Andacht stimmende Predigt über die geschichtliche Bedeutung des Pesachfestes, die er zu einem Überblick über die Entwicklung des Judentums ausgestaltete. Er schloß mit einer Betrachtung über die Stellung des Juden im Feldheere und mit der Aufforderung zur strengsten Pflichterfüllung. Es wurde darauf um 11 Uhr das Gebet für den Kaiser gesprochen und das Schlußlied „En kelohenu" gesungen. Bei dem gemeinschaftlichen Mittagessen, bei dem mir der Auftrag erteilt war, das Kaiserhoch auszubringen, verglich ich die Energie und Tapferkeit der Israeliten, mit der sie einst das ägyptische Joch abschüttelten, mit der urwüchsigen Kraft, durch die der Deutsche sich jetzt seiner Feinde erwehrt. In diesem Kampfe für das Vaterland mit Gut und Blut einzustehen, sei nach den Vorschriften unserer Religion Pflicht jedes Juden. Schließlich leitete ich meine Ansprache zu dem Kaiserwort über: „Ich kenne keine Parteien mehr" und zu dem Kaiserhurra, in das die Kameraden jubelnd einstimmten. Um zwei Uhr machte ich mich gemeinsam mit drei Infanteristen im schwersten Sturm und Regenwetter auf den Heimweg. Der harmonische Verlauf der ganzen Feier wird sicherlich allen Teilnehmern im Gedächtnis bleiben."

„Weihnachtsstimmung"

Das problematische Verhältnis der jüdischen Soldaten zu ihrer Umwelt wird in dem folgenden Dankesbrief aus dem Feld für die Weihnachtsgabe eines unbekannten Spenders deutlich.

Im Felde 24. 12. 1916
Sehr geehrter Herr!

Bei der allgemeinen Bescherung erhielt ich ein Paketchen, in dem ich Ihre Karte vorfand. Ich fühle das Bedürfnis, für all' die schönen und für einen Soldaten so passenden Sachen, Ihnen und Ihrer Frau Gemahlin meinen herzlichsten Dank zu sagen. Zwar brennt daheim bei meinen Lieben kein Christbaum und „Weihnachts"geschenke habe ich noch nie empfangen. Aber es ist ja Krieg, und so nehmen wir die Gaben als den Dank der Heimat für ihre Soldaten. Und wenn ich an diesem Abend auch nicht von dem Weihnachtsfieber erfüllt bin, so haben Ihre Gaben doch eine Feststimmung in mir erweckt, das Gefühl des Nichtvergessenseins im deutschen Vaterlande, das auch mein Vaterland ist, für das auch ich kämpfe, und das auch ich liebe, wenn ich auch kein Christ, wenn ich auch Jude bin.

Kein Streit sei deshalb zwischen uns - man hat ja heute abend soviel von christlicher Liebe zu Gott und den Menschen gepredigt - aber gerade deshalb hatte ich das Bedürfnis, mich frei zu meinem Judentum zu bekennen, in dem Gefühle, dadurch nicht Ihre „Liebe", Ihre Achtung zu verlieren. Und zu dieser „Liebe" sind auch wir Juden fähig, Liebe erzeugt stets Gegenliebe, und dann kommt auch die Achtung des einen vor dem anderen. So hatte mich Ihr schönes Paketchen zu manchem Gedanken angeregt, vielleicht darf ich Ihre Antwort erwarten. In dieser Hoffnung begrüße ich Sie herzlich Ihr

Max Liebmann, stud. med.

Absender: San. Gefr. stud. med. Liebmann, Kriegslaz. Abt. 51, 3. Armee, Feldpost 55, Westen.

Wie Feldrabbiner Dr. Salzberger die „Judenzählung" erlebte

Zu einem Trauma für die jüdischen Soldaten und für die jüdische Bevölkerung in Deutschland überhaupt wurde die „Judenzählung" von 1916. Obwohl die offiziellen Stellen versuchten, ihre Hintergründe zu verschleiern und den Vorgang selbst herunterzuspielen, wurde sie von den meisten Juden und vielen Nichtjuden sofort als Ausdruck des latenten Antisemitismus in Deutschland empfunden. Daß sie mitten im Krieg stattfand, mußte alle diejenigen erschüttern und schockieren, die erkannt hatten, welche Gefahr der Antisemitismus nicht nur für die Juden in Deutschland, sondern für die gesamte Gesellschaft darstellte. Wie die Maßnahme auch immer motiviert und interpretiert wurde, für jeden Kenner der Lage war es klar, daß auf diese Weise versucht wurde, im jüdischen Bevölkerungsteil Drückebergerei und nationale Unzuverlässigkeit nachzuweisen. Es war klar, wer an solchen Beweisen interessiert war. Erschüttern mußte jedoch die Erkenntnis, daß höchste politische und militärische Stellen sich vor den Karren der antisemitischen Fronde spannen ließen. Dies zu einem Zeitpunkt, in dem das Schicksal des Krieges - und damit Deutschlands - auf des Messers Schneide stand und die jüdische Bevölkerung alle Anstrengungen unternahm, sich sowohl an der Front als auch in der Heimat zu bewähren und damit gleichzeitig über formale Gleichberechtigung hinaus allgemeine Anerkennung als vollintegrierter Bevölkerungsteil zu erringen.

Ziel der „Judenzählung" war in Wahrheit die Feststellung, daß die Juden sich in großer Zahl in der Etappe und nicht an der Front aufhielten. Das Resultat dieser Zählung ist niemals veröffentlicht worden.

Dazu und über seine weiteren Erlebnisse berichtete mir der ehemalige Feldrabbiner der 5. Armee, Dr. Salzberger, inzwischen 93 Jahre alt geworden, 1975 in seinem Londoner Heim.

Auf die Frage, wie sich die Judenzählung bei seiner Armee abgespielt habe, antwortete Dr. Salzberger:

„Leider kann ich das im einzelnen nicht sagen. Ich kann nur berichten, daß der Armeeführer von Gallwitz, ein frommer Katholik, frei war von jedem Antisemitismus. Ich hatte jederzeit Zutritt zu ihm. Hier ein Beispiel: Ich hatte ihm einmal eine Angelegenheit vorzutragen, die mich sehr beschäftigte: ein jüdischer Leutnant hatte mir gesagt, es gehe in der Armee ein Brief um, in dessen Inhalt die Offiziere, auch die jüdischen, eingeweiht worden seien. Der Brief lautete:

Die Juden in Elsaß treiben Verrat gegen Deutschland. In ihren Gebetsriemen, oder richtiger in den Kapseln zu den Gebetsriemen haben sie Papiere, die unserem Feinde dienen.

Als ich dies von dem Leutnant hörte, ging ich zugleich zu dem Armeeführer von Gallwitz und sagte ihm: Exzellenz, ich bin von einem jüdischen Offizier in seiner Seelennot unterrichtet worden von diesem Brief, der von Ludendorff ausgeht und von ihm unterschrieben ist. Kann man dagegen nicht etwas tun? Denn offenbar ist dies nicht wahr. Darauf erklärte von Gallwitz: „Was wollen Sie tun? Wollen Sie vor den Reichstag gehen?" Ich antwortete: „Auf keinen Fall, ich bin Militär." „Nun gut, was kann ich dann tun?" „Können Exzellenz nicht vielleicht bei Ludendorff vorsprechen und ihm sagen, daß das eine Unwahrheit sei?" „Nun, Ludendorff ist schwierig", erwiderte er, „aber ich will es versuchen."

„Ja", sagte Gallwitz, „ein Befehl, der einmal ausgegangen ist, ist nicht zu widerrufen. Aber ich will mit Ludendorff sprechen."

Tatsächlich hatte er den Mut gehabt, mit Ludendorff zu sprechen, obwohl von Gallwitz dafür bekannt war, daß, wo Ludendorff erschien, der General verschwand. Ludendorff setzte Generale ein und berief sie ab, wie er wollte. Ludendorff hat tatsächlich in einem zweiten Brief erklärt, daß das, was er über den Verrat der Elsässer Juden gesagt hätte, so nicht stimme.

Über seine tägliche Arbeit bei der Armee berichtete Dr. Salzberger:

„Im großen und ganzen habe ich das, was ich in vier Jahren als Armee-rabbiner geleistet habe und zu tun hatte, in meinem Kriegstagebuch ver-öffentlicht. Meine Arbeit bestand darin, zu den verschiedensten Divisio-nen zu gehen und nach vorheriger Anfrage Gottesdienste für jüdische Sol-daten der Divisonen zu halten.

An unseren hohen Feiertagen waren das die jüdischen Soldaten der gan-zen 5. Armee. Wir haben große Lokalitäten zu diesem Zweck geliehen be-kommen. Oft unmittelbar hinter der Front. Uns wurde wiederholt gesagt, beten Sie leise, die Feinde liegen gegenüber und können Sie hören. Da-durch kann ein Gefecht entstehen. Wir waren vorsichtig, wenn wir hinter der Front zusammenkamen. Ich war natürlich auch im Schützengraben mit den Kameraden zusammen. Meine Tätigkeit bestand teils im Besuch von Lazaretten oder größeren Krankenhäusern, wo ich nicht nur jüdische Soldaten, sondern auch Soldaten anderer Konfessionen nach Möglichkeit betreut hatte. Ich erinnere mich noch sehr wohl an einen Vorgang in Süd-frankreich, wo ich zum erstenmal als neuer Feldrabbiner in eine Baracke kam, in der Schwerverwundete lagen. Ich habe einfach nur gefragt, ohne mich um die Religionszugehörigkeit des Betreffenden zu kümmern: Kann ich für Dich Kamerad, nach Hause schreiben? „Ja", war die Antwort. Sie waren beglückt, wenn ich die Karte nahm, die Adresse notierte und dann eine beruhigende Antwort an die Angehörigen in die Heimat sandte. Mein erster Besuch in einem derartigen Lazarett war für mich ein furchtbares Erlebnis. Wie sie dalagen, stöhnend, Mann neben Mann, in einer Kirche. Blutend, in einem Raum voller Gestank. Ich dachte, ich halte das nicht aus. Aber gerade dadurch, daß ich lernte, auf jeden Einzelnen, ohne Rück-sich auf seine Religionsgemeinschaft einzugehen, ihn zu befragen, über seine persönlichen Verhältnisse, über seine Familie, und dann dazu kam, für ihn zu schreiben, habe ich gelernt, auch in Lazaretten als Seelsorger zu wirken. Ich habe natürlich nach Möglichkeit dafür gesorgt, daß nicht nur der Sabbat, sondern auch Feiertage nach jüdischem Brauch begangen wurden. Ich habe dafür gesorgt, daß zu unserem Osterfeste, dem Pessach-Fest, ungesäuerte Brote aus Deutschland besorgt wurden. Ich habe dafür gesorgt, daß an Feiertagen auch kosheres Fleisch und Würstchen beschafft wurden. Ich habe meinen Burschen mit Erlaubnis des Armeeführers nach Deutschland geschickt. Dieser hat solches Fleisch und solche Wurst und Mazzot in Massen mitgebracht.

Zu meinen Gottesdiensten kamen jüdische Offiziere und Soldaten, die dienstfrei hatten. Sie kamen manchmal in Massen, manchmal nur in ei-ner ganz geringen Zahl. Sehr erfreut war ich über den Besuch nichtjü-

discher Offiziere in verschiedenen meiner Gottesdiensten. Einmal kam ich zu einem Hauptmann von Francois, der mich fragte, ob ich seinen Vater, den General von Francois, kennenlernen wollte. Ich wurde dem General vorgestellt und dieser erzählte mir von einem Freund, General Zwehl, der bei einem jüdischen Gottesdienst gewesen und dort von der Predigt eines Rabbiners besonders beeindruckt gewesen sei. Ob ich wisse, wer dieser Rabbiner sei. Nun, nach allem konnte nur ich selbst der Rabbiner gewesen sein. Ich sagte ihm dies auch, worauf er fragte, ob er an einem Gottesdienst bei mir teilnehmen könne. „Natürlich, Exzellenz", sagte ich. Wie daraufhin vereinbart, fuhr am nächsten Sonntag punkt zwölf Uhr sein Auto vor der Kirche vor; ein jüdischer Soldat öffnete den Schlag, General von Francois stieg aus und sagte: „Danke, Herr Cohn!" Mich beeindruckte sehr, daß der General zu einem Soldaten mitten im Kriege „Herr Cohn" sagte. Nach dem Gottesdienst fand er höchst anerkennende Worte für die Predigt und für den Gottesdienst überhaupt. Er ließ dann alle vortreten, die mit dem EK ausgezeichnet waren. Ein zweiter Gottesdienst, an dem ein Offizier teilgenommen hat, fand ganz nahe der Front in Dammvillers statt. Er kam, nachdem ich mitgeteilt hatte, daß trotz meiner Ansage so wenig jüdische Soldaten seiner Division zum Gottesdienst erschienen waren. Daraufhin beorderte er alle jüdischen Soldaten seiner Division zum Gottesdienst und kam auch selbst. Er nahm den Helm nicht ab beim Gottesdienst, obgleich er in der Kirche war."
Über sein Verhältnis zu den katholischen und evangelischen Feldgeistlichen berichtete Dr. Salzberger:
„Das war verschieden. Zu einigen hatte ich sehr guten Kontakt gehabt, besonders zu den katholischen. Mir haben jüdische Soldaten erzählt, daß der evangelische Armeepfarrer beim Gottesdienst gesagt habe: „Ja, die Juden, ich kann sie nicht riechen, die Juden." Ich habe mich beim Armee-Oberkommando darüber beschwert. Daraufhin hat mich der maßgebende Offizier gefragt, was er machen solle und ob ich aus dem Vorfall eine Affäre machen wolle. „Keine Spur", sagte ich, „ich möchte nur, daß dem Herrn gesagt wird, was der Kaiser gesagt hat: Keine Parteien mehr, nur noch deutsche Soldaten." Dies ist dann auch geschehen. Ich bin ja mit dem katholischen und evangelischen Geistlichen gemeinsam vom deutschen Kronprinzen mit dem EK II ausgezeichnet worden. Dabei kam es zu einer netten Episode. Als der Kronprinz - übrigens mit einem Rudel Windhunden - durch die Tür kam, sagte der katholische Geistliche zu mir: „Sie kommen voran, das Alte Testament kommt vor dem Neuen." Ich bin natürlich nicht vorangegangen, sondern habe schön gewartet, bis ich als dritter vom Kronprinzen auch mit ein paar Worten beehrt wurde."

Zur Behandlung durch die Nazis im „Dritten Reich" befragt, sagte Dr. Salzberger:

„Ich habe zwar eine Bestätigung des Zeugnisses für die Verleihung des EK von den Nazis bekommen. Im übrigen wurde ich behandelt, als ob ich nie im Dienste der Armee gestanden hätte. Man nahm gar keine Notiz davon und behandelte mich genau wie die anderen jüdischen Männer. Ich kam nach Dachau und vorher in die Festhalle von Frankfurt am Main. Hier habe ich etwas sehr Merkwürdiges erlebt: Es kam ein Obersturmbannführer und alle Nazis salutierten. Er ging rings herum und kam auch zu mir und sagte: „Sind Sie Rabbiner?" „Ja", sagte ich. „Wo ist Ihr Bart?", fragte er. „Ich habe keinen." „Ja geht man bei euch Geistlichen auch ohne Bart?" Ich sagte: „Ja, die Liberalen ja." „Wie alt sind Sie?" Ich sagte: „56." „Da haben Sie sich aber gut gehalten. Haben Sie irgendeine Beschwerde?" Ich hätte schon Beschwerden gehabt, denn ich war miserabel behandelt worden; ich mußte mich hinwerfen und mich durch die ganze große Festhalle wälzen. Außerdem wurde ich mit umgekehrtem Hut fotografiert. Ich war aber klug genug zu sagen: „Nein, ich beschwere mich nicht." Hätte ich mich beschwert, wäre es mir sicher sofort übel ergangen. Ich erinnere mich an ein anderes Erlebnis vom gleichen Tage: auf einmal hieß es: Stille. In dieser Stille im großen Raum der Festhalle hörte man plötzlich eine Stimme singen: „In diesen heiligen Hallen kennt man die Rache nicht und ist ein Mensch gefallen." - Wir sahen uns alle an, als ob einer verrückt geworden sei. Ausgerechnet dieses Lied. Später, als ich aus Dachau zurückkam, besuchte mich der Sänger; ein jüdischer Opernsänger am Frankfurter Stadttheater, und erzählte mir: „Der Obersturmbannführer kam auch zu mir und fragte mich, wo haben Sie denn Ihren dicken Wanz her? Was sind Sie denn?" „Ich bin Opernsänger." „Opernsänger? Wo?" „In Frankfurt an der Oper." „Na, dann singen Sie mal. Gehen Sie mal rauf, singen Sie mal: In diesen heiligen Hallen." Dazu wurde ihm versprochen, er werde sich freisingen. Zitternd vor Angst hat er sich tatsächlich freigesungen, ausgerechnet mit diesem Lied; später kam er jedoch, gerade weil er frei war, in die Gaskammer."

Dr. Salzberger wanderte am Ostersonntag 1939 mit seiner Frau und zwei Töchtern nach London aus, während die dritte und älteste Tochter in der Schweiz studierte und später nachkam. Dank der Vermittlung ehemaliger Schüler hatte die Familie die Erlaubnis zur Auswanderung bekommen. Sie wollte eigentlich über England nach den Vereinigten Staaten, blieb dann aber in London.

Und so erlebte Dr. Salzberger den ersten Tag des Ersten Weltkrieges, den 1. August 1914:

„Als der Krieg begonnen hatte, erging ein Aufruf des Verbandes der deutschen Juden an die deutschen Rabbiner, sich zum Dienst als Feldrabbiner zu melden. Ich meldete mich sogleich und bekam eine Uniform vom Verband der deutschen Juden, ein Zeugnis vom Kriegsministerium, mit dem ich mich überall in meinem Berufe ausweisen konnte und sollte außerdem mit Wagen und Pferd ausgerüstet werden. Aber ich habe beide niemals gesehen. Es wäre auch höchst überflüssig gewesen, denn im Felde konnte man nur mit dem Auto herumkommen. Ich fuhr dann mit der Bahn in meiner Uniform bis zur französischen Grenze. Dort stieg ich aus und wartete. Nach einiger Zeit nahm mich ein Auto mit, in dem zwei Herren saßen, einer in Uniform und einer in Zivil.

Wir kamen ins Gespräch und ich höre heute noch den Offizier sagen: „Wie gut, daß die Verwüstung in Frankreich und nicht in Deutschland ist." Plötzlich fragte mich der Offizier: „Von welcher Kirche sind Sie denn in Frankfurt?" „Von gar keiner Kirche, ich bin Rabbiner", antwortete ich. Daraufhin wurde auf der ganzen langen Fahrt kein Wort mehr an mich gerichtet. Ich habe mir das wohl gemerkt. Und immer, wenn ich dann mitgenommen wurde auf die Frage gewartet, von welcher Kirche? Dann habe ich stolz erwidert: „Ich bin in keiner Kirche, ich bin Rabbiner."

Die Wirkung war verschieden. In einem Fall war sie besonders merkwürdig. Ein Rittmeister, der viel herumfahren mußte, fragte mich: „Sagen Sie mal, Herr Pfarrer, Sie fahren doch überall in der Armee herum. Was machen Sie denn?" „Ich bin kein Pfarrer. Ich bin Rabbiner."

„Rabbiner, das ist ja hochinteressant. Das gibt es auch. Wollen Sie Zigaretten, wollen Sie Schokolade?"

Er war entzückt, daß ich Rabbiner und nicht Armeepfarrer war, und hat mich immer wieder mitgenommen!

Seelsorge im Felde

Auszüge aus „Aus meinem Kriegstagebuch"
Von dem Feldgeistlichen bei der 5. Armee, Rabbiner Dr. Salzberger aus Frankfurt am Main (Sonderabdruck aus der Monatsschrift „Liberales Judentum" 1916).

Der neue Divisionär zeigte mir das gleiche Entgegenkommen wie sein Vorgänger. Die Offiziere des Stabes wußten im Umfang nicht recht, wo sie mich einordnen sollten. Ein Rabbiner, der kam gewiß aus einer anderen

Welt oder doch mindestens aus einem anderen Jahrhundert. Aber literarische, philosophische und religiöse Gespräche müssen ihnen wohl die Augen darüber geöffnet haben, daß auch der Rabbiner ein Mensch ist, der mit beiden Füßen auf dieser wohlgegründeten Erde steht, mitten in der Gegenwart, deren gewaltigen Umwälzungen er am wenigsten sich verschließen darf. Seitdem sind unsere Beziehungen geradezu herzlich. Für den Gottesdienst wurde mir ein geräumiger Betsaal angewiesen. Ehemals mag es ein Stall gewesen sein; aber warum soll eine Zeit, die Kirchen zu Pferdeställen wandelt, nicht auch einmal aus einem Stall ein Gotteshaus machen? Hier versammeln auch die beiden christlichen Kollegen ihre Andächtigen, da die Kirche von Verwundeten belegt ist. Freilich, bei klarem Wetter halten sie ihre Andachten zumeist unter Gottes freiem Himmel, und die Choräle, von tausend Männerstimmen gesungen und von der Regimentskapelle begleitet, schallen gar feierlich über die weite Ebene dahin. Ehe ich als Feldgeistlicher einzog, nahmen wiederholt jüdische Kameraden an der kirchlichen Andacht teil und lauschten ergriffen der Predigt des Pfarrers - ein Zeichen für die Größe des religiösen Bedürfnisses. Es muß den Vertretern der beiden anderen Bekenntnisse nachgesagt werden, daß sie den jüdischen Zuhörern gegenüber die zarteste Rücksicht beobachteten. Von Polemik konnte ohnehin nicht die Rede sein, wo es nur einen Kampf gilt: gegen die Feinde des Vaterlandes. Aber eben deshalb begrüßten die Pfarrer die Ankunft des jüdischen Geistlichen mit nicht geringerer Freude als die jüdischen Soldaten selbst.

In S. konnte man nun täglich um die Mittagsstunde das Triumvirat des Glaubens die Dorfstraße hinaufwandeln sehen, und hier, in V., wohnt es an einem viereckigen Platz, dessen eine Seite die Kirche und dessen drei anderen Seiten je eine Konfession einnimmt; in der Mitte des Platzes steht ein Tag und Nacht fließender Brunnen - ein Symbol der ewigen Wahrheit, aus dem sie alle schöpfen.

Es braucht kaum gesagt zu werden, daß dieselbe Einmütigkeit wie unter den Hirten auch unter ihren Herden herrscht. Mag hin und wieder von seiten christlicher Mannschaften oder Offiziere ein unbedachtes Wort fallen, so ist es keinesfalls bös gemeint, eine bloße Reminiszenz aus vergangenen Tagen. Im Kriege herrscht wie von vornherein anzunehmen war, der Geist unterschiedsloser Kameradschaftlichkeit. Jeder ist auf den anderen angewiesen und muß schlecht und recht mit ihm auskommen. Dies enge Zusammenleben hat ein sehr genaues Sichkennenlernen zur Folge: ein jeder gibt sich wie er ist. Wir Juden können uns dessen nur freuen: Wird man uns kennenlernen, so wird man uns auch verstehen und achten lernen. Die alte Beobachtung, daß der Judenhaß, soweit er nicht Familientradition ist, aus einer persönlichen Erfahrung herausgewachsen ist, und nur durch persönliche Erfahrungen wieder entwurzelt werden kann, erkennt hier alle Tage ihre Bestätigung. Ich bin bisher über 20 jüdischen Kameraden begegnet; ein Zehntel war schon nach den ersten Gefechten befördert, ein weiteres Zehntel mit dem Eisernen Kreuz ausgezeichnet worden. Ich fand, wo strengste Redlichkeit, Gewissenhaftigkeit und Intelligenz erforderlich sind, da werden Juden mit Vorliebe verwendet. Ich weiß aus dem Munde von Offizieren, daß viele jüdische Soldaten sich freiwillig zu gefährlichen Patrouillengängen melden und dabei einen Mut und eine Todesverachtung an den Tag legen, die das Märchen von der jüdischen Feigheit gründlich zuschanden macht. Das Erfreulichste aber ist, daß nicht ein einziger aus seinem religiösen Bekenntnis ein Hehl macht. Im Gegenteil: jeder weist nicht nur etwa vorkommende antisemitische Entgleisungen mit Entschiedenheit zurück, sondern zeigt sich auch von dem stolzen Ehrgeiz beseelt, zu beweisen, wie ernst es uns Juden mit der Liebe zum deutschen Vaterland ist, ob dieses Vaterland auch unsere Liebe nicht immer lohnte - Gott sei Dank, wir dürfen die Vergangenheit setzen. Daß wir es dürfen, daß der militärischen Beförderung nicht mehr jene unübersteigbare konfessionelle Schranke entgegengestellt wird - und ich muß bekennen, daß ich selber vom Anblick so vieler gebildeter und soldatisch hervorragender Glaubensbrüder, die dennoch es nur zum Unteroffizier oder höchstens Vizewachtmeister hatten bringen können, schmerzlich berührt war - das wird unseren Kriegern jene stille Resignation nehmen, die hinter all ihrem Streben stand, und wird ihrer Pflichterfüllung den Schwung einer ungetrübten Freude leihen.

Was auch die Zukunft bringen mag, das Geschlecht, das diesen Krieg erlebt hat, kann in die alten Vorurteile gegen die Juden nicht zurückfallen. Und wenn die Lebenden die Einmütigkeit aller in der Treue gegen das Vaterland vergessen sollten, so werden die Toten reden. Einer von den merkwürdigen Zufällen, wie sie im Kriege nicht selten sind, wollte, daß ein Protestant, ein Katholik und ein Jude bei dem gleichen Geschütz zusammen fielen. Der evangelische Pfarrer wurde vom Divisionär mit der Grabrede betraut; ich wollte es mir nicht nehmen lassen, meinem Glaubensbruder die letzte Ehre zu erweisen. Ich ließ mein Wägelchen anschirren, ein lustig-leichtes Fahrzeug, das in Ermangelung des mir zugedachten gediegenen deutschen Landauers aus dem Besitz des „maire" des Dorfes S. beigetrieben worden war, und mein polnischer Bursche, von Haus aus Schneidermeister, fuhr den Kollegen und mich über die bewaldeten Höhen nach D. hinunter. Der Abend begann schon zu dämmern, als wir an dem Soldatenfriedhof hinter dem Dorfe anlangten. Der Brigadegeneral v. W. empfing uns im Kreise seines Stabes, und um die beiden ausgeschaufelten Gräber standen in weitem Bogen dichtgedrängt die Kameraden der Gefallenen. Feierliche Stille herrschte, als der Pfarrer, mit einem Psalm beginnend, von dem Heldenschicksal sprach, das sich hier wieder einmal erfüllt hatte. Sodann richtete ich einige Worte an die Versammelten, indem ich auf den Zufall deutete, der hier die drei Bekenntnisse im Tod vereint und den wir als Sinnbild und als Mahnung für das Leben nehmen sollten: wir bekennen alle einen Vater und ein Vaterland. Alle Häupter entblößten sich, als der Pfarrer nun das Vaterunser sprach. Die Bahren senkten sich zur Gruft, und wir Geistlichen, die Offiziere und die Mannschaften, einer nach dem anderen, traten heran, um die drei Handvoll Erde den Tapferen nachzuwerfen. Es war eine tiefergreifende Totenfeier im Dämmer des Abends, die ich nicht vergessen werde. Schweigend fuhren wir zwei zurück, vorbei an zahllosen Gruben, die feindliche Granaten in den oft beschossenen Höhenweg eingewühlt hatten. Silberhell stand die Sichel des neuen Mondes am Himmel, und die ewigen Sterne flimmerten in der reinen Luft. Wenn die erzählen könnten! Was haben sie nicht im Laufe der Jahrtausende an Jammer und Elend, aber auch an Glück und Schönheit, an wahnwitziger Verblendung und an aufopferndster Begeisterung hier unten gesehen!

Gute Deutsche und gute Juden; war dies schon immer unsere Parole, so ist es im Felde zum Schlachtruf geworden. Jetzt empfinden wir stärker als je, wie unlöslich, beides in uns verknüpft ist. Ohne Chauvinist zu sein, darf man wohl sagen, daß Judentum und Deutschtum sich suchen und finden mußten, weil sie wesensverwandt sind. Was man dem Juden auch nachsagen mag von französischer Beweglichkeit des Geistes, von englischem Geschäftssinn, entscheidend ist, daß das jüdische Herz mit dem deutschen Gemüt zusammenstimmt. Denn in sittlichem Fühlen und Denken und der daraus ersprießenden unentwegten Treue und Opferwilligkeit für ein Ideal offenbart sich erst jene echte Kultur eines Volkes, die einer ganzen Welt von Feinden, die den Wogen der eigenen nationalen Leidenschaft standzuhalten vermag. Es ist höchst lehrreich, daß Judentum und Deutschtum wie im Wesen, so auch vielfach in der Aufnahme übereinstimmen, die sie von ihrer Umwelt erfahren. Der Krieg bringt an den Tag, daß der Deutsche wie der Jude bei anderen unbeliebt wo nicht verhaßt ist, weil man ihn verkennt. Man kann zwar nicht umhin, einzuräumen, daß die Deutschen das Volk der Dichter und Denker sind - gewesen sind, wie die Juden das Volk der Propheten und Psalmisten. Aber zwischen dem Einst und dem Heute gähne eine Kluft; wir seien reich geworden und im Streben nach immer größerem Besitz geistig und moralisch entartet - wir Deutsche - und wir Juden. Man rühmt zwar unseren Fleiß, unsere Rührigkeit und Gründlichkeit, aber man kann es uns nicht verzeihen, daß wir's zu etwas gebracht haben - uns Deutschen und uns Juden. Man schilt uns Barbaren und verlacht uns als weltfremde unverbesserliche Träumer - uns Deutsche und uns Juden. - Vielleicht lernt unsere Zeit aus dieser teils albernen und kurzsichtigen Entstellung der Wahrheit durch Deutschlands Feinde, auch uns Juden Gerechtigkeit wiederfahren zu lassen . . ."

Da am Sabbat die wenigsten vom Dienste befreit werden können, sah ich mich gezwungen, den Gottesdienst auf Sonntag zu verlegen, lasse aber einen zweiten im Laufe der Woche jedesmal für diejenigen folgen, die an dem betreffenden Sonntag in Feuerstellung lagen. Anfangs war die Zahl der Teilnehmer gering, weil der Divisionsbefehl nicht zeitig und nicht weit genug herumkam, neuerdings zähle ich 30, 40 auch 50 Beter. Sie kommen aus dem Orte selbst oder aus umliegenden Ortschaften zu Fuß oder zu Pferd oft eine Stunde weit her. Es sind Ärzte und Mannschaften, vom Gemeinen bis zum Offiziersstellvertreter aller Waffengattungen, Akademiker (Juristen), Kaufleute und Handwerker, orthodoxe, liberale und „freireligiöse", Zionisten und „Assimilanten" aus allen Gegenden unseres Vaterlandes, zumeist aus dem Posenschen. In der Regel treffen wir alle in S. zusammen, das etwa im Mittelpunkt liegt. Aber ich bin auch wiederholt nach entfernten Dörfern gefahren.

Mein Verkehr mit den jüdischen Kameraden, beschränkt sich natürlich nicht auf die Stunde der Andacht. Mit mehreren, die am gleichen Orte Quartier haben, treffe ich täglich zum Plaudern zusammen, andere suchen mich in meinem Stübchen auf, das meine französische Wirtin mit dem gleichen bescheidenen Mobiliar ausgestattet, wie einst die Sunamitin das Obergemach für den Propheten Elisa, mit Bett, Tisch, Stuhl und Leuchter - den für diese Jahreszeit unentbehrlichen Ofen hat ein findiger Bursche für mich requiriert.

In diesem Eingehen auf das Reinmenschliche liegt das beste Teil der Seelsorge. Kommt gar ein Kriegsfreiwilliger herein, geht unsereinem vollends das Herz auf. Dies Entzücken beim lang entbehrten Anblick eines Bettes, eines Ofens, diese rührende Dankbarkeit für ein paar Zigarren, ein Glas Kognak. Die Seelsorge wird hier zur Leibessorge. Mit solchem Appetit haben diese daheim oft sehr verwöhnten Jungen in Friedenszeiten sicher nie gegessen und getrunken. Gerade für unsere Söhne ist der Krieg eine heilsame Schule, weil er lehrt, wieviel man, wenn es sein muß, ertragen und entbehren kann.

Ungern lasse ich meine Kriegsfreiwilligen von mir gehen. Wir sagen uns „auf Wiedersehen", und ich bange heimlich, der eine oder andere käme nicht wieder. Sie aber schreiten dahin, festen Schrittes, mit den reinen Augen fröhlich um sich blickend. Wie haben sie nur so schnell die Ghetto-Knechtsgestalt abgelegt und haben sich zu Makkabäersöhnen verjüngt! Ich sehe mit der Spannung wie in Kindertagen dem Chanukkahfest entgegen. Den Frieden wird es nicht bringen, aber eine täglich heller strahlende Siegesverheißung."

Hunderttausend jüdische Kriegsteilnehmer im Ersten Weltkrieg

84.352 jüdische Soldaten haben nach 1921 veröffentlichten Untersuchungsergebnissen auf deutscher Seite am Weltkrieg 1914 bis 1918 teilgenommen. Das sind 15,66 Prozent der bei der Volkszählung vom 1. Dezember 1910 ermittelten jüdischen Bevölkerung. Dabei ist zu berücksichtigen, daß sich unter ihr - vor allem in Berlin und Sachsen - ein großer Teil Ausländer befanden (und in einigen Gebieten die Zählung nur unvollständig vorgenommen werden konnte), so daß der tatsächliche Prozentsatz noch um einiges höher lag.
Wenn man die nachgewiesenen Lücken der Erhebung berücksichtigt, kommt man auf insgesamt annähernd 100.000 jüdische Kriegsteilnehmer, die 17,5 Prozent aller deutschen Juden entsprechen. Jeder sechste deutsche Jude (von insgesamt 550.000) hat also am Krieg teilgenommen. Das entspricht etwa dem Anteil der Kriegsteilnehmer aus der gesamten deutschen Bevölkerung. Gefallen sind rund 12.000 jüdische Soldaten, also etwa genauso viel wie Israelis in den Kriegen von 1948, 1956, 1967 und 1973 ihr Leben ließen.
Einzelheiten der Erhebungen sind einer statistischen Ausarbeitung von Dr. oec. publ. Jacob Segall zu entnehmen, die 1921 unter dem Titel „Die deutschen Juden als Soldaten im Kriege 1914-1918" im Philo-Verlag, Berlin, vom Ausschuß für Kriegstatistik, dem Verband der deutschen Juden, dem Zentralverein deutscher Staatsbürger jüdischen Glaubens und zehn weiteren Organisationen herausgegeben worden ist. Ihr sind die folgenden Auszüge entnommen.
Zur Statistik selbst bemerkt zunächst Professor Dr. Heinrich Silbergleit, Direktor des Statistischen Amtes der Stadt Berlin, im Vorwort:
„Aus der Friedenszeit liegen konfessionsstatistische Feststellungen wenn auch nur summarischer Art für Heer und Marine aufgrund der Reichsberufszählung von 1907 vor.

Zu einer Statistik über die Beteiligung der Juden am Heeresdienst sind seitens der Militärverwaltung in den ersten Kriegsjahren Anläufe gemacht worden, aber in unzureichender Form, wie ja im Kriege überhaupt und selbst bei den allerwichtigsten Fragen, auch solchen von maßgebender Bedeutung für die außenpolitische Stellungnahme des Reichs statistisch gesündigt worden ist. Von einer den gesamten Krieg erschöpfenden amtlichen konfessionellen Militärstatistik ist jedenfalls in der Öffentlichkeit nichts bekannt geworden; sie ist nicht vorhanden. Für die früheren Kriege ist auf das 1897 erschienene verdienstvolle Werk Dr. Paul Nathans: „Die Juden als Soldaten" hinzuweisen.

Um so größere Beachtung dürfte daher die vorliegende Arbeit auf sich ziehen, die sofort nach Ausbruch des Krieges von jüdischer Seite in Angriff genommen worden ist, obwohl man sich der ungeheueren Schwierigkeiten ihrer Durchführung durchaus bewußt war. Für diese statistische Erhebung gab es keine gesetzliche, die Beteiligung vorschreibende Grundlage, keine ministeriellen Erlasse an die Verwaltungsbehörden für die Organisation der Austeilung und der Wiedereinsammlung der Zählmaterialien, keine Anweisung für ihre Bearbeitung. Im Gegenteil! Kaum hatten die für diese Zwecke gewonnenen Korporationen in ihrem Ausschuß für Kriegsstatistik das Organ zur Ausführung der Untersuchung geschaffen, noch waren die Arbeiten über die ersten einleitenden Anfänge nicht hinausgediehen, als schon seitens mehrerer Generalkommandos, das geplante Unternehmen an seinen Wurzeln treffende Verbote der Sammlung kriegsstatistischer Nachrichten ergingen. Wurden sie auch später auf die Erhebung des Truppenteils beschränkt, so war zwar damit die Fortführung der Arbeiten wieder ermöglicht, herbeigeführt aber war der Verzicht auf manche Feststellungen, die auch für die allgemeine Geschichte dieses Krieges von Bedeutung gewesen wären, von uns um so größer, als durch den jähen Zusammenbruch des Heeres und die Folgeerscheinungen zahlreiche Quellen der Forschung für immer verschüttet worden sind."

War der für eine derartige Statistik selbstverständlich in erster Reihe in Frage kommende dienstliche Apparat der Militärbehörden nicht zugänglich, so waren doch im wesentlichen auch die Bemühungen um die Beschaffung solcher Grundlangen erfolglos, wie sie beispielsweise bezüglich des Personenstandes bei den Zivilbehörden vorhanden sind. So war man ganz auf sich gestellt.

Da es sich wie gesagt im wesentlichen um eine Statistik der Abwesenden handelte, so war das von der Leitung der Arbeiten beobachtete Verfahren der Anknüpfung an den letzten Wohnort zweifellos das gegebene. Das mochte in kleineren Orten bei Gewinnung zuverlässiger Auskunftspersonen immerhin einige Aussicht auf Vollständigkeit darbieten. Anders in Großstädten, insbesondere in Berlin, wo als Grundlage nur eine Art von Hauszählung in Betracht kommen konnte, bei der aber nach Lage der Verhältnisse Lücken unausbleiblich sind. Nun fand zwar in gewissem Umfange eine Ergänzung durch bezügliche Ermittlungen bei einigen Vereinen und Verbänden statt. Angesichts aber der großen Anzahl von hauswirtschaftlich nicht selbständigen Personen, die ohne auf die eine oder andere Weise faßbare Spuren zurückgelassen zu haben, zum Heeresdienst einberufen wurden, ist die Vollständigkeit der Ergegnisse keineswegs gewährleistet. Hinzu kommt, daß Elsaß-Lothringen als Kriegszone schon von Anbeginn von der Erhebung ausgeschlossen war, daß das Material der Provinz Posen - auch eine Folge ihres beklagenswerten Geschicks - nicht mehr zusammengebracht werden konnte, daß endlich Hamburg fehlte, wo die Ermittlungen noch nicht zum Abschluß gelangt sind.

Die Untersuchung bringt zunächst einen Überblick über die Zahl der jüdischen Feldzugsteilnehmer und ihre Verteilung auf Provinzen und Staaten.

Sodann werden die tatsächlichen Zahlen nach Schätzungen für die Provinzen und Städte mit unzureichendem Untersuchungsmaterial errechnet.

Sie kommt dann zu der Schlußfolgerung:

„Nimmt man aber selbst den ungünstigen Fall an, daß die jüdische Bevölkerung im Freistaat Hamburg, in Posen und Elsaß-Lothringen, welche 1910 zusammen 76.467 betrug, nur unsern oben ermittelten Satz von 15,66 Prozent Kriegsteilnehmer gestellt hat, so kann man 11.975 zu unseren 84.352 hinzuzählen, so daß man eine Gesamtzahl von 96.327 jüdischen Feldzugteilnehmern erhält. Hiernach haben annähernd 100.000 deutsche Juden im Heere beziehungsweise der Marine am Weltkriege teilgenommen.

Es fragt sich nun: welches ist der Anteil dieser annähernd 100.000 jüdischen Feldzugteilneher an allen deutschen Juden? Dieser Anteil kann nicht ohne weiteres aus einer Vergleichung der Zahlen aller Feldzugteilnehmer mit den Zahlen der ortseingesessenen jüdischen Bevölkerung errechnet werden, denn die letzteren umfassen auch die Ansässigen ausländischer Staatsangehörigkeit. Unter den 615.000 Juden in Deutschland, die man im Jahre 1910 zählte, und die auf etwa 620.000 bis Kriegsausbruch sich mehrten, wenn man den Zunahmequotient von 1905-1910 auch für die Folgezeit annimmt, gab es eine nicht unerhebliche Anzahl von Ausländern, die in Abzug gebracht werden muß, wenn man die Grundmasse feststellen will, aus welcher die jüdischen Feldzugteilnehmer entnommen wurden. Wieviel ausländische Juden in Deutschland im Jahre 1910 beziehungsweise 1914 lebten, ist unbekannt, ihre Zahl läßt sich aber annähernd berechnen. In Preußen zählte man 1905 38.844 reichsfremde Juden, in Sachsen im Jahre 1910 10.360, in Hessen 2.502, in München waren im Ausland Geborene im Jahre 1910 3.030, in Hamburg 2.131, dies ergibt bereits eine Gesamtzahl von 56.867. Bedenkt man, daß die Zahl der reichsfremden Juden in Preußen von 1905 bis 1910 beziehungsweise 1914 zugenommen hat, daß ferner auch in Baden, im Elsaß, in den Kleinstaaten Ausländer vorhanden sind, so darf man auch bei vorsichtiger Berechnung eine Zahl von 65.000 Ausländern annehmen. Es verbleiben daher höchstens als Grundmasse 555.000 deutsche Juden, die circa 96.000 Soldaten gestellt haben, mit anderen Worten, 17,30 Prozent aller deutschen Juden oder jeder sechste deutsche Jude hat am Kriege teilgenommen. Ist diese Zahl hoch, ist sie niedrig? Entspricht sie dem Anteil der zum Kriegsdienst eingezogenen deutschen Gesamtbevölkerung, bleibt sie hinter ihm zurück? Das sind Fragen, die jetzt auftauchen, und deren Beantwortung zweifellos von größter Bedeutung ist. Leider kann aber hierauf solange nicht mit Sicherheit eine Antwort erteilt werden, als es an endgültigem amtlichen Material über den tatsächlichen Umfang der Kriegsbeteiligung des deutschen Volkes fehlt. Man ist lediglich auf Schätzungen angewiesen, die der Wahrheit mehr oder weniger nahe kommen. Die Angaben bewegen sich zwischen elf und 13,5 Millionen. Man wird demnach den Tatsachen wohl mit einer Ziffer von rund 12,5 Millionen am nächsten kommen. Es ergibt sich dann bei einer Bevölkerung von 68 Millionen im Jahre 1914 als Prozentsatz der Kriegsteilnehmer 18,38. Zieht man auch von der Gesamtbevölkerung die reichsfremden Elemente ab, so erhöht sich die Ziffer auf 18,73 Prozent.

Wir haben vorhin festgestellt, daß über 17 Prozent der gesamten jüdischen Bevölkerung abzüglich der Ausländer eingezogen worden sind, mit anderen Worten, die jüdische Bevölkerung in Deutschland hat, bis auf einen kleinen Spielraum, verhältnismäßig etwa ebensoviel Feldzugsteilnehmer gestellt wie die Gesamtbevölkerung.

Dieses Ergebnis wäre an sich durchaus nicht überraschend, vielmehr die naturgemäße Folge der Tatsache, daß das Schicksal eines jeden Organismus sich in allen seinen Gliedern getreulich widerspiegelt, wenn nicht demographisch wichtige Tatsachen dafür sprächen, daß die jüdische Bevölkerung aus einer inneren Notwendigkeit heraus hinter dem Prozentsatz der Gesamtbevölkerung hätte zurückbleiben müssen. Es darf nämlich nicht außer acht gelassen werden, daß der Altersaufbau der Juden in

Deutschland von der Altersgliederung der Gesamtbevölkerung sich nicht unwesentlich unterscheidet. Es ist einleuchtend, daß die Masse der Eingezogenen immer in einem bestimmten Verhältnis zur Masse der dem wehrfähigen Alter angehörenden Personen steht, und dies Verhältnis wiederum ist abhängig von der Besetzung der Jahrgänge 18-45. Es ist eine allgemein bekannte und statistisch festgestellte Tatsache, daß infolge des jahrzehntelangen, immer stärker werdenden Geburtenrückganges bei den deutschen Juden die jüngeren Altersklassen dieser Bevölkerungsgruppe eine schwächere Besetzung als die höheren aufweisen. Die Folge hiervon ist, daß gerade jene Alterklassen, welche das Hauptkontingent der Kriegsteilnehmer stellten, bei den Juden nicht so ergiebig sein konnten wie bei der Gesamtbevölkerung."

Es folgt eine amtliche Statistik über den Altersaufbau der christlichen und der jüdischen Bevölkerung aus dem Jahre 1910 im Großherzogtum Hessen mit der Schlußfolgerung:

„Da nun trotz des starken Geburtenrückganges und trotz der erheblichen Abweichung in der Altersgliederung die jüdische Bevölkerung nahezu den gleichen Prozentsatz von Kriegsteilnehmern gestellt hat wie die Gesamtbevölkerung, ist der Schluß berechtigt, daß am Kriege restlos alle teilgenommen haben, die irgend nur teilnehmen konnten."

Einzeluntersuchungen führten unter anderem zu folgenden Ergebnissen:

„Zwei Tatsachen muß man sich vor Augen halten, wenn man erklären will, weshalb in einer ganzen Anzahl von Provinzen und Ländern verhältnismäßig mehr Kriegsteilnehmer gestellt worden sind als in anderen.
Einmal die räumlichen Verschiebungen der jüdischen Bevölkerung, die im Laufe der Jahrzehnte vor sich gegangen sind. Es hat eine Abwanderung aus den östlichen Provinzen nach Mittel- und Westdeutschland stattgefunden und aus der Provinz Brandenburg nach Groß-Berlin.
Und: Danach standen in Berlin bei der Gesamtbevölkerung von 100 Personen 48, von 100 deutschen Juden nur 45 im Alter von 20-45 Jahren, während die über 45jährigen bei der Gesamtbevölkerung nur 18,70 Prozent, bei den Juden 26,51 Prozent ausmachten, mit anderen Worten: die nicht mehr wehrfähigen Altersklassen waren bei den Juden relativ stärker vertreten als bei der Gesamtbevölkerung.
Es leuchtet nunmehr ein, daß Hessen, wo 1895 noch circa 67 Prozent aller Juden in Orten mit unter 20.000 Einwohnern lebten, den relativ stärksten Prozentsatz der Kriegsteilnehmer aufweist (19,21), Preußen, wo nur noch 52 Prozent waren, den relativ geringsten Anteil (17 Prozent) besitzt."

Über den Anteil der Kriegsfreiwilligen an den jüdischen Kriegsteilnehmern berichtet die Untersuchung:

„Von den 84.352 jüdischen Kriegsteilnehmern, die bisher gezählt worden sind, haben 10.000, d.h. 12%, sich freiwillig gestellt. Preußen übertrifft den Durchschnitt um eine Prozenteinheit, der Freistaat Sachsen um mehr als drei Prozenteinheiten, hingegen bleiben Bayern, Württemberg, Baden und vor allem Hessen hinter ihm zurück.

Unter den preußischen Provinzen weisen vor allem Ostpreußen, Brandenburg, Groß-Berlin (darunter die Vororte von Berlin) und Schlesien hohe Ziffern auf, und nur in sechs Provinzen ist der Prozentsatz der Kriegsfreiwilligen geringer als der Durchschnitt.

Daß in Bayern, Württemberg, Baden, Hessen verhältnismäßig weniger Kriegsfreiwillige vorhanden sind als in Preußen, ist nach dem am Schluße des vorigen Kapitels Gesagten ohne weiteres verständlich. In allen diesen Ländern wohnen mehr Juden in den mittleren und kleineren Orten als in Preußen, und daß die städtische, vor allem die großstädtische Bevölkerung ein vergleichsweise stärkeres Kontingent von Kriegsfreiwilligen gestellt hat als die übrige Bevölkerungsmasse, ergibt sich aus folgender Darlegung. Es waren ja in erster Linie die Schüler der höheren Lehranstalten und die akademische Jugend, welche nahezu geschlossen zu den Waffen griff, aber auch die übrigen Berufsstände haben in den Städten infolge der ganz anders gearteten wirtschaftlichen und sozialen Verhältnisse und stärkeren politischen Anteilnahme sich in stärkerem Maße freiwillig gestellt als auf dem Lande.

Danach stehen 5,71 Prozent Kriegsfreiwillige in Gemeinden unter 200 Seelen 14,33 Prozent in den übrigen Gemeinden gegenüber. Annähernd dasselbe Verhältnis zeigt Preußen. Besonders kräftig ist der Gegensatz in Hessen, Baden, Württemberg, Bayern und Hessen-Nassau ausgeprägt, wo der Anteil der Kriegsfreiwilligen in den Gemeinden mit über 200 Seelen etwa drei- bis viermal so groß ist wie in den mit unter 200 Seelen. Auch für alle anderen Provinzen und Landesteile mit Ausnahme von Schleswig-Holstein bestätigt die Tabelle unsere oben aufgestellte Behauptung, daß die Siedlungsverhältnisse von großem Einfluß auf das Maß der Kriegsfreiwilligkeit gewesen sind.

Besonders hoch ist der Anteil der Freiwilligen in Großstädten mit Universitäten, so zum Beispiel:

Göttingen	27 % der Kriegsteilnehmer
Königsberg	26 % der Kriegsteilnehmer
München	25 % der Kriegsteilnehmer
Darmstadt	22 % der Kriegsteilnehmer

Stettin	22 % der Kriegsteilnehmer
Breslau	20 % der Kriegsteilnehmer
Magdeburg	20 % der Kriegsteilnehmer
Freiburg	19 % der Kriegsteilnehmer
Karlsruhe	19 % der Kriegsteilnehmer
Heidelberg	18 % der Kriegsteilnehmer
Danzig	17 % der Kriegsteilnehmer
Groß-Berlin	17 % der Kriegsteilnehmer
Hannover	17 % der Kriegsteilnehmer
Kiel	17 % der Kriegsteilnehmer

Daß in einigen Universitätsstädten, wie in Marburg und Gießen, die Ziffer verhältnismäßig niedrig ist, dürfte auf den geringeren Anteil der jüdischen Studierenden dortselbst zurückzuführen sein."

Zwei Fünftel der jüdischen Kriegsteilnehmer sind schon im ersten Kriegsjahr einberufen worden. Ein Drittel wurde im zweiten Kriegsjahr ausgehoben, ein Siebentel entfällt auf das Jahr 1916, ein Dreizehntel auf das Jahr 1917, und nur ein geringer Rest ist im letzten Kriegsjahre zu den Fahnen gerufen worden. Eine derart absteigende Skala ist in hohem Grade für die schon in einem früheren Stadium des Krieges in weitem Umfange erfolgte Heranziehung der Juden zum Kriegsdienste bezeichnend. 77,55 Prozent waren an der Front.

Zu dem Ergebnis der Untersuchung über den Fronteinsatz jüdischer Kriegsteilnehmer wird festgestellt:

„Es ist nicht gelungen, für alle Kriegsteilnehmer diese Frage (nach dem Fronteinsatz) beantwortet zu erhalten, so daß sich der ermittelte Prozentsatz von 77,55 noch um einige Prozenteinheiten erhöhen dürfte . . ."

Es folgen wieder Einzelzahlen bezogen auf die Provinzen und Länder, mit dem Ergebnis:

„Wir stellen zunächst die bedeutsame Tatsache fest, daß von 100 jüdischen Kriegsteilnehmern 78, d.h. nahezu vier Fünftel an der Front waren, daß dieser Durchschnitt nur in einigen preußischen Provinzen und Staaten nicht erreicht wird, in anderen wiederum zum Teil nicht unerheblich übertroffen wird. Wir halten dieses Ergebnis deshalb für bedeutsam, weil die Konstanz der Zahlen ein brauchbares Kriterium für die Zuverlässigkeit unserer, nicht auf amtlicher Grundlage beruhenden statistischen Ermittlung darstellt.

Versuchen wir, die ermittelte Anteilsziffer der jüdischen Frontsoldaten mit dem entsprechenden Verhältnis beim Gesamtheer zu vergleichen. Daß die Zahl der Frontsoldaten überhaupt auf mindestens zehn Millionen angesetzt werden kann, dürfte kaum einem Zweifel begegnen, nachdem

die Gesamtzahl der Feldzugsteilnehmer auf etwa 12,5 Millionen angegeben werden kann. Nun beträgt die Gesamtzahl der Gefallenen einschließlich der durch Krankheit usw. Gestorbenen bis Ende April 1919
1.686.061, so daß jeder sechste Frontsoldat den Tod gefunden hat."
Zur gleichen Verhältniszahl kommen die weiteren Berechnungen der
Statistik auch für jüdische Kriegsteilnehmer.

12.000 Gefallene und Vermißte

In einem weiteren Kapitel werden die Verluste der jüdischen Kriegsteilnehmer wie folgt errechnet:
„Von den 84.352 von uns gezählten jüdischen Soldaten sind 9.216 als ge-
fallen beziehungsweise sonst gestorben ermittelt worden, d. h. der neunte
Teil hat bestimmt die Heimat nicht wiedergesehen. Rechnet man die 973
Vermißten hinzu, die auch als verloren gelten können, so erhält man eine
Verlustziffer von 10.000, d. h. 12 Prozent. Da wir im ersten Kapitel annähernd 100.000 jüdische Feldzugsteilnehmer annehmen konnten, be-
trägt die Gesamtzahl der Gefallenen und Vermißten ungefähr 12.000.
Obgleich ein Vergleich unserer Todesfälle mit der Zahl der Gefallenen und
Gestorbenen überhaupt nur unter ganz bestimmten Voraussetzungen an-
gestellt werden kann, wäre eine Gegenüberstellung wünschenswert. Leider existieren noch keine amtlichen zuverlässigen Angaben über die Höhe
der deutschen Verluste im Weltkriege. In der Schrift „Die deutschen
Ärzte im Weltkriege" von Professor Hoffmann, hat der Oberstabsarzt
Professor Dr. Schwiening (+) in einer Abhandlung „Sanitätsstatistische
Betrachtungen" die Gesamtzahl der Todesfälle mit 1.686.061 angegeben,
das sind 13,49 Prozent der zum Kriegsdienst Eingezogenen, deren Zahl
wir auf 12,5 Millionen ansetzen; danach würde die jüdische Verlustziffer um 1-2 Prozenteinheiten hinter der allgemeinen zurückbleiben.
Als einen der Hauptgründe für die etwas geringere Verlustziffer nennt die
Untersuchung die Tatsache, daß es bei Kriegsbeginn unter der deutschen
jüdischen Bevölkerung keine aktiven Offiziere und nur ganz vereinzelt
Reserveoffiziere gegeben hat, die bekanntlich in der ersten Kriegszeit
sehr schwere Verluste gehabt haben, und daß der Prozentsatz der Gedien-
ten unter ihr geringer war als bei der Gesamtbevölkerung."

Bei der Berufszählung 1907 wurde folgendes festgestellt:
„Unter je 100.000 Juden gab es drei Offiziere und Beamte mit gleichste-

148

hendem Rang, sowie 354 Unteroffiziere und Gemeine. Unter je 100.000 Personen der Gesamtbevölkerung waren 54 Offiziere und 1.001 Unteroffiziere und Gemeine."

Auszeichnungen und Beförderungen

Hierzu berichtet die Untersuchung:
„Im ganzen sind von den 84.352 jüdischen Kriegsteilnehmern 29.874 = 35,42 Prozent dekoriert, 19.545 = 23,17 Prozent befördert worden. Den Offiziersrang erhielten 2.022 = 2,40 Prozent. Zu Sanitätsoffizieren und Militärbeamten im Offiziersrang sind 1.159 = 1,37 Prozent befördert worden.

Diese Zahlen sind ein so lebendiges Zeugnis für das Ausmaß der Pflichterfüllung der jüdischen Kriegsteilnehmer, daß eine weitere Bemerkung nicht vonnöten ist."

„Die Kriegsdekorierten sind nicht überall in gleicher Stärke vorhanden. Hier zeichnen sich merkwürdigerweise Bayern, Württemberg, Sachsen, Baden durch höhere Prozentsätze aus, während Berlin, Schlesien, Schleswig-Holstein, Hannover, Hessen, die Kleinstaaten, Westpreußen, Rheinland den Durchschnitt nicht erreichen.

Die größeren Ziffern für die süddeutschen Staaten, die kleineren in Preußen, dürften vielleicht auf eine abweichende Praxis bei der Verleihung von Auszeichnungen an Juden zurückzuführen sein.

Ganz allgemein darf anerkannt werden, daß 35 Prozent Kriegsdekorierte ein recht günstiges Ergebnis bedeuten, wenn man erwägt, daß unter den jüdischen Kriegsteilnehmern am Anfang des Krieges nur wenige Offiziere vorhanden waren, daß auch späterhin nur ein kleiner Bruchteil höhere Chargen erklomm, die ja bekanntlich schneller und leichter als die Mannschaften ausgezeichnet wurden.

Das gleiche gilt von den Beförderungen. Wenn mehr als ein Fünftel aller jüdischen Feldzugsteilnehmer befördert worden sind, darunter mehr als zwei Prozent zu Offizieren, so muß das ganz besonders hoch vermerkt werden, wenn man an die Hindernisse denkt, die in Friedenszeiten der Beförderung von Juden entgegengesetzt worden sind. Die jüdischen Soldaten mußten nicht nur ihre Pflicht, sie mußten auch besondere Leistungen vollbringen, um den Offiziersrang zu erlangen.

Daß auch hier Süddeutschland viel höhere Prozentsätze als Norddeutschland aufweist, hat seinen Grund wohl darin, daß dort - was ja auch in Friedenszeiten der Fall war - für jüdische Soldaten die Zugehörigkeit zu ihrem Bekenntnis kein so starkes Hindernis für die Bevölkerung gebildet hat. Ganz deutlich zeigt sich dies bei den Ernennungen zu Offizieren, die in Bayern, Sachsen, Württemberg circa fünf Prozent betragen."

Zusammenfassung der statistischen Erhebung:

„Wenn wir die wichtigsten Ergebnisse unserer statistischen Untersuchung in knapper Form zusammenfassen, so ergibt sich folgendes:
1. Circa 100.000 deutsche Juden haben am Feldzuge teilgenommen, das heißt, die jüdische Bevölkerung in Deutschland hat restlos den auf sie entfallenden Anteil an Kriegsteilnehmern gestellt.
2. Circa 80.000 jüdische Kriegsteilnehmer sind an der Front gewesen, das heißt, vier Fünftel aller jüdischen Feldzugsteilnehmer, und zwar nahezu in allen Provinzen und Staaten haben vor dem Feinde gestanden.
3. Circa 12.000 jüdische Kriegsteilnehmer haben die Heimat nicht wiedergesehen, das heißt, die deutschen Juden haben Blutsopfer gebracht, die nach Lage der Dinge durchaus entsprechend sind.
4. Circa 35.000 sind kriegsdekoriert, 23.000 befördert worden, darunter mehr als 2.000 zu Offizieren, das heißt, die jüdischen Kriegsteilnehmer haben an den Erfolgen kriegerischer Leistungen in einer dem Durchschnitt mindestens entsprechenden Weise teilgenommen."

Die Judenzählung von 1916

Zu den erregendsten und zugleich empörendsten Kapiteln der Beziehungen zwischen der deutschen Mehrheit und ihrer jüdischen Minderheit, speziell im Kriege, gehört die „Judenzählung" von 1916. Sie ist zugleich eines der trübsten Kapitel in der Geschichte des kaiserlichen Deutschlands.
Die Empörung, die diese diffamierende Aktion mitten im Kriege auslöste, war im jüdischen Bevölkerungsteil, aber auch in breiten nichtjüdischen Kreisen gewaltig. Das schlechte Gewissen derer, die sie veranlaßten und befahlen, spricht aus zahlreichen Verschleierungsaktionen, die mit der Zählung und erst recht ihren Auswirkungen verbunden waren. Zum Teil dadurch, vor allem aber in Folge der Vernichtung des deutschen Armeearchivs in Potsdam, ist es schwierig, eine umfassende Dokumentation über diese Zählung von Juden in allen Funktionen, an den Fronten, in der Etappe und bei den Truppen in den besetzten Gebieten zu erstellen. Dennoch bieten verschiedene Fund-

stellen für Einzeldokumente einen ausreichend belegten Gesamtüberblick über Vorgeschichte, Zielsetzung und Ergebnisse dieser in der Sache völlig sinnlosen und in Geist und Ausführung schändlichen Maßnahme der politischen und militärischen Führung, die damit zumindest ein Höchstmaß von Ungeschicklichkeit, ja Dummheit bewiesen hat, falls es ihr tatsächlich - wie von mehreren Stellen versichert wurde - nur darum gegangen sein sollte, ungerechte Vorwürfe gegen die Juden zu entkräften. Sie zeigen aber auch die Reaktionen auf diese „Musterleistung" der Führung und die tiefen Wunden, die sie bei der breiten Schicht jener jüdischen Mitbürger hinterlassen haben, die sich mit ihrer ganzen Persönlichkeit und mit Hab und Gut für die deutsche Sache einsetzten.

Über die Vorgeschichte dieser Tragödie ist in Band III des „Jüdischen Lexikons" auf Seite 460/461 von einem der Herausgeber, Dr. Felix A. Theilhaber, einer der besten Kenner jüdischer Beteiligung am Ersten Weltkrieg, zu lesen: „Am 17. Juni 1916 richtete der antisemitische Reichstagsabgeordnete Dr. Werner Giessen an den damaligen preußischen stellvertretenden Kriegsminister von Wandel eine Eingabe zwecks Erhebungen: Wieviel Personen jüdischen Stammes stehen an der Front? Wieviel in den Etappen? Wieviel in Garnisonsverwaltungen, Intendanturen usw.? Wieviel Juden sind reklamiert beziehungsweise als unabkömmlich bezeichnet worden?"

Weiter berichtet das Jüdische Lexikon an dieser Stelle, daß eine ähnliche Ziele verfolgende Eingabe das stellvertretende Generalkommando des II. Armeekorps am 16. Juli 1916 aus Stettin an den preußischen Kriegsminister gerichtet habe. Unterlagen des militärgeschichtlichen Forschungsamtes der Bundeswehr bestätigen die „Judenzählung", die im Herbst 1916 aufgrund einer Verfügung des Königlich-Preußischen Kriegsministeriums vom 11. 10. 1916 durchgeführt wurde. Diese Verfügung hatte folgenden Wortlaut:

„Fortgesetzt laufen beim Kriegsministerium aus der Bevölkerung Klagen darüber ein, daß eine unverhältnismäßig große Anzahl wehrpflichtiger Angehöriger des israelitischen Glaubens vom Heeresdienste befreit seien oder sich von diesem unter allen nur möglichen Vorwänden drücken. Auch soll es nach diesen Mitteilungen eine große Zahl im Heeresdienst stehender Juden verstanden haben, eine Verwendung außerhalb der vordersten Front, also in dem Etappen- und Heimatgebiet und in Beamten- und Schreiberstellen, zu finden.

Um diese Klagen nachzuprüfen, und ihnen gegebenenfalls entgegentreten zu können, ersucht das Kriegsministerium ergebenst um gefällige Ausstellung einer Nachweisung nach dem anliegenden Muster 1 und 2.

Diese Nachweisungen - 1. für die Truppen und Behörden, 2. für die Bezirkskommandos - wollen von den Armeeoberkommandos, Armeeabteilungen, stellvertretenden Generalkommandos, General-Inspektionen (letztere nur für den Bereich des Besatzungsheeres) und den General-Gouvernements in Warschau und Brüssel zusammengestellt bis zum 1. Dezember 1916 dem Kriegsministerium eingereicht werden.
. . . Nebenabdrücke sind zur gefälligen Benützung beigefügt.

Wild von Hohenborn."

Der Vertreter des Kriegsministeriums, Oberst von Wrisberg, stellvertretender Chef des allgemeinen Kriegsdepartements, begründete die Verfügung des Ministeriums in der 73. Sitzung des Deutschen Reichstages vom Freitag, dem 2. November 1916 (Protokoll, S. 2.083) mit beschwichtigenden Worten:
„Ich benutze die Gelegenheit, wo ich das Wort habe, um hier einen Zweifel aufzuklären, der durch eine Verfügung des Kriegsministeriums entstanden ist. Vom Kriegsministerium ist eine Verfügung ergangen, nach der die Zahl und die Verwendung der Juden in der Armee festgestellt werden sollte. Diese Verfügung hat nur den Zweck gehabt, schriftliches Material zu sammeln, und Vorwürfe, die gegen die Juden erhoben worden sind, diesseits prüfen zu können. Antisemitische Absichten sind durch diese Verfügung selbstverständlich in keiner Weise verfolgt worden. Die Verfügung ist ergangen, bevor die Sache hier im Plenum angeregt worden ist."
Ein ergänzender Erlaß kam am 11. November 1916 vom preußischen Kriegsminster:
„Die unterm 11. Oktober 1916, Nr. 247/8 16. C 1 1e, angeordnete Nachweisung über Angehörige des israelitischen Glaubens, hat in der Öffentlichkeit und auch bei einigen Kommandostellen eine den Absichten des Kriegsministeriums nicht entsprechende Auslegung gefunden. Zum Erlaß wird daher bemerkt:
1. Die verfügte Erhebung ist nur zur eigenen Unterrichtung des Kriegsministeriums bestimmt.
2. Sie soll die Unterlagen bieten, um Klagen und Beschwerden über Versuche der Juden, sich dem Heeresdienst zu entziehen, nachzuprüfen.
3. Keineswegs sollten Behörden usw. daraus Gelegenheit nehmen, Juden aus ihren bisher innegehabten Stellungen zu entfernen. Für eine solche Maßnahme dürfen nur sachliche Gründe in Frage kommen.
Das weitere wird hiernach ergebenst anheimgestellt.

von Stein."

Aus den Unterlagen des Militärgeschichtlichen Forschungsamtes in Freiburg geht weiter hervor:

„daß es durch nichts erwiesen sei, daß die Oberste Heeresleitung (Hindenburg und Ludendorff) mit der Angelegenheit etwas zu tun hatte, zumal sie auch erst seit dem 29. 8. 1916 im Amte war. Welche treibenden Kräfte für die Zählung verantwortlich waren - es gab im Reichstag eine Gruppe von sieben antisemitischen Abgeordneten; ferner ist eine Einwirkung seitens des mehr und mehr auf antisemitischen Kurs steuernden Alldeutschen Verbandes möglich - ist schwerlich zu ermitteln!"

Felix A. Theilhaber veröffentlichte im „Jüdischen Lexikon" (Band III, Seite 460/61) die Ergebnisse dieser Judenzählung wie folgt:

	1.) an der Front	2.) in der Etappe	3.) beim Besatzungsheer	
Offiziere	607	49	207	
Ärzte und Verl.	991	345	1.221	
Beamte usw.	191	160	738	
Unteroffiziere	4.794	854	4.484	
Mannschaften	20.932	3.374	23.355	
Insgesamt J.	27.515	4.782	30.005	= 62.302

4a) Als reklamiert	2.521 Kriegsverwendungsfähige (k. v.)
	2.694 Garnisondienstfähige (g. v.)
	1.850 Arbeitsfähige (a. v.)
	7.065
b) Als kriegsunbrauchbar	12.051 dienstuntauglich (d. u.)
	19.116

Am Stichtag der Judenzählung wurden ferner 6.600 j. Kriegsfreiwillige ermittelt sowie einschließlich der gefallenen Offiziere (78) und der als dienstuntauglich entlassenen bereits circa 1.000 Offiziere. Jüdische Verluste wurden mit 3.411 angegeben, doch versagten hier die Angaben der Truppenteile, die ihre Verluste zum Teil nicht mehr feststellen konnten, ganz besonders. Die Zählung an der Front führte oft zu unglaublichen antisemitischen Übergriffen; zum Beispiel wurden jüdische Frontsoldaten für die Zeit der Zählung von der Front entfernt, lediglich in der Absicht, die Zahl der jüdischen Frontsoldaten möglichst niedrig zu halten.

Die Erhebung hat natürlich sowohl an der Front, als auch in der Heimat den Antisemitismus verstärkt, obwohl der Kriegsminister erklärt hatte, die Zählung nur zu seiner eigenen Information erlassen zu haben. Das Ergebnis behielt er auch für sich. Das ganze statistische Material konnte auffälligerweise später ein antisemitischer Schriftsteller, Otto Armin, veröffentlichen. Es fehlen in dieser Schrift jedoch die Vergleichszahlen der nichtjüdischen Frontsoldaten und der nichtjüdischen Reklamierten. Nur für die Etappe und für die Heimat sind zum Vergleich die Zahlen der nichtjüdischen Soldaten angegeben, wobei sich ein nur geringer Unterschied zwischen Juden und Nichtjuden ergibt.

Als Reaktion auf die „Judenzählung" gründete der Verband der deutschen Juden seinerseits im Oktober 1916 einen Ausschuß für Kriegsstatistik, deren Ergebnisse Dr. Segall und Professor Silbergleit nach Kriegsende veröffentlichten. Die Judenstatistik spielte noch lange Zeit nach dem Krieg eine Rolle in den politischen Auseinandersetzungen. Der „Reichsbund jüdischer Frontsoldaten" hat durch Wort und Schrift viel zur Aufklärung der Wahrheit beigetragen.

Eine weitere Schrift des späteren Professors Dr. Franz Oppenheimer „Die Judenstatistik des preußischen Kriegsministeriums", herausgegeben 1922 im Verlag für Kultur und Politik in München, gibt eine umfassende Darstellung des gesamten Kapitels der Judenzählung und deckt vor allem auch die Hinterhältigkeit auf, die in ihr steckte.

Kriegsministerium: Judenzählung legitim!

Gegenüber Vorstellungen jüdischer Organisationen bezeichnete das Kriegsministerium die Judenzählung mit folgendem Erlaß vom 2. Oktober 1916 als legitim:

Kriegsministerium Berlin, den 2. Oktober 1916
Nr. 1267/7.16.A.I.

Verschiedene Vereine deutscher Juden haben im Hinblick auf den Erlaß vom 14. 5. 16, Nr. 1392/16.Z.1.d. angefragt, inwieweit das Sammeln von Material über Teilnahme der deutschen Juden am Feldzug erlaubt sei.

Das Kriegsministerium vertritt den Standpunkt, daß gegen die Fortführung der Listen über die jüdischen Feldzugsteilnehmer keine Bedenken zu erheben sind, sofern künftig in den Listen die Bezeichnung des Truppenteils, des Ortes der Verwundung, der Erkrankung, des Vermißtseins und des Todes weggelassen wird und die Veröffentlichung der bisherigen und zukünftigen Listen oder Mitteilungen derselben an Dritte während des Krieges unterbleibt.

Es erscheint wünschenswert, die Listen gelegentlich durch einen Vertreter der Militärbehörde daraufhin nachprüfen zu lassen.

Im Auftrage: gez. Wrisberg

Professor Dr. Franz Oppenheimer:
Die Judenstatistik des preußischen Kriegsministeriums

Im Jahre 1922, zu einer Zeit, da der Antisemitismus und rechtsradikale Gruppen die Haltung der deutschen Juden im Ersten Weltkrieg sehr massiv in Frage stellten, hat Professor Oppenheimer in seiner Schrift „Die Judenstatistik des preußischen Kriegsministeriums", Verlag für Kulturpolitik München, die Judenzählung eingehend untersucht und zu allen Einzelheiten Stellung genommen. Professor Oppenheimer wurde übrigens als Hochschulprofessor später der entscheidende Lehrmeister von Professor Ludwig Erhard, dem Bundeswirtschaftsminister und Bundeskanzler der Bundesrepublik Deutschland nach dem Zweiten Weltkrieg.

Es folgen Auszüge aus der Untersuchung Oppenheimers:

„Im Oktober 1916 veranstaltete das preußische Kriegsministerium eine Statistik über die militärischen Dienstverhältnisse der deutschen Juden im Kriege. Sie wurde nicht veröffentlicht, aber es wurde unendlich viel darüber „gemunkelt": alle „eingeweihten Kreise" wußten, daß die Veröffentlichung nur aus Rücksicht gegen die Juden unterblieb: denn die Untersuchung hatte „vernichtende" Ergebnisse gehabt und die von antisemitischer Seite immer behauptete „Drückebergerei" der Israeliten gegen jeden Widerspruch „bewiesen".

Dann erschien im Jahre 1919 eine Broschüre: „Die Juden im Heere, eine statistische Untersuchung nach amtlichen Quellen", gezeichnet „Otto Arnim", natürlich ein Pseudonym. Sie rühmte sich zwar schon auf dem Titel, auf amtlichen Quellen zu beruhen, erbrachte aber für diese Behauptung keinerlei Beweise; da es sich um eine Hetzschrift gröblichster Art handelte, die mit den wehrlosen Ziffern in lächerlicher Weise umsprang, so hatte man kaum Veranlassung, sich von wissenschaftlicher Seite mit dieser anonymen und vielleicht apokryphen Leistung zu beschäftigen, die Professor Silbergleit, der Direktor des Statistischen Amts

der Stadt Berlin, einer der angesehensten Fachmänner der Welt, verächtlich als einen „grob-antisemitischen Torso" abtat. (Im Vorwort zu einer statistischen Studie von Jakob Segall: „Die deutschen Juden im Kriege 1914-1918", Berlin 1921.) Jetzt stellt sich heraus, daß dieser Mann mit den Namen Bismarcks und des Cheruskerfürsten in der Tat das amtliche Material des Kriegsministeriums gehabt haben muß. Wie und durch wen er dieses geheimgehaltene Material erlangt hat, sagt er nicht . . . Aber gleichviel: er hat das Material gehabt. Das erfahren wir soeben aus einer Schrift, die Generalmajor a. D. Ernst von Wrisberg, während des Krieges Direktor des Allgemeinen Kriegsdepartements im preußischen Kriegsministerium, soeben unter dem Titel „Heer und Heimat" als zweiten Band seiner Kriegserinnerungen hat erscheinen lassen (Leipzig bei K. F. Köhler). Es bringt die gleichen Ziffern, wenn auch in geringerer Ausführlichkeit als Herr Armin, und so wird man annehmen dürfen, daß dessen sämtliche Zahlenangaben mit den Erhebungen des K. M. übereinstimmen, womit freilich noch nichts darüber ausgemacht ist, ob diese Zahlen überhaupt irgendeinen Wert haben, und ob ihre Behandlung vor der fachmännischen Kritik bestehen kann. Wir möchten hier an das bekannte englische Weiswort erinnern: „Es gibt dreierlei Arten Lügen: Notlügen, gemeine Lügen und Statistik."
Da Wissenschaft das offenkundig tendenziöse Machwerk des Armin nicht zu behandeln hat, werden wir uns im folgenden nur mit Herrn von Wrisberg beschäftigen und die Zahlen des Pamphlets nur zur Ergänzung heranziehen.
Der Verfasser, ein braver, im Generalstab aufgestiegener, also über den Durchschnitt begabter, aber im übrigen typischer deutscher Offizier, mecklenburgischer Landadel mit der wohlbekannten Mentalität seiner Klasse und seines Berufs, ist völlig gutgläubig davon überzeugt, daß sein Material für die Juden, die er als die angeblichen Leiter der Revolution jetzt noch mehr haßt als schon vorher, wirklich vernichtend ist: aber er beweist für jeden, der auch nur die Anfangsgründe der Statistik kennt, nichts als seine eigene Ahnungslosigkeit."

Professor Oppenheimer bringt dann den Erlaß des Kriegsministeriums und die Zahlenangaben, die bereits in der Einleitung dieses Kapitels angeführt sind, und kritisiert, daß von Wrisberg nichts über die Art der Erhebung und die Verarbeitung der Ziffern angab. Nach einem detaillierten Überblick über mögliche und wahrscheinliche Fehlerquellen dieser Statistik und der Kritik des Fehlens jeder Möglichkeit der Nachprüfung, fährt Oppenheimer fort:

„Diese Bedenken werden verstärkt, wenn man diese, man kann nur sagen tumultarisch erhobene Statistik des Kriegsministeriums mit einer anderen von privater Seite aufgestellten, vergleicht. Eine Anzahl jüdischer Verbände hat sich während des Krieges zusammengetan und in klarer Erkenntnis dessen, was notwendigerweise kommen mußte und würde, in methodisch einwandfreier Weise mittels Zählkarten durch Rundfragen der jüdischen Gemeinden bei allen zu erfassenden Familien die Zahl der jüdischen Kriegsteilnehmer überhaupt und der Dekorierten und Gefallenen ermittelt. Die derart erhobenen Ziffern sind Minimalziffern, da in einer rein privaten Zählung sicherlich einige alleinlebende Juden ohne Anhang nicht mit ergriffen worden sind. Sie ergeben folgendes: es wurden gezählt in ganz Deutschland außer Hamburg, Elsaß-Lothringen und Posen, wo die Zahlen noch nicht vorlagen, 84.352 jüdische Soldaten. Für die drei fehlenden Gebiete wurden nach einem bescheidenen Durchschnitt geschätzt 11.975 Mann; das macht zusammen rund 100.000 jüdische Soldaten, gleich 17,3 Prozent der reichsdeutschen jüdischen Bevölkerung. Das hört sich schon etwas anders an, als die Angabe des K. M., daß nur rund 62.000 Mann im ganzen eingezogen waren, die nur zehn Prozent der jüdischen Bevölkerung anstatt 14 Prozent der Gesamtbevölkerung ausmachten. Indessen darf man hier keine allzu weitgehenden Schlüsse ziehen. Denn die beiden Zahlenreihen sind statistisch nicht ohne weiteres zu vergleichen. Die des K. M. geben den Bestand für einen bestimmten Stichtag, die der Verbände aber die gesamten während des ganzen Krieges eingezogenen Israeliten. Aber dennoch werden die Zahlen des K. M. dadurch sehr erschüttert. Wenn die Gesamtzahl der im Felde stehenden Juden während des ganzen Krieges ungefähr dem Durchschnitt der Nichtjuden entsprochen hat, dann ist es mehr als merkwürdig, dann ist es schlechterdings unmöglich, daß in einem bestimmten Zeitpunkte das Verhältnis so viel ungünstiger gewesen sein sollte. Jeder besonnene Statistiker wird in diesem Falle die Abweichung auf die Fehlerquellen der Erhebung zurückführen. Wir sind der Meinung, daß diese jüdische Statistik einer strengsten Untersuchung durch unparteiische Sachverständige unterzogen werden sollte. Das ist durchaus möglich, da das Material in Zählkarten vorliegt und nachgeprüft werden kann. Wir sehen dieser Nachprüfung, die das Reich selbst vornehmen sollte, um einer immer gefährlicher werdenden Hetze ein Ende zu machen, mit großer Seelenruhe entgegen.
Denn das Material ist in einwandfreier Weise erhoben und von einem bewährten Sachverständigen, Segall, verarbeitet worden und ist zudem durch die große Autorität des Professor Silbergleit, des Leiters des

Berliner Statistischen Amts, gedeckt. Nichts ist a priori unwahrscheinlicher, als daß die Veranstalter der Statistik und die Zähler sich bewußte Fälschungen haben zuschulden kommen lassen: denn sie mußten darauf vorbereitet sein, daß ihre Zahlen wenigstens in Stichproben nachgeprüft werden würden, und daß selbst vereinzelte Irrtümer flugs dazu dienen würden, die Zuverlässigkeit des ganzen Materials zu verdächtigen. Hier ist also der Weg gezeigt, die Frage wirklich unparteiisch zu entscheiden. Wenn die Herren, die für die Judenstatistik des K. M. verantwortlich sind, diesen Weg zu gehen sich weigern sollten, so wird damit der Beweis erbracht sein, daß ihnen nicht an der Aufdeckung der Wahrheit, sondern lediglich an der Verhetzung gelegen ist.

Bis dahin aber wird der Mann der Wissenschaft geneigt sein, sich viel eher auf die wenigstens methodisch richtig erhobenen und kontrollierbaren Ziffern der Verbände als auf die unkontrollierbaren, nach einer ganz unmöglichen Methode erhobenen Ziffern des K. M. zu stützen.

Und selbst der größte Judenfeind kann hier zu nicht mehr als einem vorläufigen „Non liquet" gelangen.

Wir kommen jetzt zu dem zweiten Gegenstande unserer Untersuchungen. Wenn die Erhebung der Ziffern nur verdächtig ist, so ist ihre Verarbeitung unbestreitbar die größte statistische Ungeheuerlichkeit, deren sich jemals eine Behörde schuldig gemacht hat. Der Fachmann würde über die Naivität und Stümperhaftigkeit der Arbeit herzlich lachen müssen, wenn die ganze Sache nicht so bitterlich ernst und tragisch wäre.

Zunächst die Beziehungsziffer! Man muß natürlich die irgendwie erhobene Zahl der jüdischen Soldaten mit der Gesamtzahl der deutschen Juden ins Verhältnis setzen, um zu erkennen, ob sie weniger oder mehr als die Nichtjuden Kämpfer gestellt haben. Diese Gesamtzahl entnimmt die Judenstatistik oder wenigstens Herr von Wrisberg der Bevölkerungsstatistik von 1910, derzufolge als ortsanwesend 615.021 Juden im Reiche gezählt wurden.

Dabei hat der Verarbeiter die Kleinigkeit übersehen, daß diese ortsanwesenden Juden durchaus nicht sämtlich deutsche Reichsangehörige waren. Man darf aber selbstverständlich die Zahl der jüdischen Soldaten nur auf die ortsanwesenden deutschen Juden beziehen: denn die anderen sind eben in Deutschland nicht wehrpflichtig. Unter jenen rund 615.000 Juden befanden sich nun schätzungsweise etwa 65.000 bis 70.000 ausländische Juden, die, soweit sie sich im wehrpflichtigen Alter befanden, in ihrer Heimat, zumeist in Österreich-Ungarn, gestellungspflichtig waren und auch dort eingezogen wurden. Es gab also nicht, wie Herr von Wrisberg sagt, rund 600.000, sondern nur rund 550.000 deutsche Juden in

Deutschland, und schon damit ändern sich die „gravierenden" Verhältniszlffern recht beträchtlich. Das ist die erste der statistischen Ungeheuerlichkeiten, die wir anzumerken haben.

Die zweite ist die folgende: Wir finden in den Wrisbergschen Angaben eine überaus auffällige Ziffer: er berechnet die Zahl der in der Etappe befindlichen Juden auf nicht weniger als elf Prozent, ein Neuntel der gesamten Mannschaft. Danach hätte auf der Höhe des Krieges die gesamte Etappe nur rund 42.000 Mann betragen! Das ist offenbar ein heller Unsinn. Wir wissen nicht, wie der Verfasser zu dieser Zahl kommt. Armin gibt ausdrücklich an, daß sich in der Etappe sieben Prozent der jüdischen Soldaten befunden haben, gerade der durchschnittliche Prozentsatz. „Das entspricht genau dem Verhältnis, wie es auch für das Gesamtheer gegeben war " (Seite 24). Wir sind geneigt, anzunehmen, daß von Wrisberg sich um eine Dezimalstelle geirrt habe und dies 1,1 Prozent heißen muß.

Nun kann ein Druck- oder Rechenfehler überall einmal vorkommen, und wir sind weit entfernt, etwa den guten Glauben des Verfassers anzweifeln zu wollen; aber es ist doch sehr charakteristisch, daß dieser ungeheure Fehler stehengeblieben ist! Wenn der Verfasser den Juden nicht mit dem ganzen eingebrachten Vorurteil seiner Klasse gegenübergestanden hätte, so hätte er dieser überaus auffälligen Ziffer gegenüber unbedingt nachgerechnet. Er hätte die einfache Multiplikation vorgenommen und sofort gesehen, daß hier ein Fehler durchgeschlüpft ist."

Es folgen weitere sehr detaillierte, kritische Gegenüberstellungen der ermittelten Zahlen mit der Schlußfolgerung:

„Man muß die großen Zahlenmassen in ihre der Beobachtung gegebenen Gruppen zerlegen und darf nur aus dem Vergleich zwischen wesensgleichen und daher kommensurablen Gruppen Schlüsse ziehen!"

Dafür liefert Oppenheimer anschließend zahlreiche Beweise und erinnert daran,

„daß im Vergleich zur Gesamtbevölkerung beachtet werden muß, daß die Juden eine ganz eigenartige Gruppe der deutschen Bevölkerung bilden, und daß es sinnlos ist, sie mit dem Maße des Durchschnitts messen zu wollen. Sie sind mit geringen Ausnahmen „Mittelstand", d. h. von einer den Durchschnitt übersteigenden Bildung und Wohlhabenheit, und sie gehören, ein Ergebnis ihrer Geschichte und insbesondere der Judenpolitik der deutschen Regierungen, mit geringen Ausnahmen einigen wenigen Berufen an, den akademischen und dem des Kaufmanns im weiteren Sinne, den Fabrikanten einbegriffen. Sie sind als Akademiker selten Beamte, da der Staat sie nicht anstellte, sondern freie Beruftreibende; und sind namentlich in der Presse stark vertreten, als einem der wenigen „Notausgänge", die ihnen offenstanden. Man mag das von seinem Standpunkt aus beklagen und für den Verderb Deutschlands halten, aber darum bleibt es doch Tatsache, und zwar eine Tatsache, an der man mit guten Gewissen nicht allein den Juden die Schuld beimessen darf: der größere Teil der Verantwortung trifft offenbar diejenigen Schichten und Klassen, die einer wohlhabenden und intelligenten Gruppe nur so wenige Wege der Existenz und des Einflusses freiließen.

Wenn Herr von Wrisberg sich diese Dinge so überlegt hätte, wie es seine Pflicht gewesen wäre, so hätte er verschiedene neue Fragen stellen und seinen Lesern beantworten müssen. Die erste ist die folgende: Wo sind die im Verhältnis zur jüdischen Bevölkerung besonders zahlreichen Ärzte gezählt, die Ärzte mit Offiziersrang der Reserve usw., die älteren Studenten, die als Unterärzte, und die jüngeren, die als Sanitäter und zum Teil als Feldunterärzte Dienst taten, ferner die zahlreichen Ärzte, die sich im freien Vertrage der Heeresverwaltung zur Verfügung gestellt hatten, die Zahnärzte und Veterinäre einbegriffen?

An diese Kategorie scheint er nicht zu denken. Aber wir verdanken Armin die Zahlen, die wir hierher setzen wollen. Es befanden sich:

1. An der Front	948 jüdische Ärzte und 43 Veterinäre
2. In der Etappe	330 jüdische Ärzte und 15 Veterinäre
3. In dem Bes. H.	1.195 jüdische Ärzte und 26 Veterinäre

Summa: 2.473 jüdische Ärzte und 84 Veterinäre
Summa summarum: 2.557 Personen des höheren Sanitätspersonals jüdischer Konfession."

Im Laufe seiner Untersuchungen weist Oppenheimer interessanterweise auf eine starke „Auswanderung aus dem Judentum" in doppeltem Sinne hin:
..Einmal befanden sich unter den Auslandsdeutschen, die durch die englische Seesperre an der Gestellung zum Heer verhindert waren, unverhältnismäßig viele Juden. Zum anderen war die „Auswanderung" aus dem Judentum durch Austritt zu den Dissidenten und durch die christliche Taufe um die Jahrhundertwende und danach doch recht stark geworden."

Im einzelnen heißt es dazu:
„Es gibt niemanden, und ganz gewiß im Offizierskorps niemanden, der nicht aus eigener Erfahrung eine ganze Anzahl von Fällen zu nennen

wüßte, in denen Juden durch den Austritt aus ihrer Religionsgemeinschaft - die jüdische Statistik verschlechtert und die nichtjüdische verbessert hätten. Man kennt in diesen Kreisen sehr genau die ..geborenen Cohn oder Cohnheim", die jetzt als Koch, Konrad, Kästner oder Kannedt, die Lehnert, Lennig usw., die früher als Levi in den Listen standen, die Oppen, Oppington und Oppe, die früher einmal Oppenheim geheißen haben. Man ist sehr oft mit ihnen verschwägert oder strebt danach, es zu werden. Man liebt sie zwar nicht besonders, aber sie haben das von ihnen verlangte Opfer gebracht, sind „konnubialfähig" geworden und werden um so eher ertragen, als sie und ihre Abkömmlinge in aller Regel mit noch viel größerer Betonung und Charakterfestigkeit zum konservativen Parteiprogramm zu schwören und namentlich die allerzuverlässigsten Antisemiten zu sein pflegen.

Wie vollzogen sich diese Übertritte? In der großen Mehrzahl der Fälle derart, daß aus einer jüdischen Familie, deren sämtliche übrigen Mitglieder ihrer Religion treu blieben, ein Sohn oder mehrere Söhne sich als Dissidenten erklärten oder taufen ließen, sehr oft gegen den Willen, noch öfter ohne Wissen ihrer nächsten Verwandten. Sehr oft geschah es auch, daß Männer, die ihrer Religion entfremdet waren und ihren Kindern die Kränkungen und Zurücksetzungen sparen wollten, denen auch der höchstgebildete und seiner Haltung nach vornehmste Jude in Deutschland durch die Klassen- und Gesinnungsgenossen des Herrn von Wrisberg ausgesetzt war, zwar selbst mit ihren Frauen der jüdischen Statistik erhalten blieben, aber ihre Kinder in der christlichen Religion erzogen. Oft genug erhielten nur die Knaben diese Art von merkwürdiger Schutzimpfung, während man die Mädchen, weil deren Heiratschancen dadurch eher gewannen, in der Liste der Juden stehen ließ. Jedenfalls wurde diese Praxis viel zahlreicher in solchen Familien angewendet, die mehr Söhne als Töchter hatten.

Ähnliches berichtet Oppenheimer über „die ungeheure, stets zunehmende Zahl der Mischehen. Zwischen 1875 und 1894 wurden in Preußen 5.455, in den folgenden 20 Jahren aber 12.484 jüdische Mischehen gezählt, „wobei die Mischehen nicht ermittelt sind, die zwischen getauften Juden und Nichtjuden eingegangen wurden" (Theilhaber, ..Der Untergang der deutschen Juden", 2. Auflage, Seite 131). In ganz Deutschland kamen nach der gleichen Quelle auf 100 jüdische Ehen zwischen 1900 und 1902, 17, aber zwischen 1912-1913 nicht weniger als 30,23 Mischehen. Die Kinder dieser Ehen folgen in der Mehrzahl die Knaben fast immer dem nichtjüdischen Teil; hier ist der Zusammenhang des jüdischen Ehegatten mit seiner Religionsgruppe schon so stark gelöst, daß er die Kinder, die dem Blute nach nur noch Halbjuden sind, nicht leicht dem Martyrium aussetzen wird, das die Zugehörigkeit zur jüdischen Konfession in Deutschland früher mit sich führte und noch immer mit sich führt. Trotz aller Revolution bleibt Heines bitteres Wort hier Wahrheit, daß „das Judentum nicht bloß eine Religion, sondern auch ein Unglück ist!"

„Wie wirken diese Tatsachen statistisch?" fragt Oppenheimer: „Das ist sehr einfach zu sagen: sie formen die Judenschaft in eine Gruppe um, die im Verhältnis zur Nichtjudenschaft abnorm zusammengesetzt ist, indem sie viel mehr weibliche als männliche und unter den männlichen viel mehr sehr jugendliche und sehr viel mehr Glieder höheren Lebensalters zählt, während die männlichen Mitglieder der vollkräftigen Altersklassen auffällig schwach vertreten sind. Aus diesen Altersklassen allein aber werden die Heerespflichtigen ausgewählt!"

..Was die Austritte anlangt, so sind sie statistisch sehr schwer zu fassen", berichtet Oppenheimer, „weil sie oft sehr versteckt geschehen. Die Fälle sind sehr häufig, wo Ausgetretene und Getaufte sogar ihre jüdischen Gemeindesteuern weiter bezahlen, um vor den Ihren, oft alten religionstreuen Eltern oder auch Erbonkeln und dergleichen, die vollzogene Tatsache zu verhehlen. Nach Theilhaber (Seite 116) wußten zum Beispiel im Jahre 1903 die evangelischen „Mitteilungen" von 500 Übertritten zu berichten, während die jüdischen Gemeindebehörden nur von 259 Austritten im ganzen, darunter von 120 zur evangelischen Kirche zu berichten wußten. Theilhaber hält die erste Ziffer für zuverlässiger als die zweite, „weil viele Juden an Orten, wo man es sozusagen nicht wahrnimmt, aus dem Judentum verschwinden". Die Taufziffern, die die evangelischen Behörden angeben, sind „durchweg um das 2- bis 3fache so hoch, als die Austrittsziffern, welche die jüdische Gemeinde gibt". Er schätzt den Abfall vom Judentum, die Taufe usw. der Kinder jüdischer Eltern einbezogen, etwa um die Jahrhundertwende auf mindestens 1.000 pro Jahr. Diese Bewegung hat von Jahr zu Jahr rapide zugenommen und schon in den Jahren vor der Jahrhundertwende, in denen die jüdischen Wehrmänner geboren wurden, die in diesem Kriege zu fechten hatten, gewaltige Dimensionen angenommen. Nach Hoffmann, Samter u. a. gab es in den 19 Jahren 1822-1840 nur 2.200 Übertritte, also auf das Jahr rund 115 - in den Jahren 1841-1880 aber 7.000, also auf das Jahr 175 und in den 32 Jahren von 1881-1912 gar 6.513 Übertritte, also auf das Jahr rund 204. In Berlin allein stieg die Zahl zwischen 1873 und 1919 von Jahrsiebent zu Jahrsiebent von 51 auf 1.055, also auf mehr als das Zwanzigfache, viel stärker als die Zahl der Berliner jüdischen Gemeinde (Theilhaber Seite 116)."

Die Zahl der Kriegstoten ist für Oppenheimer das entscheidende Indiz für die Errechnung der tatsächlichen Gesamtziffern für die Beteiligung jüdischer Kriegsteilnehmer am Kriegseinsatz:

„Es gibt eine Zahl, eine blutrote Zahl, die wir als sicher annehmen dürfen, und die so leicht auch die größten Fantatiker unter den Herren vom Hakenkreuz nicht bestreiten werden. Das ist die Zahl der jüdischen Kriegstoten. Von den durch die jüdische Statistik gezählten 84.352 Mann sind gefallen 9.216, zu denen noch 873 Vermißte zu zählen sind, die auch jetzt noch nicht wieder aufgetaucht sind. Das macht zusammen nicht weniger als 10.089 Kriegstote, und das sind volle 12 Prozent aller eingezogenen Gezählten. Daraus ist zu berechnen, daß im ganzen 12.000 Juden gefallen sein müssen."

Bei der Untersuchung des Verhältnisses zwischen den 12 Prozent der jüdischen Kriegstoten zu dem Prozentsatz der Opfer der Nichtjuden, kommt Oppenheimer zu den gleichen Ziffern und Ergebnissen wie Segall. Er schlußfolgert:

„Wenn es wahr ist, daß viel weniger, als der Durchschnitt bedingt hätte, Juden im Heere waren, dann wäre der Prozentsatz ihrer Opfer beträchtlich größer als der der nichtjüdischen Bevölkerung. Es ist das eine häßliche Zwickmühle für die Antisemiten. Entweder sie behaupten, daß die Juden sich ganz generell gedrückt haben: dann müssen sie zugestehen, daß prozentual viel mehr als der Durchschnitt gefallen sind; oder sie müssen zugestehen, daß ihre berühmte Statistik in den wichtigsten Grundzahlen falsch ist, und dann haben sie es schwer, ihre Schlüsse zu erhalten.
Die rote Zahl beweist noch mehr! Wenn es wahr ist, daß von den überhaupt eingezogenen Juden sich viel mehr, als dem Durchschnitt entspricht, in die Etappe und das Besatzungsheer verdrückt haben, dann gibt es zwei Rassen von Juden: eine von Feiglingen und eine von Helden sondergleichen. Denn, da eben nur die Frontkämpfer ernstlich bedroht sind, müßte man dann zugeben, daß jene 12.000 Kriegstoten der Juden einen beträchtlich höheren Prozentsatz der Frontkämpfer darstellen als bei den Nichtjuden. Es läßt sich leicht berechnen, daß, wenn in der Tat nur 43 Prozent der Juden gegen 51 Prozent der Nichtjuden der Feldarmee angehört haben, und wenn 22 Prozent davon gegen, sage nur zehn Prozent der anderen ohne Waffe Dienst taten, der Prozentsatz der Toten zu den Kämpfern bei den Juden 36 Prozent, bei den Nichtjuden nur 29,3 Prozent betragen haben muß. Und das ließe sich wohl kaum anders erklären, als daß sie sich besonders rücksichtslos exponiert haben müßten!"

Oppenheimer resümiert:

„Wir sehen der Nachprüfung der jüdischen Statistik und namentlich der Zahl der Kriegstoten mit dem größten Vertrauen entgegen. Ja, wir fordern diese Nachprüfung unter den allerpeinlichsten Vorsichtsmaßregeln, unter Zuziehung der scharfsichtigsten Vertrauensmänner der Antisemiten schärfster Observanz. Wenn sie aus den guten Gründen, die wir kennen, ihre Beteiligung verweigern sollten, so fordern wir von der Reichsregierung die strengste Nachprüfung im vollen Lichte der Öffentlichkeit, unter Umständen durch Publikation des gesamten Urmaterials, damit die ganze Bevölkerung sich an der Prüfung der Ziffern beteiligen könne. Hier ist einmal die Gelegenheit gegeben, der Hydra die Köpfe nicht nur abzuhauen, sondern auch auszubrennen. Und die Bewegung ist für den Bestand des Reiches gefährlich genug, um außerordentliche Maßnahmen zu rechtfertigen."

Ein weiteres Ergebnis Oppenheimers ist,

„daß es den deutschen Juden durchschnittlich viel schwerer gemacht worden sein dürfte, sich zu drücken, als den Nichtjuden. Denn der Verdacht der Feigheit hing unausgesprochen bis zum Beweise des Gegenteils und sogar darüber hinaus über jedem Gestellungspflichtigen jüdischer Konfession, und die Ersatzbehörden hatten durchschnittlich die Mentalität des Offizierkorps und der konservativen Landjunker und waren wahrlich nicht geneigt, den Versuch zu unterstützen. Im Gegenteil: jedem, der mit den Dingen zu tun gehabt hat, sind eine Anzahl von traurigen Fällen bekannt, wo Juden, die ganz bestimmt nicht kriegsverwendungsfähig waren, ein Freiwild, aufgrund von anonymen und anderen Denunziationen gehetzt, wieder und wieder untersucht und trotz aller Übereinstimmung der verschiedensten, von einander unabhängigen Ersatzbehörden eingezogen und bis zum Zusammenbruch geschunden wurden, um schließlich dennoch, oft an Leib und Seele schwer geschädigt, entlassen zu werden."

Abschließend stellt Oppenheimer fest:

„. . . wir dürfen doch fragen, ob es nötig war, dem K. M. diese ungeheure Blamage zu bereiten. Ihm stand die ganze Wissenschaft der deutschen Universitäten, ihm standen, wenn es nur hätte fragen wollen, alle Statistiker Deutschlands als Berater zur Verfügung. Außer dem Schreiber dieses war im K. M. und seinen zahlreichen Annexen eine ganze Anzahl der angesehensten in der Statistik erfahrenen Nationalökonomen von Fach; hat man keinen gefragt, oder ist einer von ihnen an dieser kolossalen Torheit schuld? Oder hat man auch hier wieder nur Offiziere ohne jede Vorbildung arbeiten lassen, ohne eine Ahnung, daß auch solche Dinge gelernt werden und verstanden sein wollen, wie man etwa Offiziere ohne jede kaufmännische Vorbildung hat Einkäufe tätigen lassen mit katastrophalen Folgen für die deutschen Finanzen, und wie man leider auch wieder Offiziere ohne jede Vorbildung alle wichtigsten Fragen der Politik hat entscheiden lassen, mit noch viel mehr katastrophalen Folgen für das Geschick von Volk und Reich? Diese Frage zu stellen hat die Öffentlichkeit, haben wir schwer in unserer Ehre gekränkten, in unserer Sicherheit und vielleicht sogar in unserer Existenz bedrohten deutschen Juden ein gutes Recht . . ."

Stimmen zur „Judenzählung"

Schreiben der israelitischen Oberkirchenbehörde in Stuttgart an das württembergische Ministerium des Kirchen- und Schulwesens vom 4. Dezember 1916.
„Wie dem K. Ministerium des Kirchen- und Schulwesens aus den Erörterungen in den Tagesblättern und im Reichstag bekannt sein wird, hat das K. Preußische Kriegsministerium durch eine Verfügung vom 11. Oktober 1916 eine amtliche Erhebung über die Beteiligung der Angehörigen israelitischen Glaubens im Heeresdienst und besonders im Dienst an der vordersten Front veranlaßt. Eine Abschrift dieser Verfügung, die uns aus dem Kreis unserer Glaubensgenossen zugegangen ist, liegt bei.
Dieselbe Verfügung ist auch vom K. Württembergischen Kriegsministerium erlassen worden, während sie, nach der Äußerung eines Abgeordneten im Reichstag, von dem K. Bayerischen Kriegsministerium abgelehnt worden sei; jedenfalls hat dieses Kriegsministerium früher eine solche Erhebung abgelehnt.
Diese Verfügung hat an sich, besonders aber auch wegen ihrer Fassung, in allen jüdischen Kreisen Deutschlands und so auch bei den Israeliten Württembergs die größte Erregung hervorgerufen, die auch, wie schon erwähnt, im Reichstag und in der Presse zum Ausdruck kam. Nach der angeschlossenen Zeitungsmitteilung soll daher ein weiterer Erlaß des K. Preußischen Kriegsministeriums ergangen sein, der sich gegen jede Ausdeutung des vorgenannten Erlasses vom 11. Oktober d.J. im antisemitischen Sinne wende und klarstelle, daß jede Beeinträchtigung jüdischer Heeresangehöriger dem Zweck dieses Erlasses widerspreche.
Wir haben zwar diesen weiteren Erlaß des K. Preußischen Kriegsministeriums bis jetzt nicht erhalten können, glauben aber ohne weiteres, daß jener Verfügung vom 11. Oktober 1916 keine Absicht gegen die deut-

schen Israeliten zugrunde lag, daß sie vielmehr die Grundlosigkeit der in der Verfügung genannten Anschuldigungen erweisen würde. Denn tatsächlich richten sich diese Angriffe in erster Linie gegen die Heeresverwaltung. Da alle Israeliten ebenso wie alle Christen sich zur Musterung stellen müssen, so enthält die Behauptung, daß sie in verhältnismäßig geringer Zahl dienten, den denkbar schweren Vorwurf gegen die Aushebungskommissionen. Genau ebenso liegen die Dinge bezüglich der Art der Verwendung der Israeliten innerhalb der Heeresverwaltung. Auch hier hat nur die letztere zu bestimmen; den Israeliten selbst steht keinerlei maßgebender Einfluß zu. Es ist deshalb durchaus verständlich, daß die Heeresverwaltung jene Vorwürfe nicht auf sich sitzen lassen will.

Wenn wir uns dennoch als die zur öffentlichen Vertretung der Israeliten des Landes berufene Behörde für verpflichtet halten, die nachstehende Vorstellung gegen die mehrgenannte Verfügung vom 11. Oktober zu erheben, so tun wir dies einmal auf den unseres Wissens einstimmigen Wunsch der Israeliten des Landes, sodann aufgrund unserer eigenen Wahrnehmungen über die Wirkung der Verfügung.

Daß schon die Fassung der Verfügung zu Mißdeutungen im antisemitischen Sinn, mit Wirkungen auch für die Zukunft Anlaß geben mußte, beweist der nachherige erläuternde Erlaß des K. Preußischen Kriegsministeriums und vorherige Erklärungen desselben, die wir aus jüdischen Zeitungen ersehen haben. Eine besonders kränkende Wirkung bekam aber die Verfügung noch dadurch, daß sie nicht als geheim behandelt, an alle Truppenteile, Lazarette usw., wie jeder andere Erlaß ging und so beim Einlauf zuerst in die Hand des nachgeordneten Büropersonals kam. Durch seine Art der Fassung, wie durch seine Bekanntgabe, hat der Erlaß, der doch erst Grund über die Richtigkeit oder Unrichtigkeit von Behauptungen machen sollte, noch vor der Beweiserhebung, vollends in den Augen der weniger urteilsfähigen Mannschaft, den jüdischen Heeresangehörigen einen Makel aufgedrückt und sie vor allen Kameraden bloßgestellt, soweit sie Offiziere, Sanitätsoffiziere, Unteroffizere oder Militärbeamte sind, ihr dienstliches Ansehen geschädigt und alle Israeliten im Heer in ihrem Ehrgefühl aufs tiefste gekränkt.

Die israelitische Oberkirchenbehörde ist sich bewußt, daß in Württemberg die Söhne, Gatten und Väter ihrer Glaubensgenossen, wie alle anderen Staatsbürger, ihre Pflicht gegenüber dem Vaterland getreulich erfüllen und sie in vielen Fällen mit ihrem Leben besiegelt haben, wofür sie eine Anerkennung nicht beanspruchen. Ebenso gewiß bleibt es die heilige Pflicht aller Israeliten, dem Vaterland gegenüber auch weiter alle Opfer freudig zu bringen, welche die Ehre, die Freiheit und die Sicherheit des Vaterlandes verlangen.

Die Israeliten Württembergs sind auch aufrichtig dankbar dafür, daß seit Beginn des Kriegs in den meisten württembergischen Regimentern Israeliten befördert wurden. Um so tiefer ist ihr Schmerz, nunmehr solchen Mißdeutungen ausgesetzt zu sein. Es besteht für die Israeliten Württembergs gewiß keine Veranlassung, solche Erhebungen zu fürchten, und wenn wir auch das Ergebnis nicht kennen, sind wir doch überzeugt, daß es nicht zu Ungunsten der Israeliten ausfallen wird. Wenn je verhältnismäßig mehr Israeliten als Christen bei militärischen Verwaltungsstellen verwendet sein sollten, so haben die Behörden, wie schon oben dargelegt, sie wegen ihrer Eignung, dahin gezogen und nicht die Inhaber dieser Stellen selbst dies bewerkstelligt. Wir glauben ferner darauf aufmerksam machen zu müssen, daß die mehrgenannte Verfügung vom 11. Oktober d. J. im neutralen Ausland bekannt wurde und dem Ansehen des Deutschen Reiches Eintrag getan hat.

Wir bitten daher das K. Ministerium des Kirchen- und Schulwesens als Schutzbehörde der israelitischen Religionsgemeinschaft des Landes unsere Darlegungen zu prüfen und diese dann dem K. Württembergischen Kriegsministerium zu unterbreiten, dem wir dafür dankbar wären, wenn auch das K. Preußische Kriegsministerium von der Stellungnahme der württembergischen Israeliten zu der Verfügung vom 11. Oktober 1916 Kenntnis erhielte, zu welchem Zweck zwei Abschriften angeschlossen sind.

Endlich bitten wir, dem K. Württembergischen Kriegsministerium auch mitzuteilen, daß wir für eine Antwort, die zur Beruhigung unserer württembergischen Glaubensgenossen dienen würde, dankbar wären, wie nach dem beiliegenden Zeitungsausschnitt des K. Bayerischen Kriegsministerium Abordnungen der Israeliten von München und Nürnberg eine Erklärung in diesem Sinne gegeben hat.

Für den Vorstand: gez. Kroner."

Mit dem letzten Satz nahm die isrealitische Kirchenbehörde vermutlich Bezug auf eine Veröffentlichung, die am 24. November 1916 in der „Frankfurter Zeitung" erschienen war. Sie hatte folgenden Wortlaut:

Die Konfessionsstatistik

München, 23. November

Der bayerische Kriegsminister hat eine Abordnung der Münchener und Nürnberger jüdischen Gemeinden empfangen. Diese berichteten über die hochgradige Erregung, die die Anordnung der Zählung der jüdischen

Heerespflichtigen sowie die Art ihrer Durchführung bei den Israeliten an der Front und im Heimatgebiet hervorgerufen habe. In seiner Erwiderung sagte der Minister, die Tendenz des Erlasses richte sich nicht gegen die Israeliten, bezwecke vielmehr die Beschaffung von Unterlagen, um den Anschuldigungen gegen die jüdischen Heerespflichtigen entgegentreten zu können. Der Minister erklärte weiter, nach wie vor auf dem von ihm im vorigen Jahre im Landtag eingenommenen Standpunkt zu stehen, wonach er bei den Soldaten keine Konfession, sondern nur die Pflichterfüllung kenne und würdige. In Übereinstimmung hiermit werde er eine andersartige Auslegung und Anwendung des Erlasses nicht nur im Interesse der Truppen, sondern im vaterländischen Interesse nicht dulden.

In der gleichen Ausgabe wird aus Berlin berichtet:

Berlin, 24. November

Der Verein zur Abwehr des Antisemitismus hielt gestern eine Hauptversammlung ab. Der Vorsitzende, Abgeordneter Dr. Gothein, betonte, daß sich die Hoffnung auf Erhaltung des konfessionellen Burgfriedens leider nicht erfüllt habe. Der Verein werde auch nach dem Kriege nicht überflüssig sein, sondern weiter kämpfen müssen. In seinem Vortrag über die Juden im Kriege bemerkte der Redner, es müsse anerkannt werden, daß manche Fortschritte gemacht worden seien. Über 1.500 jüdische Offiziere, davon die Hälfte in Preußen, die meisten anderen in Bayern, sind ernannt worden. Trotzdem sei diese Zahl verschwindend gegenüber den dazu qualifizierten Juden. Was die Juden im Heere geleistet haben, gehe am besten daraus hervor, daß über 80 das Eiserne Kreuz erster Klasse, über 8.000 das Eiserne Kreuz zweiter Klasse und auch einige Pour le mérite erhalten haben. Es sei bedauerlich, daß das Kriegsministerium aufgrund von antisemitischen Anregungen in einem leicht mißzuverstehenden Erlaß eine Statistik der Juden angeordnet habe. Das Schema dieser Statistik war ein Musterbeispiel, wie man es nicht machen soll. Man wollte ungerechtfertigten Angriffen auf die Heeresverwaltung entgegentreten, wurde sich aber nicht darüber klar, wie dieser Erlaß auf die Juden, wie auf alle ihre Gerechtigkeit liebenden Kameraden im Felde wirken mußte. Bei Beurteilung der Juden in diesem Kriege dürfe auch nicht vergessen werden, was zahlreiche Chemiker, Ingenieure und Finanzleute jüdischen Glaubens geleistet haben."

Kriegsministerium versucht zu beruhigen

Das württembergische Kriegsministerium versuchte am 16. Dezember 1916 auf die Beschwerde der Israelitischen Oberkirchenbehörde beruhigend zu reagieren.
(Veröffentlicht am 17. Februar 1917 in der Zeitschrift „Im deutschen Reich", XXIII. Jahrgang, Nummer 2)

Königl. Württem. Kriegsministerium   Stuttgart, den 16. Dezember 1916
Nr. 15372, K. 16 U. 1

1 Beilage

Das Königliche Ministerium des Kirchen- und Schulwesens hat dem Kriegsministerium eine Eingabe der Israelitischen Oberkirchenbehörde vom 4. Dezember d. J. übermittelt, in welcher sie beklagt, daß die der Eingabe in Abschrift beigeschlossene Verfügung des Königlich Preußischen Kriegsministeriums vom 11. Dezember 1916, welche auch für den diesseitigen Bereich gleichmäßig ergangen ist, auf die Israeliten einschließlich Heeresangehörige eine kränkende Wirkung ausgeübt habe.
Im Hinblick auf die in öffentlicher Reichstagssitzung vom 3. November 1916 vom Herrn Vertreter des Königlich Preußischen Kriegsministeriums abgegebene Erklärung, daß die beregte Verfügung nur den Zweck gehabt hat, statistisches Material zu sammeln, um Vorwürfe, die gegen die Juden erhoben worden sind, prüfen zu können und daß antisemitische Absichten durch diese Verfügung selbstverständlich in keiner Weise verfolgt worden sind, kann es sich das Kriegsministerium versagen, auf die Einzelheiten der Eingabe näher einzugehen. Zudem ist auch der Allgemeinheit durch die Tagespresse öffentlich bekannt geworden (zu vergl. Stuttgarter Tagblatt vom 15. 11. 16, Nr. 581, Abendblatt Seite 8), daß ein weiterer Erlaß des Königlich Preußischen Kriegsministeriums unterm 17. 11. 16 ergangen ist, der sich gegen jede Ausdeutung des Erlasses vom 11. 10. 16 im antisemitischen Sinne wendet und klarstellt, daß jede Beeinträchtigung jüdischer Heeresangehöriger dem Zweck des Erlasses widerspricht.
Eine Abschrift des letztgenannten Erlasses ist zur Kenntnis beigefügt. Hiernach kann es keinem Zweifel unterliegen, daß dem Erlaß vom 11. 10. 16 jegliche Absicht einer Kränkung oder Herabsetzung der Israeliten ferngelegen hat und daß damit nur der sachliche Zweck verfolgt worden ist, sichere, zur eigenen Unterrichtung des Kriegsministe-

riums bestimmte Unterlagen zu erhalten, um Klagen und Beschwerden über Versuche der Juden, sich dem Heeresdienst zu entziehen, nachzuprüfen und widerlegen zu können. Das Kriegsministerium hat gleichwohl der Bitte der K. Israelistischen Oberkirchenbehörde entsprochen und die Eingabe hierwegen dem Königlich Preußischen Kriegsministerium zur Kenntnis übermittelt.

Die K. Israelitische Oberkirchenbehörde wolle aus vorstehenden Darlegungen entnehmen, daß in keiner Weise ein Grund zu einer Beunruhigung der israelitischen Glaubensangehörigen vorliegt. Dabei darf das Kriegsministerium die Hoffnung aussprechen, daß die Königlich Israelitische Oberkirchenbehörde es ihrerseits nicht an der nötigen Aufklärung fehlen lassen wird.

J. B. von Tognarelli.

Juden in Luftwaffe und Marine

200 jüdische Kriegsflieger

Mindestens 200 von rund 5.000 deutschen Kriegsfliegern des Feldheeres an der Front (die Zahl 5.000 bezieht sich auf offizielle Angaben aus dem Jahre 1918) waren Juden. Über 50 davon – wahrscheinlich noch mehr – sind gefallen.

Genaue Zahlen zu ermitteln, ist schwierig, da es zu keinem Zeitpunkt eine offizielle Zählung der jüdischen Kriegsflieger gegeben hat. Der Reichsbund jüdischer Frontsoldaten hat bei einer statistischen Erhebung die Personalien von 166 jüdischen Kampffliegern einschließlich der über 50 Gefallenen ermittelt. Seine Untersuchungen haben ergeben, daß die tatsächliche Zahl jüdischer Kriegsflieger jedoch höher gelegen haben muß.

Der hohe Anteil jüdischer Soldaten unter den Fliegern des I. Weltkrieges ist deshalb besonders erstaunlich, weil der Eintritt in die Luftwaffe, die damals noch keine selbständige Waffengattung bildete, für jüdische Soldaten mit besonderen Schwierigkeiten verbunden war.

Einige jüdische Flieger haben sich besonders ausgezeichnet, so der Senior der deutschen Feldflieger Jakob Wolff, Besitzer einer Hamburger Zigarrenfabrik, der es im Alter von 46 Jahren noch schaffte, mit einer eigenen Maschine Kriegsflieger zu werden und das, obwohl er ein überzeugter Kriegsgegner war. Das Höchstalter der Flieger war gerade zu jenem Zeitpunkt auf 28 Jahre festgesetzt worden. Wolff hatte große Erfolge im Einsatz, wurde am 6. Mai 1917 Offizier und mehrfach ausgezeichnet, unter anderem mit dem EK 1. Er starb 1926 in Hamburg.

Wilhelm Frankl war lange Zeit der erfolgreichste deutsche Kampfflieger und dadurch auch einer weiteren Öffentlichkeit bekannt geworden. Frankl, der 1914 aus der jüdischen Glaubensgemeinschaft austrat, erhielt den „Pour le mérite". Er ist im Krieg gefallen.

Die Zeitschrift „Der Schild", die vom Reichsbund jüdischer Frontsoldaten e.V. herausgegeben wurde, hat in zwei Sonderausgaben „Juden bei der Luftwaffe" vom 27. Dezember 1935 (Nr. 52, 14. Jahrgang) und vom 7. Februar 1936 (Nr. 6, 15. Jahrgang), die jüdischen Fliegersoldaten des I. Weltkrieges gewürdigt. Auf diesem Wege sind Dokumente, Briefe und Darstellungen erhalten geblieben, die normalerweise nicht mehr erreichbar gewesen wären. Sie geben einen Überblick über die Leistungen jüdischer Flieger im ersten Weltkrieg mit umfangreichem Zahlenmaterial und der Darstellung von Einzelschicksalen.

In den Leitartikeln zu diesen Ausgaben wird erneut deutlich, daß in den Jahren 1935 und 1936 angesichts zunehmender Verfolgungsmaßnahmen durch die Nationalsozialisten mit diesen Darstellungen versucht wurde, gegen die Entwürdigung jüdischer Soldaten anzukämpfen.

In einem Beitrag über die Rolle der Luftwaffe ist zu lesen:

„Eine Weltgeschichte, eine Kulturgeschichte und Kriegsgeschichte, die nicht der Eroberung des Luftraums wie dem im Luftkampfe entwickelten Heldenmut den gebührenden Platz einräumen wollte, würde eines der ergreifendsten, großartigsten Kapitel unterschlagen. Und so ist auch aus unserer jüngsten jüdischen Geschichte, aus einer Geschichtsdarstellung der Juden in Deutschland, dieses Kapitel nicht fortzudenken, wenn wir uns selbst treue und ehrliche Chronisten sein wollen."

An anderer Stelle heißt es:
„Durch lange dunkle Jahrhunderte konnten unsere jüdischen Ahnen ihren Heroismus nicht in glänzender Waffentat, sondern nur in heldenhaftem Dulden, bis zur heiligen Blutzeugenschaft der Scheiterhaufen, bewähren. Seit die Mauern der Ghetti gefallen, sehen wir unsere Väter vollwertig im Ehrendienst unter den Waffen ihrer Heimatländer. Wir sehen den schöpferischen Genius unseres ziffernmäßig kleinen Stammes im ehrenvollen Anteil beteiligt an der Eroberung der Luft, an der Verwirklichung dieser uralten Sehnsucht. Und als der Weltkrieg über Europa hereinbricht, finden wir Juden bei der Luftwaffe. Meistens jenseits der Gräben. Wir sehen sie – ältere und jüngere – in bemerkenswerter Zahl zu der neuen heldnischen Waffe drängen, in ihrer potenzierten Gefahr, mit ihrem gesteigerten Ruhm. Im Frieden eben noch von der Bevölkerung zum Offizier der Reserve als Juden (außer in Bayern) ausgeschlossen, stellt jüdische Tapferkeit und Vaterlandsliebe sich in der Luftwaffe begeistert unter Beweis. Für uns kann der jüdische Anteil an der Fliegerei und ihren Verlusten nichts Überraschendes, nicht Unerklärliches haben.
Tatsachen sprechen ihre eigene Sprache, gegen die es keine Argumente gibt. Wir wollen Tatsachen reden lassen. Sie sollen reden von jüdischem Heroismus, sie sollen dem Judentum Gewißheit und Bestätigung geben, wie weit und wie sehr es an dem heroischen Ideal unseres Jahrhunderts teilhat, das ... auch im jüdischen Flieger Gestalt gewann. Tatsachen sollen die Quadersteine eines schlichten Denkmals bilden, das wir unseren Helden errichten in einer Zeit, deren Umbruch vieles verweht und ver-

Grosses Hauptquartier, den 23. Februar 1917.

An den

Vizefeldwebel Wolff

in der Königlich Preußischen Fliegertruppe.

Vaterländische Freunde der Luftstreitkräfte haben mir eine Geldsumme zur Verfügung gestellt, die ich zur Schaffung eines

Ehrenbechers für den Sieger im Luftkampfe

verwendet habe.

Es ist mir eine dankbare Freude, Ihnen als Anerkennung für die im siegreichen Gefechte bewiesene Tapferkeit den Becher überweisen zu können.

Der kommandierende General
der Luftstreitkräfte.

Allerhöchst mit Wahrnehmung beauftragt

Generalleutnant.

wischt. Ein Erinnerungsmal, auf das unsere Fliegerhelden ein heiliges Anrecht haben. Aber wir wollen mit dieser Sonderausgabe die Blicke der jüdischen Gegenwart nicht nur in eine ruhmvolle Vergangenheit zurückdenken, wir schauen in die Zukunft. Wir blicken, mit unserer ganzen Liebe, auf unsere jüdische Jugend. Sie soll nicht allein wissen von Makkabäertaten vor 2100 Jahren, sondern um die Makkabäer der Luft, um ihre eigenen Väter und Brüder, denen ein unvergängliches Kapitel in dem Heldenlied des zwanzigsten Jahrhunderts gehört. Auch unsere Jugend soll sich, wie sie rund um sich den Ruhm des Frontfliegers vernimmt, mit Stolz bewußt sein, welcher Gemeinschaft sie entstammt. Und sie soll die volle und hohe Verpflichtung fühlen und auf sich nehmen, die ihr daraus erwächst: trotz allem tapfer und stark zu sein! Möge die jüdische Geschichte stets neue Generationen vorfinden, die das Wort der Schrift verwirklichen, das das Losungswort unseres Bundesvorsitzenden ist: Chasak we emozi (Sei stark und standhaft)"

Unter der Überschrift „Jüdische Vorkriegspiloten" wird rückblickend berichtet:
„Unter den bis zu Kriegsbeginn gezählten 500 deutschen Piloten waren mindestens 15 Juden. Die halbamtliche Schrift „Deutschlands Eroberung der Luft" von Hadenberger 1919, bringt Bilder einer Reihe jüdischer Flieger."
Anschließend werden besonders bekannte jüdische Flieger und deren Leistungen dargestellt. Ebenso jüdische Flugzeugkonstrukteure, zu denen auch der durch seine „Taube" populäre Konstrukteur Rumpler zählte, dessen erste „Taube" am 10. Oktober 1885 gestartet war. Pilot und Schöpfer der ebenfalls bekannten „Albatroß" — Flugzeugwerke — war der ebenfalls jüdische Konstrukteur Wiener.
Zwei jüdische Ingenieure waren maßgeblich am Bau des Zeppelin beteiligt: Ihr Glaubensbruder David Schwarz hatte das erste Luftschifftarnsystem konstruiert.
Schlußfolgerung der Zeitschrift am Ende ihrer Darstellungen:
„Der jüdische Anteil ist aus der Entwicklung des Luftfahrwesens nicht fortzudenken, und gerade deutsche Juden, von denen ja hier nur die Rede war, haben nach besten Kräften mit schöpferischem Geist und oft mit Einsatz ihres Lebens zur Eroberung der Luft beigetragen"!.
In einer Würdigung des jüdischen Beitrags zum Segelflug wird festgestellt, dies sei nicht etwa allein romantischer Zug zu den Wolken, sondern Beispiel für den Einsatzwillen der jungen jüdischen Generation." Sie beweist,

daß die Leistung der jüdischen Frontflieger keine Einmaligkeit war, sondern daß die jüdischen Flieger des deutschen Heeres im großen Kriege würdige Nachfahren gefunden haben."

Flaggenlied der Kriegsmarine stammte von einem Juden.
Jüdische Soldaten bei der Kriegsmarine

Verhältnismäßig klein und nur schwer feststellbar ist die Zahl der Juden, die nachgewiesenermaßen bei der Kaiserlichen Kriegsmarine gedient haben. Bei der — in ihren Ergebnissen sehr unzulänglichen — „Judenzählung" des Jahres 1916 wurden 134 Juden bei der Kriegsmarine registriert. 31 haben nach dem Gefallenengedenkbuch des Reichsbundes jüdischer Frontsoldaten — das ebenfalls auf nur unvollständigem Zahlenmaterial basiert — im Krieg den Seemannstod gefunden.

Dafür hat der jüdische Dichter Robert Linderer aus Berlin der Marine das seinerzeit außerordentlich beliebte und volkstümliche Flaggenlied, „Stolz weht die Flagge schwarz-weiß-rot" gedichtet, das auch noch im Dritten Reich gesungen wurde! — Wie schon im Falle der Kriegsflieger hat die Monatsschrift „Der Schild" auch den jüdischen Soldaten bei der Kriegsmarine am 22.6.1934 und am 15.5.1936 zwei Sonderausgaben gewidmet („Im deutschen Reich", 22. Jahrgang, März-April 1916, Nr. 3/4).

Neben Ehrentafeln und Berichten über Einzelschicksale enthalten sie unter anderem Material über die Gründe für das Fehlen von Juden im Offizierscorps der Marine und die Rolle des großen jüdischen Reeders Albert Ballin für die Entwicklung der Seeschiffahrt.

Es folgen einige Auszüge:

„Gestehen wir offen: Unter uns Juden selbst ist die Kenntnis von unserem Anteil am Seewesen und Seekrieg gering. Es ist traurig, aber wahr, daß gar mancher fragen wird: Juden bei der Marine gab es oder gibt es denn so etwas ? Damit ist der Punkt berührt, bei dem eine mehr als dringliche Erziehungsaufgabe des Reichsbundes jüdischer Frontsoldaten einsetzt. Der neue Abschnitt in unserer geschichtlichen Stellung, die uns heute auf uns selbst, auf die Pflege eigener Art und damit *eigenener Erkenntnis- und Traditionswerte* verweist, verlangt gebieterisch als eigentliches *Fundament,* auf dem sich ein geschlossener jüdischer Lebensraum aufbauen läßt, die *Festigung* jedes einzelnen jüdischen Menschen in seinem jüdischen Geschichtsbewußtsein und in der hohen *sittlichen Eigen-*

wertigkeit der Gemeinschaft, in die hinein er geboren ist. Hierzu gehört Kenntnis jüdischer Leistungen nicht nur in mehr oder minder fernen Jahrhunderten, sondern auch in jüngster, bis in unsere Gegenwart hinein lebendiger Vergangenheit; dazu gehört aber ferner das Wissen nicht allein um die sozusagen zivile Leistung, vielmehr auch um den jüdischen Anteil an alledem, was überall in der Welt von den Menschen mit ganz *besonderem Stolz* und Selbstbewußtsein als höchste und ruhmvollste charakterliche Bewährung herausgestellt wird. Daß hierbei das Judentum seinen Beitrag geliefert hat, ist ein Wissen, das unter uns Juden allenthalben *lebendig* gemacht werden muß, weil es uns — nächst dem um unsere unabdingbaren Glaubenswerte — jene tragfähige ethische Grundlage für den Neubau unseres Daseins gibt.

Daß der jüdische Bevölkerungsteil in Deutschland seit Beginn der allgemeinen Wehrpflicht, d.h. seit den Befreiungskriegen, in Krieg und Frieden seinen Mann gestanden hat bis zu der ehrenvollen Bewährung im Weltkrieg, steht geschichtlich fest. Die deutsche Reichsmarine fand ihren Ausbau zu einer beachtenswerten Flotte unter den Seemächten erst nach und noch unter der Regierung des letzten deutschen Kaisers. Man wird also in den Reihen der kaiserlichen Marine sowohl vor wie im Kriege über den jüdischen Anteil keine absoluten Ziffern erwarten können, die sich mit denen in der Armee vergleichen lassen."

Nach einer Darstellung der Rolle jüdischer Marinesoldaten in den Streitkräften der USA — im Kriegsdienst 13.500 Juden, darunter 433 Offiziere einschließlich Admirale bei der amerikanischen Flotte und 2.300 Juden, darunter 59 Offiziere mit einem Brigadegeneral an der Spitze beim Marinekorps, das sich an der Westfront besonders auszeichnete — und Großbritannien fährt der Bericht fort:

„Zeigt uns dieser keineswegs erschöpfende Auszug aus den Ranglisten verschiedener Kriegsmarinen, daß das Judentum auch in der Seemannslaufbahn eine Vergangenheit aufzuweisen hat, die keinen Vergleich zu scheuen braucht, so gilt unser eigentliches Gedenken doch jenen *unbekannten jüdischen Seeleuten,* die uns und unseren nachfolgenden Geschlechtern ein erhebendes Beispiel stiller Pflichterfüllung, ohne hohen Rang und äußere Ehren, gegeben haben."

Dem Dichter des Flaggenliedes der Kriegsmarine widmet der Bericht die folgenden Zeilen:

„ ... Und wenn hier von Fahrt und Kampf und Tod unserer jüdischen Kameraden von der Marine gesprochen wird, so gedenken wir noch eines Namens, der zu uns Juden gehört: eines Mannes, der selbst kein Seemann war, und der dennoch mit dem Seemannsschicksal eng verknüpft ist. Verknüpft durch ein Lied, dessen Verse er gedichtet. Vor nun 50 Jahren. Wir gedenken eines Grabsteines auf dem Jüdischen Friedhof zu Weißensee, in weißem Marmor, auf dem geschrieben steht:

Robert Linderer
geb. 25. November 1824
gest. 16. Dezember 1885.
Hier ruht der Dichter des Flaggenliedes, mit
dem die deutschen Matrosen für den Sieg und
Ruhm des Vaterlandes kämpften und starben.
Die jüdische Gemeinde zu Berlin."

Des großen Reeders Ballin gedenkt der Bericht mit den folgenden Zeilen: „Und endlich noch ein Name ist es, der aus der Vergangenheit emportauchen muß, wenn man an die Geschichte der Seefahrt denkt und an unseren jüdischen Anteil. Auch dies ein Name, der nicht mit dem Seekrieg als solchem zusammenhängt, aber um so inniger mit der Entwicklung, dem Aufschwung der modernen *Handelsmarine*: Albert Ballin. Am 15. August 1857 geboren, bringt er es aus kleinsten Anfängen bis zum Generaldirektor der Hamburg-Amerika-Paketfahrt A.-G. (Hapag). Mit diesem seinem Aufstieg, mit seiner persönlichen schöpferischen Arbeitsleistung ist der ungeahnte Aufschwung der modernen Seeschiffahrt verbunden, aus deren Geschichte sein Name nicht wegzudenken ist. Als 1918 das alte Reich und damit seine Welt zusammenbrach, suchte Ballin weder wie andere im Ausland eine Zuflucht, noch stellte er sich so wendig auf die neuen Verhältnisse um. Er sah die alte Flagge niedergehen. Mit dem Reich, mit seiner Welt, sah er sein Lebenswerk zusammenbrechen. Er zog entschlossen die Konsequenz. Am 9. November 1918 setzte er selbst seinem Leben ein Ende."

Die jüdischen Ärzte in der Armee.

Bereits an anderen Stellen wurde auf die Tätigkeit jüdischer Ärzte bei der Truppe hingewiesen. Naturgemäß war es besonders schwierig – auch dies wurde in anderen Berichten bereits erwähnt – gerade hierzu statistisches Material zu sammeln. Deshalb müssen Darstellungen über diesen Bereich zwangsläufig fragmentarisch bleiben.

In einem Artikel der Zeitschrift des Reichsbundes jüdischer Frontsoldaten vom 23.3.1935, wird über die Blutopfer der jüdischen Ärzte berichtet: „Aus dem Gefallenengedenkbuch des R.J.F. dieser Liste von 10.275 jüdischen Gefallenen, wurden die darin als solche bezeichneten Ärzte zusammengestellt. Es waren:

Sanitätsoffiziere   75
Unterärzte, Feldunterärzte   41
Landsturmpflichtige Ärzte   40

Insgesamt enthielt jene Liste also die Namen von 156 jüdischen Ärzten, die im Dienst des Vaterlandes gefallen sind. Die gesamten jüdischen Ärzte-Verluste, so führte Kam. Dr. Löwenstein damals aus, sind natürlich größer als diese Ziffer. Man darf annehmen, daß das Verhältnis der bei der Aufstellung des Gefallenengedenkbuches nicht mehr erfaßten Namen gefallener Ärzte das gleiche ist wie bei der Gesamtzahl der jüdischen Gefallenen, die wir mit einer Mindestziffer von 12.000 einsetzen dürfen. Dieses Verhältnis würde bedeuten, daß die Gesamtzahl der Kriegsverluste der jüdischen Ärzte rund 190 beträgt. Wenn wir heute auf diese Feststellung unseres Bundesvorsitzenden aus dem "Schild" vom 23.3.31 zurückgreifen, so können wir es jetzt, nach einem Jahr, mit dem Bewußtsein bestätigter Berechtigung der ziffernmäßigen Grundlagen tun, durch die inzwischen erfolgte amtliche Überprüfung des Gefallenengedenkbuches, die dessen Angaben als im statistischen Sinne zuverlässig erwiesen hat, ist der Wert der hier folgenden Rückschlüsse des Kam. Dr. Löwenstein noch erhöht worden:

Es ist von Interesse, so schrieb er, diese Zahlen mit den Gefallenenziffern der gesamten Ärzte zu vergleichen. Nach der Zusammenstellung von Generalltn. von Altrock "Vom Sterben des deutschen Offizierkorps" (Berlin 1922) war die Gesamtzahl der im Dienst von Heer und Marine stehenden Sanitätsoffiziere, Unterärzte usw., ausschließlich des aktiven Sanitätskorps 30.012; hiervon sind insgesamt 1.420 gefallen. (Die aktiven Ärzte sind deshalb hier nicht zu berücksichtigen, weil sich unter ihnen keine Juden befanden.) Der Hundertsatz der Gefallenen unter den nicht aktiven Ärzten ist also 4,6 v.H.. Es ergibt sich die Verhältnisziffer von

13,4 v.H. für das Verhältnis der 1.420 gefallenen deutschen Ärzte zu der darin enthaltenen Zahl von 199 gefallenen jüdischen Ärzten. Nun dürfte auch das zahlenmäßige Verhältnis der im Jahre 1914 in Deutschland tätigen Ärzte den Hundertsatz von 13,4 nicht überschritten haben. (Die Berufszählung von 1925 ergab für Preußen unter 28.979 Ärzten 4.505 jüdische, d.h. 15. E.v.H. in den übrigen deutschen Gebieten aber ist die Zahl der jüdischen Ärzte, auch verhältnismäßig, beträchtlich geringer, überdies war 1914 der Anteil der deutschen Juden an sämtlichen akademischen Berufen geringer als 1925 (1907: 6,7 v.H., 1925: 3,7 v.H.) Demnach kann mit Sicherheit geschlossen werden, daß der Hundertsatz der jüdischen Ärzte 1914 nicht über 13,4 v.H. lag.)

Wenn von den jüdischen Ärzten im Verhältnis die gleiche Zahl gefallen ist, wie von den nichtaktiven Ärzten insgesamt, so müßten 4.160 jüdische Ärzte in Heer und Marine gedient haben. Eine Zählung liegt hierüber nicht vor.

Jedenfalls darf man hiernach behaupten, daß die jüdischen Ärzte im Weltkrieg bei der Erfüllung ihrer höchsten Pflicht für das Vaterland hinter ihren nichtjüdischen Berufskollegen nicht im mindesten zurückgestanden haben.

Jüdische Ärzte beim Roten Kreuz.

Zurückweisung von Diffamierungen, Forderung nach Gleichbehandlung und Ringen um Anerkennung kommt selbst in dem folgenden Kommentar der jüdischen Zeitschrift "Im deutschen Reich" nach Kriegsbeginn 1914, über die Behandlung jüdischer Ärzte durch das Rote Kreuz zum Ausdruck:
(Auszug aus „Im Deutschen Reich", XX Jahrgang, Okt.-Dez. 1914. Nr. 10-12)
„Das Rote Kreuz. Da nach dem Beginn des Krieges auch vereinzelte Klagen über Zurückweisungen jüdischer Ärzte und Krankenschwestern laut wurden, hat bald darauf die Leitung des Krankenwesens im Kriege vom Roten Kreuz erneut angeordnet, daß bei der Einstellung von Hilfskräften eine Unterscheidung zwischen evangelischen, jüdischen und katholischen Freiwilligen nicht gemacht werden darf. Trotzdem wird behauptet, daß das Rote Kreuz, dem eine überaus verantwortungsvolle Aufgabe in dieser Zeit zufällt, nicht immer bei der Verwendung der Hilfsmittel und der Auswahl der sich zur Verfügung stellenden Kräfte vorurteilsfrei verfährt. Klagen sind laut geworden, daß konfessionelle Eng-

herzigkeit hier und da herumspukt, trotzdem die deutschen Juden Gut und Blut mindestens gleich ihren christlichen Mitbürgern dem Vaterlande darbringen. Wenn man diesen Klagen gründlich und unparteiisch nachgeht, so zeigt es sich, daß eine Anzahl von Beschwerden über das Rote Kreuz ebensowenig begründet ist wie so manche Phantasiegebilde, die in diesem Kriege ja auch auf anderen Gebieten üppig in das Kraut schießen. Entgleisungen untergeordneter Organe des Roten Kreuzes sind vorgekommen, ohne daß die Leitung deswegen ein Vorwurf trifft. Beklagen muß man es, daß diese trotz der Zusage, aus den Fragebogen für die Ärzte die Frage nach der Religion fortzulassen, neuerdings wiederum diese Frage stellt. Sie begründet das damit, daß Angabe der Religion für die „Verwendungsbücher" erforderlich sei und für die Bestimmung der Seelsorge für verwundete Angehörige des Roten Kreuzes und eventuell für das Begräbnis. Es wird versichert, daß dabei jeder Hintergedanke fehle. Wir bezweifeln es nicht, wissen aber zu gut aus vielfältiger Erfahrung, wie derartige Harmlosigkeiten von untergeordneten und böswilligen Organen in ganz bestimmtem Sinne ausgelegt werden. Dem sollte vorgebeugt werden. Wir werden uns einerseits vor übergroßer Empfindsamkeit hüten müssen, aber andererseits unsere Rechte wahren, wo sie bedroht werden. Das heilige Feuer der Begeisterung, das alle Kreise durchlodert, und das oft zitierte Kaiserwort, müssen als kostbares Kleinod gehütet werden zum Besten unseres deutschen Vaterlandes."

VII
Erlebnisschilderungen und Lebensläufe

Aus dem „Kriegstagebuch eines Juden" von Julius Marx

Wesentlich pessimistischer als die meisten anderen jüdischen Zeugnisse zum Problem des Antisemitismus in Deutschland und der Möglichkeit seiner Überwindung durch das gemeinsame Kriegserlebnis klingen die Berichte und die Äußerungen von Julius Marx in dessen „Kriegstagebuch eines Juden", das 1938 im „Verlag Die Liga", Zürich, also bereits im Exil, erschienen ist (das Leo Baeck-Institut in New York hat es für die Auswertung zur Verfügung gestellt.)
Im Militärarchiv des Hauptstaatsarchivs Württembergs befinden sich die

Militärdokumente des Autors, aus denen hervorgeht, daß Julius Marx an zahlreichen Schlachten und Gefechten teilgenommen hat und auch mehrfach befördert und ausgezeichnet worden ist.

Wenn auch Marx trotz aller erschütternder Erlebnisse von Diffamierung und Diskriminierung jüdischer Soldaten im Kriege immer noch und immer wieder versucht die Symbiose zwischen Deutschtum und Judentum zu finden, so klingt aus seinen Tagebuchnotizen doch schon tiefe Resignation angesichts der antisemitischen Tendenzen, denen er auf Schritt und Tritt selbst im Felde begegnete.

Marx hat sein „Kriegstagebuch eines Juden" 1928, also zehn Jahre nach dem Krieg als Zusammenfassung seiner Aufzeichnungen der Jahre 1914-1918 niedergeschrieben. Zehn Jahre später, im September 1938 − in einer Zeit also, in der in Deutschland die Nürnberger „Rassegesetze" entstanden, − schrieb er das Vorwort, das in wenigen Sätzen eine Art Bilanz der Erfahrungen mit den Deutschen zieht; eine Bilanz, die wohl zu unterscheiden weiß, zwischen „guten Kameraden" und „Verfolgern"; eine Bilanz die immer noch nicht die „Hoffnung auf den endlichen Triumph der Wahrheit, Menschlichkeit und Gerechtigkeit" aufgibt und die gerade deshalb so erschütternd wirkt.

1. Dezember 1914
Link ist wieder besoffen und schikaniert die Leute, daß es nicht mehr zum Aushalten ist. − Und die Leute werden gereizt, und der Dienst wird unnötig erschwert.
Link hat schon wieder einmal in seinem Rausch über den "Juden" geschimpft, daraufhin habe ich umgeschnallt, mich beim Hauptmann von Degen melden lassen und diesen um Verwendung an der Front gebeten.
„Gut, reichen sie ein Gesuch ein!"
Gleich darauf verlangt er, mich unter vier Augen zu sprechen. Weshalb ich an die Front wolle? Ich erzählte ihm nun ausführlich, wie es in unserer Abteilung aussieht.
„Ja, glauben Sie denn, die Verhältnisse in der Stellung seien besser? Das weiß ich von Afrika her: Sobald der Krieg zum Stellungskampf wird und die Leute vor Langeweile nichts mit sich anzufangen wissen, reiten sie aufeinander herum. Ich gebe Ihnen deshalb den guten Rat: Bleiben Sie, wo Sie sind! In der Stellung kennen Sie sich nicht aus und sind deshalb doch nur das fünfte Rad am Wagen, während Sie bei der Gefechtsbagage sehr Gutes leisten und nicht ohne Weiteres zu ersetzen sind."
„Herr Hauptmann, ich kann nicht auf diesem Posten bleiben. Man schimpft ja doch nur hinten herum über den „feigen Juden". „Sie sind

Jude? Das wußte ich nicht, nun verstehe ich so manches. Hören Sie, Sie dürfen sich nicht unterkriegen lassen: Tun Sie so, als ob Sie nichts merkten wenn man über Sie loszieht! Auf diese Weise werden Sie mit dieser Sorte von Leuten am besten fertig!"

Er versprach mir zum Schluß, dafür zu sorgen, daß es bei der Kolonne anders werde; wenn es jemals wieder Streitigkeiten gebe, solle ich ihm Meldung machen − er werde die Urheber unnachsichtlich bestrafen. Als er mir sagte, er wolle mich zum Eisernen Kreuz eingeben, erwiderte ich, ich möchte es mir erst verdienen.

Schon längst haben Sie es verdient, meinte er, „im übrigen hoffe ich, daß es bald vorwärts geht, dann haben Sie mehr Gelegenheit als bisher, sich hervorzutun."

Diese Unterredung tat mir sehr wohl.

Gegen Abend sah ich den Hauptmann mit Leutnant Mauch zusammen. Sie sprachen scheinbar über mich, denn als ich hinzukam, um eine Meldung zu machen, ging man plötzlich auf ein anderes Thema über.

Später knüpfte Mauch ein Gespräch mit mir an, und als ich kurz darauf zu ihm schickte, um Erdöl holen zu lassen, ließ er nur sagen, ich solle nur in seinem Quartier schreiben. So sitze ich denn in seinem Zimmer, und es ist mir jetzt bedeutend leichter zu Mute als gestern.

12. Mai 1916
Das habe ich nun doch nicht glauben wollen − aber die Sache scheint wahr zu sein: Kommt da vor wenigen Wochen ein neuer Oberleutnant zum Bataillon, ein guter Kompagnieführer, ein tapferer Soldat. Bei Tisch bringt er das Gespräch auf die Juden. Sie seien von Natur aus feig und hätten ja auch gar nicht tapfer zu sein, dieses Handelsvolk − und ähnlichen Unsinn mehr. Nachmittags bei der Handgranatenübung, als ein Rekrut, der wohl noch nie so ein Ding angefaßt hatte, ein wenig zitterte, ließ sich der Herr Oberleutnant vernehmen:

„Natürlich .. „Schwarzberger" ... das scheint mir auch so ein Mosaiker zu sein. Sehen Sie, wie er zittert, dieser feige Kerl! Aber das ist ganz gut so − die Leute sollen selber sehen, was für feige Hunde die Juden sind!"

Nun ja, Herr Oberleutnant Reich, da haben Sie sich aber einmal gründlich geirrt: Schwarzberger ist ja kein Jude!

Wie leicht werden wir unsere Gegner besiegen, denn bei ihnen wird zwischen Juden und Andersgläubigen kein Unterschied gemacht. Eine große Anzahl jüdischer Generäle kommandiert sogar in ihren Reihen.

Armes Frankreich!

3. Juni 1916

Gestern erhielt ich eine Auszeichnung mit Schwertern. Was soll mir das, was heute jeder Schreibersknecht, jeder Musikant, jeder Etappenhengst bekommt!

Heute meldete ich mich beim Regiments-Adjutanten und bat ihn um Versetzung zu einer Maschinengewehr-Kompagnie; es sei mir unerträglich, von gewissen Herren, die erst seit einigen Wochen beim Regiment sind, als Drückeberger verschrien zu werden, nur weil ich Jude bin und der Gefechts-Bagage angehöre.—

Die Kriegslage scheint sich verschlimmert zu haben,. Um das Volk abzulenken, macht man nun in Antisemitismus. Die österreichische Niederlage nimmt uns Truppen weg, die nach dem Osten kommen. Unsere Frontlinie wird gestreckt. Wenn jetzt die Franzosen angriffen – – !

10. Juni 1916

Reich hat einige Feldwebel zu Tisch geladen – das Essen sei vorzüglich gewesen –, über die Teuerung gesprochen und dabei behauptet, an allem seien die Juden schuld. Eifrig habe ihm ein Vizefeldwebel sekundiert. Von dem stellte ich nachher fest, daß er sich bis zur Verdun-Schlacht in Stuttgart herumgetrieben und bei Verdun gedrückt hat, sodaß Link ihm mit der Gendarmerie drohte, falls er sich nicht sofort bei seinem Truppenteil melde. Er hat dann noch zwei Tage in Anzannes verbracht und ist schließlich in Ornes gelandet, wo er in einem Keller die Ablösung des Regiments abwartete. –

24. September 1916

Eine Scheune,. Die Kommandatur hat sie als Quartier zu den hohen jüdischen Feiertagen bereit gestellt.

Der Raum füllt sich: Sommekämpfer, deren Truppenteile in Ruhe liegen. Einer kommt gerade aus der Stellung. Blutjung, kratzt sich den Lehm vom Rock. Kriegsfreiwilliger.

„Wie heißt Du denn"?

„Kern".

Ich lasse ihm eine Suppe bringen; bevor er ißt, setzt er die dreckige Mütze auf, spricht einen Segen.

Dann gehe ich mit Nathan und dem Jungen ins Vorderhaus zu den Bauersleuten. Sie sitzen in einer Ecke, wir am Tisch. Ein Artillerie-Leutnant Steinmann ist noch da, in Zivil Bankier, ein Infanterie-Leutnant Schwarz, Rechtsanwalt von Beruf, ein Unteroffizier Wolff und der

Offizier-Stellvertreter Kuhn; er ist Lehrer und Familienvater und hat ein Kind der Quartierleute auf den Knien.

„Wissen Sie, warum wir hier sind?", fragte ich den Bauern. „Ja; der Schreiber der Kommandantur hat uns gesagt, Sie seien Juden und wollen beten."

„Wofür, denken Sie wohl, daß wir beten?".

„Ich denke, für Ihr Vaterland, wie die französischen Juden für Frankreich."

„Kennen Sie viele französische Juden?"

„Nicht viele", sagt er. „Aber mein Kompagnieführer seinerzeit, der war Jude. Kein Offizier im ganzen Regiment war so beliebt, wie er. Jetzt ist er General und kämpft wohl irgendwo für unser armes Frankreich."

Denen am Tisch erzählte ich das Gespräch.

„So", sagte Wolff, „so spricht der französische Bauer, von seinen jüdischen Landsleuten! Wenn der Mann eine Ahnung hätte, wie unser Land uns ansieht, wie selbst manche Kameraden über uns reden. – Dazu läuft man von der Hochschule weg – hab's nicht erwarten können – – –"

„Ach was", sagt Leutnant Schwarz, „die paar Antisemiten sind nicht das Volk. Aber ganz egal: Wir müssen uns durchsetzen, wir müssen beweisen, daß wir genau so gute Deutsche sind, wie unsere Kameraden, – mehr noch, wir müssen uns hervortun vor allen Anderen, wir müssen die Gelegenheit benutzen, einmal zu zeigen, was man vielleicht nicht sehen will –."

„Herr Leutnant", fällt Nathan gereizt ein, „das ist ja alles gut und schön, aber verstehen Sie doch: Wir kämpfen nach zwei Fronten! Nach einer wäre es schon genug. – Dabei aber noch diese blöde Zurücksetzung – warum, zum Teufel! Denselben Dreck hat man auf sich, wie die Andern auch, – da ist man der Kamerad, aber sonst ist man „der Jude"!"

„So ist's", sagte ich, „Nathan hat recht. Der Durchschnittsdeutsche mag eben den Juden nicht. Ich möchte hier nichts sein, als ein deutscher Soldat, – aber man sorgt nachgerade dafür, daß ich's anders weiß! Und wie im Feld, so ist es auch daheim: Seit über 200 Jahren wohnt meine Familie in einem schwäbischen Dorf – wir lieben dieselben Pappelbäume, denselben Bach, denselben Wald, wie die Andern – freuen uns, wie sie, wenn wir irgendwo in der Fremde den Namen unserer Heimat lesen oder nennen hören, wenn wir uns irgendwo begegnen. Und dennoch – auch dort dieser Abstand! Wir lieben unsere Heimat, wenngleich man uns nicht liebt, und müssen fast froh sein, sie überhaupt lieben zu dürfen. Es ist schon so, wie Nathan sagt: Wir kämpfen nach zwei Fronten – nach der einen für den Sieg Deutschlands, nach der anderen, um unsere Gleichberechtigung in Deutschland."

„Sieg.", meint Wolff, „Gleichberechtigung! Wenn wir den Krieg gewinnen, wird kein Jude mehr Reserve-Offizier, und wenn wir ihn verlieren – natürlich sind dann die Juden dran schuld!"

„Hört einmal, ich glaube, Ihr seid zu empfindlich", läßt sich jetzt Kuhn vernehmen." Bei meiner Truppe jedenfalls habe ich noch nichts gemerkt von Antisemitismus. Und wenn schon – der Bauer, der Arbeiter an der Front, die sollen sehen, daß wir den Schädel hinhalten wie sie. – Wenn diese Leute Achtung vor dem Juden kriegen, dann wird vieles für uns besser werden."

Jeder grübelt vor sich hin.

„Herr Leutnant", wendet sich der kleine Kern an Steinmann, „muß ich mir gefallen lassen, daß mein Zugführer „kleiner Jud" zu mir sagt – beim Brotfassen, beim Wache-Schieben, zur Patrouille".

„Nein, melden Sie das doch Ihrem Kompanieführer!"

„Das hab ich getan. „Sie dürfen nicht so kleinlich sein", hat er gesagt; dann hat er den Zugführer kommen lassen, und haben sie über mich gelacht – – – "

„Wir sind dem Ghetto noch zu nah", beginnt Steinmann nach einer Pause.

„Wir können nicht erwarten, daß man uns in Deutschland schon samt und sonders als vollwertig gelten läßt, wie es z.B. mit den Juden in den romanischen Ländern der Fall ist. Dort stechen die Juden auch äußerlich kaum ab von ihrer Umwelt. Wir aber, wir müssen uns erst einmal richtig assimilieren – – "

„Uns assimilieren, Herr Leutnant", falle ich ihm ins Wort, „ich glaube, das tun wir zur Genüge, wo es am schwersten ist! Wer von uns hat das nicht so und so oft erlebt: Da steht man in der Gegend herum, der ganze Jammer kotzt einen an – dabei das bohrende Gefühl: fremd zu sein, abgelehnt von den Andern – und da schlagen auf einmal Granaten ein – hier und dort – und alle zucken auf – die Christen und die Juden – und dann trommelt der Gegner los – – auf einmal sind da keine Juden und keine Christen mehr – bloß noch Menschen, die sich anspannen bis zum Äußersten, um ihre Todesangst zu beherrschen und ihre verdammte Pflicht und Schuldigkeit zu tun – – und auf einmal ist das da: Die Gemeinschaft – ein Strom von Hilfsbereitschaft – Kameradschaft – Menschlichkeit – – – "

„Ja", sagt Wolff, „ja, so ist das – und ist doch anders." Seine verschleierte Stimme sticht seltsam ab von meiner Erregtheit. Er faßt den Tisch mit

weitgebreiteten Armen, „Wir Juden gehen durch die Welt — pressen die Lust und das Leid der Völker in unser Herz — und spüren die Grenzen der irdischen Macht — — und unsere Ewigkeit — — — " Leise wiegt er sich, wie im Gebet und seine weitoffenen Augen schauen, wie durch die Wände — —
Der kleine Kern hat den hübschen Kopf auf den Tisch gelegt; schläft. In der Ecke schnarcht der Franzose Wir gehen in die Scheune, legen uns zu den anderen.

2. November 1916
Ich soll eine Brücke über die Anere bauen. Die Leute sind sehr fleißig. Nur morgens, vor Beginn der Arbeit, gibt's immer viel Geschrei, weil keiner gern den schützenden Keller verläßt. Die Rowdies, die die Kompagnien begreiflicherweise zur Pionier-Abteilung abgeschoben haben, sind mir die liebsten. Es sind furchtbar rohe Gesellen, dann aber wieder sind sie hilfsbereit und weich, wie kleine Kinder.
Vorhin wurde ich zum Kompagnieführer gerufen. Ein Formular lag vor ihm auf dem Tisch.
„Zur Stelle".
„Ich muß Ihre Personalien aufnehmen".
„Darf ich fragen, Herr Leutnant, wozu?".
„Ja — — das Kriegsministerium — man hat dem Kriegsministerium nahegelegt — — also, es soll eben festgestellt werden, wieviele Juden sich an der Front befinden — — "
„ — — — Und wieviele in der Etappe? Was soll denn dieser Unsinn?! Will man uns zu Soldaten zweiten Ranges degradieren, uns vor der ganzen Armee lächerlich machen? Man schikaniert uns, befördert uns nicht, tut aber doch entrüstet, wenn sich dann mancher den Krieg lieber von der Etappe aus ansieht — — — !"
„Sie haben vollkommen recht, aber ich kann es nicht ändern. Wann sind Sie geboren?" — —
Pfui Teufel! Dazu also hält man für sein Land den Schädel hin — —

3. November 1916
Gegenüber unserer Höhle geht die Infanterie unter heftigem Schrapnell-Feuer in Schützenlinie vor. Der Kellereingang wird mit Gasgranaten belegt, heftige Schmerzen in den Augen.
Viel Arbeit und Ärger. Morgens mußte ich wieder in die vorderste Linie mit Munition und allen möglichen Baumaterialien. Dabei wurde ich mir zum ersten Mal bewußt, daß ich, ein Jude, an der Spitze von dreißig

Mann durchs Feuer marschierte, und ich wunderte mich, daß die Leute dem "Gezählten" nicht den Gehorsam verweigerten.

Vizefeldwebel Nathan, ein anerkannt tapferer Soldat, ist bei der Offizierswahl durchgefallen, weil er Jude ist. Es genügt eine schwarze Kugel, um abgelehnt zu werden. Die alten Offiziere des Regiments sind keine Antisemiten − am allerwenigsten der Regimentskommandeur. Da jedoch die Abstimmung geheim erfolgt, ist man den methodischen Quertreibereien der neu eingetroffenen Offiziere gegenüber machtlos.

5. Mai 1917

Preseau. Wir liegen in Ruhe. Das Elend und die Gefahren der letzten Wochen sind rasch vergessen.

Belobung vor versammelter Mannschaft, weil ich trotz meiner Verwundung bei der Truppe geblieben bin. −

In Valenciennes besuchte ich einen französischen Bekannten aus der Friedenszeit. Er wußte Dinge, die er niemals in deutschen Zeitungen gelesen haben konnte. Also Vorsicht!

„Seit Kriegsbeginn im Felde und nicht einmal Offizier?"!

„Ich hatte nicht den Wunsch, befördert zu werden."

„Und wenn Sie den Wunsch hätten, würde er wahrscheinlich doch nicht erfüllt."

„Wieso − es gibt sehr viele jüdische Offiziere in der deutschen Armee."

„Ich habe noch keinen gesehen."

„Woraus Sie nicht schliessen dürfen, daß die deutschen Juden nicht befördert werden, sofern sie es verdienen."

„In meinem Hause waren schon viele, und auch hohe, deutsche Offiziere einquartiert. Sie wußten nicht, daß ich Jude bin. Immer wieder brachte ich die Sprache auf die Juden in Deutschland. Was ich da mitunter hörte, möchte ich nicht wiedergeben, um Sie nicht zu beleidigen. Im Grunde genommen, habe ich mich über die Anschauungen dieser Herren gefreut: Ein Volk, das so wenig Toleranz besitzt, in dem so wenig Einigkeit besteht, das zuerst nach Stand und Geld und Glaube fragt, und dann erst nach der Vaterlandsliebe, ein solches Volk kann den Krieg nicht gewinnen. Und seien Sie überzeugt, dieser Mangel an Duldsamkeit besteht nicht nur zwischen Juden und Christen, sondern auch zwischen Offizieren und Untergebenen, zwischen Arbeitern und Unternehmern. Ein Krieg, wie der jetzige, ist aber nur zu gewinnen, wenn das ganze Volk weiß, für welches Ziel es kämpft, und wenn ihm dies, ohne Unterschied von Glaube und Kaste, heilig ist."

„Ja, ist es denn in Frankreich besser, hatten Sie etwa nicht die Dreyfus-Affäre? So etwas wäre in Deutschland ganz unmöglich."
„Sagen Sie das nicht. Wenn Sie den Krieg verlieren — und Sie werden ihn verlieren — dann wird auch Deutschland reif sein für solche Affären. Dreyfus war nötig, um Frankreich von verderbten, vaterlandslosen Gesellen zu säubern, um Frankreich aus der Stickluft einer Kamarilla-Despotie herauszuführen und es zu erneuern. Wir kennen keine Judenfrage mehr!"
„Auch wir in Deutschland nicht, wenigstens nicht in dem Maße, wie Sie glauben. Übrigens wie kommen Sie zu der Ansicht, daß wir den Krieg verlieren werden?"
„Weil Frankreich für eine Idee kämpft, für Menschenrechte, Freiheit und Zivilisation, während Deutschland nur von Annexionen spricht, von Eroberungen, von Weltherrschaft — —"
„Sie haben eine sonderbare Meinung von deutscher Politik!"
„Aber sie ist richtig. Ich verstehe vollkommen, daß Sie sich für verpflichtet halten, Ihre wahre Anschauung zu verbergen. Ich respektiere dies und freue mich darüber. Seien Sie ein so guter Deutscher, wie ich ein guter Franzose bin, dann können wir in bester Harmonie zusammen zu Abend essen."
Ich lehnte die Einladung ab — es war mir zu peinlich, mit diesem Franzosen nach solcher Unterhaltung noch länger beisammen zu sein.

29. August 1917
Heute Mittag kam einer meiner Leute zu mir, ein stiller, dunkelhaariger, großer Mann mit fanatischen Glutaugen, und erklärte mir, er weigere sich, nochmals in Stellung zu gehen. Der Krieg sei jetzt schon verloren, und er selber ein ruinierter Mensch, so oder so.
Er sprach mit solchem Ernst, daß ich sofort meine Ansicht verwarf, aus ihm rede Feigheit. Ich suchte ihn umzustimmen, riet ihm, sich sein Vorhaben nochmals zu überlegen, denn er müsse ja standrechtlich erschossen werden, wenn er seinen Vorsatz durchführe.
„Ich beharre trotzdem bei meiner Weigerung."
„Wissen Sie denn nicht, daß Sie Ihr Leben vernichten, von Ihren Kameraden als Feigling gebrandmarkt werden? Glauben Sie denn, für uns andere sei es weniger schrecklich, vorzugehen? Seien Sie doch vernünftig! Wir tragen alle gleich schwer, wie wir auch über den Ausgang des Krieges denken mögen."
Er schaute mich verzweifelt an, dann stand er still, schlug die Augen nieder und sagte nur:
„Ich kann nicht anders."

Der Mann hieß Lewenherz. Ich meldete den Vorfall dem Bataillons-kommandeur, der sich seine Entscheidung vorbehielt und befahl, Lewen-herz ohne Waffen, jedoch unter Bewachung, in die Stellung vorzu-bringen.
Die Sache wurde bald bei der Mannschaft bekannt. Irgend einer behaup-tete, Lewenherz sei Jude, was zu dem üblichen Geschimpfe über die "feigen Juden" Anlaß gab. Ich erkundigte mich: Er ist Nichtjude, Berg-arbeiter aus dem Ruhrgebiet.
Ob Jude oder Christ — heißt es nun — ganz gleich: Ein feiger Tropf ist er doch. Das klingt nun allerdings anders.
Ich lasse den Zug antreten, während im Garten Granaten krepieren. Die Leute wollen auseinanderlaufen.
"Feiglinge seid Ihr, nicht der Lewenherz — was soll das hässliche Ge-schimpfe über die "feigen Juden" —, wißt Ihr denn nicht, daß ich selbst Jude bin? Ich verzichte darauf, einen Zug zu führen, in welchem Kamera-den beschimpft werden, bloß, weil man annimmt, sie seien Juden! — Weggetreten!" —
Bald darauf kommen zwei Leute, um sich im Namen ihrer Kameraden bei mir zu entschuldigen.

31. August 1917
Gestern Abend gingen wir vor. Ich ließ Lewenherz nochmals zu mir kom-men und versuchte ihm ins Gewissen zu reden. Als alles nichts nützte, nannte ich ihn im Zorn einen erbärmlichen Feigling.
Sein fahles Gesicht wurde noch blasser. Haßerfüllt funkelte er mich an:
"Herr Leutnant, Sie können mich alles heissen, nur nicht einen Feigling! Ich handle einzig und allein aus politischer Überzeugung und bitte, dies zu respektieren!"
"Mit politischen Überzeugungen können wir den Feind nicht von der Grenze fernhalten. Auch ich finde, daß es grausam ist, seine Mitmenschen töten zu müssen. Aber ich kann Ihnen nicht helfen — kommen Sie mit — tun Sie es mir zuliebe!"
"Ich kann und darf nicht", stöhnte er.
"Und wenn ich Sie zwinge?"
"Dann bleibt wenigstens mein Gewissen rein."
"Gut, Sie sind verhaftet. Sie wissen, bei einem Fluchtversuch werden Sie erschossen."

,, Des guten Europäers Odyssee ".

Ernst M. Schaeffer, deutscher Journalist und Publizist jüdischer Herkunft, hat zunächst im Erdeinsatz und dann als Flieger am ersten Weltkrieg teilgenommen. Er hat seine Erlebnisse in einem Manuskript "Des guten Europäers Odyssee" niedergelegt, das nicht nur die Kriegszeit, sondern sein ganzes langes reichbewegtes Leben behandelt.

Ernst M. Schaeffer·, ein Bruder des früheren Staatssekretärs im preussischen Finanzministerium, dessen Aufzeichnungen erst vor kurzem veröffentlicht wurden, war in der Weimarer Zeit stellvertretender Chefredakteur der "BZ am Mittag". Seine journalistische Laufbahn begann er in der Redaktion der Zeitschrift "Der Schild" des Reichsbundes jüdischer Frontsoldaten, wo er von Ullstein "entdeckt" wurde.

Zu Beginn des "III. Reiches" ging Ernest Schaeffer mit seiner Frau nach Indien von wo er in den Jahren der Emigration noch lange Zeit Berichte nach Deutschland schickte, bis auch das unmöglich wurde.

Als der Krieg zu Ende war, und die Bundesrepublik Deutschland sich anschickte, diplomatische Beziehungen mit Indien aufzunehmen, wurde er zum wichtigsten Berater der deutschen Diplomatie und zur Brücke zur alten Heimat. Schließlich kehrte er nach Deutschland zurück und ging zur "Deutschen Welle", wo er die vorderasiatische Redaktion aufbaute. Der Bundespräsident verlieh Ernest Schaffer das Große Bundesverdienstkreuz.

Ernest M. Schaeffer, berichtet unter anderem, wie er an der Westfront die "Judenzählung" erlebte:

,, ... Das Detachement wird von einem Feldwebel-Leutnant, jener Art Zwittergeschöpf aus Offizier und Unteroffizier, kommandiert. Er ist ein richtiger Flegel, der glaubt, mich als Offiziersaspiranten schurigeln zu können. Alles lasse ich über mich ergehen, zumal ich weiß, daß meine Beförderung in diesen Tagen herauskommen muß. Und richtig! In einer Nacht werde ich durch einen Läufer geweckt, der mir die erfreuliche Nachricht bringt. Zwei vorsorglich mitgenommene silberne Achselstücke werden provisorisch festgemacht und die Feldwebelknöpfe beseitigt. Gerade bin ich mit der Arbeit fertig, als mich der smarte Feldwebel-Leutnant zu sich befiehlt. Ich gebe ihm die schriftliche Antwort, daß, wenn er etwas wünsche, er sich gefälligst selbst bemühen möge. Das tut er auch in beschleunigter Gangart und will gerade losfauchen, da sieht er plötzlich einen richtigen Leutnant vor sich. In diesem Augenblick — höchst dramatisch — trifft der Befehl des Bataillons ein, daß ich die

Reserve zu übernehmen habe, und der Herr Feldwebel-Leutnant mir unterstellt sei!

Doch ich räche mich nicht an ihm, es lohnt sich nicht. Zwei Tage später kommt unser feister Kompanieschreiber zu mir, um mir zu gratulieren. Das finde ich überaus freundlich. Doch hat der Mann noch etwas auf dem Herzen: „Wir müssen Herrn Leutnant zählen".

„Was? Werden die Offiziere des Regiments gezählt?"

„Nein, nur der Herr Leutnant und ein paar andere."

„Das verstehe ich nicht."

„Wir, der Herr Feldwebel und ich, wir verstehen es auch nicht."

Dann liest er mir die Verfügung des Königlich Preussischen Kriegsministeriums vor, die bestimmt, daß die Juden an der Front gezählt werden sollen! Im Herbst 1916, nach der Schlappe von Verdun und der an der Somme, hat das Königlich Preussische Ministerium in Berlin offenbar keine anderen Sorgen!!! Pfui Teufel — welch eine Gesinnung! Der Kompagnieschreiber und ich, wir schämten uns gleicherweise für dieses Ministerium, die Gralsburg der Heimkrieger. (Obwohl an vielen Stellen Juden für den Tag der Zählung von der Front von gehässigen Vorgesetzten vorübergehend in die Etappe kommandiert wurden, ist diese widerliche Aufrechnung für die Juden günstig ausgefallen, daher wurde das Resultat nie veröffentlicht.)

Als der nächste jüdische Feldgottesdienst angesetzt wurde, bat ich zum ersten Male um Urlaub dazu. Er wurde in einer alten Kirche, die angeblich von Karl dem Großen erbaut war, abgehalten. Der Feldrabbiner predigte über diese Zählung, was peinlich wirkte. Aus seinem Munde wollten wir friedliche Worte hören. Anschließend fand ein einfaches Essen bei ihm statt. Ich merkte, daß zwei Tafeln, eine für Offiziere, Ärzte und Schwestern, die andere für Unteroffiziere und Mannschaften gedeckt waren. Daraufhin entschuldigte ich mich und setzte mich an die andere Tafel.

Mein 'Feldwebel-Bruder' (der frühere Flieger) hatte sich inzwischen bei seiner Truppe durch eine tolle Sache einen Namen gemacht. (Sein Name wurde in der später veröffentlichten Regimentsgeschichte besonders hervorgehoben. Die Franzosen hatten in ihrem Drahthindernis eine Tafel aufgestellt, die in deutscher Sprache von einer großen Niederlage der Österreicher im Osten berichtete. Diese Tafel wurde von meinem Bruder am hellen Tage fortgeholt. Der Führer seines Regiments sprach ihm im Tagesbefehl seine Anerkennung aus, lehnte es aber nach wie vor ab, einen Juden zum Offizier zu machen.

Ich fragte also meinen Kommandeur, ob die Möglichkeit bestünde, meinen Bruder zu unserem Regiment versetzen zu lassen mit der Aussicht, daß er in absehbarer Zeit Leutnant werden würde.

„Mein Lieber", sagte der Oberst, „im Jahre 1917 scheinen mir die Überlegungen, ob ein Jude Offizier werden soll oder kann, nicht mehr recht am Platze. Was wir brauchen und sogar verdammt nötig brauchen, sind tüchtige Offiziere, ob sie Anhänger des Konfuzius, Buddhisten, Mohammedaner, Juden oder Christen sind, ist mir egal. Mit Christentum hat schließlich das, was wir hier machen, verdammt wenig zu tun. Sie sind jetzt fünf jüdische Offiziere bei dem Regiment, da kommt es schon auf einen mehr oder weniger nicht mehr an", schloß er, indem er mir die Hand schüttelte. „Lassen Sie also Ihren Bruder ruhig kommen."
Sofort ging ein Brief mit dieser Freudenbotschaft an ihn ab. Postwendend traf die Antwort ein. „ ... Vielen Dank. Pass auf, ich ertrotze mir auch hier bei meinem Regiment die Beförderung. Das wäre noch schöner!"
Da war nichts zu machen. (Es war traurig, daß er nicht kam, denn ich hatte es mir so schön vorgestellt, bei der gleichen Truppe nahe beieinander zu sein.)
In den nächsten Wochen pendelte ich – ich war eben "Mädchen für Alles" – von Kommando zu Kommando. (Gasschule, Minenwerferschule, Blinkerschule) bis ich endlich bei meiner Kompanie landete. Hier waren inzwischen wieder neue Offiziere, wieder mit alten Patenten eingetroffen, sodaß ich nicht mal mehr einen Zug führen konnte. Daher griff ich zu, als es eines Tages hieß, man brauche fronterfahrene Offiziere bei den Fliegern.
Ich saß meinem Oberst gegenüber. Er sprach sehr ernst: „Ich will Ihrem Glück, sofern es eins ist, nicht im Wege stehen. Darum habe ich Ihr Gesuch weitergegeben, das nun genehmigt worden ist. Aber warum verlassen Sie uns?"
„Wenn mir Herr Oberst eine Kompagnie geben würde, bliebe ich sofort."
„Sie wissen, daß ich das nicht kann. Es geht nun einmal leider Gottes nach dem Dienstalter, aber wenn Sie dem Regiment mal begegnen, dann helfen Sie uns aus der Luft ebenso, wie Sie uns hier unten geholfen haben. Hals- und Beinbruch!"
Mir war nicht wohl zumute. Zum ersten Mal verließ ich die kämpfende Truppe unverwundet und freiwillig, um ins Hinterland zu gehen. Als ich mich von den Kameraden verabschiedete, hatte ich das Gefühl, als dächten sie: „Eigentlich drückst du dich doch." Tat ich das?
Bei einem Pfingsturlaub kommt es in Flandern zu einer Begegnung mit dem Bruder an dessen 28. Geburtstag.

„Dass Du mir diese Freude machst", sagte er überglücklich.

Wir schreiben einen gemeinsamen Brief an Mutter, wir bummeln durch die Stadt, besuchen den Armee-Rabbiner, der aus unserer Heimat stammt, wir gehen in die Konditorei und essen jeder vierzehn Stück Kuchen. Es ist ein ganz großer Tag !!!

Am nächsten Tage fahren wir hinaus nach einem Vorort, wo zwei Freunde von uns, Brüder, begraben liegen. Der eine kam (während des Krieges) aus Neu-Guinea, als holländischer Vogelhändler maskiert, unter großen Schwierigkeiten nach Hause, um seinem Vaterlande zu dienen und zu fallen. (Diese Juden ...)

In unser Idyll platzt der Marschbefehl des Regiments zur Front. „Du", sagt mein Bruder, „in diesen Tagen werde ich nun doch Leutnant. Der Oberst hat es mir selbst gesagt. Der erste jüdische Leutnant im Regiment. Fein, was?"

„Ich gratuliere. Aber gesund bleiben, mein Guter." Dann photographiere ich ihn als Leutnant in meinem Uniformrock ... Er bringt mich zur Bahn, letzte Umarmung. Der Zug gleitet aus der Halle, das Bild meines Bruders schwindet langsam dahin ... Mir ist nicht wohl zumute.

Nachdenklich geht die Fahrt hinter der Front entlang von Flandern nach Frankreich.

Ich kann nicht schlafen. Was war da für ein Plakat in der Bahnhofshalle von Lille, wo wir hielten? Eine "Deutsche Vaterlandspartei" wünscht, daß wir die Erzbecken von Longwy und Briey auch nach dem Kriege behalten sollen? Da stimmt doch etwas nicht. Wir sind 1914 zum Losschlagen gezwungen worden, das hat man uns wenigstens so erzählt, weil wir eingekreist waren und überfallen wurden. Was gehen uns, was gehen mich diese Erzbecken an? Dazu trage ich nicht meine Haut zum Markte. Ich nicht, meine drei Brüder nicht, und Millionen nicht. Dazu sitzt unsere Mutter nicht zuhause und zersorgt sich, nicht eine Mutter, nicht Millionen von Müttern, damit wir diese vermaledeiten Erzbecken in Lothringen in die Tasche stecken sollen. Ist der Krieg zum Geschäft geworden? Wenn wir in Friedenszeiten Erz brauchen werden, dann sollen wir es eben kaufen. Und welche Partei darf sich erkühnen, sich Vaterlandspartei zu nennen, als ob wir nicht alle für unser Vaterland einstehen. Hat nicht der Kaiser im August 1914 überdies versichert: „Ich kenne keine Parteien mehr, ich kenne nur noch Deutschland"! Warum also eine neue Partei? Warum verbietet da nicht die allmächtige Militärbehörde solche Propaganda!? Dieses Königlich Preussische Kriegsministerium, das vor einem halben Jahr die Juden zählen ließ, sollte sich gefälligst um solche Sachen kümmern, die dazu angetan sind, die Stimmung der Front gefährlich zu unterhöhlen!

Oder wünscht etwa gar das Militär, das nun auch in der Heimat völlig absolut herrscht und alle Zivilisten verdrängt hat, diese Propaganda und fördert sie? (Es gibt eben keinen Bismarck mehr mit Zivilcourage, der 1866 und 1870 gegen das Allein-Regime der Militärs sich anstemmte). Etwas stimmt in der Führung nicht. Stimmt schon lange nicht. Erst kam ein (sogenanntes) deutsches Friedensangebot, an das niemand, weder bei uns noch beim Feind, glaubte, nachher die Friedensresolution im Reichstag, von dem Verlegensheitskanzler Michaelis um die Wirkung gebracht ("Wie ich sie auffasse"), nein, wir führen eben keinen Verteidigungskrieg mehr. Bald träumen wir von einem Königreich Polen unter irgend einem deutschen Fürsten, wir beziehen Belgien siegesgewiss in unsere Interessensphäre ein, bald werden die russischen Randstaaten in dieses gefährliche neue Riesen-Wolken-Kuck Deutschland eingeschlossen. Die Heimkrieger in Uniform und Zivil beginnen, größenwahnsinnig zu werden! Ludendorff ist offenbar Deutschlands Diktator geworden.

Man kann im Flugpark mit den Kameraden nicht mehr lachen und trinken, die Flandernschlacht tobt, und man hat einen Bruder dabei. Auch dort, wo die anderen beiden stehen, wird es lebhaft.

Ein neuer Flugzeugtyp trifft ein, nach einer großen deutschen Elektrizitäts-Gesellschaft benannt. Die Firma macht doch alle möglichen elektrischen Apparate, aber keine Flugapparate, so fragt man sich. Es ist eben eine große Zeit geworden: Gramophonfabriken bauen Geschütze, Elektrizitäts-Gesellschaften Flugzeuge. Die Riesengewinne werden nicht fortgesteuert, sie fliessen in die Taschen von Aufsichtsräten, Direktoren, Aktionären, und von diesen wohl weiter in die Kasse der Vaterlandspartei, die durch unmögliche Kriegsziele den Krieg verlängern hilft. Den Krieg verlängern heißt: Für Aufsichtsräte, Direktoren, Aktionäre neue Kriegslieferungen, neuen Kriegsgewinn, der Kreislauf schließt sich. Nur merkt man nicht, daß der Blutkreislauf des Volkes infolge mangelnder Ernährung nicht im gleichen Maße zirkuliert.

Da erscheint also dieser neue Einsitzer, von allen Kommissionen abgenommen und für frontreif, für felddienstfähig befunden. Vielleicht war man auch dabei nicht mehr so kritisch, wie bei den ärztlichen Untersuchungen, die eben einen bestimmten Prozentsatz für "felddienstfähig" zu erklären hatten! Auch waren manche Abnahme-Offiziere weniger kritisch, da man ihnen, für die Zeit nach dem Kriege gute Anstellungen in der Industrie versprach . . . . .

Der beste Pilot startet. Nach hunder Metern Anstieg stürzt die Maschine jäh ab, platzt vor uns nieder, explodiert und brennt lichterloh. Ein Mensch verbrennt bei lebendigem Leibe! Keiner kann helfen, keiner kann in die Lohe hinein.

„Kommen Sie fort", sagt der Hauptmann zu uns, „solcher Anblick bleibt ewig haften. Den Typ lasse ich hier nicht mehr fliegen, und wenn sie sich zu Hause auf den Kopf stellen."

Böses Flandern

„In der Funkerstube liegt ein Telegramm für Sie", sagt der Leutnant von B., als ich aus dem Flugzeug steige.

„Vielen Dank", erwidere ich. Was hat denn der Mann, er sieht doch sonderbar ernst aus?

„Es ist eine traurige Nachricht", fährt er fort, „wenn Sie nichts dagegen haben, begleite ich Sie. Ich habe schon zweimal solche Nachrichten erhalten."

„Ach, — ich glaube, ich gehe besser allein."

„Kommt nicht in Frage, ich begleite Sie. In Ihrem Quartier haben Sie noch Zeit genug, allein zu sein."

Qualvolle Minuten ... Das Herz schlägt so schnell ... Welcher der drei Brüder wird es sein? Alle sind an der Front, aber Flandern liegt im Brennpunkt dieses unheilvollen Sommers 1917.

„Friedrich. Kopfschuss. Gefallen", telegrafiert Mutter. Wie lange ist es her, daß ich Deinen geliebten Kopf in Händen hielt. Bruder? Jetzt, jetzt nur allein sein. "Haben Sie Dank", sage ich zu meinem Kameraden, und gehe in mein Haus. Nein, ich kann nicht weinen, die Wohltat der Tränen ist mir versagt.

Die Mutter, die allein zu Hause diese grauenhafte Botschaft empfängt, macht sich auf, fährt nach dem schlesischen Badeort, um nun ihrer Mutter so schonend wie möglich die Trauerkunde vom Tode des Enkels beizubringen. (Welch eine Frau!)

Wieviel Teilnahme erfährt man in solcher Zeit! Der Hauptmann, ich kenne ihn noch nicht einmal ganz zwei Monate, kommt und spricht gute Worte. Die Kameraden, letzten Endes wildfremde Menschen, lösen sich ab und bieten sich an, die Mahlzeiten bei mir einzunehmen. Der General, der in der Pension mit Grossmutter wohnt und von anstrengender Arbeit ausruht, erscheint bei ihr, als Mutter abgefahren ist, damit sie nicht so allein sei. (Das hat es mal in Deutschland gegeben? So fragt man sich heute — im Frühjahr 1940), als ich dies schreibe.

Drei Wochen Heimaturlaub hat mir der Hauptmann erwirkt. Erst aber

Nach der Schlacht   Max Liebermann

nach Flandern zum Regiment des Bruders. Zum zweiten Mal nach Flandern innerhalb von zwei Wochen. Wieder in Kortryk. Mit der Kleinbahn nach Menin. Und dann zu Fuß in Richtung auf die Front. Die Sonne brennt unerbittlich. Autos und Pferdewagen halten an, fragen, ob sie den Leutnant mitnehmen dürfen. Ich lehne ab, ich will im Staub der Strasse laufen und nicht fahren.

Vier Tage vor seinem Soldatentod ist der Bruder Leutnant geworden, hat sich die einmalige Auszeichnung erkämpft, der erste Jude zu sein, der in diesem Regiment Offizier wird, in diesem Königlich Preussischen Infanterie-Regiment Nr. 51, stationiert in Breslau in dem mit diesem Maß gemessen wird, oder wurde.

In irgend einem Dorf treffe ich die Trümmer dieser Truppe an, die wenigen Offiziere, die das Flandern-Inferno erlebt und überlebt haben. "Sie können stolz auf Ihren Bruder sein! Beim Gegensturm, seinem Zug voraneilend, hat er den Kopfschuss empfangen. Ein echter deutscher Offizier", sagt mir der Bataillonskommandeur.

„Stolz, Herr Major? Nein, das bin ich nicht. Nur traurig, unsagbar traurig." Das sage ich aber nicht. Ich sage auch nicht: „Jetzt sprechen Sie vom echten deutschen Offizier, und wie lange hat man ihm die Achselstücke vorenthalten, nur weil er Jude war". Was hätte es für einen Sinn, mit diesem Mann darüber zu rechten?

Stiller, umwölkter Urlaub im Elternhaus. Auch der ältere Bruder ist gekommen, ich sehe ihn zum ersten Mal in seinem Leben bitterlich weinen – das ist hart. Und der kleine Bruder, der nicht zu Mutter fahren darf, muß allein sein mit seinem Schmerz ... –

Und wieder zurück zum Flugpark.

„Da ist eine böse Sache passiert", empfängt mich der Kommandeur,"Sie sind für untauglich zur Fliegerei befunden worden und müssen zu Ihrem Regiment zurück. Es tut mir aufrichtig leid, da ist aber nichts dagegen zu machen".

Ich bin wie versteinert. "Darf ich gehorsamst fragen, wer über meine Tauglichkeit zu befinden hat"?.

„Die Inspektion der Fliegertruppen in Berlin, natürlich auf Grund von Unterlagen, die sie von uns bekommt ... ich brauche Ihnen wohl nicht zu sagen, daß wir sehr gut über Sie berichtet haben. Da müssen andere Dinge mitsprechen. Merkwürdigerweise werden Sie wegen schlechter Augen, wahrscheinlich infolge Ihrer früheren Verwundung, abgewiesen. Dabei hat hier die ärztliche Untersuchung ergeben, daß Ihre Sehkraft vollkommen in Ordnung ist."

„Ich kenne den Grund der Ablehnung, Herr Hauptmann".

„So?"

„Ich bin Jude."

„Sie meinen?"

„Ich bin überzeugt. Darf ich Herrn Hauptmann ein Schreiben, das ich an den Inspekteur der Fliegertruppen richten werde, zur Weiterleitung übergeben?"

„Sie dürfen nicht nur, Sie müssen es sogar tun, mein Lieber."

„Sicherlich, Herr Hauptmann, obwohl ich gehorsamst bemerken möchte, daß auch ein im militärischen Sinn ungewöhnliches Schreiben mir nichts mehr schaden kann. Schließlich, was kann mir noch passieren? Falls Herr Hauptmann meinen Brief nicht für geeignet halten und ihn nicht weitergeben, dann bitte ich sagen zu dürfen, daß der Brief dennoch abgehen wird."

„Keine Drohung", sagt er in freundlichem Ton, "Sie sind jetzt sehr erregt, überlegen Sie sich die Geschichte und kommen Sie morgen zu mir."

Ich schreibe:

„An den Inspekteur der Fliegertruppen
Herrn Major Siegert
Berlin-Charlottenburg
Kuno-Fischer-Strasse,

Hochzuverehrender Herr Major!
Gehorsamst erlaube ich mir, Folgendes zu berichten: Nach achtwöchiger Probezeit bei dem Armee-Flugpark Nr.   bin ich, obwohl von den mir vorgesetzten Lehrern und dem zuständigen Arzt als für die Fliegertruppe geeignet befunden, von der Inspektion der Fliegertruppen jedoch abgelehnt worden, und zwar wegen angeblich schlechter Augen.

Meine Augen sind ausgezeichnet, worüber ich hier ein neues Zeugnis, ausgestellt von einem anderen Arzt, dem Stabsarzt des hiesigen Kriegslazaretts, beifüge. So, kann ich nur annehmen, daß meine Ablehnung einen anderen Grund hat, nämlich den, daß ich Jude bin.

Kann heute, da das dritte Kriegsjahr sich seinem Ende zuneigt und noch nicht abzusehen ist, wie lange dieser Feldzug dauern wird, die deutsche Armee es sich leisten, eine solche Personalpolitik zu treiben? Ich glaube es nicht und appelliere an das Gerechtigkeitsgefühl von Herrn Major, untergeordnete Stellen auf das Verhängnisvolle ihres Wirkens hinzuweisen.

Ich verbleibe, Herr Major, gehorsamst
Ernst Schaeffer,
Leutnant der Reserve."

„Ich gebe diesen Brief im vollen Bewußtsein meiner Verantwortung be-
fürwortend weiter.

Dransfeld

Hauptmann und Kommandeur des Armee-Flugparks Nr. 1"

Mein Infanterieregiment liegt bei Valenciennes in Ruhe. Der Empfang ist
diesmal nicht gerade frostig, aber zum mindesten leicht mit Ironie ge-
mengt. Der Regimentskommandeur ist auf Urlaub, und es sind sonst viel
neue Gesichter zu sehen, neue Pharaonen, die von den Taten des Joseph
nichts wissen. Sie wissen nur, daß ich das Regiment verlassen habe und
als "untauglich" für die Fliegerei zurückgeschickt worden bin. So bin ich
viel allein, sitze mit Büchern in meinem Quartier, versuche kleine, friedliche Geschichten zu schreiben. Es will nicht recht gelingen. Im Kreise
der Kameraden fühle ich mich unendlich einsam. ...
... Von Valenciennes nach Kortryk ist eine kurze Reise. Zum dritten
Mal fahre ich innerhalb von drei Monaten nach Flandern. Es ist Mitte
Juli, die Hitze brütet über der Landschaft, die der Mensch so schmählich
verstümmelt. Während das Bataillon in Ruhe bleibt, bekomme ich den
Auftrag, die Stellung in der vorderen Linie zu besichtigen, um später
die Kompagnie in ihren Abschnitt führen zu können.
Es geht zum Houthulster Wald, wo mein Bruder gefallen ist!
Wieder wird es Nacht. Da – raschelt es hinter uns. Handgranaten heraus!
Hat uns eine feindliche Patroille umgangen, um uns auszuheben? Nein, es
ist ein Meldegänger, einer von diesen namenlosen Helden, die sich von
Kommandostelle zu Kommandostelle bei schwerstem Feuer durcharbei-
ten und oft verwundet, hilflos allein, liegen bleiben, um zu sterben.
Er gleitet erschöpft in unser Loch und reicht mir die Meldung.
Ich rutsche auf den Boden des Trichters, der Unteroffizier breitet einen
Mantel über mich aus, und ich lese bei dem trüben Schein einer verglim-
menden Taschenlampe ... ich muß es noch einmal lesen, weil ich es nicht
glauben kann: "Leutnant Schaeffer zur Flieger-Ersatzabteilung Graudenz
versetzt." Da steht es Schwarz auf Weiß!
Mir ist eigentümlich zumute ... Vielleicht wie einem zum Tode Verurteilten, dem in letzter Minute plötzlich – wider alles Erwarten – die Begna-
digung mitgeteilt wird. Meinen Leuten sage ich kein Wort, entlasse den
Melder und warte auf Ablösung. Sie kommt eine halbe Stunde später in
Gestalt eines Vizefeldwebels, der sich freiwillig dazu erboten hat. Er
heißt Hirsch, ist Schuhfabrikant aus Sachsen. Auch dieser Jude will sich
seinen Leutnant ertrotzen ...

199

Ohne jedes Gepäck ziehe ich los und hüpfe durch die Feuerwand von Granatloch zu Granatloch. Immer, wenn ein neues Geschoss heranheult, werfe ich mich nieder, um nach seinem Einschlag sofort aufzuspringen. Meterweise geht es vorwärts, oder vielmehr jetzt rückwärts! Acht Stunden brauche ich, um aus dem schlimmsten Feuer herauszukommen! Als ich am Morgen bei der großen Bagage eintreffe, lädt mich der Zahlmeister zum Abendbrot "mit gutem Rotwein" ein.

"Lassen Sie mich nur ausruhen, ich bin fertig", erwidere ich, lege mich wie ich bin, in verdreckten Sachen, nieder und schlafe, schlafe, schlafe ..

Ich wache auf, es ist dunkel um mich, und ich brülle plötzlich:
"Wo sind die Leuchtkugeln?"
Ein Mann kommt herein: "Haben Herr Leutnant gerufen?"
"Ich – gerufen?" Vielleicht. Den ganzen Tag hatte ich verschlafen. Der Zahlmeister erscheint. Schlimme Nachrichten von vorn, der Feind ist bis zu unserer dritten Linie durchgestoßen, von unserem Bataillon ist nicht mehr viel übrig ...
Damit verlasse ich das böse Flandern, fahre quer durch Deutschland. In Breslau mache ich Halt. Hier hat gerade ein erstes Nichtlein das Licht dieser trüben Welt erblickt. In dem Zimmer der jungen Mutter blitzt und strahlt es von Sauberkeit und Glück. (Glück, soweit das ohne Vater möglich ist, der im Felde weilt.)"

Zwischen Jericho 1916 und Haifa 1976
Die Umwege eines jüdisch-deutschen Offiziers in die Heimat Erez Israel
Max Rehan berichtet

Auf dem Carmelberg in Haifa, wo viele Juden aus Deutschland wohnen, lebt auch der heute über 80 Jahre alte Max Rehan. Hier haben viele jüdische Familien, die aus Nazi-Deutschland flüchten mußten, ihre endgültige Heimat im eigenen Staat gefunden.
Rehan stammt aus Ostpreußen. Im Herbst 1913 kam er als "Einjähriger" – Freiwilliger zur deutschen Armee. Als Offizier wurde Rehan Ende 1916 in Palästina eingesetzt.
Sein Schicksal und seine Wege, die ihn von der Wiege in der Nähe der Ostsee bis zum Alterssitz am Mittelmeer führten, sind typisch für die Lebenswege vieler deutscher Juden, die der Verfolgung während der nationalsozialistischen Ära entkommen konnten.

Über seine Erlebnisse berichtete mir Rehan bei einem Besuch in Bonn:
Ich trat am 1. Oktober 1913 als einjährig Freiwilliger beim ersten masurischen Infantrie-Regiment 146 ein. Nach einem Jahr sollte ich entlassen werden. Ich war sportlich gut durchtrainiert und hatte keine Schwierigkeiten – auch nicht wegen meiner Konfession. So wurde ich bald zum Gefreiten befördert. Kurz vor Kriegsbeginn wurden wir einjährig Freiwilligen zu Unteroffizieren befördert und jeder bekam seine Korporalschaft, ca. 20 Mann. Wir zogen an die Grenze, nach Ostpreußen, wo dann die Schlacht bei Tannenberg stattfand. Ich bin in Neidenburg am 28. August geboren. Für mich war damals das Entscheidende, daß ich an meinem Geburtstag in Neidenburg als Sieger einzog.
Die Schlacht von Tannenberg war Ende August geschlagen. Dann ging es weiter zu den masurischen Seen. Dort waren die Kämpfe schwerer. Beim Sturm auf eine russische Batterie, zu dem ich mich mit meiner Gruppe freiwillig gemeldet hatte, wurde ich schwer verwundet. Ich bekam einen Maschinengewehrschuß in die rechte Schulter und blieb ohnmächtig liegen, während der Kampf tobte. Ich blieb zwischen den Mienen liegen, während die Russen unsere Einheit zurückwarfen, wurde aber gegen Morgen doch gefunden. In einem Feldlazarett kam ich wieder zu mir. Der Arzt sagte: „Für Sie ist der Krieg vorläufig zu Ende. Sie müssen sofort

ins Lazarett." Ich kam nach Allenstein, das inzwischen von den Russen befreit worden war. Im Lazarett erfuhr ich, daß ich zum Eisernen Kreuz eingereicht war. Ich habe dann noch sehr lange warten müssen, bis ich es bekam.

Ich war gerne Soldat und war auch als "Deutschnationaler" erzogen worden. Mein Religionslehrer war ein glühender deutscher Patriot. Das färbt natürlich bei einem jungen Menschen ab. Außerdem war ich so beeindruckt von einem Bild meines Vaters in Uniform der Artillerie, das in unserem Wohnzimmer hing, daß ich sagte: ..Ich werde auch Offizier". Ich habe erreicht, was ich wollte, aber es war mit vielen Schwierigkeiten verbunden."

Ob seine Religion dabei eine Rolle spielte, darauf ging Rehan zunächst nicht ein. Nach der Räumung von Allenstein vor dem erneuten Anmarsch der Russen kam Rehan nach Bayern, wo er in Fürstenfeldbruck in einem Barackenlazarett vom September 1914 bis Februar 1915 ausgeheilt wurde. Die Wunden wollten zunächst nicht heilen, weil mit dem Geschoß ein Stück Uniformstoff in den Kröper gedrungen war.

Nach 4 Wochen Heimaturlaub kam Rehan zu seinem Ersatztruppenteil bei Königsberg. Von dort wurde er zum Offizier-Kursus nach Döberitz einberufen.

"Nach 3 Monaten" − so berichtet Rehan weiter − " wurde ich zum Vizefeldwebel befördert und bekam einen langen Degen, worauf ich sehr stolz war."

Nach längerem Aufenthalt in Warschau kam Rehan nach Belgrad, wurde dort beim Serbien-Feldzug eingesetzt und landete schließlich in Monalstier an der griechischen Grenze. Von dort meldete er sich freiwillig an die Westfront, kam zu einem Stoßtrupp und wurde bei Fort Doumont eingesetzt, wo die Front inzwischen im Stellungskrieg erstarrt war.

Nach 4 Wochen Einsatz meldete sich Rehan zu seinem Regiment zurück und kam mit diesem Ende des Jahres 1916 nach Palästina.

„Das war eine furchtbare Zeit", berichtet Rehan "Nicht, was die Kämpfe anbetraf, sondern das Klima. Die Hälfte der Kompanien waren krank. Ich selbst war auch malariakrank geworden. Wir lagen am Toten Meer in der Nähe von Jericho. Uns gegenüber standen Australier und Engländer."

Im Laufe unseres Gesprächs stellte ich Max Rehan einige Fragen, aus deren Beantwortung ich Aufschluß über seinen Weg vom Deutschnationalen zum Zionisten erhoffte:

Frage: Herr Rehan, Sie sind heute isrealischer Staatsbürger. Was bedeutete es damals für Sie als Jude nach Palästina, in das Land Ihres Volkes zu kommen? Waren Sie Zionist?
Antwort: Nein. Ich muß bekennen, daß ich kein Zionist war. Ich war streng deutsch-national, ein glühender Patriot und ich freute mich immer, wenn wir im Krieg Erfolg hatten und fühlte mich auch sonst als Deutscher.
Frage: Hat Ihnen dieses Land damals etwas für Sie persönlich gesagt? Haben Sie Menschen getroffen, jüdische Menschen in Jerusalem oder im Lande Palästina?
Antwort: Nein. Ich habe keinen getroffen. Ich muß sagen, daß ich sehr enttäuscht war. Wir konnten uns vor Mücken und Ungeziefer kaum retten. Ich bin nie in ein Haus gegangen. Ich schlief immer draußen, denn drinnen war es vor Wanzen nicht auszuhalten. Wenn Sie unsere Soldaten gehört hätten, diese Schimpferei: „Wer hat uns nur in dieses verfluchte Land gebracht". Es war furchtbar dort.
Frage: Nun, die merkwürdige Situation, Sie sind dann in dieses Land gekommen. Sie haben das Dritte Reich noch zum Teil bei uns miterlebt. Wie war denn das als ehemaliger Frontkämpfer, der mit dem EK I ausgezeichnet war, der am Schluß des Krieges Oberleutnant gewesen ist?
Antwort: Es war natürlich für mich furchtbar, als die Zeit kam. Wir wurden in der ersten Zeit nicht behelligt. Ich heiratete gleich nach dem Krieg und kam nach Marienwerder. Dort war das Interessante: Ich traf sehr viele bei der Polizei, die bei mir im Regiment gedient hatten. Sie kannten mich. Ich hatte dort eine Tabak-Fabrik. Ich selbst bin gelernter Bankbeamter. Durch meine Heirat mußte ich umlernen. Ich lernte die Tabakbranche. Es war für mich ein furchtbarer Schlag, den ich bekam, als ich plötzlich hörte, wie die Nationalsozialisten mit den Juden vorgingen. Ich wurde bis zum Jahre 1938 nicht behelligt. Allerdings war ich enttäuscht von manchen Leuten, von denen ich dachte, daß sie meine Freunde waren. Plötzlich kannten sie mich nicht mehr. Ich hatte sehr viel mit den Tabakbauern zu tun, die ihren Tabak mir ablieferten. Ich hatte sehr viele Freunde unter ihnen. Plötzlich zeigten sie ihre Gesinnung. Sie waren Nationalsozialisten geworden. Aber trotz allem: Ich hatte einige gute Freunde, die mir sagten: „Hary, halten Sie aus. Hitler wird nicht mehr lange existieren". Man hatte sich schließlich etwas erworben. Ich wollte nicht alles liegen und stehen lassen, ich hatte viel Grundbesitz und ich hielt wirklich aus. Meine Frau drängte mich allerdings immer, daß wir auswandern sollten.
Frage: Wie kamen Sie nun ausgerechnet auf Palästina, was Sie ja nun kannten?

Antwort: Mein ältester Sohn schloß sich in Marienwerder einer jüdischen Jugendvereinigung an. Es war ein Rechtsanwalt Dr. Schlossberg aus Königsberg dorthin gekommen, kurz bevor Hitler die Macht ergriff. Seine Frau hat die Jugend dort zu sich bestellt und hat sie zionistisch erzogen. Mein ältester Sohn war damals in der Tertia im Gymnasium, er war ein erstklassiger Schüler. Eines Tages liessen seine Leistungen immer mehr nach. Er kam zu mir und sagte: „Papa, ich wandere aus nach Palästina". Für mich war das schlimm, als ich das hörte. Ich sagte zu ihm: „Junge, willst Du nicht erst Dein Abitur machen und dann werden wir darüber reden." „Nein", sagte er. „Wenn Du willst, bleibe ich natürlich hier, aber Du wirst sehen, ich werde nicht mehr die Leistungen nach Hause bringen, an die Du gewöhnt bist." Ich sah, daß der Junge tatsächlich darunter litt, daß er nicht mitkam. Er war bereits glühender Zionist geworden. Schließlich sagte meine Frau: „Lass doch den Jungen gehen".

Bevor mein Junge wegging, ging ich zum Direktor vom Gymnasium, Oberstudiendirektor Dr. Schumacher, und sagte ihm: „Mein Sohn will, auswandern". Da sagte er: „Um Gottes willen, Herr Rehan, lassen Sie ihn doch wenigstens die Schule beenden, auch wenn seine Leistungen nachgelassen haben." (Damit habe ich mich dann zufrieden gegeben und sagte es meiner Frau — meine Frau drängte immer darauf und sagte: „Nein, der Junge darf nicht hier bleiben.") Eines schönen Tages kam Dr. Schumacher und sagte: „Herr Rehan, es tut mir leid, Ihnen sagen zu müssen, nehmen Sie den Jungen von der Schule. Es hat keinen Zweck, denn es kann hier böse ausgehen."

Das war für mich das Entscheidende und ich entschloß mich, den Jungen fahren zu lassen.

Er hatte schon alles ohne mein Wissen vorbereitet gehabt, daß er mit der Jugend-Alliah, der jüdischen Jugendbewegung, nach Palästina gehen konnte. Er sollte in einen Kibbuz kommen, wo die Jugend erzogen wurde. Das war 1935. Er ist tatsächlich dorthin gegangen. Ich litt sehr darunter.

Ich hatte einen Vorarbeiter in der Fabrik, der sagte, als mein Junge wegging: „Herr Rehan, für mich ist es, als ob ein Stück von meinem Leben wegging." So waren meine Leute auch in der Fabrik mit mir verbunden.

Mein Junge kam also nach Palästina und schrieb sehr zufriedene Briefe, so daß meine Frau sagte: „Hör mal zu, die Sache wird hier immer schlimmer. Lass uns auch gehen." Ich kämpfte immer noch mit mir. Meine Freunde, unter anderem auch ein Zollrat, mit dem ich dienstlich viel zu tun hatte, sagte mir: „Herr Rehan, halten Sie durch, halten Sie durch."

Frage: Und wann sind Sie gegangen?

Antwort: Ja, ich war immer noch nicht so weit. Ich wurde nicht behelligt. Aber dann kam ein neuer Gauleiter, der mich nicht kannte. Dieser hörte, daß ich meinem Geschäft nachgehen konnte und auch Freunde hatte. Er liess mich einfach verhaften und zwar hatte er einen guten Anlass dafür: Bei mir war im Büro ein Sekretär, der schon lange Jahre Nationalsozialist war. Ich wusste das nicht. ·

Am 30. Januar 1933, als Hitler Reichskanzler wurde, kam er mit dem Hakenkreuz-Abzeichen und sagte: „Herr Rehan, ich muss meine Stellung bei Ihnen aufgeben." Ich fragte ihn, warum er nicht gesagt habe, dass er in der Partei sei. Er antwortete nichts, sondern blieb still. Dann wurde er Kreispropaganda-Leiter.

Meine Frau kam eines Tages nach Hause und weinte bitterlich. Sie hatte auf dem Wochenmarkt eingekauft und sagte: „Denk mal, was mir passiert ist. Ich wollte bei einer Frau Fische kaufen. Die schrie mich an: Was wollt ihr denn noch hier, geht nach Palästina." Ich sah also ein, dass es sehr schwierig geworden war (sein würde, meine Frau noch zu halten). Ich mietete eine Wohnung in Berlin und schickte meine Frau und meine beiden anderen Kinder nach Berlin. Ich selbst blieb noch, sah jedoch ein, daß es so nicht weitergehen würde und trug mich mit dem Gedanken, meinen Betrieb zu verkaufen. Dies gelang mir auch. Meine Firma war ziemlich bekannt in ganz Deutschland. Als ich eines Tages von meiner Fabrik hinunter auf die Strasse ging, traf ich eine alte jüdische Dame, eine von den wenigen Juden, die 1938 noch am Leben waren. In diesem Augenblick kam ein Auto angefahren. Ein hoher SS-Offizier stieg aus, ein Sturmbannführer oder so etwas Ähnliches. Er gab der Frau einen Stoß, so daß die Frau hinfiel. Es war gerade vor dem Braunen Haus, wo die Partei ihren Sitz hatte. Ich half ihr aufzustehen, ging aber sofort zu ihm und sagte: „Hören Sie mal, ist das anständig von Ihnen, daß Sie sich an alten Damen vergreifen?" „Was", schrie er, „Sie wagen es." Ich sagte: „Ja. Ich will nur sagen, daß das unanständig ist, was Sie getan haben." Er überlegte kurz, sah mich gross an, sah aber in meinen Augen, daß, wenn er mich tätlich angreifen würde, er alles doppelt zurückbekommen würde. Ich war damals noch ein anderer Mensch als heute. Er lief dann schnell ins Braune Haus hinein und ich überlegte, ob ich ihm nachgehen sollte. Ich war so erregt. Plötzlich sah ich am Fenster meinen früheren Sekretär. Wahrscheinlich hat er ihm gesagt „Hör mal zu, lass den, der war Offizier bei der deutschen Armee." Ich wurde nicht behelligt. Aber acht Tage später wurde ich verhaftet und kam nach Sachsenhausen. Was ich dort gesehen habe, hielt ich niemals für möglich. Ich dachte immer nur, ich träume, was ich dort sah. Ich wußte von diesem Augenblick, als ich nach Sachsenhausen kam, hier ist Dein Leben zu Ende. Ich sagte mir: Du hast den Tod so oft vor Augen gesehen, das macht dir nichts mehr aus. Ich dachte nur noch an meine Frau und meine Kinder. Ich war fünf Wochen dort, ich musste viel arbeiten. Es wurden Schießstände gebaut. Eines schönen Tages, als wir auch bei der Arbeit waren, kam ein Aufseher zu mir, ein Scharführer, der mich ständig beobachtet hatte und sagte: „Hören Sie mal zu, heute kommt hier hoher Besuch. Wenn Sie gefragt werden, was Sie von Beruf sind, dann sagen Sie, Sie sind Arbeiter, dann wird Ihnen nichts passieren". Ich fand es eigenartig, dass er gerade zu mir kam. Später kamen dann die großen SS-Leute. Da sagte einer zu mir „Aha – (wir wurden nur mit Du angesprochen) –, Was bist Du von Beruf?" Ich hatte einen Spaten in der Hand, ich hatte mir fest vorgenommen, wenn der dich angreift, dann zerschlage ich ihm den Schädel. Ich sah mein Leben so oder so zerstört und antwortete ihm: „Ich bin landwirtschaftlicher Arbeiter". „So", sagte er, „so etwas gibt es auch bei den Juden?" (Ich trug den gelben Stern). Er ging weiter. Anschliessend sah ich, wie verschiedene Häftlinge niedergeschlagen wurden. Kurz darauf wurde ich ausgerufen – ich war mitten bei der Arbeit – „Der Schutzhäftling Rehan soll sich sofort melden". Ich ging los und meldete mich dort. Da stand ein Auto. Mir wurde gesagt, dass ich zur Aufsicht gebracht werde. Ich setzte mich ins Auto und fuhr hin. Als ich ankam, saß da ein SS-Mann und fragte mich nach dem Namen. Dann sagte er zu mir: „Sie sind preußischer Offizier, ja?" Ich sagte, das war ich einmal. „Wissen Sie, warum ich Sie rufen ließ", fragte er mich. Ich antwortete „Nein". „Sie sollen erschossen werden", sagte er. „Was haben Sie dazu zu sagen?" Ich antwortete ihm: „Ich habe dazu gar nichts zu sagen". Er wartete nur darauf, dass ich beginnen würde zu bitten usw.. Darauf sagte er: „Sie sind frei." Es war für mich dann doch ein eigenartiges Gefühl, denn ich habe nicht geglaubt, daß ich da noch einmal lebendig herauskommen würde.

„Aber jetzt", sagte er, „werde ich Sie nicht entlassen können, denn die Leute sind gerade zum Mittag hier. Ohne Führung können Sie nicht gehen. Wenn Sie ohne Führung gesehen werden, wird man Sie sofort erschiessen. Also gehen Sie in die Baracke Nummer soundso. Da bekommen Sie Ihre Sachen, dann wird Sie ein SS-Mann ans Tor herausführen." Ich meldete mich dort und musste etwas warten. Dann kam ein SS-Mann und sagte; „Ich kenne Sie doch". Ich fragte ihn, woher er mich denn kenne. Er antwortete wieder: „Ich kenne Sie. Sie sind aus Marienwerder. Es ist ja schön, daß Sie frei sind". Ich stand also da, in Sachsenhausen, war frei und überlegte, wie ich nun nach Berlin zu meiner Frau komme. Meine Frau rechnete auch nicht mehr damit, daß ich zu ihr kommen würde. Später erfuhr ich dann, daß verschiedene Eingaben gemacht worden waren, damit ich entlassen werde. Ich war in Sachsenhausen fünf Wochen.

Frage : Und dann sind Sie möglichst rasch aus Deutschland ausgewandert?

Antwort: Nein, ich bekam die Auflage, ich sollte mich in Marienwerder bei der Polizei melden. Dort war ich verhaftet worden. Ich fuhr also zu meiner Frau – die einen Schreck bekam, als sie mich sah – denn diese Zeit hat mich sehr mitgenommen, immer vor Augen zu haben, was dort alles geschah.

Frage: Dann haben Sie alles eingeleitet. Wielange hat das dann noch gedauert, bis Sie auswandern konnten?

Antwort: Meine Frau hat darauf gedrängt, daß ich so schnell als möglich wegfahre. Ich habe sofort meinen Pass beantragt, denn mein Pass war ja eingezogen worden. Mir wurde sehr vom Palästina-Amt geholfen. Ich kam frei im August 1938, Mitte September sind wir dann weggefahren.

Frage: Sie haben in Palästina ein Heim gefunden durch Ihren Sohn. Sie haben dann in der Haganah, der illegalen jüdischen Armee, gearbeitet?

Antwort: Es war damals für deutsche Juden nicht leicht, in Palästina irgendeine Stelle zu bekommen. Damals hat man sich nicht um die Einwanderer gekümmert, wie dies heute der Fall ist. Wir hatten gar nichts. Von der zionistischen Vereinigung in Deutschland hatte ich einen Brief mitbekommen, in dem ich der Haganah, der illegalen jüdischen Armee, als früherer preußischer Offizier empfohlen wurde. Den Brief habe ich jedoch nie abgegeben. Ich kam zunächst in einen Arbeitskibbuz. Als mein Sohn seinen Kommandanten um Urlaub bat, um Eltern und Geschwister in den ersten Tagen des Neueinlebens helfen zu können, interessierte sich dieser für den ehemaligen Fabrikanten, der 6 Jahre bei der deutschen Armee gewesen und sogar Offizier geworden war und viele Auszeichnungen erhalten hatte. „Den will ich mal sehen", sagte er, ein gebürtiger Russe und jetzt Bezirkskommandant von Gedera. Bei unserem Besuch am folgenden Tag sagte der Kommandant zu mir: „Ich will nur ein paar Fragen an Sie stellen: Sind Sie bereit, einer Organisation beizutreten, die illegal ist, die sich zum Ziel gesetzt hat, unser Hab und Gut zu schützen? Bevor Sie antworten, will ich Ihnen gleich sagen, Sie haben nicht das Recht nein zu sagen". „Also", sagte ich, „die Antwort haben Sie sich ja schon selbst gegeben". „Also gut", sagte er, „Morgen kommt ein Auto und wird Sie in ein Kinderdorf bringen. Dort gibt es sehr viele Angriffe, von Arabern. Wir haben eine Abteilung von Sicherungsmannschaften. Ich bin mit dem Ergebnis jedoch nicht zufrieden. Jeden Abend haben wir Angriffe auf die Kinder. Ich möchte, daß Sie dorthin gehen. Ihr Sohn soll

Sie als Dolmetscher begleiten (mein Sohn sprach hebräisch bereits perfekt, da er schon 3 Jahre im Land war). Anfang Oktober, nach einem Monat will ich einen Bericht von Ihnen haben. Sie können ihn in deutsch schreiben. (Er selbst sprach sehr gut deutsch.) Ich möchte von Ihnen wissen, wie Sie dort die ganzen Maßnahmen, die wir getroffen haben, als früherer Offizier sehen, was Sie für falsch halten und was Sie für gut finden. Dann werden wir weitersehen."

Ich kam hin und erlebte am gleichen Abend einen Angriff von Arabern, die aus einem großen arabischen Dorf kamen und auf das Kinderdorf schoßen. Die noch kleinen Kinder wurden mit Gewehren ausgerüstet und in die ausgehobenen Schützengräben geschickt. Sie hatten Angst. Ich sagte, die Kinder müßten ins Bett und die Sicherungsleute dürften nicht im Schützengraben sitzen sondern müßten hinaus. Der Kommandant der Abteilung war natürlich gleich sehr verärgert, daß ich mich einmischte. Ich versicherte ihm, daß ich mich gar nicht einmischen, sondern nur sagen wolle, wie ich die Sache organisieren würde. So wurde es dann auch gemacht. Am nächsten Abend kam es wieder zu einem arabischen Vorstoß. Mein Plan, die Araber vor dem Kinderdorf abzufangen, scheiterte an der Nervosität eines Jungen, der vorzeitig zu schießen anfing, dann jedoch gaben die Araber Ruhe und kamen nicht mehr. Wir erfuhren später, daß sie beim englischen Offizier in Zirchon Jaacor, in der Nähe unseres Kinderdorfes Schwaea eine Beschwerde eingereicht hatten, weil ein ehemaliger deutscher Offizier die jüdische Gruppe leite!

Rehan hat nach der Errichtung des Staates an den Kämpfen ab 1948/49 teilgenommen und die Geschichte der Haganah geschrieben.

Das Kriegstagebuch des Herbert Sulzbach
Ein Frankfurter Jude — Brückenbauer zwischen
Großbritannien und Deutschland

Ein außergewöhnliches Schicksal hatte ein Kriegstagebuch eines jüdischen Offiziers der deutschen Armee aus dem 1. Weltkrieg. Das Erstaunlichste an ihm: es ist erst 1934 in Deutschland erschienen, wurde durchweg positiv von Presse und Rundfunk des frühen "III. Reiches" kommentiert und Ende 1934 sogar durch Kronprinz Wilhelm von Preußen durch besonderes Lob ausgezeichnet!

Andererseits fand es unabhängig vom Schicksal des Autors bei dem englischen Militärverlag, der es 1973 in englischer Übersetzung herausbrachte, deshalb besonderes Interesse, weil es nach dessen Feststellungen das einzige Kriegstagebuch eines Deutschen ist, der vom 1. bis zum letzten Tag an der Westfront war. Es fand in England eine hervorragende Kritik.

Zu beiden Ländern, Deutschland und Großbritannien, steht der Autor in einem ganz besonderen Verhältnis: Als Abkömmling einer berühmten Frankfurter Bankiers-Dynastie am 8. Febr. 1894 geboren, nahm Herbert Sulzbach als Freiwilliger vom ersten bis zum letzten Tag am I. Weltkrieg teil. Am 3. November 1916, nach der Schlacht an der Somme, wurde er zum sogenannten Tapferkeitsoffizier befördert. Noch am 22. Februar 1935 wurde Sulzbach "Im Namen des Führers und Reichskanzlers" das Ehrenkreuz für Frontkämpfer verliehen. 1937 verließ er Deutschland – nachdem er 1936 noch einen Gestellungsbefehl für eine Reserveübung erhalten hatte! – und ging nach London. Nachdem er dort bei Beginn des II. Weltkrieges zunächst noch im berühmt-berüchtigten Lager "Isle of Man" mit anderen zehntausend deutscher, österreichischer und tschechischen Emigranten interniert worden war, nahm Sulzbach von 1940 bis Kriegsende auf britischer Seite am Krieg teil und blieb bis Weihnachten 1948 im Militärdienst der Krone. Zu seinen Hauptaufgaben gehörte von Weihnachten 1944 bis zur Auflösung des letzten Kriegsgefangenen-Lagers in Großbritannien im Sommer 1948 die Beschäftigung mit deutschen kriegsgefangenen Offizieren, mit denen ihn bis in die Gegenwart vielfach freundschaftlich und herzliche Beziehungen verbinden.

Sulzbach war dann noch einige Zeit in Deutschland stationiert, bis er, gerade dank seiner intensiven Beschäftigung mit deutschen Kriegsgefangenen 1950 an die deutsche Botschaft in London berufen wurde, wo er seitdem als "Culturell officer" ein Referat leitet, das die Aufgabe hat, interessierte Engländer über Deutschland zu informieren.

Das geistige Erbe der Sulzbachs wird an den Worten des Großvaters Sulzbachs, Hauptgründer der Deutschen Bank und Präsident ihres Aufsichtsrats mit Walther Rathenau als Generaldirektor sowie Gründer anderer Banken und Unternehmen deutlich, als ihm in den neunziger Jahren der Kaiser den erblichen Adel anbot: „Was ich für Deutschland tue, dafür brauche ich keinen Adel".

Der Vater Emil Sulzbach war einer der letzten großen Kunst-Mäzene und selbst ein sehr musischer Mensch; unter anderem hat er einige sehr bekannte Lieder komponiert. Bei Kriegsbeginn zeichnete er bis zu sieben Millionen Goldmark Kriegsanleihen, die bis auf einige wenige Prozent verlorengingen.

Er starb noch vor Hitlers "Machtergreifung" im Mai 1932 in Bad Homburg im Sanatorium mit einem Radiohörer auf dem Kopf bei den Klängen seines Liedes "Singend über die Heide", das von der damals berühmten Sängerin Bettendorf interpretiert wurde.

„Ich war gerade Abiturient" — so berichtet mir Herbert Sulzbach über den Kriegsbeginn 1914 — „und hatte angefangen in einer Filiale der Mitteldeutschen Kreditbanken in Frankfurt-Bockenheim zu volontieren. Ich war ein sehr unbegabter Bankeleve, denn mich interessierte dies alles nicht. Selbstverständlich meldete ich mich sofort freiwillig zur Armee und war enorm stolz, daß ich unter den Tausenden, die sich meldeten, am 8. August angenommen wurde, und zwar in der Kaserne Frankfurt-Bockenheim, Feldregiment Nummer 63."

So schließt sich der Lebenskreis eines Mannes, der von sich selbst sagt: „Ich bilde mir ein, der einzige Emigrant zu sein, der recht behalten hat in seinem Optimismus über die Bundesrepublik Deutschland", der trotz allem was geschehen ist seine Wurzeln in Deutschland hat, dem er sich stets verbunden fühlt und es nie verleugnete, weil er Deutschland immer gedient hat: als Soldat im Ersten Weltkrieg und — genaugenommen — auch als britischer Soldat im Zweiten Weltkrieg, gedient freilich im Geiste einer Humanität, mit dem der Verfolgte die Verfolger zutiefst beschämt. Diese selbstgewählte Aufgabe hat er nach dem Ende der blutigen Auseinandersetzungen bis in die Gegenwart konsequent weiterverfolgt.

Sulzbach, schon vor Jahren mit dem großen Bundesverdienstkreuz der Bundesrepublik Deutschland ausgezeichnet, äußerte sich in einem langen Gespräch mit mir zu einigen Stationen seines langen Lebensweges.

Frage: Herr Sulzbach, können Sie erzählen, wie Ihre soldatische Laufbahn begann?

Antwort: Meine Ausbildung begann am 8. August. In meiner Batterie waren allein ungefähr 15 — 19 jüdische Kriegsfreiwillige von Frankfurter und Darmstädter Familien. Am 2. September rückten wir nach einem allgemeinen Gottesdienst aus.

Die jüdischen Kriegsfreiwilligen, die mit mir dienten und kämpften, waren alle genauso begeistert wie ich. Wie viele zurückkamen, ist mir nicht bekannt. Einer meiner besten Freunde, ein Rechtsanwalt, fiel an der Somme. Ich glaube nicht, daß es viele überlebt haben, die solange wie ich, also vier Jahre und zwei Monate an der Westfront standen.

Frage: Ihre Kriegstagebücher sind später sehr berühmt geworden. Wann sind sie verlegt worden und unter welchen Umständen?

Antwort: Insgesamt 13 Kriegstagebücher habe ich im Felde geschrieben.

Jedesmal wenn eines voll war, habe ich es zu meinen Eltern nach Frankfurt geschickt, die es für mich aufbewahrten. Nummer 13 enthielt das Ende des Krieges, im November 1918. Die Seiten fingen bereits an zu vergilben, als ich mich Ende der 20er Jahre entschloß den größten Teil des Inhalts der 13 Tagebücher zu einem Manuskript zu diktieren. Ich bot es dem bekannten Militärverlag Bernhard und Graefe an, der recht begeistert war. Die erste Ausgabe erschien 1934, die Prospekte folgten gar erst 1935. Merkwürdigerweise waren die Kritiken und Rundfunksendungen alle 100 % positiv, weil die Nationalsozialisten nicht auf die Idee kamen, daß ich nicht "arisch" sein könnte.

Frage: Trotz der Machtübernahme der Nazis haben Sie 1936 einen Gestellungsbefehl für eine Reserveübung erhalten. Wie haben Sie darauf reagiert?

Antwort: Ich bin zum Bezirkskommando gegangen und habe dort gesagt ich sei wohl nicht „würdig" eine Übung zu machen. „Denn ich bin nicht ganz arisch in Ihrem Sinne, meine Eltern waren nämlich Juden"!

Frage: Sie flohen dann nach England, wurden einige Zeit im Lager für Emigranten auf Isle of Man festgehalten, wurden im Anschluß an diese Zeit Mitglied der englischen Armee, wo Sie später mit einer Tätigkeit betraut wurden, die in einer besonderen Beziehung zu Ihren ehemaligen deutschen Kriegskameraden stand. Können Sie darüber näheres sagen?

Antwort: Das Merkwürdige für mich ist, daß ich durch meine Arbeit in britischer Uniform – ich war damals Captain – eigentlich in die deutsche Botschaft gekommen bin. In den letzten zwei Jahren, von 1946 bis 1948, war ich im letzten großen Offizierslager deutscher Kriegsgefangener in England, im Featherstone-Park eingesetzt. Es kamen viele Reporter, selbst Peter Dürrenmatt aus der Schweiz. Der „Manchester Guardian" brachte im Mai 1947 einen Leitartikel über Featherstone-Park, in dem ich und meine Arbeit besonders positiv erwähnt wurden. Diese Artikel wurden in einer der ersten deutschen Zeitungen abgedruckt. Dort las ihn mein Freund Baron von Sebach und schickte ihn dem ersten deutschen Vertreter in England, dem Generalkonsul und späteren Botschafter von Schlange-Schöningen. Dieser ließ mich am 20. Juli 1950 zu sich kommen und fragte mich, ob ich nicht mitarbeiten wolle, was ich natürlich bejahte. So wurde ich durch meine Arbeit in Khaki Mitglied der Deutschen Botschaft.

Mit vielen der rund 4.000 deutschen Offiziere, die es damals im Lager gab, bestehen heute noch über die Vereinigung der ehemaligen Kriegsgefangenen von Featherstone-Park enge Verbindung. Ich bin Ehrenmit-

glied im Vorstand dieser Vereinigung. Aus jener Zeit datiert aber auch
eine ganz besondere Freundschaft: Mein deutscher Lagerführer war der
bekannte Generalleutnant Ferdinand Heim. Er hatte bei Stalingrad entgegen den Befehlen Hitlers zahlreiche seiner Soldaten gerettet und war
dafür degradiert worden und ins Gefängnis gekommen. Nach der alliierten Invasion in der Normandie am 6. Juli 1944 holte ihn die Führung
wieder und machte ihn zum Kommandanten von Boulogne. Dort kam er
in britische Gefangenschaft. Einige Wochen nachdem Generalleutnant
Heim bei mir als deutscher Lagerführer war, sagte er: ,,Ach, Captain
Sulzbach, wir haben mal zusammen gefochten und ich glaube, wir verstehen uns sehr gut. Wollen wir nicht das General und Captain weg-
lassen? Sie nennen mich Heim und ich darf Sie Sulzbach nennen?" Das
kennzeichnete die Stimmung von Featherstone-Park, wo zahlreiche
Aktivitäten entwickelt wurden und neben drei Bühnen und drei
Orchestern auch eine "Universität" entstand, auf der junge Leutnants ihr
Abitur nachmachen konnten.
Jahre danach, 1960, schenkten mir die ehemaligen Gefangenen quasi
diesen Featherstone-Park-Arbeitskreis. Wir hatten uns zum ersten Mal
1958 in Düsseldorf mit 25 – 30 Ehemaligen getroffen und beschlossen
die Gründung einer Gesellschaft. Sie machten mich zum Ehrenpräsiden-
ten und meine einzige Aufgabe ist es, jedes Jahr für die Oktober-Tagung
in Düsseldorf einen interessanten Redner zu engagieren.
Frage: Heute sind Sie an der Deutschen Botschaft in London beschäftigt.
Welche Aufgabe haben Sie dort?
Antwort: Die Engländer nennen es "Culturell Officer". Ich bin Mitglied
der Botschaft, einen Rang habe ich nicht. In meinem kleinen Referat
innerhalb der Kulturabteilung werden alle Anfragen von Engländern mit
entsprechendem Material über das neue Deutschland beantwortet.
Ich empfange Studenten, Schüler, deutsche und englische Gruppen, denen ich von Deutschland berichte, vom Vorkriegsdeutschland, von der
Naziherrschaft und von dem heutigen Deutschland. Seit 1950 schreibe
ich laufend in Zeitungen des In- und Auslandes, was ich Positives in
Deutschland erlebt habe. Dafür wurde ich auch sehr oft angepöbelt, tele-
fonisch, schriftlich und in den Zeitungen. Aber ich habe recht behalten.

Anläßlich der Herausgabe des Kriegstagesbuches in englischer Sprache unter
dem Titel "With the German Guns" in London, gab die deutsche Botschaft
einen großen Empfang, an dem auch der heutige Bundespräsident und damalige Bundesaußenminister Walter Scheel teilnahm. Die 1. Auflage war übrigens
in wenigen Wochen verkauft.

Auszüge aus dem Kriegstagebuch von Herbert Sulzbach:
Zwei lebende Mauern – 50 Monate Westfront
"Meinen gefallen Kameraden" gewidmet

1914

Frankfurt am Main, den 28. Juni 1914: Erzherzog Franz Ferdinand von Österreich mit seiner Frau, der Herzogin von Hohenberg, in Sarajewo von zwei Serben ermordet. Folgen unübersehbar. Man hat das Gefühl, daß ein Stein ins Rollen gekommen ist und fürchterliche Folgen für Europa entstehen können.

Ich plane, am 1. Oktober meiner Dienstpflicht zu genügen und nicht als kaufmännischer Volontär nach Hamburg zu gehen, denn ich bin jetzt 20 Jahre alt und in diesem Alter dient sich's doch am schönsten.

25. Juli 1914: Ungeheure Menschenmassen warten vor den Redaktionen der Zeitungen. Abends kommt die Nachricht, daß Serbien ablehnt. Aufregung und Begeisterung; alle Augen richten sich auf Rußland – wird es Serbien unterstützen?

Die Tage vom 25. Juli bis zum 31. Juli vergehen unglaublich aufregend; die ganze Welt ist in Spannung, ob Deutschland nun mobil machen wird. Ich habe kaum noch die Ruhe, auf die Bank zu gehen und meine Volontärtätigkeit auszufüllen, schwänze wie in der Schule und stehe den ganzen Tag vor den Zeitungsredaktionen. Ich habe das Gefühl, als sei der Krieg unvermeidlich.

Freitag, den 31. Juli 1914: Der Kriegszustand wird erklärt, gleichzeitig die Gesamtmobilisierung in Österreich-Ungarn.

Samstag, den 1. August 1914: 6 1/2 Uhr abends. Der Kaiser befiehlt die Mobilmachung des Landheeres und der Marine; unheimlich, unfaßbar klingt dies Wort: "mobil!" Der 2. August gilt als erster Mobilmachungstag.

Es ist mir beim besten Willen nicht möglich, die Stimmung und Begeisterung wiederzugeben, die uns alle überkam. Wir fühlten uns angegriffen, und das Gefühl, daß wir verteidigen müssen, gibt uns eine unerhörte Kraft.

Die infamen Intrigen Rußlands, an das der Kaiser noch am 31. Juli ein Ultimatum richtete, reißen uns in diesen Krieg. Noch immer kann man es sich nicht vorstellen. Ist das Ganze Wahrheit oder Traum?

Mein Schwager ist am 3. August nach Wilhelmshaven gefahren. Er ist Marine-Stabsarzt der Reserve. Ich melde mich zur Stammrolle und werde selbstverständlich Kriegsfreiwilliger; ich hoffe, bei unseren 63ern anzukommen. Ich gehe in die Kaserne und versuche mein Glück. Dort herrscht ein Leben und Treiben –, eine Begeisterung; gleichzeitig sieht man viele Abschiedstränen, denn das aktive Regiment rückt aus.

Die Mobilmachung klappt wie am Schnürchen; es herrscht ein ungeheurer Haß gegen die Rußen und die Franzosen. Englands Haltung ist zweideutig.

Ungeheure Aufgaben stehen der deutschen Armee bevor: der Zwei-Fronten-Krieg. Man kann nur hoffen, daß die Vorsehung uns beistehen möge.

7. August: Mein Bruder ist in Hamburg gelandet, also noch glücklich aus England herausgekommen. Mein letzter Tag als Zivilist. Abends kommt die Nachricht, daß Lüttich im Sturm genommen wurde.

9. August: Ich bin endgültig Soldat. Rührende Beweise der Freundschaft von allen Seiten – die Mädels sind alle so besorgt, werden alle mütterlich. Ich habe übrigens ein unglaubliches Glück, bei den 63ern angekommen zu sein, weil sich nicht weniger als 1.500 Kriegsfreiwillige in den ersten Tagen dort gemeldet hatten, wovon nur 200 angenommen wurden; viele Schulfreunde sind in der gleichen Abteilung.

27. August: Unsere Ersatzabteilung ist marschbereit. Es herrscht Hurra-Stimmung.

Es kommt die furchtbare Nachricht, daß die ”Ariadne” bei einem Seegefecht bei Helgoland untergegangen ist. Mein Schwager war ja auf der ”Ariadne”. – Ich fange an, Abschied zu nehmen von meinen Eltern und meiner Schwester, die gerade in diesem Augenblick die Nachricht bekommt, daß ihr Mann den Heldentod gestorben ist; er ist mit der ”Ariadne” untergegangen. Es ist fast unmöglich, von ihr Abschied zu nehmen, weil der Anblick von mir in Uniform ihr zu nahe geht.

Die Stimmung in der Kaserne ist überwältigend, und ich wäre ebenso restlos glücklich und begeistert, wenn nicht dieses schreckliche Unglück über uns gekommen wäre; auch das teilnahmsvolle Telegramm des Kommandanten der ”Ariadne” vermag nicht zu trösten. Im amtlichen Heeresbericht ist auch der Tod meines Schwagers ehrenvoll erwähnt.

2. September: Um 3.45 Uhr morgens Wecken: dann feierlicher Gottesdienst und um 8 Uhr der langersehnte Abmarsch nach knapp vier Wochen Ausbildung. Wir gehören zu den wenigen und ersten Freiwilligen, die schon an die Front kommen. Wir werden am Güterbahnhof verladen, und eine eigenartige Stimmung überkam mich, zusammengesetzt aus Glück, Erhebung, Stolz und Abschiedempfinden und dem Bewußtsein der Größe dieser Stunde.

Wir zogen in geschlossener Formation, 3 Batterien, durch die Stadt, von der Bevölkerung bejubelt. Die Fahrt ging dann durch meine geliebte

Gegend: über Boppard, Koblenz und an all diesen bezaubernden Dörfern und Städtchen vorbei, am Rhein entlang. In Mehlem wurden wir verpflegt.

Unter den Kameraden und Kriegsfreiwilligen sind viele Bekannte und Freunde aus der Schulzeit; meinen Unteroffizier kenne ich als Friseur.

Am 2. September, also am Tag unseres Abmarsches und am Jahrestag von Sedan, überwältigender Sieg der deutschen Armee über die französische Armee bei Verdun. Außerdem stehen die Deutschen 40 km vor Paris. Wären wir doch selber schon dabei!

In Herbesthal wiederum unendlich viel Militärzüge, und ich sehe den ersten Zug voll Gefangener, Franzosen und Engländer. Verwahrloste, arme Kerls, denen ich zu essen gab, soweit es ging.

– Waffenstillstand –

11. November 1918: Morgens kommt der Befehl:
"Von 12 Uhr mittags an ruhen die Waffen!"
Der Krieg ist zu Ende: ... Wie hatte man sich auf den Augenblick gefreut, ihn sich als den herrlichsten seines Lebens ausgemalt, und nun stehen wir hier gedemütigt, innerlich zerfleischt und haben kapituliert, – Deutschland vor der Entente!

Außer dem Kaiser und dem Kronprinzen haben sämtliche Bundesfürsten abgedankt. Unser Kaiser hat noch die gesamte Befehlsgewalt über das deutsche Heer Generalfeldmarschall von Hindenburg übertragen. Hindenburg bleibt, und zwar aus Liebe zu seinen Soldaten, die vier Jahre und vier Monate lang so unendlich Großes geleistet haben. Wir müssen in 14 Tagen das gesamte besetzte Gebiet bis zum Rhein geräumt haben, d.h. die Millionen von Truppen mit all den ungeheuren Vorräten in der Etappe an Material und Proviant müssen zurücktransportiert werden oder dem Feind überlassen sein.

Die Mahnung Eberts zur Ruhe habe ich wenige Seiten zuvor abgeschrieben. Hindenburg mahnt seine Kameraden:

„Ihr habt in Kämpfen Euern Feldmarschall nicht vergessen – ich verlasse mich nun weiter auf Euch!"

Es ist eine große, unendlich große Leistung und eine wunderbare Überwindung, daß Hindenburg uns nicht verläßt.

General von Hutier mahnt seine 18. Armee, es wird einem ganz traurig und tränenvoll ums Herz, wenn man liest: „Wenn auch der Krieg verloren ist, ... ihr könnt stolz sein auf eure Taten!"

In einem längeren Befehl schreibt er dann:
„Unbesiegt durch den Feind, gezwungen durch äußere Verhältnisse, müssen wir nun das in heißem Ringen besetzte Land verlassen. Wenn auch die Waffenstillstandsbedingungen des Feindes von ungeheuerlicher Härte für uns sind, so können wir doch stolz erhobenen Hauptes in die geliebte Heimat zurückkehren."
Der Aufruf endet mit den Worten:
„Haltet den blanken Ehrenschild der deutschen Armee rein bis zum Schluß und ihr werdet voller Stolz trotz des unglücklichen Endes des Krieges bis in die spätesten Zeiten an eure Heldentaten zurückdenken können."

Die Waffenstillstandsbedingungen, die noch nicht offiziell sind, sollen sein: Abgabe von 5.000 Geschützen, allen U-Booten, Entlassungen aller Gefangenen, Besetzung Westdeutschlands bis zum Rhein. – Das wäre mehr, als ein gedemütigtes Volk ertragen kann. Während unsere Leute immer noch den alten Frontgeist in sich haben, trifft man weiter rückwärts undisziplinierte Horden.
Wie ist eigentlich der Konflikt, in dem wir uns wegen unseres Fahneneids befinden? Ich habe der Fahne Schwarz-Weiß-Rot und dem Kaiser geschworen. Ebert sagt aber richtig, daß wir uns in diesem Augenblick darüber hinwegsetzen und weiter unsere Pflicht tun und das Vaterland vorm Verderben schützen sollen.
Es werden in allen Truppenteilen Vertrauensräte gebildet, und zwar je ein Offizier, je ein Unteroffizier und zwei Mann, ferner ein engerer Ausschuß. Keiner hat hier im Regiment Lust zu solchen Dingen, trotzdem wird es aber befohlen.
13. November:
Man trifft jetzt schon dauernd kleinere und größere Trupps englischer und französischer Gefangener, die westwärts heimwärts ziehen. Wie herrlich muß diesen zu Mute sein im Gegensatz zu uns!
Dann aber überkommt einen doch ab und zu das Gefühl der Glückseligkeit, für immer heim zu kommen, und einer unsagbaren Dankbarkeit, daß einem in diesen unzähligen Schlachten und Gefechten, in diesen vielen Jahren nichts, aber auch nichts zugestoßen ist. Vier Jahre und zwei Monate stand ich an der Front und, bis auf 14 Tage, nur in dem mörderischen Westen. Ich glaube, wie vom ersten Tage an, an Bestimmung und Schicksalsfügung. Ich glaube nicht, daß es viele Soldaten gibt, die fünfzig Monate an der Front standen und unverwundet heimkehren wie ich!

Aber trotz allem, wir dürfen auf das, was wir geleistet haben, stolz sein, und werden es ewig bleiben. Noch nie hat ein Volk, eine einzige Armee, die ganze Welt gegen sich gehabt und gegen eine unheimliche Übermacht standgehalten; im umgekehrten Fall wäre diese Heldenleistung niemals einem anderen Volk geglückt. Wir haben unsere Heimat vor den Feinden geschützt — sie sind nicht nach Deutschland eingedrungen.

Nun kommt der Befehl, der uns am meisten erschütterte:
„An meine Armeen!
Nachdem S.M. der Kaiser den Oberbefehl niedergelegt hat, bin auch ich durch die Verhältnisse gezwungen, nun, da die Waffen ruhen, von der Führung meiner Heeresgruppe zurückzutreten.
Wie immer bisher, so kann auch heute ich meinen tapferen Armeen, jedem einzelnen Mann nur aus tiefstem Herzen danken für ihren Heldenmut, für Opferfreudigkeit und Entsagung, mit der sie allen Gefahren ins Auge gesehen und alle Entbehrungen willig für das Vaterland ertragen haben, in guten und in bösen Tagen.
Mit den Waffen ist die Heeresgruppe nicht besiegt!
Hunger und bittere Not haben uns bezwungen! Stolz und erhobenen Hauptes kann meine Heeresgruppe den mit dem besten deutschen Blut erkämpften Boden Frankreichs verlassen. Ihr Schild, ihre Soldatenehre, ist fleckenlos und rein.
Ein jeder sorge, daß sie es bleibt, hier und später in der Heimat!
Vier lange Jahre durfte ich mit meinen Armeen sein, in Sieg und Not, vier lange Jahre gehörte ich mit ganzem, vollem Herzen meinen treuen Truppen. Tief erschüttert scheide ich heute von ihnen und neige mich vor der gewaltigen Größe ihrer Taten, die die Geschichte einst in flammenden Worten den späteren Geschlechtern künden wird.
Nun steht zu Euern Führern treu wie bisher, bis ihr Befehl Euch freigeben kann für Weib und Kind, für Heimat und Herd!
Gott mit Euch und Eurem deutschen Vaterlande!

Der Oberbefehlshaber
gez. Wilhelm
Kronprinz des Deutschen Reiches und von Preußen."

Aus den Kritiken zu Sulzbach's Kriegstagebuch:

"B.Z. am Mittag", Berlin 19.12.34:

„...... Das Kriegstagebuch eines Kriegsfreiwilligen, fünfzig Monate lang getreulich an der Westfront geführt. Hier ist nichts retuschiert, hier wird nichts 'überarbeitet', verblaßt oder verstärkt. Die grauen und bangen, die schönen und großen Tage der vier Jahre Kampf um die Heimat sprechen über und für sich selbst."

"Frankfurter Zeitung", Frankfurt a.M., 13.12.34:

„...... Hier ist ein neues, von einem, der den Krieg überlebt und durch ihn zum Manne wurde ...... Ungekünstelt wird berichtet, jungenhaft und zugleich männlich, hart zugleich und auch soldatisch derb. Der Stil ist durchaus der eines jungen Kriegsfreiwilligen jener Tage, ganz ursprünglich einfach." ......

"Völkischer Beobachter", 17./18.2.1935, Nr. 48/49:

„...... Das Antlitz der Front zeichnet sich als riesiges Gemälde in den schlichten Tagebuchnotizen Sulzbachs ......".

Reichssender Frankfurt, Bücherfunk, 3.6.35:

...... „ Es ist die innere Leistung, das moralische Epos vom Kriege, das hier mit einfachen Worten und mit dem Hammerschlag der Tatsachen geschrieben ist. Die Taten haben ihren Wert in sich. Sie bauen ohne Schmuck und Farbe in der immer schwereren Stufenfolge der Jahre 1914 bis 1918 das Denkmal der Pflichterfüllung und der Bereitschaft."

Wenige Wochen nach Verleihung des Ehrenkreuzes für Frontkämpfer mußte Herbert Sulzbach Deutschland verlassen.

Ein hilfloser Versuch

Das Kriegstagebuch Herbert Sulzbachs muß gelesen werden auf dem Hintergrund immer stärker werdender antisemitischer Hetze in Deutschland. 1934 erschienen, stellte es einen verzweifelten Versuch dar, das Vorurteil vom feigen jüdischen Soldaten zu widerlegen. Denselben Versuch unternahm, wie aus dem unten abgedruckten Brief zu ersehen ist, ein Sohn für seinen Vater, der zunehmend rassischer Diskriminierung ausgesetzt war. Der Sohn glaubte, durch eine Bestätigung der Frontbewährung im Weltkrieg die nationalsozialistische Verfolgung von seinem Vater abwenden zu können. Das Antwort-

218

schreiben des Generals a.D. von Hammerstein zeigt, daß zu diesem Zeitpunkt ein General a.D. und ehemaliger Kommandeur noch so "mutig" war, dem jüdischen Sanitätsoffizier Tapferkeit und Opfermut zu bescheinigen, wenn im Hinweis auf dessen politische Abstinent bei der wissenschaftlichen Arbeit und nationale Grundhaltung auch schon gewisse zumindest verbale Zugeständnisse an die neuen Herren Deutschlands deutlich werden. Der Brief von Hammersteins ist aber auch ein weiteres Zeugnis der absoluten Loyalität des jüdischen Bevölkerungsteiles im Kriege.

Auf die Bitte des Studenten med. Fritz Bornstein, Hamburg 24, Tapenhuderstrasse 45 bestätige ich ihm, daß sein Vater, der verstorbene frühere Stabsarzt d. Res. Dr. A. Bornstein aus Hamburg mir in den Jahren 1914 und 1915 als Bataillons-Arzt beim II/Res. Inf. R. 213 unterstellt war. Stabsarzt Dr. Bornstein war zunächst wenig beliebt, weil er Jude war, was er nie verleugnete oder verschwieg. Allmählich hat er sich dann in den schweren Kämpfen in Flandern die restlose Achtung und volles Vertrauen des ganzen Bataillons erworben. Er ist mit mir immer in vorderster Linie gewesen und hat mit selbstlosester Aufopferung und Hintenansetzung seiner Person den Verwundeten ärztliche Hilfe gebracht. Ich habe ihn wegen seiner Tapferkeit und absoluten Todesverachtung schon Anfang 1915 zum Eisernen Kreuz 1. Klasse eingegeben.

Es lag nahe, den älteren Mann in Feld- oder Kriegslazaretten zu verwenden, er hat mich immer gebeten, von dieser Verwendung abzusehen, er wolle lieber unmittelbar im Gefahrenbereich mit den Leuten zusammen sein.

In seiner Freizeit arbeitete er stets, auch in den primitivsten Unterständen an der Front an wissenschaftlichen Werken. Er war ein Mann der Arbeit und der Wissenschaft, der sich mit Politik damals nicht beschäftigte, ich hatte aber den Eindruck, daß er absolut national dachte. Seine Familie kenne ich nicht, da wir uns nach dem Kriege nicht wiedergesehen haben.

Berlin W 62, Kurfürstenstr. 85, II.
19.5.1934

Frhr. v. Hammerstein
Generalleutnant a.D.
1914/1916 Kommandeur II/R.J.R. 213

3. Kapitel

Das Dritte Reich

I.
Die deutschen Juden werden entrechtet

Mit der Machtergreifung der Nationalsozialisten am 30.1.1933 begann die Umsetzung des antisemitischen Parteiprogramms der NSDAP in die Tat. Die Verfolgung der jüdischen Minderheit war nicht einer unter vielen Programmpunkten der Nazis. Er war vielmehr wesentlicher Bestandteil ihrer Ideologie und gehörte seit dem Parteiprogramm aus dem Jahre 1920 zu ihrer Zielsetzung. Nach dem 30.1.33 wurde sie offizielle staatliche Politik. Bereits vor 1933 hatte die SA unter dem Schlachtruf "Juda verrecke" Terror gegen Juden ausgeübt. Nun wurde der Terror offener, systematischer und noch brutaler, weil die SA-Horden gleichsam in Ausübung staatlicher Gewalt handelten und nun schon gar nicht mehr mit einer Strafverfolgung zu rechnen brauchten. Diffamierungen und öffentliche Anpöbeleien waren an der Tagesordnung, weil man sie als Ausdruck gesunden Volksempfindens förderte. Neben der Entwürdigung trat bald die wirtschaftliche Vernichtung: schon am 1.4.33 riefen die Nationalsozialisten zu einem allgemeinen Judenboykott auf. [1)]
Kurz darauf begann sich die Rassenpolitik auch in den verschiedensten Gesetzen niederzuschlagen. Die barbarische Zielsetzung, die Juden aus dem kulturellen, wirtschaftlichen, ja dem gesellschaftlichen Leben überhaupt zu verdrängen, wurde Gesetz und die Juden aus ihren Berufen geworfen. Aus der Vertreibung selbst schlug man durch die "Reichsfluchtsteuer" auch noch Kapital, nachdem den Juden mit den Nürnberger Gesetzen vom 15.9.35 die Reichsbürgerrechte genommen worden waren. Mit der Einführung des "Judenstempels" in den Pässen am 5.10.38 wurden die Juden den Behörden und mit der Einführung des Judensterns am 19.9.41 allen Mitbürgern gegenüber als "Nicht-Bürger" gekennzeichnet.

---

1) Jüdisches Vermögen wurde "arisiert", d.h. ins Eigentum der NSDAP oder deren Günstlinge überführt)

Die zynisch als "Kristallnacht" bezeichnete Zerstörung der Synagogen verbunden mit dem physischen Terror gegen Juden und deren Eigentum am 9. November 1938 bildete den Schlußpunkt einer Reihe von Maßnahmen, die noch mit Vorstellungen verbunden waren, die Juden würden in Reservaten außerhalb von Europa zwangsgesiedelt. Mit dem Jahr 1939 begann dann die eigentliche konzentrierte und systematisierte Vernichtungswelle, mit Massenerschießungen und -vergasungen. Der Befehl zur "Endlösung der Judenfrage" erging am 31. Juli 1941 und wurde auf der berüchtigten "Wannsee-Konferenz" in Berlin am 20. Januar 1942 mit dem engeren Führungskreis der NSDAP bekannt gegeben. Millionen Juden sind in Europa bis Kriegsende durch die Vernichtungsaktionen des nationalsozialistischen Regimes ums Leben gekommen, ein großer Teil von ihnen in Konzentrationslagern. Nur wenige Juden in Europa haben die Konzentrationslager und die nationalsozialistischen Massaker überlebt.

Zu Beginn der nationalsozialistischen Herrschaft konnte trotz des antisemitischen Programms der "Bewegung" sich kaum jemand vorstellen, daß Menschen des 20. Jahrhunderts einer derartigen Barbarei fähig wären. Auch zahlreiche Juden erkannten die Gefahr, die für sie mit der Herrschaftsübernahme durch die Nationalsozialisten heraufzog, nicht, zumindest aber nicht in dem Ausmaß, die sie später tatsächlich annahm. Vor allem ehemalige jüdische Frontsoldaten waren überzeugt, daß das sich so militärisch gebärdende Regime ihre Opferbereitschaft und ihr Heldentum während des ersten Weltkrieges nicht negieren würde.

Die "Reichsvertretung der deutschen Juden", 1933 gegründet, suchte die Rechte der Juden zu wahren. Nach 1935 wurde sie in "Reichsvertretung der Juden in Deutschland" umbenannt, 1939 unter nationalsozialistischem Druck in den Zwangsverband "Reichsvereinigung der Juden in Deutschland" umgewandelt.

Die Entlassung der Juden aus der Reichswehr.

Bald hatte auch die Wehrmacht, die sich zwar zunächst gegenüber den neuen Herren sehr distanziert verhielt, aber auch rasch die große Chance für ihren Ausbau und die Übernahme neuer Machtpositionen im Staat erkannte, sich mit den antijüdischen Maßnahmen auseinanderzusetzen. Es gab zwar viele Versuche einzelner aufrechter Männer aller Dienstgrade in der Wehrmacht bis in die Kreise der Generalität, bedrängten Juden zu helfen – dies selbst noch auf den Höhepunkten des Krieges –, aber insgesamt gesehen, beeilte sich die Führung der Reichswehr und später der Wehrmacht, den von den National-sozialisten inaugurierten Gleichschaltungsprozeß in Deutschland so rasch und so synchron wie möglich mit zu vollziehen. Bereits am 27. Mai 1933 ordnete der damalige Reichswehrminister von Blomberg die Verwirklichung des "Gesetzes zur Wiederherstellung des Berufsbeamtentums" vom 7. April 1933 in seinem Amtsbereich an. Der sogenannte "Arierparagraph" dieses Gesetzes konnte allerdings noch nicht auf die Soldaten, sondern nur auf die Beamten, Angestellten und Arbeiter im Bereich des Berufsheeres, der Reichswehr, ange-wendet werden.

§ 3 des "Gesetzes zur Wiederherstellung des Berufsbeamtentums" vom 7. April 1933 hat folgenden Wortlaut:
"1.) Beamte, die nicht arischer Abstammung sind, sind in den Ruhestand (§§ 8 ff.) zu versetzen, soweit es sich um Ehrenbeamte handelt, sind sie aus dem Amtsverhältnis zu entlassen.
2.) Abs. 1 gilt nicht für Beamte, die bereits seit dem 1. August 1914 Beamte gewesen sind oder die im Weltkrieg an der Front für das Deutsche Reich oder für seine Verbündeten gekämpft haben oder deren Väter oder Söhne im Weltkrieg gefallen sind. Weitere Maßnahmen können der Reichsminister des Innern im Einvernehmen mit dem zuständigen Fach-minister oder die obersten Landesbehörden für Beamte im Ausland er-lassen."
(RGBl. 1933 I S. 175).
Der Bezug auf § 8 betrifft die Frage der Ruhegeldbezüge, wenn eine zehnjährige Dienstzeit vorliegt. Lag sie nicht vor, so wurde kein Ruhegeld gezahlt, auch dann nicht, wenn "nach den bestehenden Vorschriften der Reichs- und Landesgesetzgebung Ruhegeld schon nach kürzerer Dienst-zeit gewährt wird."

Mit Erlaß vom 28.2.34 ordnete der Reichswehrminister von Blomberg die sinngemäße Anwendung von § 3 des Gesetzes zur Wiederherstellung des Berufsbeamtentums auch auf die Soldaten an, so daß nun Offiziere, Unter-offiziere und Mannschaften, die nach § 3 nicht arisch waren, die Wehrmacht zu verlassen hatten. Die Entlassung der nichtarischen Soldaten erfolgt gemäß § 26 des Wehrgesetzes wegen Dienstunfähigkeit, weil der betreffende Soldat "die zur Ausübung seines Berufes erforderlichen körperlichen und geistigen Kräfte" nicht mehr besitze. Bei Unteroffizieren und Mannschaften bediente

man sich zur Begrüdnung der Entlassung außerdem auch des § 21 Abs. 1b des Wehrgesetzes.
Im Einzelnen sei auf das umfassende dreibändige Werk von Rudolf Absolon: "Die Wehrmacht im Dritten Reich". Boppard 1969 ff verwiesen.
„Nach einer Zwischenmeldung der Truppe vom 21. April 1934", so berichtet Absolon, „wurde die voraussichtliche Anzahl der von dieser Entlassungsverfügung Betroffenen im Reichsheer, einschließlich der Reichsmarine, folgendermaßen angegeben:
7 Offiziere, 6 Offiziersanwärter, 1 Sanitätsoffiziersanwärter, 36 Unteroffiziere und Mannschaften.
Auch nach dieser Zählung wurden aufgrund des Blombergerlasses noch Soldaten aus der Reichswehr entlassen."

Am 6. Mai 1933 wurde im Reichsgesetzblatt I Nr. 48 auf Seite 245 ff die

"Dritte Verordnung zur Durchführung des Gesetzes zur Wiederherstellung des Berufsbeamtentums" veröffentlicht. Sie enthält Ausführungsbestimmungen zum "Arierparagraph", dem § 3 des Gesetzes. Nicht mehr im einzelnen erläutert wurde dabei der Begriff der "arischen Abstammung". Als nichtarisch galt, wer von nichtarischen, insbesondere jüdischen Eltern oder Großeltern abstammte. Dazu reichte aus, daß ein Elternteil oder gar nur ein Großelternteil nichtarisch war. Das wiederum war der Fall, wenn ein Elternteil oder ein Großelternteil der jüdischen Religion angehörte oder angehört hatte. Damit wurden Angehörige einer Religion einer "Rasse" zugeordnet. In dieser Verordnung vom 6. Mai 1934 heißt es zu § 3:
1. Als Abstammung im Sinne des § 3 gilt auch die außereheliche Abstammung. Durch die Annahme an Kindes Statt wird ein Eltern- und Kindesverhältnis im Sinne des § 3 nicht begründet.
2.(1) Die erste Ausgabe des § 3 Abs. 2 ist gegeben, wenn der Beamte bereits am 1. August 1914 planmäßiger Beamte gewesen und seitdem ununterbrochen Beamter geblieben ist. Einem planmäßigen Beamten in diesem Sinne kann gleichgestellt werden, wer am 1. August 1914 sämtliche Voraussetzungen für die Erlangung seiner ersten planmäßigen Anstellung erfüllt, insbesondere die hierfür erforderliche letzte Prüfung mit Erfolg abgelegt und sich während seiner Tätigkeit als Beamter in hervorragendem Maße bewährt hat.
(2) Eine Tätigkeit als Angestellter oder Arbeiter im öffentlichen Dienst am 1. August 1914 genügt nicht.

3.(1) Frontkämpfer im Sinne des Gesetzes ist, wer im Weltkrieg (in der Zeit vom 1.8.1914 bis 31.12.1918) bei der fechtenden Truppe an einer Schlacht, einem Gefecht, einem Stellungskampf oder an einer Belagerung teilgenommen hat. Auskunft darüber geben die Eintragungen in der Kriegsstammrolle oder in der Kriegsrangliste. Es genügt nicht, wenn sich jemand ohne vor den Feind gekommen zu sein, während des Krieges aus dienstlichem Anlaß im Kriegsgebiet aufgehalten hat.

(2) Frontkämpfer ist insbesondere, wem das Abzeichen für Verwundete verliehen worden ist.

(3) Die Teilnahme an den Kämpfen im Baltikum, in Oberschlesien, gegen Spartakisten und Separatisten sowie gegen die Feinde der nationalen Erhebung sind der Teilnahme an den Kämpfen des Weltkrieges gleichzustellen.

4. "Gefallen" ist auch, wer einer Verwundung erlegen ist, die er als Frontkämpfer erlitten hat. Die vorstehende Nr. 1 gilt entsprechend.

5. Der letzte Satz des § 3 Abs. 2 bezieht sich nur auf Fälle, in denen für eine Vertretung des Deutschen Reichs im Auslande keine Vertreter arischer Abstammung zur Verfügung stehen.

6.(1) Weitere Ausnahmen als im § 3 Abs. 2 vorgesehen, sind nicht zugelassen.

(2) Alle nicht unter diese Ausnahmebestimmungen fallenden Beamten nicht arischer Abstammung müssen daher in den Ruhestand versetzt werden.

7. § 3 bezieht sich nicht auf jüdische Lehrer, die an öffentlichen jüdischen Schulen angestellt sind oder an anderen öffentlichen Schulen auf Grund gesetzlicher Bestimmungen jüdischen Religionsunterricht erteilen. Das gleiche gilt für jüdische Ehrenbeamte, die als solche auf Grund besonderer gesetzlicher Bestimmungen berufen sind.

Bereits am 11. April 1933 war eine "erste Verordnung zur Durchführung des Gesetzes zur Wiederherstellung des Berufbeamtentums" erlassen worden (RGBl. I S. 195), nach der bei "Zweifeln an der arischen Abstammung ein Gutachten des beim Reichsminister des Innern bestellten Sachverständigen für Rassenforschung" eingeholt werden mußte.

Am 8. Dezember 1933 erließ der Reichsinnenminister eine Bestimmung zum Nachweis der arischen Abstammung in Fällen unehelicher Geburt:

„Das uneheliche Kind, das einen Nachweis über seine Abstammung väterlicherseits nicht beibringen kann, wird bei arischer Herkunft mütterlicherseits bis zum Beweise des Gegenteils, wenn nicht die besonderen Umstände des Falles dagegen sprechen, als arisch anzusehen sein."

nicht die besonderen Umstände des Falles dagegen sprechen, als arisch anzusehen sein."

Zahlreiche Bestimmungen, Verordnungen und Erlasse dieser Art betrafen vor allem die Angehörigen des öffentlichen Dienstes und der Reichswehr.

"Die Kameraden aus dem großen Kriege" – Dokumente über Reaktionen ehemaliger jüdischer Soldaten

Wie eingangs erwähnt, konnten es die ehemaligen jüdischen Frontkämpfer zunächst nicht fassen, daß eine staatliche Macht zu derartigen Gesetzen und Maßnahmen fähig war. Bereits am 28. März 1933, also wenige Tage nach der feierlichen Eröffnung des Deutschen Reichstages am 21. März 1933 in der Garnisonskirche in Potsdam, schrieb der Bundesvorsitzende des Reichsbundes jüdischer Frontsoldaten e.V. Hauptmann d.R.a.D. Dr. Löwenstein in der Verbandszeitschrift "Der Schild" (Nr. 6, 12. Jahrgang) einen Artikel, der die Stimmung jener Tage wiedergibt:

Die Kameraden aus dem großen Kriege
„Am Tage der feierlichen Eröffnung des Deutschen Reichstages, der, wie keiner seiner Vorgänger seit dem Ende des großen Krieges, sich zum nationalen und wehrhaften Staat bekennt, gedenke ich in *Ehrfurcht und Dankbarkeit der für Deutschland Gefallenen*. In steter Treue grüße ich die Hinterbliebenen unserer teuren Toten und in herzlicher Kameradschaft all meine Kameraden aus dem großen Kriege. Die Opfer an Leben und Gesundheit, die dieser Krieg von Deutschland forderte, sind nicht umsonst gebracht worden. Aus dem Niederbruch ringt sich Deutschland wieder zu nationaler Kraft empor im Geiste derer, die für Volk und Vaterland kämpften und fielen. Ein starkes Deutsches Reich soll ihr stolzes und bleibendes Ehrenmal sein!
Berlin, den 21. März 1933.
gez. *von Hindenburg*. Generalfeldmarschall, Reichspräsident."

Millionen haben am Tage des Frühlingsbeginnes mit Spannung den Worten gelauscht, die aus der altehrwürdigen Garnisonskirche in Potsdam auf den Wellen des Aethers bis in das entlegendste Dorf unseres Vaterlandes gehört werden konnten. Nach so manchem, was sich in den letzten Wochen in Deutschland ereignet hat, war gerade bei uns jüdischen Frontsoldaten diese Spannung berechtigt. Aber wir können sagen, daß hinter den Forderungen der beiden höchsten Führer des Reiches die Kameraden unseres Bundes stehen.

Unser Bund ist ja ursprünglich — Anfang 1919 — für besondere Spezialaufgaben gegründet worden, die dem einzelnen seine politische Überzeugung und Betätigung freiließen. Wir haben zeigen müssen, daß wir deutschen Juden in diesem Kriege wie alle anderen *unsere Pflicht an der Front getan* haben. Wenn wir lange Zeit hören mußten, daß das deutsche Judentum noch nicht 3.000 Gefallene in diesem Kriege gehabt habe, ja wahrscheinlich noch viel weniger, und daß es dem RjF. *niemals* gelingen würde, die von uns behauptete Zahl von mindestens 12.000 Gefallenen durch eine namentliche Liste zu belegen, so haben wir in langjähriger Arbeit in unserem Gefallenen-Gedenkbuch durch Veröffentlichung der amtlich beglaubigten Liste alle jene *Kränkungen unserer soldatischen Ehre* mit einem Schlage stumm und tot gemacht.

Wir haben es weiterhin als eine besondere Aufgabe unseres Bundes angesehen, in *unsere junge Generation* die dem alten Soldaten besonders naheliegenden und für unsere Großstadtjugend besonders wichtigen Ideen der Einfachheit der Sitten, der wehrhaften Ertüchtigung, des Arbeitsdienstes und der Siedlung hineinzutragen, überall mit Erfolg. — Der RjF. hat aber *niemals politisch* irgendwie auf die Gestaltung des staatlichen Geschehens einzuwirken gesucht. Er hat niemals sich einer Partei oder Parteigruppe angeschlossen, sondern im Gegenteil ausdrücklich stets seine Freiheit von jeglicher Parteipolitik betont.

Ich darf mir heute als Gründer und langjähriger Führer des Bundes vielleicht auch einmal *ein persönliches Wort* gestatten. Es ist begreiflich, daß es bei dem Umschwung immer viele geben wird, die dann auf einmal voll und ganz auf dem Boden der Tatsachen stehen, wenn sie auch vorher vielleicht ganz anderswo gestanden haben. Ich darf heute von mir sagen, daß ich weder im November noch zu irgendeinem anderen Zeitpunkte jemals von der Anschauung auch nur ein Titelchen geändert hatte, die ich auch vor und während des Krieges politisch und militärisch bekannte, und daß ich die Eide, die ich als Soldat geleistet habe, ohne jegliche Unterbrechung bis zum heutigen Tag in Treue hielt. Meine Kameraden im Bund wissen, daß ich auch den Bund in diesem Sinne führte. Ich danke heute den Kameraden, daß sie hierbei immer hinter mir gestanden haben.

Wir können daher auch heute als Deutsche wie als Juden, ohne uns dabei das Geringste zu vergeben, aber auch mit dem Anspruch, daß unsere Worte mit dem erforderlichen Respekt angehört werden, sagen, daß wir alten jüdischen Soldaten bereit sind, wie bisher, so auch weiterhin im neuen

Reiche *unsere* Pflicht als deutsche Soldaten zu tun. Wir stehen aber auch auf dem Standpunkte, daß auch die verantwortlichen Führer des neuen Reiches *ihrerseits* die Pflicht haben, unsere Rechte und die Rechte, die durch unser Einstehen für Deutschland im großen Kriege und durch das Blut unserer gefallenen jüdischen Kameraden unverletzbar sein sollten.

Als ich einst die hohe Ehre hatte, unserem von uns allen hochverehrten Generalfeldmarschall, unserem Führer in Krieg und Frieden, zu seinem 80. Geburtstage die Wünsche und das Gelöbnis der *Treue* des RjF. zu überbringen, da machte es auf uns alle einen unauslöschlichen Eindruck, als er beim Abschied dieses Gelöbnis der Treue mit besonderem Nachdruck bestätigte. In dieser Treue stehen wir auch heute zu ihm und zu dem von ihm erschlossenen neuen Deutschen Reiche, in dem auch wir zu denen gehören, die, wie der Herr Reichskanzler es verlangte, *eines guten Willens sind.*
Bundesvorsitzender Kamerad Dr. Löwenstein, Hauptmann d.R.a.D.

Der Reichsbund jüdischer Frontsoldaten stand nunmehr vor der Aufgabe, die Ehre seiner Mitglieder, der jüdischen Frontsoldaten gegenüber dem Deutschen Volk und der Welt zu verteidigen, aber auch einen Beitrag zur Selbstachtung dieser Menschen zu leisten, die zwar noch nicht gänzlich vogelfrei waren, deren schweres Geschick sich aber abzuzeichnen begann. So hat besonders die Zeitschrift "Der Schild" in diesen Jahren verzweifelte Anstrengungen unternommen, gegen die Verleumdungen der Nationalsozialisten anzugehen, ohne zunächst zu begreifen, daß gegen eine derartige verbrecherische Politik keine Argumente und Bekenntnisse nutzten. Von diesen verzweifelten Bemühungen zeugt auch der "Aufruf an die deutschen Juden", den die Bundesleitung des Reichsbundes jüdischer Frontsoldaten e.V. am 25. Mai 1933 in der Verbandszeitschrift "Der Schild" veröffentlichte.
Aufruf an die deutschen Juden!
Der Ansturm gegen das deutsche Judentum ist in der Lage, den Bestand der deutschen Judenheit für immer zu vernichten, wenn wir nicht mit ganzer Kraft uns anklammern an die Werte, die wir von jeher als solche erkannt und hochgehalten haben. Deutschtum war uns ebenso wie Judentum ein heiliges Bekenntnis. Und wer unter uns es ernst gemeint hat mit diesem Bekenntnis, der muß es über die Stürme der Jetztzeit in seinem Herzen bewahren und retten in die Zukunft hinein. Durch die Erschütterungen, die unsere seelische und materielle Lage jetzt treffen, dürfen wir uns nicht beirren lassen in der Treue, die wir höheren Idealen, seit Generationen und Generationen von uns verehrt und gepflegt, schuldig sind.

Materielle Hilfe für die durch den Sturm der Gegenwart entwurzelten jüdischen Existenzen tut not. Aber mit wirtschaftlicher Hilfe *allein* ist dem Judentum, seiner Würde und seiner Existenz in Deutschland nicht gedient. Unsere Ehre und unsere Rechte als Menschen und Bürger stehen auf dem Spiele. Für sie führt der Reichsbund jüdischer Frontsoldaten seinen Kampf auf einsamem Posten. Unser Bund ist das wirksamste Instrument der jüdischen Selbstverteidigung. In unserer Eigenschaft als Frontsoldaten haben wir uns herausgestellt und um die Anerkennung der Rechte der Gesamtheit deutscher Juden gerungen. *Wir empfanden uns als Treuhänder und Exponenten aller deutscher Juden.* Was wir tun konnten, haben wir getan. Und daß wir nicht vergeblich gearbeitet haben beweist der — wenn auch den gegebenen Umständen gemäß bisher bescheidene — Erfolg.

An die deutschen Juden richten wir die Aufforderung, in diesen schweren Stunden den Mut nicht zu verlieren, unseren Kampf für Ehre und Recht mit allen Kräften zu unterstützen und sich nicht beirren zu lassen durch gehässige und geschäftige Elemente. Wenn gewisse jüdische Stellen dem Reichsbund jüdischer Frontsoldaten bei seiner Arbeit in den Rücken fallen, so ist unser Bund hocherhaben über solches Verhalten. *Wir* haben Tausende jüdischer Existenzen durch unsere Arbeit gerettet. *Wir* wollen weiterhin jeden Fußbreit Boden für unsere jüdischen Brüder im deutschen Vaterlande verteidigen und die Positionen halten, die noch zu halten sind. Wer unsere Arbeit schädigt, schädigt die Zukunft des deutschen Judentums. Nicht nur auf die Gegenwart sei unser Blick gerichtet, *auch auf die Zukunft kommt es an!*
REICHSBUND JÜDISCHER FRONTSOLDATEN E.V. Bundesleitung.

Dieser verzweifelte Appell war als ''Durchhalteaufruf'' gedacht.
Ein Jahr später folgte ein Ereignis, das für die meisten deutschen Juden, vor allem für die Frontkämpfer des Weltkrieges gleichsam den Abschluß einer Ära bedeutete, obwohl die Würfel über ihr Schicksal und das Deutschlands schon sehr viel früher gefallen waren. Am 2. August 1934 starb Reichspräsident Generalfeldmarschall Paul von Hindenburg, der für viele immer noch als Symbol für Recht und Ordnung gegolten hatte, obwohl er längst den Nationalsozialisten als Deckmantel für ihre schändlichen Taten diente und als Mann der äußersten Rechten Hitler und seinen Leuten den Weg zur Macht gegen die Interessen des deutschen Volkes geebnet hatte.
Mit seinem Tod ernannte sich Hitler selbst zum Reichskanzler und zum ''Führer'' mit dem von nun an verbindlichen Doppelbegriff ''Führer und

Reichskanzler des deutschen Volkes". Das Amt des Reichspräsidenten hatte mit dem Tode Hindenburgs aufgehört zu existieren. Die Zeitschrift des Reichsbundes, "Der Schild", kommentierte den Tod Hindenburgs am 3. Aug. 1934:

Neudeck, 2. August (Tel.:) Reichspräsident Generalfeldmarschall von Hindenburg ist heute früh 9 Uhr in die Ewigkeit eingegangen. Die Flaggen wehen auf Halbmast. Deutschland trauert.

Schon die letzten Tage hatten Meldungen über das Befinden Hindenburgs aus Neudeck gebracht, die nicht nur ganz Deutschland, sondern die ganze Welt in schwere Beunruhigung versetzt hatten. Das Ereignis, das noch einmal abgewendet zu sehen niemand die Hoffnung aufgeben würde, ist eingetreten ...

Wir jüdischen Frontsoldaten gedachten des Kranken in Neudeck, da wir ihn im Ringen mit den Mächten des Todes ahnten, und wußten uns mit allen ehemaligen Frontkämpfern Deutschlands einig in dem Wunsche und der Fürbitte, daß dieses Leben weiter erhalten bleiben möge. Die Fügung hat es anders gewollt.

Gerade heute, am 2. August 1934, wird für uns ehemalige Soldaten der alten Armee die Erinnerung an das einschneidendste Ereignis unseres bisherigen Lebens, den Beginn des Weltkrieges, unheimlich lebendig. Und wieder stehen wir, nach zwei Jahrzehnten, vor einem Ereignis, dessen geschichtliche Bedeutung in der historischen Größe der Persönlichkeit siegt, die nun nicht mehr ist. *Heute, genau zwanzig Jahre nach dem ersten Mobilmachungstag, da 1914 die Armee ins Feld zog, ist Deutschlands erster Soldat zur großen Armee einberufen worden.* Tiefe Symbolik der Weltgeschichte ...

In wenigen Tagen, am 22. August, wird es zwanzig Jahre her sein, seitdem Wilhelm II. den ehemaligen Kommandierenden General des IV.Armeekorps aus seinem Ruhesitz in Hannover an die Spitze der 8. Armee in Ostpreußen berief. Seit dem Tage von *Tannenberg* steht Paul von Beneckendorff und Hindenburg im vordersten Vordergrund der weltgeschichtlichen Bühne ...

Man vergegenwärtige sich dieses Leben von dem Geburtstage am 2. Oktober in Posen bis zum heutigen 2. August 1934! Der junge Offizier aus uraltem märkischen Adelsgeschlecht macht die Feldzüge von 1866 und von 1870/71 mit; kehrt aus dem ersteren mit dem Schwerterorden, aus dem letzteren mit dem Eisernen Kreuz ausgezeichnet, heim. Schon das Jahr 1878 sieht ihn beim Generalstab. 1885 wird er, nach nur siebenjähriger Hauptmannszeit, als Major in den Generalstab zurückberufen. Drei Jahre später finden wir ihn beim Generalkommando des III. A.K.,

1890 wird er als Oberstleutnant zum Kriegsministerium kommandiert, bei dem er drei Jahre hindurch Chef der Infanterie-Abteilung gewesen ist. 1894 tritt er als Oberst und Regimentskommandeur an die Spitze des 91. Regiments in Oldenburg. Und als im Jahre 1897 der Generalstab ihn von neuem rief, wurde er zugleich Generalmajor; als solcher trat er dem Erzgroßherzog von Baden, der das VIII. Armeekorps kommandierte, als Generalstabschef zur Seite. Zum Generalleutnant befördert, wurde er 1901 Kommandeur der 28. Division, bis er 1903 seine Magdeburger Zeit als Kommandierender General des IV. Armeekorps begann. Der siegreiche Führer der 8. Armee im Anfang des Weltkrieges wird 1915 *Oberbefehlshaber* Ost. Seine Leistung für das Vaterland ist bereits da in die Geschichte eingegangen. Er wird Generaloberst, wird Generalfeldmarschall. 1918 wird er zum *Chef des Generalstabs des Feldheeres* berufen. An seine Persönlichkeit knüpft sich das bedingungslose soldatische Vertrauen, die Kraftquelle, die die deutsche Front gegen eine feindliche Welt vier lange Jahre hindurch standhalten läßt. Und dieses unverbrüchliche *Vertrauensverhältnis* zwischen dem einstigen Generalstabschef und den Angehörigen der alten Armee ist durch alle Zeiten hindurch bis auf diesen heutigen Tag von Bestand geblieben.

Hindenburg war es, der die Millionen des Feldheeres 1918 in die Heimat zurückführte – in der vorbildlichen, eisernen Pflichterfüllung, die der Grundzug seines Wesens war – ehe er, zum zweiten Male, sich 1919 in das Privatleben nach Hannover zurückzog. *Und wiederum wurde er gerufen: das Votum des deutschen Volkes stellt ihn am 26. April 1925 als Staatsoberhaupt an die Spitze des Deutschen Reiches.* Am 17. April 1932 wird dieses Votum erneuert.

Am 15. Mai 1925 schrieb 'Der Schild': "Zum Generalfeldmarschall von Hindenburg blickten und blicken wir jüdischen Soldaten stets in Verehrung und Vertrauen." Am 28. Januar 1932 war im Schild zu lesen: "Es sollte für Frontsoldaten eigentlich überflüssig sein, zu erklären, daß sie mit Vertrauen und Verehrung der Gestalt ihres Führers im Krieg und Frieden zu folgen bereit sind." Stets hat sich Hindenburg zu allen seinen alten Kameraden aus dem Weltkriege bekannt, und jeder seiner alten Kameraden zu ihm. Und wenn heute das In- und Ausland ehrfurchtsvoll und ergriffen im Geist am Totenbett dieses großen deutschen Mannes steht, – wenn alles, was deutsch fühlt, aufs schwerste erschüttert ist von dem Verlust, der Deutschland betroffen hat, so darf man aussprechen, daß jeder Soldat der alten ruhmreichen deutschen Armee sich durch eine eigene und besondere Beziehung innerlich mit dem nun Heimberufenen verbunden fühlte, die seiner – die unserer Trauer das Gepräge gibt.

In dieser Stunde können wir nicht mehr sagen, als daß die Grundsätze, die Hindenburg uns vorgelebt: Pflichtbewußtsein, Verantwortungsgefühl, ein schlichtes Heldentum der treuen Erfüllung persönlicher, nationaler und religiöser Pflichten, in unserem Bunde jüdischer Frontsoldaten als Vorbild bewahrt bleiben sollen. Sein Wort: "Die Treue ist das Werk der Ehre" soll uns Mahnung und Richtschnur bleiben.

Das Wehrgesetz von 1935
Reichsgesetzblatt Teil I Nr. 52 vom 21. Mai 1935

Mit diesem Gesetz wurde die allgemeine Wehrpflicht eingeführt. Im § 1 heißt es:

1.) Wehrdienst ist Ehrendienst am Deutschen Volke.
2.) Jeder deutsche Mann ist wehrpflichtig.
3.) Im Kriege ist über die Wehrpflicht hinaus jeder deutsche Mann und jede deutsche Frau zur Dienstleistung für das Vaterland verpflichtet.

Der § 15 forderte als Voraussetzung für die Teilnahme am aktiven Wehrdienst die "arische Abstammung". Er hat folgenden Wortlaut:

Arische Abstammung
§ 15

1.) Arische Abstammung ist eine Voraussetzung für den aktiven Wehrdienst.
2.) Ob und in welchem Umfange Ausnahmen zugelassen werden können, bestimmt ein Prüfungsausschuß nach Richtlinien, die der Reichsminister des Innern im Einvernehmen mit dem Reichskriegsminister ausstellt.
3.) Nur Personen arischer Abstammung können Vorgesetzte in der Wehrmacht werden.
4.) Den Angehörigen arischer Abstammung der Wehrmacht und des Beurlaubtenstandes ist das Eingehen der Ehe mit Personen nichtarischer Abstammung verboten. Zuwiderhandlungen haben den Ververlust jedes gehobenen militärischen Dienstgrades zur Folge.
5.) Die Dienstleistung der Nichtarier im Kriege bleibt besonderer Regelung vorbehalten.

Am 1. Juni 1935 folgte im Reichsgesetzblatt Nr. 56 (Seite 697) die Veröffentlichung der "Verordnung über die Musterung und Aushebung 1935" vom

29. Mai 1935. In Konsequenz des § 15 des Wehrgesetzes wurde die "arische Abstammung" als Voraussetzung nicht nur für den Wehrdienst, sondern auch für den Arbeitsdienst obligatorisch. § 19 bekundete:

§ 19
Arische Abstammung

(1) Arische Abstammung ist eine Voraussetzung für den aktiven Wehrdienst und Arbeitsdienst. Als nichtarisch im Sinne des § 15 des Wehrgesetzes gilt, wer von nichtarischen, insbesondere jüdischen Eltern oder Großeltern abstammt. Es genügt, wenn ein Elternteil oder ein Großelternteil nichtarisch ist. Dies ist insbesondere dann anzunehmen, wenn ein Elternteil oder ein Großelternteil der jüdischen Religion angehört hat. Durch die Annahme an Kindes Statt wird ein Eltern- und Kindesverhältnis im Sinne dieser Vorschrift nicht begründet.

(2) Wehrfähige Dienstpflichtige nichtarischer Abstammung, die innerhalb der Frist von zwei Wochen nach dem Musterungstage keinen Antrag auf Heranziehung zum aktiven Wehrdienst dem „Prüfungsausschuß für die Zulassung zum Wehrdienst" (Prüfungsausschuß) einreichen oder deren Antrag vom Prüfungsausschuß abgelehnt wird, sind der Ersatzreserve II zu überweisen. Prüfungsausschüsse werden bei den höheren Verwaltungsbehörden gebildet.

(3) Dienstpflichtige arischer Abstammung haben bei der Musterung folgende Erklärung unterschriftlich abzugeben:

Erklärung

Mir sind nach sorgfältiger Prüfung keine Umstände bekannt, die die Annahme rechtfertigen könnten, daß ich nichtarischer Abstammung bin oder daß einer meiner Eltern- oder Großelternteile zu irgendeiner Zeit der jüdischen Religion angehört hat.

Mir ist bekannt, daß ich die sofortige Entlassung aus dem aktiven Wehrdienst zu gewärtigen habe, falls diese Erklärung sich als unrichtig erweisen sollte."

(4) Gibt ein wehrfähiger Dienstpflichtiger die Erklärung nach Abs. 3 nicht ab, so hat er binnen einer Frist von einem Monat den Nachweis zu erbringen, daß er die Erklärung nach Abs. 3 mit Grund verweigert hat. Andernfalls kann er, bis der Nachweis erbracht ist, zum aktiven Wehrdienst herangezogen werden. Im Falle des Satzes 2 kann die Kreispolizeibehörde von Amts wegen Ermittlungen über seine Abstammung anstellen bzw. ein Gutachten der Reichsstelle für Sippenforschung Berlin NW 7, Schiffbauerdamm 26, einholen.

Diese Wehrgesetze waren Vorläufer der "Nürnberger Rassegesetze" die wenige Monate später, am 15. September 1935, auf dem Reichsparteitag der NSDAP erlassen wurden.

Selbst nach Erlaß der Wehrgesetze versuchten die Kreise um den "Reichsbund jüdischer Frontsoldaten" den Glauben aufrechtzuerhalten, daß ihre Teilnahme am Ersten Weltkrieg nicht dazu führen werde, sie aus dem deutschen Volk auszustoßen. Diese Gedanken ehemaliger jüdischer Frontkämpfer dürfen nicht außeracht gelassen werden, wenn sie auch nicht repräsentativ für die gesamte Gemeinschaft im Deutschen Reich waren. Heute wissen wir, daß gerade das verzweifelte Felsthalten der Mitglieder des RjF. dazu führte, daß sie sich weigerten, ihre Heimat zu verlassen, und somit der Vernichtung anheim fielen.

Diese Haltung des Reichsbundes jüdischer Frontsoldaten wird in einem Artikel deutlich, der wenige Tage nach dem Erlaß der Wehrgesetze und dem damit verbundenen Ausstoß der Juden als ehrenwerte ehemalige Soldaten deutlich, den die Zeitschrift des RjF, der "Schild" am 17. Mai 1935 veröffentlichte. Der Vorsitzende des RjF, Hauptmann der Reserve a.D. Dr. Löwenstein hatte ihn geschrieben. Er trägt die Überschrift "in eigener Sache". Hier der Wortlaut:

Jüdische Reaktionen

Drei Tage nach Erlaß des "Wehrgesetzes" vom 21. Mai 1935 nahm die Zeitschrift "Der Schild" unter dem Titel "Zum Wehrgesetz" zu den neuen "Arierparagraphen" dieses Gesetzes Stellung. Dieser Artikel vom 24. Mai 1935 auf der ersten Seite abgedruckt, lautet:

"Zum Wehrgesetz"

Das am 21. Mai 1935 verkündete Wehrgesetz beginnt in seinem Abschnitt I mit folgenden Worten des § 1:

1.) Wehrdienst ist Ehrendienst am deutschen Volke.

2.) Jeder deutsche Mann ist wehrpflichtig.

3.) Im Kriege ist über die Wehrpflicht hinaus jeder deutsche Mann und jede deutsche Frau zur Dienstleistung für das Vaterland verpflichtet.

Von den übrigen Paragraphen geben wir hier § 15 wieder:

Arische Abstammung.

Arische Abstammung ist eine Voraussetzung für den aktiven Wehrdienst.

Ob und in welchem Umfange Ausnahmen zugelassen werden können, bestimmt ein Prüfungsausschuß nach Richtlinien, die der Reichsminister des Innern im Einvernehmen mit dem Reichskriegsminister ausstellt.

Nur Personen arischer Abstammung können Vorgesetzte in der Wehrmacht werden.

Den Angehörigen arischer Abstammung der Wehrmacht und des Beurlaubtenstandes ist das Eingehen der Ehe mit Personen nichtarischer Abstammung verboten. Zuwiderhandlungen haben den Verlust jedes gehobenen militärischen Dienstgrades zur Folge.
Die Dienstleistung der Nichtarier im Kriege bleibt besonderer Regelung vorbehalten.

Die jüdischen Frontsoldaten können heute diese Bestimmung nur zur Kenntnis nehmen. Was unsere Kameraden dabei empfinden werden, entzieht sich öffentlicher Äußerung.
Das für das Deutsche Reich seit 1933 richtungsgebende Prinzip findet seine Verwirklichung nunmehr auch im neuen Heere der Allgemeinen Wehrpflicht. Die vorgesehenen Ausnahme-Möglichkeiten ergibt der Wortlaut des oben wiedergegebenen § 15).
Da es sich bei dem völkischen Prinzip nicht um die Frage der jüdischen Bereitschaft und Eignung für den Wehrdienst, sondern um die naturgegebene Voraussetzung der Abstammung handelt, vermögen jene Bestimmungen, gleichviel wie wir ihnen gegenüber empfinden, unsere Selbstachtung und unser soldatisches Ehrbewußtsein nicht zu berühren. Denn solange es überhaupt in Preußen bzw. Deutschland ein Volksheer – und somit eine allgemeine Wehrpflicht – gegeben hat (und das ist worauf auch Major Fortsch hinweist, erst seit den Befreiungskriegen), haben wir deutschen Juden die Möglichkeit, im Ehrendienst am deutschen Volke hinter der übrigen Bevölkerung an soldatischer Bewährung nicht nachzustehen, besessen – und erhärtete Tatsachen haben ein für allemal erwiesen, daß im Frieden wie im Kriege der jüdische Soldat – in der Mannschaft, wie als Vorgesetzter, wie als Kamerad – in Ehren bestanden hat.

Der Reichsbund jüdischer Frontsoldaten hat, als lebendiges Wahrzeichen jüdischen Einsatzes, jüdischer Bewährung, jüdischen Opfers an den Fronten des Weltkrieges, für Gegenwart und Zukunft an Bedeutung für das deutsche Judentum noch gewonnen, nachdem im neuen Wehrgesetz die Möglichkeit zu soldatischer Bewährung an die Voraussetzungen des Waffenprinzips gebunden ist. Man wird auch in ferneren Jahren nicht behaupten können, daß der deutsche Jude, der nun vom aktiven Dienst ausgeschaltet wurde, "kein Soldat" und für den Ehrendienst am deutschen Volke an sich ungeeignet sei. Die gefallenen und die lebenden jüdischen Kameraden des großen Krieges verbürgen geschichtliche Fakten.

Auf diese Fakten hinzuweisen, hatte der Reichsbund jüdischer Frontsoldaten für seine Verpflichtung angesehen, nachdem am 16. März 1935 die Verkündung der Allgemeinen Wehrpflicht erfolgt war. Die Wehrdienst-Entscheidung ist nunmehr im Sinne des Waffengrundsatzes gefallen. Vor unseren Vorvätern und vor unseren gefallenen Kameraden, vor kommenden jüdischen Geschlechtern wie vor unserem eigenen Gewissen können wir uns heute sagen, daß der RjF. seinem geschichtlichen Auftrag, im Rahmen der ihm gegebenen Möglichkeiten, auch in diesem Falle gerecht geworden ist.

Ja, gerade wenn wir an die kommenden Generationen, an die jüdische Jugend denken, wird uns die einschneidende Bedeutung der Wehrdienst-Entscheidung deutlich, zugleich damit aber auch das noch gesteigerte Schwergewicht der dem RjF. auferlegten Verpflichtungen bewußt. Auf uns allein – auf uns vor allem wird jetzt die Verantwortung dafür ruhen, daß in unserem Nachwuchs jene in harten Zeiten doppelt unschätzbare soldatische Haltung, geistig wie physisch, lebendig bleibt, in der sich die Begriffe der Ehre, der Einsatzbereitschaft, der Disziplin, der Kameradschaft, des Selbstbehauptungswillens, des Traditionsgefühls und der aus Stolz und Bescheidenheit zusammengeschweißten Selbstachtung als Wertgehalt verwirklichen. hawo.

In der gleichen Ausgabe des "Reichsbundes" wird berichtet, wie der General von Reichenau am 22.5.35 die Arierbestimmungen des Wehrgesetzes kommentiert hat:

„Ausführlich äußerte sich General von Reichenau über die Frage der *Nichtarier*. Die in § 15 enthaltenen Vorschriften über die Stellung der Nichtarier sind nach Grundsätzen entstanden, die der Führer und Reichskanzler aufgestellt hat. Arische Abstammung ist grundsätzlich eine Voraussetzung für den Wehrdienst, doch können Ausnahmen zugelassen werden, die durch Prüfungsausschüsse entschieden werden. Diese Prüfungsausschüsse, die bei den Wehrersatzinspektionen durch den Reichsminister des Innern im Einvernehmen mit dem Reichskriegsminister eingerichtet werden, werden nach bestimmten Richtlinien in dieser Frage arbeiten. Danach werden Nichtarier und Personen, die mit Frauen nichtarischer Abkunft verheiratet sind, bei freiwilliger Meldung zum aktiven Wehrdienst zugelassen, wenn sie gewisse Voraussetzungen erfüllen. Reinrassige Juden werden zum aktiven Wehrdienst nicht herangezogen. Alle Nichtarier unterliegen der militärischen *Meldepflicht und Wehrüberwachung*. Die zum aktiven Wehrdienst zugelassenen Nichtarier können keine Vorgesetzten werden. Für den *Kriegsfall* ist eine besondere Regelung der schwierigen Frage durch den Führer und Reichskanzler vorbehalten."

Mit dem Wehrgesetz, den im Zusammenhang damit erlassenen Bestimmungen und Verordnungen und den "Nürnberger Gesetzen" vom 15. September 1935, dem "Reichsbürgergesetz" und dem "Gesetz zum Schutze des deutschen Blutes und der deutschen Ehre" (Reichsgesetzblatt Teil I Seite 1146 und 1147 in der Ausgabe Nr. 100 vom 16. September 1935) war der jüdische Bevölkerungsteil in Deutschland endgültig rechtlos und ehrlos gemacht worden.

Die "Nürnberger Gesetze"
Reichsbürgergesetz.
Vom 15. September 1935.
Der Reichstag hat einstimmig das folgende Gesetz beschlossen, das hiermit verkündet wird:
§ 1
(1) Staatsangehöriger ist, wer dem Schutzverband des Deutschen Reiches angehört und ihm dafür besonders verpflichtet ist.
(2) Die Staatsangehörigkeit wird nach den Vorschriften des Reichs- und Staatsangehörigkeitsgesetzes erworben.
§ 2
(1) Reichsbürger ist nur der Staatsangehörige deutschen oder artverwandten Blutes, der durch sein Verhalten beweist, daß er gewillt und geeignet ist, in Treue dem Deutschen Volk und Reich zu dienen.
(2) Das Reichsbürgerrecht wird durch Verleihung des Reichsbürgerbriefes erworben.
(3) Der Reichsbürger ist der alleinige Träger der vollen politischen Rechte nach Maßgabe der Gesetze.

§ 3

Der Reichsminister des Innern erläßt im Einvernehmen mit dem Stellvertreter des Führers die zur Durchführung und Ergänzung des Gesetzes erforderlichen Rechts- und Verwaltungsvorschriften.

Nürnberg, den 15. September 1935,
am Reichsparteitag der Freiheit.

Der Führer und Reichskanzler
Adolf Hitler
Der Reichsminister des Innern
Frick

Gesetz zum Schutze des deutschen Blutes und der deutschen Ehren.

Vom 15. September 1935.

Durchdrungen von der Erkenntnis, daß die Reinheit des deutschen Blutes die Voraussetzung für den Fortbestand des Deutschen Volkes ist, und beseelt von dem unbeugsamen Willen, die Deutsche Nation für alle Zukunft zu sichern, hat der Reichstag einstimmig das folgende Gesetz beschlossen, das hiermit verkündet wird:

§ 1

(1) Eheschließungen zwischen Juden und Staatsangehörigen deutschen oder artverwandten Blutes sind verboten. Trotzdem geschlossene Ehen sind nichtig, auch wenn sie zur Umgehung dieses Gesetzes im Ausland geschlossen sind.

(2) Die Nichtigkeitsklage kann nur der Staatsanwalt erheben.

§ 2

Außerehelicher Verkehr zwischen Juden und Staatsangehörigen deutschen oder artverwandten Blutes ist verboten.

§ 3

Juden dürfen weibliche Staatsangehörige deutschen oder artverwandten Blutes unter 45 Jahren in ihrem Haushalt nicht beschäftigen.

§ 4

(1) Juden ist das Hissen der Reichs- und Nationalflagge und das Zeigen der Reichsfarben verboten.

(2) Dagegen ist ihnen das Zeigen der jüdischen Farben gestattet. Die Ausübung dieser Befugnis steht unter staatlichem Schutz.

§ 5

(1) Wer dem Verbot des § 1 zuwiderhandelt, wird mit Zuchthaus bestraft.

(2) Der Mann, der dem Verbot des § 2 zuwiderhandelt, wird mit Gefängnis oder mit Zuchthaus bestraft.

(3) Wer den Bestimmungen der §§ 3 und 4 zuwiderhandelt, wird mit Gefängnis bis zu einem Jahr oder mit Geldstrafe oder mit einer dieser Strafen bestraft.

§ 6

Der Reichsminister des Innern erläßt im Einvernehmen mit dem Stellvertreter des Führers und dem Reichsminister der Justiz die zur Durchführung und Ergänzung des Gesetzes erforderlichen Rechts- und Verwaltungsvorschriften.

§ 7

Das Gesetz tritt am Tage nach der Verkündung, § 3 jedoch erst am 1. Januar 1936 in Kraft.

Nürnberg, den 15. September 1935,
am Reichsparteitag der Freiheit.

Der Führer und Reichskanzler
Adolf Hitler
Der Reichsminister des Innern
Frick
Der Reichsminister der Justiz
Dr. Gürtner
Der Stellvertreter des Führers
R. Heß
Reichsminister ohne Geschäftsbereich
(aus: Reichsgesetzblatt, Jahrgang 1935, Teil I)

Zwei Monate nach Erlaß des "Reichsbürgergesetzes" folgte am 14. November 1935 die erste Verordnung zu diesem Gesetz, das am Beginn der völligen Ächtung und Entrechtung aller Juden in Deutschland stand (Reichsgesetzblatt Teil I Nr. 135 vom 14. November 1935)

Erste Verordnung zum Reichsbürgergesetz.
Vom 14. November 1935.
Aufgrund des § 3 des Reichsbürgergesetzes vom 15. September 1935 (Reichsgesetzbl. S. 1146) wird folgendes verordnet:

§ 1

(1) Bis zum Erlaß weiterer Vorschriften über den Reichsbürgerbrief gelten vorläufig als Reichsbürger die Staatsangehörigen deutschen oder artverwandten Blutes, die beim Inkrafttreten des Reichsbürgergesetzes das Reichstagswahlrecht besessen haben, oder denen der Reichsminister des Innern im Einvernehmen mit dem Stellvertreter des Führers das vorläufige Reichsbürgerrecht verleiht.

(2) Der Reichsminister des Innern kann im Einvernehmen mit dem Stellvertreter des Führers das vorläufige Reichsbürgerrecht entziehen.

§ 2

(1) Die Vorschriften des § 1 gelten auch für die staatsangehörigen jüdischen Mischlinge.

(2) Jüdischer Mischling ist, wer von einem oder zwei der Rasse nach volljüdischen Großelternteilen abstammt, sofern er nicht nach § 5 Abs. 2 als Jude gilt. Als volljüdisch gilt ein Großelternteil ohne weiteres, wenn er der jüdischen Religionsgemeinschaft angehört hat.

§ 3

Nur der Reichsbürger kann als Träger der vollen politischen Rechte das Stimmrecht in politischen Angelegenheiten ausüben und ein öffentliches Amt bekleiden. Der Reichsminister des Innern oder die von ihm ermächtigte Stelle kann für die Übergangszeit Ausnahmen für die Zulassung zu öffentlichen Ämtern gestatten. Die Angelegenheiten der Religionsgesellschaften werden nicht berührt.

§ 4

(1) Ein Jude kann nicht Reichsbürger sein. Ihm steht ein Stimmrecht in politischen Angelegenheiten nicht zu; er kann ein öffentliches Amt nicht bekleiden.

(2) Jüdische Beamte treten mit Ablauf des 31. Dezember 1935 in den Ruhestand. Wenn diese Beamten im Weltkrieg an der Front für das Deutsche Reich oder für seine Verbündeten gekämpft haben, erhalten sie bis zur Erreichung der Altersgrenze als Ruhegehalt die vollen zuletzt bezogenen ruhegehaltsfähigen Dienstbezüge; sie steigen jedoch nicht in Dienstaltersstufen auf. Nach Erreichung der Altersgrenze wird ihr Ruhegehalt nach den letzten ruhegehaltsfähigen Dienstbezügen neu berechnet.

(3) Die Angelegenheiten der Religionsgesellschaften werden nicht berührt.

(4) Das Dienstverhältnis der Lehrer an öffentlichen jüdischen Schulen bleibt bis zur Neuregelung des jüdischen Schulwesens unberührt.

§ 5

(1) Jude ist, wer von mindestens drei der Rasse nach volljüdischen Großeltern abstammt. § 2 Abs. 2 Satz 2 findet Anwendung.

(2) Als Jude gilt auch der von zwei volljüdischen Großeltern abstammende staatsangehörige jüdische Mischling,

a) der beim Erlaß des Gesetzes der jüdischen Religionsgemeinschaft angehört hat oder danach in sie aufgenommen wird,

b) der beim Erlaß des Gesetzes mit einem Juden verheiratet war oder sich danach mit einem solchen verheiratet,

c) der aus einer Ehe mit einem Juden im Sinne des Absatzes 1 stammt, die nach dem Inkrafttreten des Gesetzes zum Schutze des deutschen Blutes und der deutschen Ehre vom 15. September 1935 I S. 1146) geschlossen ist,

d) der aus dem außerehelichen Verkehr mit einem Juden im Sinne des Absatzes 1 stammt und nach dem 31. Juli 1936 außerehelich geboren wird.

§ 6

(1) Soweit in Reichsgesetzen oder in Anordnungen der Nationalsozialistischen Deutschen Arbeiterpartei und ihrer Gliederungen Anforderungen an die Reinheit des Blutes gestellt werden, die über § 5 hinausgehen, bleiben sie unberührt.

(2) Sonstige Anforderungen an die Reinheit des Blutes, die über § 5 hinausgehen, dürfen nur mit Zustimmung des Reichsministers des Innern und des Stellvertreters des Führers gestellt werden. Soweit Anforderungen dieser Art bereits bestehen, fallen sie am 1. Januar 1936 weg, wenn sie nicht von dem Reichsminister des Innern im Einvernehmen mit dem Stellvertreter des Führers zugelassen werden. Der Antrag auf Zulassung ist bei dem Reichsminister des Innern zu stellen.

§ 7

Der Führer und Reichskanzler kann Befreiungen von den Vorschriften der Ausführungsverordnungen erteilen.

Berlin, den 14. November 1935.

Der Führer und Reichskanzler
Adolf Hitler

Der Reichsminister des Innern
Frick
Der Stellvertreter des Führers
R. Heß
Reichsminister ohne Geschäftsbereich

Von Blomberg wollte den Anschluß nicht verpassen.

Bezeichnend für die Willfährigkeit des damaligen Reichswehrministers bei der Ausschaltung der Juden aus dem Bereich der Wehrmacht sind die folgenden Schreiben von Blombergs an die Oberbefehlshaber des Heeres, der Kriegsmarine und der Luftwaffe.

1. Schreiben vom 15. Juli 1935:

Der Reichskriegsminister   Berlin W. 35, den 15. Juli 1935
und Oberbefehlshaber der Wehrmacht   Tirpitzufer 72/76
Nr. 3799 J.

An
     den Herrn Oberbefehlshaber des Heeres,
     den Herrn Oberbefehlshaber der Kriegsmarine,
     den Herrn Oberbefehlshaber der Luftwaffe.

Für die Wehrmacht als einer der tragenden Säulen des neuen Staates ist die Bejahung der nationalsozialistischen Weltanschauung, wie sie auch in den Bestimmungen des Wehrgesetzes ihren Ausdruck findet, eine Selbstverständlichkeit. Das erfordert bei allen Wehrmachtsangehörigen, gleichgültig, ob in oder außer Dienst, eine klare innere Einstellung auf ihre Grundideen und ein entsprechendes Handeln.

Damit ist es aber nicht vereinbar, wenn der Soldat seine Einkäufe in Geschäften vornimmt, von denen er weiß, daß sie in nichtarischen Händen sind. Ein solches Vorgehen Einzelner setzt die Wehrmacht, besonders in kleineren Städten, wo sich bei der Enge der Verhältnisse alles, auch das private Leben, in der Öffentlichkeit abspielt, in ein falsches Licht und führt notwendig zu Mißdeutungen und unerwünschten Reibungen.

Ich bitte die Herren Oberbefehlshaber der Wehrmachtsteile, durch mündliche Belehrung in geeigneter Form dafür Sorge zu tragen, daß die nationalsozialistische Grundeinstellung auch auf diesem Gebiet baldmögliches Allgemeingut der Wehrmacht wird und Verstöße in Zukunft vermieden werden.

                           gez. von Blomberg.

2. Schreiben an Staatsminister Wagner beim Stab des "Stellvertreters des Führers" in München vom 21. August 1935:

Der Reichskriegsminister   Berlin, den 21. August 1935.
und Oberbefehlshaber der Wehrmacht.

Nr. 4519/35 J (Ch.)

An

den Stellvertreter des Führers

z.Hd. Herrn Staatsminister Wagner

München.

Unter Bezugnahme auf die Chefbesprechung beim Herrn Reichswirtschaftsminister am 20.8.35 nachmittags sehe ich mich veranlaßt, erneut festzustellen, daß in der Wehrmacht die Bestimmungen des Berufsbeamtengesetzes, die die Arier-Frage betreffen, ausnahmslos befolgt sind und weiter befolgt werden. Ich habe ferner einen Befehl erlassen, der den Angehörigen der Wehrmacht zur Pflicht macht, nicht in jüdischen Geschäften zu kaufen.

Ich muß jedoch schärfsten Einspruch dagegen erheben, daß Angehörige der Wehrmacht, die unwissend und unabsichtlich ein jüdisches Geschäft betreten haben, öffentlich angeprangert werden, wie es in der letzten Zeit mehrfach durch Bilderanprangerungen in den sogenannten Stürmer-Kästen erfolgt ist. Ich bitte um Anweisung an die Ihnen unterstellten Dienststellen der Partei, daß von solchen Anprangerungen, die meist ohne Prüfung erfolgen und Unschuldige treffen, Abstand genommen wird; andernfalls sehe ich mich genötigt, die betroffenen Truppenteile zur Selbsthilfe anzuhalten.

Der Schriftleitung der Zeitschrift "Der Stürmer" habe ich unmittelbar Abschrift dieses Schreibens zugestellt.

Heil Hitler!

gez. von Blomberg.

Antwortschreiben Martin Bormanns an Blomberg vom 27. August 1935

Der Stellvertreter des Führers.   München, den 27. August 1935.

An

den Herrn Reichskriegsminister

und Oberbefehlshaber der Wehrmacht,

Berlin W 35

Betr.: Gesch. Zeich. Nr. 4519/35 J (Ch).

Ich erhielt erst heute Ihr Schreiben vom 21. ds.Mts. Daß Angehörige der Wehrmacht in der von Ihnen geschilderten Weise angeprangert wurden, wurde mir erst durch dieses Schreiben bekannt, andernfalls wäre ein

Verbot selbstverständlich auch sofort von uns aus ausgesprochen worden.

Zu Ihrer Unterrichtung füge ich untenstehend den Text der heute an alle Gaue herausgegebenen Anweisung an.

Heil Hitler!

gez. M. Bormann.

4. Schreiben Bormanns an die Gauleitungen der NSDAP vom 11. September 1935.

An alle Gauleitungen der NSDAP.

Seitens des Reichskriegsministers ist kürzlich ein Befehl erlassen worden, der den Angehörigen der Wehrmacht zur Pflicht macht, nicht in jüdischen Geschäften zu kaufen.

Es ist jedoch nicht angängig, daß Angehörige der Wehrmacht, die unwissend oder unabsichtlich ein jüdisches Geschäft betreten, wie mehrfach geschehen, öffentlich angeprangert und ihre Bilder z.b. in den sogenannten Stürmer-Kästen ausgestellt werden. Wo dergleichen geschehen ist, sind, wie ich im Auftrage mitteile, die Bilder oder sonstigen Hinweise sofort zu entfernen.

Von dieser Anweisung sind alle in Frage kommenden Dienststellen sofort zu unterrichten.

Im übrigen sind, wie ich zur Kenntnisnahme mitteile, die Erörterungen über Kennzeichnung jüdischer Geschäfte noch nicht abgeschlossen.

gez. M. Bormann

Schreiben von Blombergs an die Oberbefehlshaber der Wehrmachtsteile vom 27. November 1935.

Der Reichskriegsminister   Berlin W. 35, den 27. Nov. 1935.
und Oberbefehlshaber der Wehrmacht   Tirpitzufer 72/76
Nr. 6553/35 J I c.

An
den Herrn Oberbefehlshaber des Heeres,
den Herrn Oberbefehlshaber der Kriegsmarine,
den Herrn Reichsminister der Luftfahrt und
        Oberbefehlshaber der Luftwaffe.

1.) Die erste Verordnung zum Reichsbürgergesetz vom 14. November 1935 macht erforderlich, daß sämtliche Offiziere und Beamte, die bisher den Nachweis ihrer arischen Abstammung noch nicht erbracht haben, dieses sofort nachholen.

2.) Zur Durchführung des arischen Nachweises genügt es, wenn die große Geburtsurkunde der Eltern erbracht wird.

3.) In den Fällen, wo begründete Zweifel an der arischen Abstammung eines der Elternteile vorliegen, sind die gleichen Urkunden für die Eltern dieses Elternteiles zu erbringen.

4.) Hat die Untersuchung ergeben, daß der Betreffende zwei jüdische Großelternteile hat, so ist der Ariernachweis in der gleichen Form für die Ehefrau zu erbringen.

5.) Ergibt die Prüfung, daß der Betreffende im Sinne des § 5 der 1. Verordnung zum Reichsbürgergesetz Jude ist, sind sinngemäß zu § 4 der Verordnung die notwendigen Folgerungen zu ziehen.

6.) Die Unterlagen über diejenigen Offiziere und Beamte, die nach § 2 der Verordnung als Mischlinge anzusehen sind, sind von den Personalämtern bezw. Verwaltungsämtern der Wehrmachtteile zu sammeln.

7.) Über die Art der Abfindung im Sinne des Gesetzes für die etwa ausscheidenden Offiziere erfolgt Regelung. Für Beamte gelten die allgemeinen Bestimmungen für Reichsbeamte.

8.) Die Durchführung dieser Verordnung ist von den Wehrmachtteilen zum 31. Januar 1936 zu melden. Fälle, in denen aus besonderen Gründen, z.B. Auslandskommando, die Frist nicht innegehalten werden konnte, sind besonders zu melden.

gez. von Blomberg

Das Ende der Illusionen – RjF "vor neuen Aufgaben"

Am 27. September 1935 nahm die Zeitschrift des Reichsbundes jüdischer Frontsoldaten e.v. Abschied von der Illusion eines deutschen Vaterlandes für alle seine Bürger, egal welchen Glaubens oder „Rasse", ein im übrigen völlig unwissenschaftlicher emotional aufgeheizter Begriff, der plötzlich eine ungeheure Rolle in Deutschland spielte. Elf Tage nach der Veröffentlichung des Reichsbürgergesetzes und des Gesetzes zum Schutze des deutschen Blutes und der deutschen Ehre, markierte der Bundesvorsitzende des Reichsbundes Dr. Leo Löwenstein in einem Aufruf zum jüdischen Neujahrsfest die Ernüchterung auch der treuesten deutschen Juden und die Wende in ihrer Haltung zu dem "neuen" Deutschland der braunen Gewaltherrschaft:

"Vor neuen Aufgaben":
Am Beginn eines neuen Abschnittes der Geschichte unseres Judentums rüsten wir uns, die höchsten Feiertage unserer Religion zu begehen und die Schwelle eines neuen jüdischen Jahres zu überschreiten. Möge jeder einzelne sich noch dem Gebote des Glaubens in strenger Selbstprüfung

Rechenschaft geben, und aus echter Läuterung und tiefer Gläubigkeit die seelischen und sittlichen Kräfte erneuern, die das Schicksal von Juden fordert.

Der Reichsbund jüdischer Frontsoldaten betrachtet es auch für die Zukunft als seine Aufgabe

als Wahrer des Andenkens und der Ehre von mehr als 12.000 für Deutschland im Kriege 1914 – 19 gefallener jüdischer Soldaten,

als Vertreter vieler Tausender jüdischer Kriegereltern, Kriegerwitwen, Kriegerwaisen und kriegsbeschädigter Kameraden,

als Organisation der überlebenden jüdischen Frontsoldaten

die Erinnerung an die Ehre und die Leistungen der deutschen Juden im Weltkriege wachzuhalten und die daraus erwachsenden Kräfte auch für die neuen Aufgaben, insbesondere für unsere junge Generation wirksam werden zu lassen. Damit glauben wir, dem kulturellen, sozialen und wirtschaftlichen Wohle unserer jüdischen Gemeinschaft in Deutschland zu unserem Teile am Besten dienen zu können. Verwirklichte Kameradschaft, pflichtbereites Verantwortungsbewußtsein seien der Inhalt unseres Judentums. Das ist die Haltung, die unseren herzlichen Wünschen zugrundeliegt, die wir unseren Kameraden, Freunden und Lesern zum Neujahrsfest darbringen.

Berlin, den 27. September 1935.

Reichsbund jüdischer Frontsoldaten

Dr. Leo Löwenstein

Bundesvorsitzender

Der Kommentar auf der gleichen Seite hat folgenden Wortlaut:

Als wir in der vorigen Woche die neuen Gesetze vom 15. September 1935 und die damit zusammenhängenden maßgebenden Erklärungen im "Schild" wiedergaben, bezeichneten wir die damit geschaffenen Tatsachen als einen *Abschnitt* in der Entwicklung des Judentums in Deutschland. Und wenn wir in einem "Wort an unsere Frontkameraden" äußerste Disziplin und echtes Pflichtgefühl als die Kardinalforderungen herausstreichen, so haben wir die damit verbundene Verantwortung angesichts der neuen Aufgaben der jüdischen Gemeinschaft hervorgehoben.

Im nachstehenden veröffentlichen wir das Arbeitsprogramm mit dem die Reichsvertretung der deutschen Juden die Situation kennzeichnet und die nächsten Gesamtaufgaben umreißt.

Dieses Programm kann allerdings nur einen Rahmen bedeuten, dessen Ausfüllung noch viel Arbeit erfordert, in deren Durchführung wir Frontsoldaten allerdings mehr als bisher Einblick und Mitwirkung beanspruchen.

Unter diesen Voraussetzungen hat der Reichsbund jüdischer Frontsoldaten durch seinen Bundesvorsitzenden seine Unterschrift unter das Programm der Reichsvertretung gesetzt.

In der zweiten dieser Erklärungen werden die "organisatorischen und personellen Maßnahmen" angekündigt, die "in den jüdischen Körperschaften erforderlich sind, um eine kraftvolle und konsequente Durchführung des neuen Arbeitsprogrammes durch alle jüdischen Instanzen sicherzustellen". Wir begrüßen diese Erklärung in der bestimmten Erwartung, daß sie eine — der Verantwortung entsprechende — Beteiligung der durch den RjF. repräsentierten jüdischen Frontkämpfer an allen jüdischen Entscheidungen und ihrer Durchführung zum Ziel hat. Denn die Verantwortungsfreudigkeit, die uns erfüllt, setzt voraus, daß auch im Judentum weit mehr als bisher der Geist und die Kräfte seiner Frontkämpferorganisation zur Geltung kommen. Wenn das Judentum seine Frontsoldaten gebührend einzuschätzen und *einzusetzen* weiß, so folgt es damit einem Gebot der Selbstachtung und Selbsterhaltung. Gerade zur *kraftvollen* und *konsequenten* Durchführung der großen Gemeinschaftsaufgaben halten wir den jüdischen Frontsoldaten beizutragen für berufen.

Insbesondere geht es nicht weiter an, daß große *Gemeinden,* in denen unser Bund mit an Zahl und Aktivität wichtigen Gruppen hervortritt, in ihren *Vorständen* keinen unserer Kameraden aufweisen, der durch seine Vertrautheit mit unserer Arbeit wie durch das Vertrauen der Kameradenschaft als unser Vertreter anzusehen wäre. Es sei als weiteres Beispiel darauf hingewiesen, daß sich im leitenden Beamtenkörper der *Reichsvertretung* überhaupt kein Mitglied des RjF. befindet.

Zu Punkt 5 der in der ersten Erklärung aufgezählten dringendsten Aufgaben der Reichsvertretung sei bemerkt: wenn dort im Zusammenhang mit dem Aufbau des jüdischen Palästinas insbesondere auf den "Keren Hajessod" hingewiesen wird, so hat der Reichsbund jüdischer Frontsoldaten bereits eine andere Verbindung aufgenommen, um sein Interesse am Palästina-Aufbau zu bekunden, nämlich zum "Keren Hajischuw", der dieses Aufbauwerk auf unpolitischer Grundlage betreibt; dies ist vor allem in der Form geschehen, daß führende Kameraden dem Komitee für den religiösen Aufbau Palästinas beigetreten sind.

Das "Arbeitsprogramm", von dem hier die Rede ist, kennzeichnet den eigentlichen Beginn der "Liquidation" der Gemeinden und auch des Reichsbundes jüdischer Frontsoldaten. Es begann nun allgemein eine Hinwendung zum "Aufbau eines jüdischen Palästinas", als Aufgabe der Gemeinden und der jüdischen Verbände, die sich nun in diesem Arbeits-

programm zusammenschlossen. Die vom Reichsbund jüdischer Frontsoldaten hierzu veröffentlichte Erklärung hat folgenden Wortlaut:
Die Pressestelle der Reichsvertretung teilt mit:
I.
„Die vom Reichstag in Nürnberg beschlossenen Gesetze haben die Juden
in Deutschland aufs schwerste betroffen. Sie sollen aber eine Ebene
schaffen, auf der ein erträgliches Verhältnis zwischen dem deutschen und
dem jüdischen Volke möglich ist. Die Reichsvertretung der Juden in
Deutschland ist willens, hierzu mit ihrer ganzen Kraft beizutragen. Voraussetzung für ein erträgliches Verhältnis ist die Hoffnung, daß den
Juden und jüdischen Gemeinden in Deutschland durch Beendigung ihrer
Diffamierung und Boykottierung die moralische und wirtschaftliche
Existenzmöglichkeit gelassen wird.
Die Ordnung des Lebens der Juden in Deutschland erfordert die staat-
liche Anerkennung einer autonomen jüdischen Führung. Die Reichsver-
tretung der Juden in Deutschland ist das hierzu berufene Organ. Hinter
ihr steht bis auf geringe Ausnahmen die Gesamtheit der Juden und jüdi-
schen Gemeinden, insbesondere alle Landesverbände und alle Groß-
gemeinden, sowie die freien jüdischen Organisationen.
Zionistische Vereinigung für Deutschland
Centralverein der Juden in Deutschland
Reichsbund jüdischer Frontsoldaten
Vereinigung für das religiös-liberale Judentum
die organisierte Gemeinde-Orthodoxie

Die Tradition des RjF wird in Israel gepflegt.

Ehemalige Mitglieder des Reichsbundes jüdischer Frontsoldaten setzen die
Tradition ihrer Organisation in der "Association Welfare of Soldiers in
Israel", dem Soldatenwohlfahrtsverband fort. In dieser Organisation sind ehemalige jüdische Soldaten aus vielen Ländern zusammengeschlossen. Das
deutsche Komitee ehemaliger Mitglieder des RjF wurde am 26. Dezember
1971 in Tel Aviv gegründet.
Die "Reichsbundtradition" wurde vor allem von zwei aus Deutschland
stammenden Persönlichkeiten in die neue Organisation eingebracht, die sich
auch um die Erfassung der in Israel lebenden früheren deutschen Soldaten
erfolgreich bemüht haben:
Martin Hauser aus Berlin, einstmals Generalsekretär der Shillumim-Gesell-

schaft, die die Wiedergutmachungsleistungen der Bundesrepublik Deutschland in Israel abgewickelt hat, heute Vorstandsmitglied eines großen Reisebüros und auch außerhalb seiner beruflichen Tätigkeit um Kontakte mit Deutschland besonders bemüht. Er hatte noch bei Theodor Heuss in Berlin politische Wissenschaften studiert, war dann nach Palästina ausgewandert, in die Haganah, die illegale jüdische Ärmee eingetreten und kämpfte im Zweiten Weltkrieg in der jüdischen Brigade gegen das Hitler-Deutschland. Yaacov Bar Or, ein bekannter Jurist, stammt aus Frankfurt und ist heute Vorstandsmitglied einer großen Bank in Israel.

In einem Memorandum, das der Zentralausschuß des Soldatenwohlfahrtsverbandes in Israel Ende März 1971 an den damaligen Bundespräsidenten Dr. D. Gustav Heinemann richtete, regte er ein Gemeinschaftswerk mit der Bundesrepublik Deutschland für jüdische Soldaten in Israel in Form eines Ferienheimes im Süden des Landes an.

Dieses Memorandum gibt einen genauen Überblick über die Geschichte, die Zielsetzung und die Tätigkeit des ehemaligen "Reichsbundes jüdischer Frontsoldaten" in Deutschland.

THE ASSOCIATION FOR WELFARE OF SOLDIERS IN ISRAEL
THE NATIONAL COMMITEE
(SOLDATENWOHLFAHRTSVERBAND IN ISRAEL)
Der Zentralausschuss

Tel-Aviv, den 24. März 1971

An Seine Exzellenz
den Präsident der Bundesrepublik Deutschland
Dr. Gustav Heinemann
Bundespräsidialamt
5300 Bonn
Kaiser Friedrichstrasse 16

Sehr geehrter Herr Bundespräsident!
Wir gestatten uns Ihnen in der Anlage ein Memorandum über die Tätigkeit des Reichsbund Jüdischer Frontsoldaten (RJF) bis zu seiner praktischen Auflösung in den letzten Tagen vor der Kristallnacht vom November 1938 zu überreichen. Sie werden darin eine kurze Zusammenfassung von Tatsachen finden, die im Deutschland der Zeit nach dem ersten Welt-

krieg und bis zur N.S.–Machtergreifung von wesentlicher Bedeutung waren und deren Wirkung weit jenseits jüdischer Kreise im In- und Ausland spürbar war.

Der ehemalige Reichsbund, der mit unseren Vorgängern in Palästina in enger Verbindung stand, hat ein Ruhmesblatt in die Geschichte der deutschen Juden geschrieben. Wir vom Soldaten-Wohlfahrtsverband in Israel dürfen stolz auf die öffentliche Wohlfahrtsarbeit des RJF zurückblicken, aus dessen Kreisen mit Gottes Hilfe eine Reihe von aktiven Mitgliedern bis heute in unserer Mitte weiterarbeiten. Wir haben viel aus der Tätigkeit des Reichsbunds lernen können.

In diesem Zusammenhang wollen wir erwähnen, daß die Aufgaben unseres Verbandes sich im Wesentlichen auf dem Gebiet der Leitung von Erholungsheimen, Ferienplätzen, sowie der Gestaltung freizeitlicher und kultureller Betätigung für den israelischen Soldaten bewegen – ob er im Pflichtdienst oder in der Reserve sich ausserhalb der Familie befindet. Der Jahreshaushalt von über 10 Millionen Israel Pounds wird zu etwa 90 % aus freiwilligen Spenden der Bevölkerung gedeckt.

Ehemalige Kameraden, Freunde und Mitglieder im In- und Ausland haben uns den Gedanken eines gemeinschaftlichen Werks für den jüdischen Soldaten in Israel mit der Bundesrepublik Deutschland nahegelegt. Wir können uns in der Tat kein geeigneteres Denkmal für ein Grosswerk ehemaliger deutscher Juden vorstellen als solch gemeinsam getätigtes Unternehmen. Wir glauben, dass die Errichtung eines entsprechend eingerichteten Ferienheims im Süden des Landes, wo es schon längst benötigt wird, und seine Unterhaltung – auf den Namen des Reichsbunds und zur ehrenvollen Erinnerung an die 12.000 gefallenen Kameraden des ersten Weltkriegs – ein Werk ist, mit dem sich die Bundesrepublik für die Wiederaufrichtung des Namens gemeinsamer Kriegsopfer einsetzen möchte. Wir haben die hierzu vorbereiteten Pläne im Rahmen von etwa IL. 15 Millionen gehalten.

Wir dürfen, Herr Bundespräsident, der Hoffnung Ausdruck geben, dass Sie unter persönlicher Befürwortung diese Eingabe den massgebenden Bundesstellen zur wohlwollenden Einsicht und Bearbeitung weiterleiten möchten.

Mit ausgezeichneter Hochachtung

MEMORANDUM

Der "Reichsbund Jüdischer Frontsoldaten" in Deutschland und seine Tätigkeit.

Der "Reichsbund Jüdischer Frontsoldaten" e.v. (RJF) wurde 1919 als eingetragener Verein in Berlin gegründet. Die Geschäftsstelle der Landeszentrale war in Berlin W.35, Mattäikirchplatz 14 IV, Tel.: 219371, Postscheckkonto: Berlin 70995, Bankkonto: Darmstädter und Nationalbank, Depositenkasse Berlin, Kurfürstendamm 52.
Die letzte Adresse der Landeszentrale des "Reichsbund jüdischer Frontsoldaten e.v." (RJF) war Berlin, W.15, Kurfürstendamm 200.
Der Zweck des Reichsbundes war der Zusammenschluss der jüdischen Frontsoldaten Deutschlands zur Wahrung ihrer gemeinsamen Interessen, Kampf gegen Antisemitismus, Förderung der Kriegs-Fürsorge, Pflege der 12.000 jüdischen Heldengräber in Deutschland und auf allen Kriegsschauplätzen der Welt; Pflege der Leibesübungen innerhalb seiner Mitglieder, geistige und körperliche Ertüchtigung der jüdischen Jugend, Umschichtung und Ansiedlung jüdischer Bauern, sowie allseitige Vorbereitung der Auswanderung.
An der Spitze des Reichsbundes Jüdischer Frontsoldaten standen sein Gründer und langjähriger Vorsitzende Hauptmann a.D. Dr. Leo Löwenstein, Belin, Rittergutbesitzer Rudolf Mosse, Stangenhagen, Vizevorsitzender Dr. Heinrich Elkeles, Belin, Oberlandesgerichtsrat Dr. Ernst Rosenthal, Frankfurt/M, Feldrabbiner Dr. Salzberger, Frankfurt/M, Dr. Alfred Rabau, Berlin, Dr. Ludwig Freund u.A.
Der Reichsbund Jüdischer Frontsoldaten entfaltete eine mannigfache Tätigkeit in ganz Deutschland, und er zählte mehr als 500 Ortsgruppen, in welchen über 50.000 Mitglieder erfasst wurden.
Der RJF als Vertreter der jüdischen Frontsoldaten kämpfte gegen die unerträglichen, unbegründeten Angriffe auf Recht und Ehre der deutschen Juden und gegen die antisemitische Verächtlichmachung der jüdischen Gefallenen. Die Landeszentrale des RJF hatte nach langjähriger, gründlicher Arbeit durch ihren Verlag "Der Schild" im Jahre 1932 ein wichtiges Gedenkbuch: "Die Jüdischen Gefallenen des Deutschen Heeres, der Deutschen Marine und der Deutschen Schutztruppen 1914 – 1918" herausgegeben. In diesem Gedenkbuch kommen die Namen, der Todestag, Truppenteil und Dienstgrad, sowie die Verlustmeldung der 12.000 Gefallenen zum Ausdruck. Dieses Buch wurde besonders von dem damaligen Reichspräsidenten von Hindenburg und vom Reichswehr-

minister gewürdigt. Im Jahre 1935 folgte ein zweites Buch von RJF: "Kriegsbriefe Gefallener Deutscher Juden" (Vortrupp-Verlag, Berlin), mit einer Zeichnung von Max Liebermann und Gedichten von Walter Heymann. Ausserdem gab die Ortsgruppe des RJF — München ein: "Gedenkbuch für die im Weltkrieg gefallenen Münchener Juden" heraus.

Die Pflege der jüdischen Gefallenenfriedhöfe (auch ausserhalb Deutschlands) und die Errichtung von Gefallenenehrenmalen und Denkmälern (zur Verewigung) waren vornehmste Aufgaben des RJF. In würdigen Gedenkfeiern in allen Ortsgruppen wurde jedes Jahr der Gefallenengedächtnistag feierlich begangen. Der Reichsbund sorgte besonders für die Errichtung von künstlerischen, jüdischer Tradition entsprechenden Gefallenendenkmälern auf Friedhöfen und in Synagogen. In ergreifenden Veranstaltungen wurden in *Köln* (8.7.34), *Halle* (25.11.34), *Küstrin* (29.3.35), auf dem jüdischen Friedhof in Berlin-*Weissensee* (16.6.35), in *Kost* b/Gleiwitz (19.1.36), *Dresden* (12.3.36), *Grünberg O/S* (15.10.36) und in vielen anderen Städten solche Gefallenendenkmäler errichtet.

Die Kriegsopferabteilung des RJF (ihre letzte Adresse: Berlin, W.35, Mattäikirchplatz 14/IV, Tel: 219371, Postscheckkonto Berlin 140208), die Kriegsopfer (Witwen, Waisen, Eltern, usw.) zu betreuen hatte, und besonders ab 1933 unter den im Naziregime veränderten Umständen, stand im Zentrum der sozialen Arbeit des RJF. Nach dem am 3.7.34 erschienenen "Gesetz über Änderungen auf dem Gebiete der Reichsversorgung" und durch einen Regierungserlass vom 27.8.34 wurde stattgegeben, dass der Reichsbund Jüdischer Frontsoldaten zum bevollmächtigten Betreuer anerkannt wurde und die Befugnis hatte, Juden vor den Versorgungsbehörden zu vertreten.

Mit der Verschlechterung der wirtschaftlichen Lage der Juden in Deutschland ergab es sich, dass die betroffenen Mitglieder des RJF im grösseren Masse an ihn Unterstützungsforderungen stellten. Die Einengung des für Juden zur Verfügung stehenden Wirtschaftsraumes brachte es mit sich, dass auch die jüdischen Kriegsbeschädigten zum Teil ohne Arbeitsplätze verblieben. Die Kriegsopferabteilung betreute in 350 Ortsgruppen über 4.500 bei ihnen gemeldete Kriegsopfer. Ausserdem mussten die RJF-Gruppen die Rundfunkgebühren für bedürftige Kriegsblinde und vollerwerbsunfähige Kriegsbeschädigte übernehmen. Weitere segensreiche Arbeit konnte zu Gunsten ausgewanderter Kriegsbeschädigter und Hinterbliebener durch Erhaltung ihrer Rente für notwendige Zahlungen im Inlande, z.B. an unterhaltungsbedürftige Angehörige, oder durch Transferierung der Rente nach Palästina geleistet werden.

Einen immer grösseren Umfang nahm die Fürsorge und die persönliche Betreuung der alten und bedürftigen Eltern gefallener Mitglieder an. Die Wohlfahrtseinrichtungen der Ortsgruppen des RJF sorgten zu den hohen jüdischen Feiertagen und bei persönlichen Anlässen für Lebensmittelpakete, Geldspenden usw. Die grösseren Ortsgruppen sorgten während des ganzen Winters für tägliche Kameradschaftsspeisung. Aus eigener Initiative und mit eigenen Mitteln haben die Ortsgruppen in schwerer Zeit für notleidende Kameraden eine tägliche Speisung eingerichtet.

Auf Initiative der Bundesleitung und der 16 Landesverbände wurden jährliche Ferienkinderaktionen durchgeführt, die mehreren hundert bedürftigen Kindern insbesondere von Kriegswitwen oder Vollwaisen unter ärztlicher Kontrolle und erzieherischer Betreuung, Erholung verschaffen konnten.

Der RJF entfaltete eine rege Tätigkeit unter den wandernden Jugendlichen und errichtete Jugendherbergen und Heime. (Z.B. "das Reichenbacher Heim" in Reichenstadt, bei Breslau, mit grossem Essaal, Küche und Schlafräumen, in Mitteltal bei Stuttgart ein 3-stöckiges Haus mit 8 Zimmern und Aufenthaltsraum, dann die "Ulmer Hütte" usw.).

Die Landeszentrale erwirkte auch beim Jüdischen Kulturbund Freikarten oder verbilligte Karten für bedürftige Kriegsopfer.

Um alle oben erwähnten Aufgaben erfüllen zu können, war die Bundesleitung und ihre Ortsgruppen für die Aufbringung der benötigten Mittel besorgt. Sie waren bestrebt besondere Zuschüsse von verständnisvollen jüdischen Gemeinden zu erhalten: allgemeine Winterhilfsammlungen, Haussammlungen durch Kriegsopferbüchsen, und Verkauf der Kriegsopferspendenmarken. Ausserdem hat der RJF Sonderspenden anlässlich jüdischer Feste und von noch vermögenden Mitgliedern und Sympathikern erhalten.

Besondere Einnahmen bezogen die RJF-Gruppen aus ihren Kulturveranstaltungen und Bällen usw.

Die Erfüllung der schwierigen und verantwortungsvollen Aufgaben konnte durch die intensive Arbeit der Bundesleitung und durch ihre persönliche Fühlungnahme mit den 16 Landesverbänden und den 500 Ortsgruppen durchgeführt werden. Die Landesverbände und die Ortsgruppen erfüllten ihre Aufgaben in unermüdlicher, opferwilliger Arbeit in den Sprechstunden, um den Bedürftigen, den Kriegshinterbliebenen usw. Rat und Hilfe zu gewähren. Der Reichsbund Jüdischer Frontsoldaten erfasste und betreute, – auf gegenseitiger Hilfe basierend – 50 - 60.000 Mitglieder, die sich auf ca. 100 grosse (9 Ortsgruppen in Berlin mit ca. 5.000 Mitgliedern, in Frankfurt/M 1.550, in Hamburg 1.200, in Breslau 1.000 Mitglieder), – 150 mittlere und 250 kleine Ortsgruppen verteilten. Jede Ortsgruppe und jeder Landesverband waren den speziellen täglichen Aufgaben des RJF entsprechend, eingerichtet. Die Ortsgruppen besassen ein Sekretariat mit einigen Abteilungen (Organisation, Finanzen, Sozial, Kultur, Denkmalspflege, Kriegsopferabteilung usw.) sowie eine Bibliothek.

Die Sekretariate der Landesverbände haben der Landeszentrale in Berlin in der Erfüllung ihrer täglichen Aufgaben – in der Provinz – durch Besuche der Kreisortsgruppen, sowie durch Bezirkstagungen auf denen organisatorische, kulturelle und soziale Probleme der Mitglieder behandelt wurden, – geholfen.

Die Landeszentrale des Reichsbundes Jüdischer Frontsoldaten, die die Bewegung vor allen staatlichen und jüdischen Instanzen repräsentierte, war für ihre intensive Tätigkeit straff und gut organisiert. Die Landeszentrale besass ein grosses Büro mit folgenden Abteilungen: für Organisation, Finanzen, Sozialhilfe, Kriegsopfer, Kultur und Erziehung, Juristische Beratung, für Abwehr des Antisemitismus, Denkmalpflege, landwirtschaftliche und handwerkliche Umschichtung, sowie für Auswanderung und Kinderferienhilfswerk. Alle diese Abteilungen waren ihren Aufgaben entsprechend, administrativ gesehen, sehr gut eingerichtet.

Die jährlichen *Bundeshauptversammlungen* des RJF fanden abwechselnd in verschiedenen Städten statt. Es nahmen Delegierte aus allen Teilen Deutschlands an ihnen teil. Diese Jahreskonferenzen, die zu den grössten gesellschaftlichen Erlebnissen der RJF – Mitglieder gehörten, behandelten politische, kulturelle und soziale Probleme des damaligen Judentums und berieten über die konkreten Aufgaben des Reichsbundes auf den verschiedenen Tätigkeitsgebieten.

Eine besonders wichtige Tätigkeit entfaltete der RJF laut Beschluss seiner im Jahre 1928 stattgefundenen Delegiertentagung auf dem Gebiet der landwirtschaftlichen Umschichtung und Siedlungsarbeit. Der RJF errichtete eine gemeinnützige *Siedlungsgesellschaft* "Jüdische Landarbeit GMBH" – Berlin, Charlottenburg, Uhlandstr. 20/11, Tel: 919140 – zur Ausbildung und Ansiedlung jüdischer Landwirte und Gärtner, und zur Förderung bestehender jüdischer landwirtschaftlicher und gärtnerischer Kleinbetriebe. Zur Unterstützung und Propagierung der Aufgaben der "Jüdischen Landarbeit GMBH" gründete der RJF ein Vereinsgebilde "Reichsbund für jüdische Siedlung in Deutschland" (RIS). Der RIS hat im Jahre 1930 den Gutsbetrieb Gross-Gaglow bei Buckow/Mark von etwa 800 Morgen zu seinen Zwecken der Umschichtung und Bodenbearbeitung erworben und entsprechend eingerichtet. Nach mehrjähriger landwirtschaftlicher Tätigkeit bildeten sich einige Gruppen des RJF aus und wanderten als Landwirte und Gärtner besonders nach Palästina und andere Überseeländer aus.

Ausser der landwirtschaftlichen Vorbereitung hat der RJF durch seine Landesverbände und Ortsgruppen einige Lehrwerkstätten und Kurse zur Erlernung verschiedener Fächer, besonders Bauarbeit, Schweisserei, Schlosserei usw. errichtet.

Der Reichsverband Jüdischer Frontsoldaten entwickelte intensive *Kontakte* zu seinen verwandten Jüdischen Soldatenverbänden in Frankreich, England (Jewish Ex-Serviceman's Legion in London), Polen, Oesterreich, Litauen usw. Besondere Verbindung pflegte der RJF mit "The Jewish Ex-Officers Association in Palestine" – Bund ehemaliger jüdischer Offiziere in Palästina – mit Sitz in Tel Aviv. – Eine Reihe von RJF-Mitgliedern, die nach Palästina einwanderten, traten als Mitglieder dieser Vereinigung bei.

Durch diesen Kontakt und mit Verbindung zu den zuständigen Instanzen in Palästina, gelang es dem RJF seine Kameraden in *Palästina* leichter einzuordnen und zu kolonisieren.

Das offizielle Organ des RJF in Deutschland war *"Der Schild"*, der seit November 1921 bis vor der Kristallnacht 4.11.38 permanent als Wochenblatt erschien (im eigenen Verlag, Berlin, Kurfürstendamm 200, Tel.: 918575).

"Der Schild" hatte ein wöchentliches Beiblatt *"Die Kraft"* – als offizielles Organ des *Sportbunds "Schild"* – des Reichsbundes Jüdischer Frontsoldaten.

Eine sehr wichtige Tätigkeit zur physischen und sportlichen Ertüchtigung der jüdischen Jugend übte der Sportbund "Schild" seit seiner Gründung im Jahre 1926 aus. Dieser Sportbund erfasste in *325 Gruppen* tausende jüdischer Jugendlicher in folgenden Sektionen: Leichtathlektik, Fussball, Handball, Schwimmen, Wasserball, Rudern, Turnen, Hockey, Eislauf, Skilauf, Tischtennis, Tennis, Kegeln, Radsport, Boxen, Jiu-Jitsu, Schach usw. Ausserdem besass er eine Sanitätsabteilung. Er verfügte über gut eingerichtete Heime und eigene Sportplätze (Breslau, Frankfurt, Bonn, Düsseldorf, Hamburg, Aachen, Gleiwitz, Reichenbach, Bentheim, Düren usw.). In Frankfurt/M. besass er einen Tennisplatz und eine Eisbahn. Für Hochleistungssport und Pädagogen errichtete der "Schild" ein eigenes, permanentes Sportschulungslager in Ettlingen. Der Sportbund "Schild"

hatte seine Zentrale mit Büroräumen in Berlin, W.35, Mattäikirchplatz 14/IV – Tel: 219371.
Die tägliche Arbeit wurde von 7 Sportreferenten für alle Sportzweige und Sektionen verrichtet. Die Zentrale hat Landes- und Bezirkskonferenzen neben verschiedenen Sportfesten veranstaltet. Die Ortsgruppen des "Schild" haben sich auf allen Sportgebieten im Verlauf ihrer Tätigkeit entwickelt und ausgezeichnet, und sie erreichten deutsche Landesrekorde auf einigen Sportgebieten. Die Ortsgruppen des "Schild" waren allen ihren Sportsektionen gemäss, reich eingerichtet.

Nach der Machtübernahme durch das Naziregime entstanden seit 1933 auch für den RJF und Sportbund "Schild" immer grössere, allseitige Schwierigkeiten. Seine Zentralorgane und Ortsgruppen wurden oft durch die Gestapo und SD sowie durch die NSDAP kontrolliert und schikaniert. Gräber und Gefallenendenkmäler wurden durch NSDAP-Jugendliche geschändet und zerstört.

Die leitenden Persönlichkeiten des RJF wurden von der Gestapo verhört und verleumdet, (Vorwurf: Zusammenarbeit des RJF mit der KPD!) und auf die "schwarze Liste" (Eichmanns Abteilung) gesetzt. Laut Weisung des Reichsführers SS in Berlin stand auch das Zentralorgan "Der Schild" unter strenger Kontrolle und in seinen internen Zirkularen an die SD-Führer, Abteilung II/112, verpflichtete er die SD-Referenten den "Schild" regelmässig zu lesen (viele Auszüge aus dem "Lagebericht" Mai-Juni 1934-37).

Danach wurde der Reichsbund Jüdischer Frontsoldaten durch die Gestapo aufgelöst und sein ganzes Vermögen (laut beiliegender Anlage), die eingerichtete Landeszentrale, Sekretariate der Landesverbände, Ortsgruppen, Siedlungsgüter und Werkstätten, sowie das gesamte Vermögen aller Sportsektionen des Sportverbandes "Schild" und des eigenen Verlages "Der Schild" – durch Beschlagnahme, Zerstörung bezw. durch im Stichlassen entzogen.

Im Zuge der NS-Verfolgung wurden tausende Mitglieder des RJF und des "Schild" mit ihren Familien aus Deutschland in verschiedene KZ-Lager deportiert und umgebracht.

Auf diese tragische Art endete die humane, konstruktive Arbeit einer jüdisch-deutschen Organisation, deren Mitglieder ihre bürgerlichen und vaterländischen Pflichten im ersten Weltkrieg ehrlich und tapfer erfüllten, als Teil der jüdischen Gesellschaft in Deutschland, die 550.000 Seelen zählte, über 100.000 jüdische Soldaten stellte, von welchen 12.000 Soldaten aller Gattungen auf dem Schlachtfelde fielen – und andere Tausende als Invaliden und Kranke von verschiedenen Fronten in die Heimat zurückkehrten.

Dem Memorandum beigefügt sind ausführliche Unterlagen über die Schäden, die dem "Reichsbund" durch das NS-Regime zugefügt worden sind. Der "Reichsbund" hatte eine große Landeszentrale in Berlin, 16 Bezirkssekretariate mit Landesverbandsbüros, 500 Ortsgruppen, den Verlag "Der Schild", den landwirtschaftlichen und handwerklichen Umschulungsbetrieb Groß-Gaglow bei Buckow in der Mark (der auf die Auswanderung nach Palästina und Übersee vorbereitete) und 4 Jugendheime unterhalten und Kinderferienaktionen veranstaltete. Der Sportbund "Schild" des Reichsbundes hatte ebenfalls eine Landeszentrale in Berlin, 350 Ortsgruppen mit verschiedenen Sektionen, den Verlag der Zeitschrift "Die Kraft" mit Redaktion sowie zehn Sportplätze, sechs Skihütten und zehn Tennisplätze in Deutschland. Die dem "Reichsbund" zugefügten Gesamtschäden werden auf 17,729 Millionen DM beziffert.

Die Ausdehnung der Entrechtung auf die Mischlinge.

Nachdem der bereits erwähnte Arierparagraph und die Nürnberger Gesetze den Ausschluß der Juden aus der Reichswehr und später der Wehrmacht bewirkt hatten, wurde zu Beginn des zweiten Weltkrieges die Entrechtung im militärischen Bereich auch auf die Mischlinge ausgedehnt. Bis dahin wurden die Mischlinge als Wehrpflichtige eingezogen. Bei den Mischlingen — so die offizielle nationalsozialistische Unterscheidung — gab es solche ersten und zweiten Grades: erstere hatten einen volljüdischen Elternteil, bei letzteren war Vater oder Mutter halbjüdisch, also Mischling ersten Grades.
Bis die Mischlinge ganz vom Wehrdienst ausgeschlossen wurden, galt für sie die am 26.6.1936 getroffene Regelung des § 15 des Wehrgesetzes. Er lautete:
"1.) Ein Jude kann nicht aktiven Wehrdienst leisten.
2.) Jüdische Mischlinge können nicht Vorgesetzte in der Wehrmacht werden.
3.) Die Dienstleistung von Juden im Kriege bleibt besonderer Regelung vorbehalten."

Nach dem § 15 des Wehrgesetzes wurden Juden und jüdische Mischlinge unterschiedlich erfaßt.
Juden waren vollständig vom Wehrdienst ausgeschlossen, für die jüdischen Mischlinge gab es eine Zwischenstellung.

In der amtlichen Begründung zu § 15 Wehrgesetz, dem Arierparagraph, heißt es:

"Die im § 15 enthaltenen Vorschriften sind nach Grundsätzen entstanden, die der Führer und Reichskanzler aufgestellt hat. Die Richtlinien für die Prüfungsausschüsse werden vom Reichsminister des Innern zusammen mit dem Reichskriegsminister ausgearbeitet werden. Nach ihnen können Nichtarier und Personen, die mit Frauen nichtarischer Abkunft verheiratet sind, bei freiwilliger Meldung zum aktiven Wehrdienst zugelassen werden. Nach der Art ihrer bisherigen Betätigung, nach dem persönlichen Gesamteindruck und nach Prüfung der politischen Zuverlässigkeit entscheidet der Prüfungsausschuß über die Zulassung. Reinrassige Juden dürfen keinen Wehrdienst leisten. Alle Nichtarier unterliegen der militärischen Meldepflicht und der Wehrüberwachung. Die zum aktiven Wehrdienst zugelassenen Nichtarier gelangen nicht in Vorgesetztenstellungen.

Während im Kriege Volljuden und andere zum Wehrdienst bisher nicht herangezogene Nichtarier nur für Verwendung in Arbeitsformationen in Betracht kommen, können die militärisch ausgebildeten Nichtarier auch im Waffendienst verwendet werden. Inwieweit solche Leute im Kriege bei besonderer Tapferkeit von den für Nichtarier geltenden Vorschriften ausgenommen werden können, muß einer besonderen Regelung vorbehalten bleiben."

Das Wehrgesetz behandelte die jüdischen Mischlinge zunächst gleich. Ihr Wehrdienstverhältnis war für diejenigen 1. Grades und 2. Grades das gleiche, wie für alle anderen Deutschen. Sie durften jedoch keine längere Dienstverpflichtung eingehen, also lediglich ihrer Wehrpflicht genügen und keine Vorgesetzten werden. Nach einer Verfügung vom 19. Oktober 1936 (ObdH) konnten sie zu Beginn des zweiten Dienstjahres jedoch zu "Oberschützen" ernannt werden. "Mischlinge 2. Grades", also 25-prozentige Mischlinge, durften sogar in Ausnahmefällen befördert und als Längerdienende angenommen werden.

Dies war der Stand der Gesetzgebung und der Praxis, als am 1. September 1939 der Zweite Weltkrieg ausbrach und viele dieser Mischlinge, wie alle anderen Deutschen einberufen wurden. Der 8. April 1940 brachte dann auch für diese Gruppe einschneidende Maßnahmen. Bis zu diesem Tage hatten sich viele dieser "Mischlinge" bereits an den Fronten bewährt und auch Auszeichnungen erhalten. Vielfach wußte man in den Truppenteilen gar nicht, daß mancher Kamerad Vorfahren hatte, die nicht genehm waren.

Mitunter haben auch Offiziere die betreffenden Akten irgendwo verschwinden lassen, um den jungen Soldaten weitere Schwierigkeiten zu ersparen.

Die Wende kam durch einen Geheimbefehl des Chefs des Oberkommandos der Wehrmacht, Generalfeldmarschall von Keitel, am 8. April 1940. Ebenfalls von Keitel unterzeichnet und ebenfalls als "Geheim" gestempelt, war dann eine Verfügung zu diesem Befehl vom 16. Juli 1941. Beide Papiere wurden bis zu den Kompanien herunter verteilt, um eine vollständige Durchführung zu gewährleisten.

Dieser Befehl von Keitel traf übrigens die jüdischen Mischlinge nicht allein. Gleichzeitig wurden noch zwei andere Gruppen "wehrunwürdig" aus der Wehrmacht entlassen. Es waren dies die Söhne ehemals regierender Fürstenhäuser, der Hohenzollern, der Wittelsbacher und anderer Fürstenhäuser, sowie die Jesuiten-Patres. "Wehrunwürdig" in Deutschland, das hatte zahlreiche harte Konsequenzen für den Alltag. An den Universitäten, die zum großen Teil noch voll in Betrieb waren, durften die "Mischlinge" nur mit einer Sondergenehmigung des Reichskultusministers studieren, die vorher beim "Stellvertreter des Führers" einzuholen war. Das bedeutete schon zu Zeiten von Hess, daß kaum eine Ausnahme zu erwarten war.

Allerdings war die Tatsache, nicht studieren zu können, noch die am wenigsten einschneidende Konsequenz. In einer Zeit, zu der alles, was gesund war und in seinem zivilen Beruf nicht dringend gebraucht wurde, Soldat war, lebte man angesichts des Terrors der Gestapo in ständiger Gefahr. Wer Glück hatte, war nur den ständigen Kontrollen von Feldpolizei und Gestapo ausgesetzt. Für viele bedeutete aber der Status "Nicht zu verwenden" (nvz) Verhaftung, Deportation, Konzentrationslager und Tod.

Nehmen wir den Befehl zur "Behandlung jüdischer Mischlinge in der Wehrmacht" vom 8.4.1940 und der Verfügung vom 16.7.1941 im vollen Wortlaut zur Kenntnis:

Oberkommando der Wehrmacht
Az. 121 10−20J (Ic)   Berlin, den 8. April 1940
Nr. 524/40 geh.

Geheim

Betr.: Behandlung jüdischer Mischlinge in der Wehrmacht
Der Führer und der Oberste Befehlshaber der Wehrmacht hat nachstehende Entscheidung getroffen:

1. 50 %ige jüdische Mischlinge oder Männer, die mit 50 %igen jüdischen Mischlingen oder Jüdinnen verheiratet sind, sind je nach Lebensalter (§§ 10 und 11 des WG) der Ersatzreserve II bzw. der Landwehr II zu überschreiben, jedoch mit dem jeweiligen Zusatz "n.z.v." (nicht zu verwenden), um sie von den übrigen Wehrpflichtigen dieser Kategorien grundsätzlich zu unterscheiden.
   Ausgenommen bleiben hiervon die Offiziere, die auf Grund der Führerentscheidung (OKW – WZ (II)/J – Nr. 651/39 vom 13.3.39) in der Friedenswehrmacht verblieben sind.
   In besonders gelagerten Fällen behält der Führer Ausnahmen vor, die über OKW zu beantragen sind.
2. 25 %iger Mischlinge und Wehrmachtangehörige, die mit 25 %igen Mischlingen verheiratet sind, verbleiben in der Wehrmacht und können während des Krieges ausnahmsweise befördert und als Vorgesetzte verwendet werden, wenn eine besondere Bewährung erwiesen ist.
   Außerdem können ehemalige Unteroffiziere, Beamte und Offiziere, die 25 %ige Mischlinge sind, oder solche, die mit 25 %igen Mischlingen verheiratet sind, bei ausreichender Begründung während des Krieges in der Wehrmacht verwendet werden.
   Jeder Beförderungs- bzw. Wiedereinstellungsantrag ist dem Führer über OKW zur Entscheidung vorzulegen.
   Um beschleunigte Durchführung der angeordneten Maßnahmen sicherzustellen, wird um umgehende Bekanntgabe vorstehender Verfügung gebeten.
Die Verfügungen OKW Nr. 190/40J (Ic) vom 16.1.1940 und OKW Nr. 280/40 J (Ic) vom 20.1.40, letztere mit Ausnahme der für Freimaurer geltenden Bestimmungen, werden hiermit aufgehoben.
Der Chef des Oberkommandos der Wehrmacht
Keitel

Oberkommando des Heeres   Berlin, den 16. Juli 1941
Nr. 6840/41 g. PA 2 (Ic)
Geheim
Vorstehende Verfügung wird erneut bekanntgegeben.
A. Begriffsbestimmungen der Nürnberger Gesetze:
    a) Jude (Jüdin) ist, wer von mindestens 3 der Rasse nach volljüdischen Großeltern abstammt. Als Jude (Jüdin) gilt auch der von 2 volljüdischen Großeltern abstammende staatsangehörige jüdische Mischling, der am 14.11.35 der jüdischen Religionsgemeinschaft angehört hat oder danach in sie aufgenommen wurde,

der am 14.11.35 mit einem Juden (Jüdin) verheiratet war oder danach sich mit einem solchen verheiratete.

b) 50 %iger jüdischer Mischling ist, wer von 2 der Rasse nach volljüdischen Großelternteilen abstammt, sofern er nicht nach Absatz a) als Jude gilt.

c) 25 %iger jüdischer Mischling ist, wer von 1 der Rasse nach volljüdischen Großelternteil abstammt.

Ein Großelternteil gilt als volljüdisch, wenn er von rassisch volljüdischen Eltern abstammt oder der jüdischen Religionsgemeinschaft zu irgendeiner Zeit angehört hat.

B. Nachweis der Abstammung:

Der Nachweis der Abstammung beim Truppenteil (Dienststelle) ist von sämtlichen Wehrmachtangehörigen durch Abgabe der als Muster beigefügten pflichtgemäßen Erklärung zu führen, soweit der nicht durch Vorlage von Urkunden erbracht wird.

Wenn der Nachweis bisher noch nicht geführt sein sollte, ist dies nachzuholen; in Zukunft ist die vorgeschriebene Nachweiserklärung bereits bei den Ersatztruppenteilen von jedem neueingestellten Rekruten zu fordern.

Diese Erklärungen sind nach der Entlassung des Betreffenden mit den dienstlichen Personalpapieren der zuständigen Wehrersatzdienststelle zu übersenden, welche die Überprüfung dieser Angaben an Hand der vorgeschriebenen Urkunden veranlaßt und die Richtigkeit bestätigt.

Wird die Erklärung als unrichtig festgestellt, so ist gegen den Betreffenden durch die zuständige Dienststelle (Truppenteil) Tatbericht einzureichen (vgl. letzter Absatz des beigefügten Musters).

C. Zusätze zu der Verfügung des OKW

Zu 1: a) Sollte festgestellt werden, daß sich noch 50 %ige jüdische Mischlinge oder Wehrmachtangehörige, die mit 50 %igen jüdischen Mischlingen oder mit Jüdinnen verheiratet sind, im aktiven Wehrdienst befinden, so sind diese unverzüglich – beim zuständigen Ersatz-Truppenteil – gemäß § 24 (2) b WG in das Beurlaubtenverhältnis zu entlassen.

b) Für 50 %ige jüdische Mischlinge oder Wehrmachtangehörige, die mit 50 %igen jüdischen Mischlingen verheiratet sind, können von den Disziplinarvorgesetzten über die Divisionen unmittelbar dem OKH (PA 2) Anträge auf Belassung im aktiven Wehrdienst vorgelegt werden, falls sich die Betreffenden durch hervorragende Tapferkeit und Beweise soldatischer Einsatzbereitschaft im Kriege besonders bewährt und eine Auszeichnung des Dritten Reiches (vor allem E.K., Sturmabzeichen, Verwundetenabzeichen oder Kriegsverdienstkreuz) erhalten haben. Bis zur Entscheidung dieser Anträge ist der betreffende Wehrmachtangehörige im aktiven Wehrdienst zu belassen.

Unter den gleichen Voraussetzungen kann von dem letzten Disziplinarvorgesetzten die Wiedereinstellung derartiger Wehrmachtangehöriger beantragt werden, falls die Entlassung bereits erfolgt ist. Entlassene Wehrmachtangehörige dieser Art, die den vorstehenden Bedingungen entsprechen, können auch selbst bei den zuständigen Wehrersatzdienststellen ihre Wiedereinstellung beantragen. Derartige Anträge sind über die Wehrkreiskommandos dem OKH (PA 2) vorzulegen und werden von diesem in der Regel dem zuletzt zuständigen Disziplinarvorgesetzten zur Stellungnahme und Ergänzung der Anlagen zugeleitet.

Zu 2: a) Wehrmachtangehörige im Mannschaftsrang, die selbst oder deren Ehefrauen 25 %ige jüdische Mischlinge sind, verbleiben, soweit sie bereits eingezogen sind, im Heere. Wehrpflichtige dieser Art sind auch weiterhin zum aktiven Wehrdienst einzuberufen.

b) Offiziere, Wehrmachtbeamte und Unteroffiziere dieser Art, die bereits im aktiven Wehrdienst stehen, können im Falle ihrer Eignung für die Dauer des Krieges als Vorgesetzte weiterverwendet werden; Offiziere und Wehrmachtbeamte sind – soweit sie über 45 Jahre alt sind – auf Kriegsdauer "z.V." zu stellen

c) Die Genehmigung der Beförderung von Wehrmachtangehörigen dieser Art zum Unteroffizier oder zu höheren Dienstgraden ist bei besonderer Bewährung von den Disziplinarvorgesetzten über die Divisionen unmittelbar beim OKH (PA 2) zu beantragen.

d) Wiedereinstellungsanträge für entlassene ehemalige Offiziere, Wehrmachtbeamte und Unteroffiziere, die selbst oder deren Ehefrauen 25 %ige jüdische Mischlinge sind, können bei ausreichender Begründung von den Wehrersatzdienststellen über die Wehrkreiskommandos dem OKH (PA 2) vorgelegt werden.

e) Die Genehmigung zur Heirat mit 25 %igen jüdischen Mischlingen wird Soldaten, die Vorgesetzte sind, nur in Ausnahmefällen erteilt; derartige Anträge sind bei ausreichender Begründung von den Disziplinarvorgesetzten über die Divisionen unmittelbar dem OKH (PA 2) vorzulegen. Die Heiratsgenehmigung für alle übrigen Soldaten erteilt in solchen Fällen der gemäß Heiratsordnung zuständige Disziplinarvorgesetzte.

D. Den Anträgen zu 1b), 2c), 2d) und 2e), die vom Führer und Obersten Befehlshaber der Wehrmacht entschieden werden, sind beizufügen:

1. Lebenslauf,
2. je 1 Lichtbild des betreffenden Wehrmachtangehörigen *oder* dessen nicht deutschblütiger Ehefrau von vorn und von der Seite,
3. beglaubigter Kriegsstammrollen- oder Wehrpaßauszug,
4. eingehende Beurteilung durch den letzten Disziplinarvorgesetzten unter besonderer Erwähnung der Feindbewährung,
5. Nachweis über verliehene Auszeichnungen des Dritten Reiches,
6. gegebenenfalls Nachweis über besondere Verdienste um die Bewegung und im Zivilleben,
7. Nachweis der Abstammung bis zu den 4 Großeltern,
8. Erklärung, ob die jüdische Verwandtschaft noch lebt und in welchem Verhältnis der Betreffende zu ihr steht.
E. Die aufgehobenen Verfügungen OKW Nr. 190/40 J(Ic) vom 16.1.40 und Nr. 280/40 J(Ic) vom 20.1.40 wurden in den HM. 1940 Nr. 267 und Nr. 268 bekanntgegeben.
   Die Verfügung OKW – WZ II J – Nr. 651/39 vom 13.3.39 wurde nicht veröffentlicht.
F. Die Verfügung OKH Nr. 2761/40 g PA 2 (Ic) vom 20.4.40 (bisherige Zusätze zu OKW Nr. 524/40 geh. AZ. 121 10 – 20 J (Ic) vom 8.4.40) tritt hiermit außer Kraft. HM. 1940 Nr. 849 und HM. 1940 Nr. 998 sind zu streichen.

I.A.
Keitel

Verteiler:
A. Feldheer: Gemäß Sonderverteiler bis zu den Kompanien.
B. Ersatzheer: Zur Verteilung bis zu den Kompanien und Wehrmeldeämtern.
Vorrat.

"Wehrunwürdig", das war bis zu diesem Zeitpunkt ein festumrissener Begriff, der im Wehrgesetz verankert war.
   Dort lautete § 13:
   (1) Wehrunwürdig und damit ausgeschlossen von der Erfüllung der Wehrpflicht ist, wer
      a) mit Zuchthaus bestraft ist,
      b) nicht im Besitz der bürgerlichen Ehrenrechte ist,
      c) den Massregeln der Sicherung und Besserung nach § 42 a des Reichsstrafgesetzbuches unterworfen ist,
      d) durch militärgerichtliches Urteil die Wehrwürdigkeit verloren hat,
      e) wegen staatsfeindlicher Betätigung gerichtlich bestraft ist.

(2) Der Reichskriegsminister kann Ausnahmen zu Abs. 1c und e zulassen.

Dieser § 13 des Wehrgesetzes ist in der "Verordnung über die Musterung und Aushebung" vom 17. April 1937 noch einmal aufgeführt und im Hinblick auf die Ausnahmen bei Verurteilungen wegen staatsfeindlicher Betätigung näher erläutert. § 17 bekam folgenden Wortlaut:

(1) Wehrunwürdig und damit ausgeschlossen von der Erfüllung der Wehrpflicht ist, wer
  a) mit Zuchthaus bestraft ist,
  b) nicht im Besitz der bürgerlichen Ehrenrechte ist,
  c) den Maßregeln der Sicherung und Besserung nach § 42 a des Strafgesetzbuches unterworfen ist,
  d) durch militärgerichtliches Urteil die Wehrwürdigkeit verloren hat,
  e) wegen staatsfeindlicher Betätigung gerichtlich bestraft ist.

(2) Der Befehlshaber im Wehrkreis kann auf Antrag Ausnahme von den Vorschriften des Absatzes 1 unter c und e zulassen. Das Gesuch ist von dem Dienstpflichtigen bei der Kreispolizeibehörde einzureichen. Die Kreispolizeibehörde leitet das Gesuch mit einer eigenen Stellungnahme sowie einer Stellungnahme der Kreisleitung der Nationalsozialistischen Deutschen Arbeiterpartei an den Wehrbezirkskommandeur, der es mit seiner Stellungnahme auf dem Dienstwege weitergibt. Bis zur Entscheidung des Gesuchs gelten die Vorschriften des § 48 Abs. 6.

(3) Liegt eine gerichtliche Bestrafung wegen staatsfeindlicher Betätigung (Abs. 1 unter e) vor, die eine Ausnahme nach Abs. 2 rechtfertigt, und reicht der Dienstpflichtige selbst kein Gesuch nach Abs. 2 Satz 2 ein, kann der Wehrbezirkskommandeur im Einvernehmen mit der Kreispolizeibehörde die Zulassung einer Ausnahme beantragen. Abs. 2 Satz 3 und 4 gelten sinngemäß. Der Begriff der staatsfeindlichen Betätigung ist in Anlage 2 erläutert.

(4) Ein Dienstpflichtiger, der nach Abs. 1 unter b mit Verlust der bürgerlichen Ehrenrechte auf Zeit bestraft oder den Maßregeln nach Abs. 1 unter c auf Zeit unterworfen ist, ist als zeitlich wehrunwürdig von der Erfüllung der Wehrpflicht zeitlich auszuschließen. Die Wiedererlangung der Wehrwürdigkeit teilt die Kreispolizeibehörde der zuständigen Wehrersatzdienststelle zur Entscheidung über sein Wehrdienstverhältnis mit. Bis zu diesem Zeitpunkt gelten die Vorschriften des § 25 der Erfassungsverordnung sinngemäß.

Hat er zu diesem Zeitpunkt das 27. Lebensjahr überschritten, ist er zum aktiven Wehrdienst nicht mehr heranzuziehen.

Wenn man diese Bestimmungen liest, so versteht man erst die volle Entrechtung der jüdischen "Mischlinge" durch den Keitel-Befehl vom 8. April 1940, der diese Gruppe mit den Zuchthäuslern und jenen gleichstellte, die die bürgerlichen Ehrenrechte verloren hatten. Doch war dies nur das Vorspiel zu einer noch furchtbareren Entwicklung kaum zwei Jahre später: Die Wannsee-Konferenz, die diese Menschen mit den "Volljuden" der "Endlösung", d.h. der völligen physischen Vernichtung, preisgab. Bei dieser Konferenz am 20. Januar 1942 in Berlin führte SS Obergruppenführer Heydrich, der vom Reichsführer SS, Heinrich Himmler, mit der Durchführung der "Endlösung" beauftragt war, aus:

„Es ist beabsichtigt, Juden im Alter von über 65 Jahren nicht zu evakuieren, sondern sie einem Altersghetto − vorgesehen ist Theriesenstadt − zu überstellen.
Neben diesen Altersklassen − von den am 31. Oktober 1941 sich im Altreich und der Ostmark befindlichen etwa 280.000 Juden sind etwa 30% über 65 Jahre alt − finden in den jüdischen Altersghettos weiterhin die schwerkriegsbeschädigten Juden und Juden mit Kriegsauszeichnungen (E.K.I.) Aufnahme. Mit dieser zweckmäßigen Lösung werden mit einem Schlag die vielen Interventionen ausgeschaltet."

Eine Seite weiter im Protokoll heißt es:
„Mischlinge ersten Grades sind im Hinblick auf die Endlösung der Judenfrage den Juden gleichgestellt."

Daß dieser Befehl nicht mehr verwirklicht werden konnte, ist ausschließlich der raschen Entwicklung des Kriegsgeschehens zu verdanken. Die Niederlage Deutschlands zeichnete sich an allen Fronten ab. Ende 1944 hat die Gestapo in Zusammenarbeit mit der „Organisation Todt" die Mischlinge in Arbeitslager gebracht, die sich fast ausschließlich in Mitteldeutschland befanden. Hintergrund dieser Sammlung der Mischlinge war ein Befehl Himmlers, der vorsah, daß die Mischlinge bei „Feindannäherung" sofort zu liquidieren seien. Die günstige Lage dieser Arbeitslager, weit weg von den immer näher kommenden Frontereignissen, brachte für manchen dieser Eingesperrten die Möglichkeit zur Flucht. Der Befehl Himmerls wurde nirgendwo mehr durchgeführt.

Über die Entlassung jüdischer Mischlinge aus der deutschen Wehrmacht vor dem 8. April 1940, seien hier einige Dokumente abgedruckt:

Oberkommando des Heeres   Berlin W 35, den 8. Februar 1939

AHA/Ag/H (III)
Nr. 142/39 g.

G e h e i m !

Vorstehender Erlaß des Führers und Obersten Befehlshabers der Wehrmacht wird hiermit bekannt gegeben.
Notwendig werdende Entlassungen sind unverzüglich durchzuführen.
Vollzugsmeldung bis 1.7.39 an O.K.H./H.
Fehlanzeige erforderlich.

Im Auftrage
gez. Luz

Abschrift von Abschrift

Der Führer und Oberste Befehlshaber   Berlin, den 20. Januar 1939
der Wehrmacht

Az. L i 20 J (Ic)
Nr. 2756/38 geh.

G e h e i m !

Betr.:   Dienstentlassung jüdisch
       versippter Soldaten
       An
         das Oberkommando des Heeres,
         das Oberkommando der Kriegsmarine,
         den Reichminister der Luftfahrt und
         Oberbefehlshaber der Luftwaffe.

Über die gesetzliche Dienstpflicht hinaus freiwillig länger dienende Soldaten, deren Ehefrauen Jüdinnen im Sinne des § 5 der Ersten Verordnung zum Reichsbürgergesetz vom 14. November 1935 (Reichsgesetzblatt I S. 1333) sind, sind, sofern nicht eine Entlassung wegen Dienstunfähigkeit oder wegen Mangel an Verwendungsmöglichkeit in Frage kommt, wegen mangelnder Eignung aus dem aktiven Wehrdienst zu entlassen. Bei Entlassung wegen mangelnder Eignung wird ihnen die im Wehrmachtsfürsorge und -versorgungsgesetz vom 26.8.1938 (Reichsgesetzbl. I S. 1077) für diese Entlassungsart vorgesehene Fürsorge und Versorgung in vollem Umfange gewährt.

Hinsichtlich der mit Jüdinnen (Juden) verheirateten Beamten, Angestellten und Arbeiter folgen besondere Anordnungen.

Im Auftrage
Der Chef des Oberkommandos der Wehrmacht
gez. Keitel

Generalkommando VII, Armeekorps München 22, den 16. Februar 1939
(Wehrkreiskommando VII)
Az. B 12 f II b
Nr. 2142/39 geh.

G e h e i m !

Betr.: Entlassung jüdisch versippter Soldaten

Anträge auf Entlassung jüdisch versippter Soldaten, die über die aktive Dienstzeit hinaus dienen, sind umgehend a.d.D. dem Gen Kdo vorzulegen.
Zum 22.6.1939 melden die Divisionen, W.E.J. usw., ob aus ihrem Bereich aller Längerdienenden, jüdisch versippten Soldaten entlassen sind.

Für das Generalkommando
Der Chef des Generalstabes;

Mischlinge berichten: Fluglehrer Meyer und Hans Heinrich von Herwarth

Daß Vorgesetzte und Freunde manche Versuche unternommen haben, jüdische „Mischlinge" durch die Zeit der N.S.-Herrschaft und des Krieges „durchzuschmuggeln", wird durch Berichte überlebender Opfer der Partei- und Regierungsmaßnahmen belegt.
Das gilt beispielsweise für den aus Berlin stammenden Horst Meyer vom Vor-

266

standsbüro der Deutschen Lufthansa. Entgegen den Vorschriften blieb Horst Meyer Fluglehrer bei der Luftwaffe und wurde nicht als Mischling ersten Grades wehrunwürdig entlassen.

Dazu Horst Meyer, der 1938 für die Wehrmacht gemustert wurde:
„Dort – bei der Musterung in Berlin-Friedenau – wurden sämtliche Personalien genau angegeben, natürlich auch die Tatsache, daß ich Mischling ersten Grades war. Zunächst wurde ich aus der Gruppe der zu Musternden ausgesondert, um später, nachdem alle anderen abgefertigt waren, mit zwei anderen Leidensgefährten gemustert zu werden. Ich wurde zunächst für ein Jahr zurückgestellt, da ich als kaufmännischer Lehrling noch in der beruflichen Ausbildung war. Mit Kriegsausbruch wurde ich zum 1. September 1939 ganz regulär mit Gestellungsbefehl zum Luftwaffen-Ausbildungsregiment 21 nach Magdeburg eingezogen. Während meiner Rekrutenausbildung wurde dann mein Wunsch, als Flugzeugführer verwendet zu werden, positiv entschieden. Ich gehörte zu den wenigen, die die Flugzeugführertauglichkeit zugesprochen erhielten. Am 1. April begann die Flugzeugführerausbildung auf einer Flugschule in Neukuren. Mit Beginn des Frankreichfeldzuges wurden die „Wehrunwürdigen" entlassen, zu denen auch die Mischlinge ersten Grades gehörten. Wie durch ein Wunder war ich nicht dabei. Von meiner Frau – ich war damals noch nicht mit ihr verheiratet – erfuhr ich, daß einige aus unserem gemeinsamen Freundeskreis bereits entlassen worden waren. Auch meine Frau war Mischling ersten Grades.
Zu meinem Lehrgang gehörte auch ein Oberfeldwebel, Fritz Siedenburg, der gleichzeitig Offiziersanwärter war. Wir freundeten uns an. Als Fritz Siedenburg zur Weihnachtszeit 1940 in Urlaub fuhr, während ich in Neuruppin bleiben mußte, weil ich zu den ersten gehörte, die ihre Fliegerschulung abschließen sollten, brachte ich ihn nach Königsberg zur Bahn. Er eröffnete mir vor der Abreise nach Hamburg, daß er sich bei unserem Lehrgangsleiter dafür eingesetzt habe, mich zum Offiziersanwärter zu machen. Er brachte mich damit in eine schwierige Situation. Da ich zu Fritz Siedenburg Vertrauen hatte und in ihm einen Freund sah, eröffnete ich ihm nach langem Zögern, wie die Dinge um mich standen. Mit der menschlichen Anteilnahme, die ich von ihm erwartet hatte, nahm er meinen Bericht entgegen. Von diesem Tage an war für uns beide das Thema tabu ... Wir haben nie mehr darüber gesprochen. Auch meine Ernennung zum Offiziersanwärter blieb aus.
Für mich war die Situation noch einmal am 20. April 1942 kritisch geworden, als bei der Befehlsausgabe am sogenannten "Führergeburtstag" der damalige Unteroffizier Horst Meyer zum Offiziersanwärter ernannt

wurde. Nach einigem Überlegen ging ich zu meinem Kompaniechef und bat ihn, die Ernennung zurückzunehmen. Meine Begründung: Ich müßte nach dem Krieg den Betrieb meiner Familie übernehmen. Er hat mich lange angeschaut, dann meinte er: „Das klingt ja nicht sehr überzeugend, Meyer, aber es ist doch gut ausgedacht". Meine Ernennung zum Offiziersanwärter wurde rückgängig gemacht. Nach meinem damaligen Eindruck hat er genau gewußt, was mit mir los war und sehr wohl verstanden, welche Gründe mich in Wirklichkeit leiteten. Noch einem Dritten habe ich mich anvertraut. Dem Gruppenfluglehrer Oberfeldwebel Kern, mit dem ich mich im Krieg angefreundet hatte. Es ist möglich, daß auch er manches verhindert hat, was schlecht für mich hätte ausgehen können."

Horst Meyer mußte bei seinem Verhalten nicht nur an sich, sondern auch an seine Brüder denken. Sein ältester Bruder arbeitete bei Telefunken in einer Abteilung, die wichtige Geräte für Nachtjagdflugzeuge produzierte. Dadurch wurde er nicht Soldat und blieb unabkömmlich.

Sein zweiter Bruder war bereits Soldat beim Infanterieregiment 67. Sein jüngerer Bruder, Jahrgang 1923, hatte mit Hilfe seiner Mutter und eines Berliner Notars bei der Musterung einen Ahnenpaß vorlegen können, in dem das Glaubensbekenntnis seines Vaters und der Großeltern offengeblieben war. Nach Kriegsende wurde Horst Meyer Flugkapitän bei der Lufthansa und flog von 1957 bis 1971 die Boeing 707. Wegen einer Erkrankung mußte er schließlich den aktiven Flugdienst aufgeben.

Die Geschichte des Rittmeisters Hans Heinrich von Herwarth.

1927 begann Hans Heinrich von Herwarth seine diplomatische Laufbahn im Auswärtigen Amt an der Wilhelmstraße in Berlin. 1929 bestand er das diplomatisch-konsularische Examen. Er wurde dann der Botschaft in Paris zugeteilt, um an den Verhandlungen über die vorzeitige Rückgabe des Saargebiets an das Deutsche Reich mitzuwirken. Im Mai 1931 wurde er an die deutsche Botschaft in Moskau versetzt, wo Botschafter von Dirksen Chef war, ab 1934 Botschafter Nadolny, danach Botschafter von der Schulenburg. Über seine Erfahrungen berichtete mir der "Mischling" von Herwarth:

„Direkt nach der Machtübernahme Hitlers 1933 ergaben sich für mich sofort große Schwierigkeiten, weil meine Großmutter jüdischer Herkunft war. Sie stammte aus der bekannten Familie von Haber, einer Bankiersfamilie aus Karlsruhe. Aber zu dieser Zeit halfen mir sofort einige Freunde im Auswärtigen Amt. Erich Kordt, damals Legationsrat im Büro des Staatssekretärs von Bülow, sorgte dafür, daß ich eine Bescheinigung über die Zugehörigkeit zum Heer erhielt, da ich bereits als Soldat gedient hatte. Diese Bescheinigung war ausserordentlich wichtig, denn sie bewirkte bei unserer Personalabteilung, daß ich nicht sofort entlassen wurde. Es galten ja damals noch gewisse Schutzbestimmungen für nicht arische Personen, die im ersten Weltkrieg dabei gewesen waren und analog auch für Soldaten der damaligen Reichswehr. Allerdings wurde ich nicht zum Legationssekretär befördert. Nach meinem Examen stand ich 1933/34 zu dieser Beförderung an, was mit der Übernahme als Beamter auf Lebenszeit verbunden gewesen wäre. Auch Botschafter von der Schulenburg setzte sich für mich ein. Er nahm Verbindung zum Generalfeldmarschall von Mackensen auf und sprach mit vielen Stellen, auch von der NSDAP. Es dauerte aber noch bis zum Frühjahr 1938, bis ich dann doch als Legationssekretär Beamter auf Lebenszeit wurde. Damit waren dann aber verschiedene Einschränkungen verbunden. Ich durfte – das wurde in meine Papiere eingetragen – kein "Postenchef", d.h. kein Botschafter oder sonstiger Missionschef werden und allgemein keine leitenden Stellungen im Amt bekleiden. Die Tatsache meiner Verbeamtung wurde dadurch erleichtert, daß ich bei der Botschaft in Moskau war, an der damals auch personalpolitisch kein allzu großes Interesse im Amt bestand. Wir waren doch weit weg, in der Sowjetunion. Der Krieg kam näher. Ich hatte das Gefühl, daß meine Tage im auswärtigen Dienst gezählt waren. Viele meiner Schicksalsgenossen, die "Nichtarier" waren, hatten ihren Dienst bereits quittieren müssen. Ich war wohl der vorletzte "Nichtarier", der 1939 noch im Amt war. Ich möchte hier keine Namen nennen, aber doch betonen, daß das Auswärtige Amt alles tat, um diesem Kreis auf die verschiedenste Weise zu helfen. Man kümmerte sich um jeden einzelnen, versuchte Wege in die Industrie im Ausland zu ebnen. Für mich war die Situation noch nicht zu bedrohlich, da ich ja nur „Mischling zweiten Grades" war, wie das nach den Rassengesetzen der Nationalsozialisten hieß.

Im August 1939 habe ich mich dann in Berlin umgehört, wie ich wohl aus dem Auswärtigen Amt ausscheiden könne, um in der Wehrmacht Unterschlupf zu finden. Von allen Seiten wurde mir versichert, daß es nur einen Weg gäbe, sich von einem Regimentskommandeur mitnehmen

269

zu lassen. Anders ginge das nicht. In meinen Militärpapieren stand ja auch "ist nicht als Vorgesetzter zu verwenden". Ich hatte vor einigen Jahren noch eine Reserve-Offiziersübung gemacht, war erst Unteroffizier, dann Wachtmeister geworden. Das war 1935. Aufgrund der Tatsache, daß ich im Auswärtigen Amt war, hatte man bei der Reichswehr meine Papiere nicht so genau betrachtet. Als ich jetzt aber an die Schwelle kam, Offizier zu werden, war da nichts mehr zu machen. Es ging hier nicht weiter. Da entsann ich mich, daß ich bei einer kurzen Verwendung beim Generalkonsulat in Memelden den damaligen Major i.G. von Dananz kennengelernt hatte. Ich war I c beim Korps in Königsberg, also Abwehroffizier. Leider ist er 1945 beim Einmarsch der Alliierten in Europa gefallen. „Wenn es soweit sein sollte", sagte er mir, als ich von Moskau über Königsberg zurückkam, „werde ich Sie schon bei einem Regiment unterbringen". Das war nach der Unterzeichnung des Hitler-Stalin-Paktes Ende August 1939. Major Dananz vermittelte mich auch bald zum Reiterregiment 1, zu Oberstleutnant Wachsen. Dieser nahm mich auf diese Empfehlung sofort, ohne mich zu kennen. Nach dem Frankreichfeldzug wurde ich Offizier, wobei auch wieder einige Schwierigkeiten überwunden werden mußten. Für die Dauer des Krieges wurde eine Sondergenehmigung erteilt, die der Regimentskommandeur erwirkt hat. Als 1945 der Krieg zu Ende war, sagte ich ironisch, „nun bin ich kein Rittmeister mehr", denn damals wurden Offiziere doch zunächst einmal mit den Nationalsozialisten gleichgesetzt.

Von Herwarth war eng mit dem deutschen Widerstand verbunden. Während seiner Tätigkeit beim Militärbefehlshaber im Generalgouvernement hatte er Graf Stauffenberg kennengelernt, die Schlüsselfigur des Attentats auf Hitler am 20. Juli 1944.

Auf meine entsprechende Frage berichtete von Herwarth weiter, daß Generale der Wehrmacht im Osten, insbesondere General Köstring im Kaukasus und Generaloberst von Kleist, der Oberbefehlshaber des Panzeroberkommandos I versucht hätten, Juden vor ihren Verfolgern zu retten.

Im Generalgouvernement hatten die führenden Generale mit der Argumentation operiert, daß die Juden dringend als Arbeitskräfte in der kriegswichtigen Industrie benötigt würden. Letzten Endes sei es jedoch nicht gelungen, vielen Juden das Leben zu retten.

Nach Kriegsende kam von Herwarth zunächst nach München, in die Bayerische Staatskanzlei, wo Dr. Högner Ministerpräsident war. Von dort ging er nach Errichtung der Bundesrepublik Deutschland nach Bonn, wo er Protokollchef wurde und 1955 als Botschafter nach London ging. 1961 wurde er Staatssekretär beim zweiten Bundespräsidenten Heinrich Lübke, 1965 Botschafter in Rom und 1969 Staatssekretär im Auswärtigen Amt. Seit 1971 ist er Präsident des "Goethe-Instituts" in München, das in der ganzen Welt deutsche Institute und Sprachzentren unterhält.

Er wies auch darauf hin, wie viele ehemalige Angehörige des Auswärtigen Dienstes, die aus rassischen Gründen verfolgt waren, von sich aus wieder in den neuen Auswärtigen Dienst zurückkehrten. Von Herwarth sieht darin einen Beweis dafür, daß sich das Auswärtige Amt gegenüber seinen verfolgten Mitarbeitern besonders konziliant verhalten habe. Das Auswärtige Amt sei auch das Ministerium gewesen, das unter den Reichsbehörden in Berlin die größte Zahl von Widerstandskämpfern und die meisten Hingerichteten aufzuweisen hatte.

*

II.

Die Haltung der Wehrmacht zur Judenverfolgung

Wehrmachtsgenerale standen gegen die Judenpolitik der Nationalsozialisten in Polen

Es gibt in solchen Unzeiten, wie sie sich nach der Besetzung Polens in diesem Land abspielten, immer zwei Seiten. Bei der Judenvernichtung zeigte es sich, daß die Wehrmacht als Ganzes nicht an diesen Greueln beteiligt war. Es hat ohne Zweifel auch Verbrecher in Soldatenuniform gegeben. Das wird man aber nicht für eine globale Verurteilung aller Soldaten heranziehen dürfen. Gerade in Polen hat es unter den führenden Generalen viel persönlichen Mut, viel Zivilcourage gegeben, die sich aus manchen Dokumenten ergibt. Man wird natürlich angesichts der Dimension der Vernichtungsmaßnahmen gegen Juden und Polen von einzelnen sprechen müssen, die sich dem Morden der SS-Führung und ihrer Truppen entgegenstellten. Diese Generale und die mit ihnen verbundenen Stabsoffiziere konnten eine breite Beteiligung der regulären Wehrmachtsteile verhindern und oftmals ihren Abscheu über die Verbrechen deutlich zum Ausdruck bringen. Auch aus Berichten der SS ist zu erkennen, daß die Wehrmacht sich sträubte an diesen Untaten teilzunehmen, ja daß sie sich ihnen offen entgegenstellte. Sie war ihnen oftmals bei ihren Vernichtungsmaßnahmen im Wege. Eine der wichtigsten Methoden zur Rettung jüdischen Lebens war der Arbeitseinsatz dieser Juden in Wehrmachtsbetrieben.

Das geht aus den Dokumenten hervor, die hier wiedergegeben werden. Vom 1. Dezember 1941 datiert ein Bericht, den der Befehlshaber der Sicherheitspolizei und des SD-Einsatzkommandos 3 als „Geheime Reichssache" in Kauen in Litauen verfaßt hatte.

Neben einer Aufstellung der bis zu diesem Zeitpunkt in Litauen ermordeten Juden, die dieses Einsatzkommando umgebracht hatte, heißt es auf Seite 7 dieses Berichtes:

„Ich kann heute feststellen, daß das Ziel, das Judenproblem für Litauen zu lösen, vom EK 3 erreicht worden ist. In Litauen gibt es keine Juden mehr, ausser den Arbeitsjuden, incl. ihrer Familien.

Das sind   in Schaulen   4.500
            in Kauen   ca.   16.000
            in Wilna   ca.   15.000

Diese Arbeitsjuden incl. ihrer Familien wollte ich ebenfalls umlegen, was mir jedoch scharfe Kampfansage der Zivilverwaltung (dem Reichskommissar) und der Wehrmacht eintrug und das Verbot auslöste: Diese Juden und ihre Familien dürfen nicht erschossen werden.

Das Ziel, Litauen judenfrei zu machen, konnte nur erreicht werden, durch die Aufstellung eines Rollkommandos mit ausgesuchten Männern unter Führung des SS-Obersturmführers Hamann, der sich meine Ziele voll und ganz aneignete und es verstand, die Zusammenarbeit mit den litauischen Partisanen und den zuständigen zivilen Stellen zu gewährleisten."

Aus dieser Notiz des SS-Einsatzkommandos geht hervor, daß die Methode der Wehrmacht Juden in den Arbeitseinsatz zu bringen, für diese lebenserhaltend gewirkt hat. Natürlich ein schwacher Trost angesichts dieser gesamten grausamen Entwicklung.

In den ersten Kriegsmonaten haben zahlreiche Generale versucht, durch ihre Berichte und Eingaben, durch energisches Auftreten gegenüber Parteifunktionären und SS-Dienststellen zunächst die Greueltaten zu verhindern.

So protestierte der Wehrkreisbefehlshaber im Warthegau, der General der Artillerie Walter Petzel, gegen die Ermordung von Juden in einem Bericht vom 23. November 1939.

Der General der Artillerie Georg von Küchler erklärte in diesen Monaten gegenüber dem Gauleiter von Ostpreußen, Koch, die deutsche Armee sei ..kein Lieferant für eine Mörderbande". General Ulex, der Oberbefehlshaber im Grenzabschnitt Süd forderte am 2. Februar 1940 die Ablösung der SS- und Polizeiverbände, „die die Ehre des ganzen deutschen Volkes beflecken".

Andere handelten in diesem Geiste:

Axel von dem Bussche, von dem noch ausführlich die Rede sein wird, gehörte zu ihnen, aber auch der Militärbefehlshaber in Belgien und Nordfrankreich, General Alexander von Falkenhausen, der sich erfolgreich gegen Übergriffe der Sicherheitspolizei zur Wehr gesetzt hat. Wenn ein Jude, der die belgische Staatsangehörigkeit besaß in die Hände der SS zu fallen drohte, so griff er augenblicklich ein. Bis zu seiner eigenen Verhaftung im Juli 1944 hat er etwa 28.000 Juden das Leben gerettet.

Auch der bereits genannte General Karl Heinrich von Stülpnagel hat als Militärbefehlshaber in Frankreich eine ähnlich schützende Hand über Juden in Frankreich gehalten. Er hat es wiederholt abgelehnt, dem Befehlshaber der Sicherheitspolizei in Frankreich, dem SS-Standartenführer Dr. Helmut Knochen, Truppen zur Judenjagd zur Verfügung zu stellen.

Wo Licht ist, ist auch Schatten. Es gab auch andere Generale. Generalleutnant von Krenzki, der damalige Militärbefehlshaber Saloniki-Ägäis ließ 7.000 griechische Juden zum Festungsbau zusammentreiben und unterstützte 1943 die Eichmann-Mitarbeiter und den SS-Hauptsturmführer Dieter Wisliceny und Anton Brunner bei der Zusammenstellung der Auschwitz Transporte. Der General der Gebirgstruppen Franz Böhme ließ im Oktober 1941 im Raum Topola in Serbien 5.000 Juden erschießen. Es sollte ein Vergeltungsakt für einen Partisanenüberfall am 2. Oktober 1941 sein. Zu diesen Offizieren, die gegen jede Menschlichkeit und Ethik handelten, gehörte auch der Kriegsverwaltungsrat Dr. Max Merten, aus Berlin, der nach dem Kriege bei einem Griechenlandurlaub verhaftet und zu 25 Jahren Haft verurteilt wurde, weil er führend an den Judentransporten aus Griechenland nach Auschwitz beteiligt war.

Die Bestialität solcher Offiziere und Generale, insbesondere aber die der nationalsozialistischen Mordkommandos der SS, bewogen zahlreiche Angehörige der Wehrmacht, sich dem aktiven Widerstand gegen Hitler anzuschließen. Zum engsten Kreis des Widerstandes zählte Axel von dem Bussche, der sich Stauffenberg gegenüber bereiterklärt hatte, auf Hitler ein Attentat anläßlich der Vorführung neuer Uniformen zu verüben. Der Plan ging schief, weil die vorzuführenden Uniformen bei einem Bombenangriff zerstört wurden. Kurz darauf schied von dem Bussche für weitere Attentatsversuche aus, denn er verlor ein Bein. Das Ereignis, das letztlich dazu führte, daß er sich dem Widerstand anschloß, schilderte er mir bei einem Gespräch über seine Erlebnisse im Dritten Reich: Im Sommer 1942 war er auf dem Flugplatz in Dubno in der Ukraine stationiert.

Eines Tages kam ein Feldwebel zu ihm ins Büro und berichtete, daß, mitten auf dem Flugplatz am Flugfeld riesige Gruben ausgehoben würden. Am Tage zuvor war der dortige nationalsozialistische Kommissar bei seinem Kommandeur gewesen und hatte dort, wie ihm dieser berichtete, von undeutlichen Aktionen gesprochen. Es waren Ukrainer, die diese Gruben aushoben. Von dem Bussche ritt hinaus auf das Flugfeld, um sich die Dinge näher zu besehen. Außer zwei metertiefen Gruben gab es nichts von Bedeutung.

Schon am nächsten Tage wurde er wieder hinausgerufen und erlebte ein grausames Schauspiel: Er sah ukrainische SS, die Juden in langen Zügen herbei trieben. Diese mußten sich entkleiden, dann wurden sie mit einem Genickschuß in die Gruben geschossen. Axel von dem Bussche berichtete, daß diese SS-Männer auf dem Rand der Gruben saßen und dabei Zigaretten rauchten, so, als würden sie eine friedliche Tat durchführen, wie in einem Amtszimmer oder in einer Kaserne. „Es war ein Massenmord auf Befehl", verstehen Sie, „auf Befehl der Regierung, die das ganze Deutschland damals befehligte, der wir unseren Eid gelobt hatten, die uns alle regierte" und Axel von dem Bussche fügte hinzu, daß er in diesem Augenblick die Notwehr und Nothilfe-Paragraphen vor Augen hatte, die als gerechtfertigt diejenige Verteidigung ansehen, die nötig ist, „um einen gegenwärtigen rechtswidrigen Angriff von sich oder einem anderen abzuwenden". Noch heute wird dieser gleichmäßig zurückhaltende Mann lebhaft, wenn er diesen "rechtswidrigen Angriff" erklärt, denn es war ihm unvorstellbar, daß man viele hundert Menschen grundlos in eine Grube schießt.

Bei diesem Anblick aber wurde ihm eigentlich die Ohnmacht klar, in der er sich befand, denn mit diesem Notwehr-Paragraphen hatte er natürlich keine Möglichkeit, als Einzelner diesen Morden Einhalt zu gebieten. Selbst wenn es ihm gelungen wäre, diese ukrainische SS-Männer vorübergehend daran zu hindern, ihr Morden fortzusetzen, so hätten sie am nächsten Tag an anderer Stelle ihr grausames Handwerk fortgesetzt. Ein einzelner Hauptmann war hier an Ort und Stelle machtlos. Es konnte nur darum gehen, den Chef dieser Massenmörder zu beseitigen.

„Judenvernichtung im Generalgouvernement und die Wehrmacht"

Zum Thema „Judenvernichtung im Generalgouvernement und die Wehrmacht" wurde im Institut für Zeitgeschichte in München unter Zugrundelegung international erhärteter Quellen ein Aufsatz geschrieben, der hier einer breiteren Öffentlichkeit zugänglich gemacht werden soll. Die Wichtigkeit der Materie rechtfertigt eine ungekürzte Wiedergabe:

Die Judenvernichtung im Generalgouvernement und die Wehrmacht

Zum Verständnis des Folgenden wird die Kenntnis der Veröffentlichungen:
Polenhandbuch, Köln 1959,
Broszat, Nationalsozialistische Polenpolitik, Stuttgart 1961,
Krannhals, Warschauer Aufstand 1944, Frankfurt 1962,
vorausgesetzt. Die Darstellung bei Reitlinger, Endlösung,
Aufl. Frühjahr 1960, ist lückenhaft.

Die nachstehende Darstellung stützt sich im wesentlichen auf die Akten und Anlagen zum Kriegstagebuch des Wehrmachtbefehlshabers im Generalgouvernement.
Dieses Amt hieß v. 25.10.39 — 14.7.40 Oberbefehlshaber Ost (Oberost)
v. 15. 7.40 — 31.8.42 Militärbefehlshaber im GG (MiG)
v. 1. 9.42 — 15.9.44 Wehrkreisbefehlshaber im GG
v. 15. 9.44 — 15.1.45 Befehlshaber im Heeresgebiet GG

Militärbefehlshaber im GG waren, nach einer kurzen Gastrolle Rundstedts im Oktober 1939, von Oktober 1939 — Mai 1940 Blaskowitz, der von Gienauth abgelöst wurde. Am 1.10.1942 wurde dieser durch Haenicke ersetzt, der bis zum 15.1.45 im GG blieb. Das Hauptquartier des MiG war von 1939 — 10.8.43 in Spala bei Tomaszow und wurde dann nach Krakau verlegt.
Dem M.i.G. unterstanden in der hier berichteten Zeit die etwa den

Distrikten Krakau, Radom, Warschau, Lublin und Lemberg entsprechenden Oberfeldkommandanturen, die in den Städten und Kreisen ihre Ortskommandanturen hatten.

Der hier interessierende Berichtsanfall beim MiG stammt vorwiegend von den Oberfeldkommandanturen (OFK); von den Ortskommandanturen nur bei besonderen Vorfällen. Der MiG erfuhr nur das aus dem GG, was seine OFK meldeten, aber nicht jene Ereignisse und Wahrnehmungen, die das eigentliche Feldheer im GG hatte. Der MiG ist also nicht für „die Wehrmacht" im GG repräsentativ, sondern nur für die bodenständigen Einrichtungen des Militärbefehlshabers. Diese waren allerdings nach mehrjährigem Aufenthalt in Polen mit den Verhältnissen im GG wesentlich vertrauter als die nur vorübergehend anwesenden Verbände der Wehrmacht.

Schon nach den ersten Zusammenstößen mit der SS und Polizei Anfang und Mitte September 1939 wegen der Massenerschießung von jüdischer und polnischer Bevölkerung im späteren GG durch die Einsatzgruppen der Sipo, die Sonderformation von Woyrsch und den sog. Selbstschutz u.a. war die Haltung des MiG in dieser Frage zur Polizei und anfänglich auch zur Zivilverwaltung äußerst gespannt. Der Schriftwechsel z.b. zwischen Blaskowitz und dem Generalgouverneur Frank war unfreundlich, der Ton Franks auf Sitzungen mit Vertretern des MiG im Frühjahr 1940 von kaum zu überbietender Schärfe, und die Berichte von Blaskowitz und Gen. Ulex z.b. über Massenerschießungen im GG an das OKH verurteilten diese äußerst scharf und verlangten Bestrafung und Ablösung der Schuldigen.

Diese Phase endete im Frühsommer 1940 mit der Abberufung der unbequemen Generale aus dem GG und der Ersetzung Blaskowitz' durch den General Curt Freiherr von Gienanth. Unter diesem besserte sich das Verhältnis zur Zivilverwaltung, die tätige Kritik an der Behandlung der Bevölkerung schlief ein oder wurde nicht mit der von Blaskowitz betriebenen Schärfe fortgeführt. Es begann die Taktik des „Sich heraushaltens", die übrigens nicht der Initiative des MiG, sondern Befehlen und Weisungen des OKW entsprang. So stellt Gienanth in nach dem Kriege entstandenen Aufzeichnungen fest, er habe, nachdem er Meldungen über Exzesse der SS gegen Juden und Polen meldete, „einen groben Brief" von Generalfeldmarschall Keitel erhalten, „endlich aufzuhören, sich um Dinge zu kümmern, die ihn nichts angingen" [1].

---

1) Vgl. Broszat aaO, S. 76

Wenn auch die Kompetenz-Verteilung im GG den MiG von der Einflußnahme auf die jüdische Bevölkerung im Generalgouvernement ausschloß
(die „Selbstverwaltung" der jüdischen Gemeinden und die allmähliche
Bildung der Ghettos unterstand der Zivilverwaltung, die sich als Exe-
kutivorgan der Polizei bediente), so blieben noch drei geringe Einwir-
kungsmöglichkeiten, die der MiG auf die Judenpolitik im Generalgouvernement besaß:

– die Berichterstattung nach oben über Ausschreitungen und Miß-
stände,
– die Inanspruchnahme jüdischer Personen als Arbeiter für die Wehrmacht (womit sie – nicht immer – der unmittelbaren Einwirkung
durch Zivilverwaltung bzw. Polizei entzogen waren),
– die Nicht-Beteiligung an Maßnahmen der Polizei gegen Juden.

Das aktive Vorgehen der Wehrmacht gegen die Polizei zu Gunsten der
jüdischen Bevölkerung, das z.b. während des Polenfeldzuges zur Herausnahme der Formation von Woyrsch aus dem Kampfgebiet führte und das
im Oktober 1939 den Wehrmachtskommandanten Warschau noch die
Bildung eines Ghettos verhindern ließ [2], weicht im Laufe des Jahres
1940 einem passiven Verhalten. So verbietet die Oberfeldkommandantur
Warschau am 19.11.40 die Teilnahme der Wehrmacht bei Umsiedlungen
und Ghettobildungen [3]. Die Berichterstattung der OFKen über die Zustände in den Ghettos ist deutlich, aber sie bleibt – soweit sich das feststellen läßt – in der ersten Phase (bis Frühjahr 1942) auf den Schreib-
tischen des MiG in Spala liegen.

Am 20.5.1941 meldet der OFK-Warschau: (Gen. v. Unruh) [4]
„Die Lage im Judenviertel ist katastrophal. Die Leichen der vor
Entkräftung Gestorbenen liegen in den Straßen herum. Die Sterb-
lichkeit, 80 % Unterernährung, hat sich seit Februar verdreifacht.
Das einzige, was den Juden zugeteilt wird, sind 1 1/2 Pfd. Brot pro
Woche. Kartoffeln, für die vom Judenrat eine Vorauszahlung von
mehreren Millionen geleistet war, konnten bis jetzt nicht geliefert
werden. Die in großer Zahl vom Judenrat ins Leben gerufenen
Wohlfahrtseinrichtungen sind nicht annähernd in der Lage, das
fürchterliche Elend zu steuern. Das Ghetto wächst sich zu einem

2) Goldstein, The stars bear witness, S. 38
3) T-501, film 228, Bl. 815
4) T-501, film 214, Bl. 269

Kulturskandal, einem Herd von Krankheiten und Aufzucht des schlimmsten Untermenschentums aus. Die Behandlung der Juden in den Arbeitslagern, in denen sie nur von Polen bewacht werden, kann nur als viehisch bezeichnet werden."
(Verfasser vermutlich Rittmeister Sandner)

Die gleiche OFK-Warschau meldet am 15.6., 30.6., 20.9. und 24.10.41 Ähnliches, wenn auch nicht mit so scharfen Formulierungen über das Ghetto Warschau; Am 24.10.41 stellt General v. Unruh fest:

„Die Zustände im Ghetto haben sich nicht geändert; ich habe eine Weiterbeschäftigung von Juden bei Einheiten der Wehrmacht verboten." [5]

Dabei handelt es sich nicht um die *im* Ghetto für die Wehrmacht arbeitenden Juden, sondern um die sog. Kolonnen, die aus dem Ghetto für Arbeit bei Dienststellen außerhalb des Ghettos eingesetzt wurden. Das Verbot ist nicht eingehalten worden.

Am 23.11.41 meldet v. Unruh:

„Von einer nachgeordneten Dienststelle des Distriktchefs wurde die Mitwirkung der Wehrmacht erbeten bei dem vom Gen.-Gouverneur angeordneten Waffengebrauch gegen unberechtigt außerhalb des Ghettos angetroffenen Juden. Dies wurde von mir in Übereinstimmung mit dem Gouverneur aus grundsätzlichen Erwägungen abgelehnt." (Eine Randnotiz dazu, von Gen v. Gienanth:)

Hierbei handelt es sich noch nicht um Massenerschießung im Sinne der „Endlösung", sondern um ein vermutlich vom Kommissar für den jüdischen Wohnbezirk Warschau (Auerswald) ausgehende Anforderung, der am 17.11.41 ein Erschießungsplakat für acht Ghettoinsassen, darunter sechs Frauen, unterzeichnete, die sich außerhalb des Ghettos aufgehalten hatten.

Soweit feststellbar, stammt die erste Wehrmachtsmeldung über Massenvernichtungen von der OFK 365 (Lemberg) aus der Berichtszeit 16.11. – 15.12.1941 [6], wo es unter dem 21.12.41 heißt:

„ . . . die Polen sind deprimiert und zurückhaltend, während sich der jüdischen Bevölkerung unter der Einwirkung der bereits gegen sie durchgeführten und noch zu erwartenden, im Augenblick jedoch offenbar bis zu einem gewissen Grade abgestoppten *drakonischen Maßnahmen* eine verzweifelte Nervosität bemächtigt hat."

---

5) T-501, film 214, Blatt 1354
6) T-501, film 214, Bl. 1042

Vom Beginn des Jahres 1942 an werden derartige Meldungen häufiger, Im Januar 1942 meldet der OFK 365, Lemberg, erneut, daß „gewisse den Bestand der jüdischen Bevölkerung bedrohende Eingriffe zum mindestens einstweilen abgestoppt" seien, wobei es auch im Februar bleibt [7]; die OFK Warschau weist darauf hin, daß 15 Personen, darunter 11 Mädchen wegen unerlaubten Verlassens des Ghettos erschossen worden seien, weitere 500 seien aus dem gleichen Grund verhaftet, „für die das Urteil ebenfalls nur Erschießen lauten kann". Sie seien jedoch vom Judenrat für 1,5 Mill. Zloty bis zum 19.1.42 freigekauft worden [8]

Die erste Meldung, die klar auf beabsichtigte Massenvernichtung der Juden hinweist, erstattet am 19.3.1942 die OFK 365 Limburg, Generalltn. Beuttel: [9]

„Innerhalb der jüdischen Bevölkerung Lembergs hat eine merkliche Beunruhigung Platz ergriffen mit Rücksicht auf eine begonnene Aussiedlungsaktion, durch die etwa 30.000 ältere und sonstige nicht im Arbeitsprozeß stehende Juden Lembergs erfaßt und, wie angegeben, in die Gegend von Lublin verbracht werden sollen. *Inwieweit diese Evakuierung einer Dezimierung gleichzusetzen sein wird, bleibt abzuwarten.*"

Noch deutlicher wird Generalltn. Beuttel in seinem nächsten Monatsbericht vom 18.4.42 [10]:

„Die jüdische Bevölkerung zeigt tiefste Niedergeschlagenheit, was auch durchaus erklärlich ist, da einmal in verschiedenen Orten des Distrikts die bekannten Aktionen gegen die Juden wieder einsetzten und zum andern in Lemberg die vorübergehend unterbrochene Aussiedlung von Juden ihren Fortgang nimmt; es dürfte sich inzwischen auch bei den Juden herumgesprochen haben, daß die Evakuierten das Aussiedlungsgebiet, das ihnen als Reiseziel angegeben wird, niemals erreichen. Wenn man hier in Lemberg nunmehr diesen Weg der „Behandlung" der Juden wählte, so hat dabei zweifellos die Befürchtung eine entscheidende Rolle gespielt, daß man bei Einhaltung des

---

7) T-501, Film 215, Bl. 495, Meldung vom 19.1.42 für Berichtszeit 16.12.41 — — 15.1.42. Gemeldet v. Oberstlt. Hasera. T-501, Film 215, Bl. 316. Für die Berichtszeit 16.1.42 — 15.2.42 gemeldet von Generalltn. Beuttel.

8) T-501, Film 215, Bl. 451/52, Meldg. v. 21.1.42 f. Berichtszeit 16.12.41 — 15.1.42 gemeldet v. Gen. v. Unruh

9) T-501, Film 215, Bl. 97, f.d. Berichtszeit 16.2.42 — 15.8.42

10) T-501, Film 216, Bl. 203, f.d. Berichtszeit 16.3.42 — 15.4.42

bisherigen Verfahrens des Vorgehens gegen die Juden mit ungünstigen Rückwirkungen auf die Haltung der Zivilbevölkerung gegenüber Deutschland rechnen zu müssen glaubte."

Am 18.7.42 umschrieb Beuttel eine Judenvernichtung so: [11)]

„c) Juden

Stimmung gedrückt. Durch besondere Maßnahmen verringerten sie sich um etwa 2.000 Köpfe. Hierdurch wurde das Gebiet des Truppenübungsplatzes Galizien, insbesondere Magieron entjudet."

Der nächste Monatsbericht aus Lemberg vom 17.8.42 lautet: [12)]

„c) Juden

Die Stimmung innerhalb der jüdischen Bevölkerung ist infolge der großen, in einigen Teilen des Distrikts vorübergehend abgeschlossenen, in Lemberg jedoch z.Zt. noch andauernden Aktionen ganz außerordentlich gedrückt und doch erstaunlich gefaßt.

Nach einer auf Grund der offiziellen Lebensmittelzuteilung geführten Statistik, müßten sich in Lemberg vor Beginn der laufenden Durchkämmung noch etwa 80.000 Juden befunden haben; es wird jedoch angenommen, daß sich tatsächlich noch etwa 100.000 Juden in Lemberg aufhielten. Ausgesiedelt wurden seit dem 10. ds.Mts. aus Lemberg ca. 25.000 Juden, weitere 15.000 werden ihnen nachfolgen müssen, bevor diese Aktion abgeschlossen wird.

Es kann festgestellt werden, daß durch die Judenaktionen die bei den militärischen Einheiten, in Wehrmachtsbetrieben oder in von der Wehrmacht kontrollierten Betrieben angestellten jüdischen Arbeiter und Arbeiterinnen nur sehr wenig in Mitleidenschaft gezogen wurden, so daß die Betriebe, soweit dies auf Grund der unter den Juden z.Zt. bestehenden Beunruhigung überhaupt möglich ist, ungestört weiter arbeiten konnten. Dies ist ohne jeden Zweifel ein Erfolg, der schon seit Monaten mit dem SS- und Polizeiführer im Distrikt Galizien durch die O.F.K. 365 gehaltenen engen Fühlung und vielfach geführten Verhandlungen, wodurch bei der genannten Stelle ein anerkennenswertes Verständnis für die Belange der Wehrmacht geweckt und erhalten werden konnte. Es konnte auch erreicht werden, daß bislang die Familienangehörigen der jüdischen Arbeiter zum größten Teile von der Aussiedlung verschont blieben; nach den neuesten Informationen muß allerdings erwartet werden, daß zumindestens in Lemberg noch sehr erhebliche Eingriffe in die jüdischen Familien im Zuge der z.Zt. laufenden Aktion erfolgen werden."

11) T-501, Film 215, Bl. 761, Berichtszeit 16.6. – 15.7.1942
12) T-501, Film 216, Bl. 1363, Berichtszeit 16.7. – 15.8.1942

Der Juli-Monatsbericht 42 der OFK-Warschau vom 21.8.42 ist in einem anderen Ton gehalten, als die bisherigen kritischen Feststellungen des Generalmajor v. Unruh.

Zivilbevölkerung

1. *Stimmung*

Die Umsiedlung der Juden wird von dem größten Teil der Bevölkerung mit einer gewissen Befriedigung aufgenommen. Es sind nur verhältnismäßig geringe Teile, die Anstoß daran nehmen. Allerdings kursieren über die Art der Durchführung der Umsiedlung Greuelgeschichten, die zum Teil übertrieben sind.

Die Arbeiter, die für die Wehrmacht und Rüstungsbetriebe innerhalb des Ghettos eingesetzt sind, sind in Blocks, die noch einmal abgesperrt sind, zusammengefaßt. Von der OFK sind zur Aufrechterhaltung der Ruhe und Ordnung in den Betrieben und zur Beaufsichtigung der Juden in den einzelnen Blocks Wachen eingerichtet worden. Die außerhalb des Ghettos bei Wehrmachtstellen beschäftigten jüdischen Arbeiter sind in besonderen Baracken oder Gebäuden ähnlich wie die Kriegsgefangenen untergebracht.

Es werden von Wehrmachtdienststellen — außer Rüstungsbetrieben — beschäftigt:

a) im Ghetto in sechs Betrieben und einem Lager ca.   8.100 Juden
b) außerhalb des Ghettos in 80 Betrieben und
   drei Lagern   1.850 Juden
   insgesamt   ca. 9.950 Juden .

Es fällt auf, daß die OFK Lemberg und Warschau als einzige die Judenaktionen in ihren Monatsberichten erwähnen, obwohl es im Juni und Juli 42 im Bereich der anderen OFKs, vor allem um Lublin und Krakau; längst zu Massenvernichtungsvorgängen gekommen war. Auch die Vierteljahresberichte der Kriegspfarrer beider Konfessionen enthalten hierzu kein Wort. Die technische Möglichkeit, dies zur Meldung zu bringen, bestand für die OFKs neben der Direktmeldung im Rahmen des Meldeschemas unter dem Titel „Beobachtungen und Feststellungen außerhalb der Truppe." Es liegt nahe, hierin eine persönliche Einstellung der betr. Oberfeldkommandanten zur Judenfrage und zur SS zu vermuten, vor allem in Lublin, dessen Kommandant wiederholt seine gute Zusammenarbeit mit dem SSPF Globocnik stärker betonte, als dies im Rahmen der Meldefloskeln üblich war.

Zu einem echten Konflikt zwischen den von Seiten der SSPF durchgeführten Massenvernichtungen und dem MiG kam es erst in jenem Augenblick, in dem sie SS nicht nur arbeitsunfähige Juden „umsiedelte", sondern sich auch an den für die Wehrmacht arbeitenden Judenkontigent heranmachte. Diese unterstanden u.a. der Rüstungsinspektion im GG (Krakau) mit ihren Untergliederungen bzw. dem Oberquartiermeister (OQ) beim MiG.

Wie wenig übrigens das Amt des MiG noch im Mai 42 von den generellen Judenvernichtungsabsichten der SS ahnte, zeigt eine Umfrage des OQu/ Qu 2 vom 9.5.42 [13]), aus der hervorgeht, daß die Rüstungsinspektion in diesem Zeitpunkt noch plant, polnische und ukrainische Facharbeiter aus den Wehrmachtsbetrieben im GG herauszulösen und sie durch insgesamt 100.000 [14]) jüdische Facharbeiter zu ersetzen. Während die Rüstungsinspektion am 20.6.42 noch beabsichtigt, zu diesem Zweck Bekleidungs- und Schuhwerksfertigungen aus dem Reich herauszuverlegen und mit jüdischen Arbeitern im GG zu beginnen [15]), worüber mit dem SS Wirtschafts- und Verwaltungshauptamt verhandelt worden war, läuft einen Tag später aus Tarnow die erste jener Meldungen ein [16]), aus der sich in den nächsten Monaten ein Konflikt zwischen MiG und HSSPF in der Judenfrage im Generalgouvernement ergeben sollte: eine Dachpappenfabrik in Tarnow meldet totalen Produktionsausfall, weil man ihr alle jüdischen Arbeiter weggenommen hat.

Vor diese neue Situation ist der MiG (Rüstungsinspektion) offiziell am 17.7.42, also drei Tage vor dem Beginn der Auflösung des Ghettos Warschau, durch den HSSPF Krüger gestellt worden [17]). Auf einer Besprechung, bei der neben Krüger Generalltn. Schindler, Kapt.z.S. Gortcke, Herr Kobold von der Regierung des GG und der BdS anwesend waren, wurde die beabsichtigte Auflösung der Ghettos mitgeteilt und bisherige Vereinbarungen für ungültig erklärt. Aus späteren Verhandlungsprotokollen geht hervor, daß dieser Versuch der Wehrmacht, auf dem Umweg über ihre Deklarierung als „Rüstungsarbeiter" Teile der jüdischen Bevölkerung vor der Vernichtung zu retten, durch Himmler selbst torpediert worden ist.

---

13) T-501, Film 220, Bl. 843
14) T-501, Film 219, Bl. 346 (im KTB des QQu) zum 8.5.42
15) T-501, Film 219, Bl. 380
16) T-501, Film 219, Bl. 380
17) T-501, Film 216, Bl. 927

Aus der Besprechungsniederschrift ergibt sich jedoch lediglich, daß von nun an alle jüdischen Arbeitskräfte in einer Art SS-Regie übergehen, und von der SS dann der Wehrmacht zur Verfügung gestellt werden sollten, aber keine Vernichtungsabsicht. Dabei verlangt die SS von der Rüstungsinspektion die Gestellung von Barackenlagern zur Unterbringung der aus den Ghettos zu evakuierenden Juden. Die Dienststellen des MiG haben von dieser Besprechung anscheinend erst einen Monat später erfahren.

Inzwischen gingen die Ghettoauflösungen weiter. Die OFK Warschau meldet am 22.9.42: [18)]

„In dem mit lettischen Posten umstellten Ghettos ist die Umsiedlung der Juden in kurzer Zeit durchgeführt worden. Man schätzt die Zahl der bei Anfang der Aktion vorhandenen Juden auf ca. 80.000. Demnach waren innerhalb von 7 Wochen ca. 320.000 Juden entfernt.'' Die OFK macht dabei darauf aufmerksam, daß zwar die der OFK und der Rüstungsinspektion bekannten Betriebe vor der Evakuierung geschützt werden konnten, bei den anderen Betrieben hatte der von SSPF verfügte Abzug der Arbeitskräfte schwere Störungen verursacht. Ein Einspruch beim SSPF sei erfolglos geblieben. Der OKW-Befehl, wonach die Juden durch Polen zu ersetzen wären, sei nicht durchführbar. „Der Direktor des Hauptarbeitsamtes Warschau erklärte bei einer Besprechung am 15.9., daß er nicht in der Lage sei, auch nur *einen* Polen zu stellen . . . Auch er sei vor der plötzlichen Aussiedlung der Juden nicht gehört worden.''

Die OFK Kielce meldet am 30.9.42, daß 25.000 Juden aus Radom abbefördert wurden, 2.500 seien als Arbeitskräfte für SSPF und Wehrmachtsdienststellen zurückgeblieben. Auch in Kielce und Checiny seien mehrere tausend Juden durch die Polizei ausgesiedelt worden [19)]. In der gleichen Berichtzeit meldet die OFK Krakau zwar keine Judenaussiedlung, erwähnt aber: „Zusammenarbeit mit Polizei reibungslos (bis auf den Fall Przemysl)''. [20)]
Die OFK Lemberg meldete unter dem 17.9.1942: [21)]
„c) Juden: In der Berichtzeit fanden im Distrikt Judenaussiedlungen größeren Umfangs statt. U.a. wurden in Lemberg etwa 40.000 Judenumsiedlungen durchgeführt. Die bei diesen Umsiedlungen sich zuge-

18) T-501, Film 216, Bl. 1129-1130, Berichtszeit 16.8. -- 15.9.42
19) T-501, Film 216, Bl. 1168, Berichtszeit 16.8. - 15.9.42
20) Vgl. dazu Verfahren Flensburg, 2 Js 117/63
21) T-501, Film 216, Bl. 1187

tragenen Szenen zu schildern, erübrigt sich, ebenso die Art, in welcher die Zusammenfassung der zur Umsiedlung gelangenden Juden erfolgte. Bis 31.12.42 sollen sämtliche Juden aus dem Distrikt Galizien ausgesiedelt sein. Die dadurch im Arbeitsprozeß entstehenden Fehlstellen können nach den eingezogenen Erkundungen durch arische Arbeitskräfte, speziell auf dem Gebiet der Facharbeit nicht voll ersetzt werden. Es stehen sich somit die politischen und wirtschaftlichen Belange gegenüber und es ist anzunehmen, daß in den ersten Monaten des Jahres 1943, wenn nicht besondere Maßnahmen ergriffen werden, ein Absinken der Leistungen namentlich auf dem Gebiet der Facharbeit, eintreten wird. Die Kasernierung der für die Wehrmacht arbeitenden Juden wurde in Rawa Ruska, Stanislau, Tarnopol, Drohobycz, Stryj, Sambor und Zolkiew durchgeführt bzw. zum Teil begonnen. In Lemberg wurde hier von zufolge der großen Anzahl der beschäftigten Juden (annähernd 10.000) vorerst noch Abstand genommen, umso mehr als deren Familienangehörige zum großen Teil noch nicht umgesiedelt wurden und hier eine Kasernierung, die eine Trennung von den Familienangehörigen bedeutet, ein beachtliches Absinken der Arbeitsleistungen hervorrufen würde."

Im nächsten Monatsbericht (17.10.42) der OFK Lemberg heißt es dann: [22]

„Die Umsiedlungsaktionen gehen unvermindert weiter. Das Judentum ist über sein Schicksal unterrichtet. Bezeichnend ist ein Ausspruch eines Mitgliedes des Lemberger Judenrates: 'Wir tragen alle unseren Totenschein in der Tasche — es ist nur der Sterbetag noch nicht ausgefüllt.' "

Zu diesem Zeitpunkt arbeiten in Lemberg unter dem Schutz der Wehrmacht noch 10.616 Juden und Generalmajor Beuttel macht darauf aufmerksam, daß ihre Ablösung durch "arische Arbeitskräfte auf allergrößte Schwierigkeiten" stoßen würde.

Die OFK in Warschau und Kielce melden zu diesem Zeitpunkt den Abschluß der Judenaussiedlungen [23].

Inzwischen hat sich eine Auseinandersetzung zwischen MiG-OQu einerseits und dem HSSPF-Krakau sowie dem OKH andererseits abgespielt. Am 3.8.42 hatte die OFK-Warschau, am 5.8. die OFK-Radom Meldung machen müssen [24], daß, ohne die Heeresdienststellen zu benachrichtigen, weitere Judenaktionen stattfanden; die Polizeimaßnahmen gefährdeten

---

22) T-501, Film 216, Bl. 1057-58
23) T-501, Film 216, Bl. 1001

die mittelbare Frontversorgung mit Lebensmitteln. Der MiG wandte sich hilfesuchend an die Rüstungsinspektion in Krakau und General Schindler sagte eine Intervention beim SD in Krakau zu, außerdem wandte sich der MiG an den Verbindungsoffizier von Tschammer und Osten beim Generalgouverneur [25] und gleichzeitig an das OKH mit der Schilderung von Arbeitsausfällen in Radom, Przemysl, Truppenübungsplatz Galizien und Tarnow und verlangte vorherige Benachrichtigung bei Aussiedlungen. Außerdem seien keine Ersatzkräfte verfügbar [26]. Am 8.8.42 erhielten die OFKs in Warschau, Lublin, Krakau, Kielce und Lemberg einen Rundhinweis, daß sich die Rüstungsinspektion beim BdS Krakau für die zu schützenden jüdischen Arbeiter verwandt habe und den Befehl, die zu schützenden Betriebe zu melden. Zugleich gingen Warnungen an die OFKs, in welchen Orten mit "Auskämmaktionen" zu rechnen sei [27]. (Z.B. Krosno am 18.8.42; Lemberg 10.8.42).

Federführend für diesen Versuch des MiG, wenigstens jene Teile der jüdischen Bevölkerung mit ihren Familien vor der Vernichtung zu retten, die bei der Wehrmacht beschäftigt sind, ist die Rüstungsinspektion im GG. Die entscheidende Besprechung fand am 15.8.42 in Krakau statt. Daran haben von Seiten des MiG Kapitän z.S. Gartzke und Major Hermann (OQu/Qu2) teilgenommen.

In dem Protokoll heißt es: [28]

III; ,,Keine Gewähr für Belassung der für die Wehrmacht arbeitenden Juden bis Kriegsende

Kapitän Gartzke unterstrich, daß die ,,Rü-In" die Juden brauche, da
a) die Aufträge zunähmen (so werde z.B. ein Heinkel-Werk, nachdem das in Rostock gelegene beschädigt worden sei, nach Budzin verlegt) und
b) die Arbeitskraft der Polen absinke.

Er betonte, daß ein Ersatz der Juden, die in Betrieben der Rü.-In als angelernte Arbeiter tätig seien, von heute auf morgen nicht möglich sei.

Die Vertreter der SS erklärten:

Nach Auffassung des Reichsmarschalls müsse davon abgegangen werden, daß der Jude unentbehrlich sei.

Weder Rü.-In noch die sonstigen Dienststellen im GG. würden die Juden bis zum Kriegsende behalten. Die ergangenen Befehle seien klar

25) T-501, Film 216, Bl. 966, 5.8.42
26) T-501, Film 216, Bl. 965, 5.8.42
27) T-501, Film 216, Bl 945-948
28) T-501, Film 216, Bl. 924/925

und hart. Sie hätten Geltung nicht nur für das GG., sondern für sämtliche besetzten Gebiete. Die Gründe für sie müßten außergewöhnlicher Natur sein. Unter diesen Umständen sei es nicht lohnend, Juden als Facharbeiter anzulernen. Jeglicher zusätzliche größere Bedarf an Juden müsse über den Höh.SS- und Pol.-Führer des Reichsführers SS und Chef der Deutschen Polizei zur Entscheidung vorgelegt werden.

IV. Warschauer Ghetto:

Bezüglich des Warschauer Ghettos wurde zwischen Rü.-In und den Vertretern der SS ein Einvernehmen auf folgender Grundlage erzielt:

a) Die in den Betrieben der Rü.-In. beschäftigten Juden wurden in einem besonderen rüstungswirtschaftlichen Ghetto zusammengefaßt, kommen also mit den anderen Juden nicht mehr in Berührung.

b) Eine Sichtung dieser Juden nach Altersklassen wird zunächst zurückgestellt, um den für den Winterfeldzug wichtigen Ausstoß der Betriebe nicht zu beeinträchtigen.

Auf Anregung des Vertreters des M.i.G. wurde eine gleiche Regelung auch für die Betriebe, die für M.i.G. im Warschauer Ghetto arbeiten, zugestanden. Diese kleineren Betriebe sollen zu diesem Zwecke zusammengelegt werden."

Welches Schicksal die inzwischen ausgesiedelten Juden gehabt hatten, kann den Vertretern der Wehrmacht klar geworden sein, wenn mit den Vertretern des HSSPF-Krakau vereinbart wurde:

„Es wird zur Sprache gebracht, daß den Juden zum Teil nicht gestattet worden sei, gute Kleidung mitzunehmen, und daß sie durchweg sehr schlecht gekleidet seien.

Bekleidung kann bei dem örtlichen SS- oder Pol. Führer angefordert werden, die zurückgelassene Kleidung der evakuierten Juden verausgaben können." [29]

Im Kriegstagebuch des MiG/OQu befinden sich jedoch auch nach dem 15.8.42 immer wieder Meldungen von Oberfeldkdtn (Krakau, Warschau), Truppenübungsplätzen (Rembertow), Ortskommanturen und einzelnen Firmen (Warschau), aus denen hervorgeht, daß die plötzlichen und nicht angekündigten Aktionen der SS gegen Juden weitergehen. [30]

---

29) T-501, Film 216, Bl. 924/925
30) T-501, Film 216, Bl. 925

Als im Schutz der Wehrmacht stehend werden am 18./19.8.42 folgende Zahlen jüdischer Arbeiter gemeldet. [31]

OPK 365 Lemberg 4.000 – 5.000
OFK Warschau 6.000
OFK Krakau 4.163
OFK 389 Lublin 5.009
OFK 372 Kielce 500

Dem Tauziehen zwischen SS und MiG um die jüdischen Arbeitskräfte macht scheinbar ein von Keitel unterschriebener OKW-Befehl (Nr.02553/ 42 geh. Qu (II Verw) vom 5.9.42 ein Ende, der den Austausch der jüdischen Arbeitskräfte durch Polen befiehlt [32]. Obwohl dieser Befehl das Ende der Bemühungen des MiG um die Erhaltung der jüdischen Arbeitskräfte darstellt, versuchte es der MiG weiter, indem er sich die Undurchführbarkeit des Keitel-Befehls durch Anfragen beim Amt Wirtschaft der Regierung des GG oder auch durch das Arbeitsamt Warschau vgl. oben, bescheinigen ließ [33] und auch Anträge auf neue Zuweisungen an den HSSPF Krakau richtete, der jedoch unter dem 29.9.42 mitteilte, daß er diese grundsätzlich nicht genehmige [34].

Den, wie der MiG glaubte, entscheidenden Vorstoß unternahm man am 18.9.1942: [35] beim OKW, Wehrmachtsführungsstab:

"I. Bis jetzt war für das General-Gouvernement angeordnet:

1. Polnische und ukrainische Arbeiter werden zwecks Freimachung für das Reich durch jüdische Arbeiter ersetzt; hierzu werden auch Judenlager zum Einsatz bei den Betrieben aufgestellt.

2. Zur Ausnützung der jüdischen Arbeitskraft für den Krieg werden rein jüdische Betriebe oder Teilbetriebe gebildet.

Die ohne Benachrichtung der meisten Wehrmachtsdienststellen einsetzende Aussiedlung der Juden brachte starke Erschwerungen im Nachschub und Verzögerungen in der kriegswirtschaftlichen Sofortproduktion. Arbeiten der SS-Stufe, der Dringlichkeitsstufe „Winter" können nicht fristgemäß erledigt werden.

---

31) T-501, Film 219, Bl. 422, 424, 426, 434
32) T-501, Film 219, Bl. 442, 444
33) T-501, Film 219, Bl. 448, 452
34) T-501, Film 219, Bl. 480
35) T-501, Film 216, Bl. 850-52; abgedruckt in „Faschismus, Ghetto, Massenmord", Ostberlin 1961, S. 444-446

II. Ungelernte Arbeiter können zum Teil ersetzt werden, wenn der der Generalbevollmächtigte für den Arbeitseinsatz auf die bis Ende dieses Jahres durchzuführende Abgabe von 140.000 Polen an das Reich verzichtet und wenn die Erfassung der Polizei gelingt. Dies wird nach den bisherigen Erfahrungen bezweifelt.

Als angelernte Arbeiter können zu einem geringen Teil Schüler genommen werden, die zur Zeit in den Fachschulen der Regierung ausgebildet werden.

Facharbeiter müssen erst herangebildet werden. Die Schulung der im wesentlichen der Landwirtschaft zu entnehmenden Arbeitskräfte bedarf Monate bis zu einem Jahr und bei einigen besonders hoch qualifizierten Arbeitern und Handwerkern noch darüber.

Ob die Lösung dieser besonders schwierigen Frage, von der die Erhaltung der Leistungsfähigkeit des General-Gouvernements für die Kriegswirtschaft in erster Linie abhängt, durch Abgaben von Facharbeitern aus dem Reich beschleunigt werden kann, entzieht sich meiner Beurteilung.

III. Nach den Unterlagen der Regierung — Hauptabteilung Arbeit — beträgt die Gesamtzahl der gewerblichen Arbeiter etwas mehr als eine Million, hiervon über 300.000 Juden. Unter diesen sind etwa 100.000 Facharbeiter.

In den einzelnen, für die Wehrmacht arbeitenden Betrieben schwankt die Zahl der Juden unter den Facharbeitern zwischen 25–100 %; sie beträgt 100 % bei den für die Winterbekleidung arbeitenden Textilbetrieben. In anderen Betrieben, zum Beispiel in der wichtigen Fahrzeugfabrikation Typ "Fuhrmann" und "Pleskau" sind die Schlüsselkräfte, die Stellmacher, hauptsächlich Juden. Sattler sind mit geringen Ausnahmen Juden.

Für die Uniform-Instandsetzung sind bei Privatfirmen zur Zeit insgesamt 22.700 Arbeiter tätig, davon sind 22.000 (97 v.H.) Juden, darunter rund 16.000 Fachkräfte (Textil- und Lederwerke). Ein rein jüdischer Betrieb mit 168 Arbeitern fertigt Geschirrbeschläge. Hiervon ist abhängig die gesamte Fertigung von Geschirren im General-Gouvernement, in der Ukraine und zum Teil im Reich.

IV. Sofortige Entfernung der Juden hätte zur Folge, daß das Kriegspotential des Reiches erheblich gedrückt und die Versorgung der Front sowie der Truppen des General-Gouvernements mindestens augenblicklich stocken würde.

1) In der Rüstungsindustrie würden ernste Fertigungsausfälle, zwischen 25 bis 100 % eintreten.

2) Bei den Kraftfahrzeugen-Instandsetzungs-Werkstätten würde ein durchschnittlicher Leistungsabfall von etwa 25 % eintreten, d.h., es würden im Monat durchschnittlich 2.500 Kraftfahrzeuge weniger instandgesetzt werden.

3) Zur Durchführung der Versorgung müßten Nachschubeinheiten eingesetzt werden.

V. Wenn die kriegswichtigen Arbeiten nicht leiden sollen, können die Juden nach Ausbildung des Ersatzes, also Zug um Zug, freigegeben werden. Diese Aufgabe kann nur örtlich durchgeführt, muß aber von einer Stelle in Zusammenarbeit mit dem Höh. SS- und Pol.-Führer zentral gesteuert werden.

Es wird gebeten, den Bezugserlaß in dieser Art durchführen zu dürfen. Dabei soll Richtlinie sein, die Juden so rasch als möglich auszuschalten, ohne die kriegswichtigen Arbeiten zu beeinträchtigen.

VI. Wie nunmehr festgestellt, laufen im General-Gouvernement ohne Kenntnis der Rüstungsinspektion und des W.i.G. von den verschiedensten Wehrmachtdienststellen des Reiches kriegswichtige Aufträge der höchsten Dringlichkeitsstufe, vor allem für den Winterbedarf. Die rechtzeitige Fertigstellung dieser Arbeiten ist durch die Aussiedlung der Juden unmöglich gemacht.

Eine systematische Erfassung aller derartigen Betriebe benötigt einige Zeit.

Es wird gebeten, die Aussiedlung der in den gewerblichen Betrieben tätigen Juden bis dahin auszusetzen.

Der Wehrkreisbefehlshaber"

Das Schreiben, für das der OQu/Qu 2, Oberst i.G. Forster, verantwortlich zeichnete, wurde vom MiG selbst, General v. Gienanth, gezeichnet, wurde am 20.9.42 Himmler vorgelegt und befindet sich in dessen erhalten gebliebener "Schriftgutverwaltung".

Für das, was nun hinter den Kulissen vor sich ging, sind Aktenunterlagen noch nicht gefunden 36). Wenigstens war 14 Tage später der General

---

36) Vgl. Broszat, a.a.O. S. 75 f; die entscheidende Verhandlung ist zwischen Obergrf. Wolff und Oberstltn. v. Tippelskirch geführt worden

v. Gienanth von seinem Posten abgelöst und sein Nachfolger, General Haenicke, erhielt am 10.10.42 in Gestalt eines Fernschreibens vom OKW WFSt/Qu(II) – ohne Namensunterschrift – ein bemerkenswertes Dokument, das mit den Worten beginnt: [37]

„Das Oberkommando der Wehrmacht hält im Einvernehmen mit dem Reichsführer SS an dem Grundsatz fest, daß die von der Wehrmacht zum militärischen Hilfsdienst und in der Rüstungswirtschaft beschäftigten Juden sofort durch arische Arbeitskräfte zu ersetzen sind. Für die Durchführung dieser Maßnahmen hat der Reichsführer SS folgende Richtlinien mitgeteilt:"

Und nun folgt der Abdruck eines Schreibens, das Himmler am 9.10.42 an den Generalquartiermeister Wagner, an Oberstleutnant Tippelskirch und an die SS-Führer Pohl, Krüger, Globoenig, Wolff sowie das RSHA mit bewußt beleidigend gemeintem Inhalt gerichtet hatte:

„1. Ich habe angeordnet, die ganzen sogenannten Rüstungsarbeiter, die lediglich in Schneider-, Pelz- und Schusterwerkstätten arbeiten, durch SS-Obergruppenführer Krüger und SS-Obergruppenführer Pohl an Ort und Stelle, d.h. also in Warschau, Lublin in KL zusammenzufassen. Die Wehrmacht soll ihre Bestellungen an uns geben, und wir garantieren ihr den Fortgang der Lieferungen für die von ihr gewünschten Bekleidungsstücke. Gegen alle diejenigen jedoch, die glauben, hier mit angeblichen Rüstungsinteressen entgegentreten zu müssen, die in Wirklichkeit lediglich die Juden und ihre Geschäfte unterstützen wollen, habe ich Anweisung gegeben, unnachsichtig vorzugehen.
2. Die Juden, die sich in wirklichen Rüstungsbetrieben, also Waffenwerkstätten, Autowerkstätten usw. befinden, sind Zug um Zug herauszulösen. Als erste Stufe sind sie, in den Betrieben in einzelnen Hallen zusammenzufassen. Als zweite Stufe dieser Entwicklung ist die Belegschaft dieser einzelnen Hallen im Austausch tunlichst in geschlossenen Betrieben zusammenzutun, so daß wir dann lediglich einige geschlossene Konzentrationslager-Betriebe im Generalgouvernement haben.
3. Es wird dann unser Bestreben sein, diese jüdischen Arbeitskräfte durch Polen zu ersetzen und die größere Anzahl dieser jüdischen KL-Betriebe in ein paar wenige jüdische KL-Großbetriebe tunlichst im

37) T-501, Film 225, Bl. 2; T-175, Film 22, Bl. 2/527359
   abgedruckt wie vor S. 446/47

Osten des Generalgouvernements zusammenzufassen. Jedoch auch dort sollen eines Tages, dem Wunsche des Führers entsprechend, die Juden verschwinden."

Das war das Ende der Bemühungen des MiG, wenigstens das Leben derjenigen Juden und ihrer Familien zu erhalten, die bei der Wehrmacht Unterschlupf gefunden hatten. Zwischen dem 13. und 15.10.42 gingen die Befehle an die OFKen heraus, die jüdischen Arbeitskräfte durch andere zu ersetzen [38]. Damit waren alle Juden im GG in die Hände der SS geraten und der entsprechende Sachbearbeiter beim MiG, Major Herrmann, hatte sich von nun an (15.10.42) in dieser Sache mit dem SS-Obersturmbannführer Specht beim HSSPF in Krakau auseinanderzusetzen [39]. Specht sicherte der Wehrmacht zwar eine „großzügige Auslegung der Richtlinien" (Himmlers) zu, aber die SS hatte gesiegt und die Wehrmacht mußte sich jetzt mit der Anlage und Verlegung ihrer Betriebe nach den KL richten, in denen die SS die Juden nunmehr unterbrachte. Dementsprechend wies der Oberquartiermeister nun die OFKs an, sich deswegen mit den einzelnen SSPF auseinanderzusetzen [40].
Auf dem gleichen Blatt, auf dem dieser Befehl des MiG vom 20.10.42 im Kriegstagebuch des OQu verzeichnet wird, steht beziehungsreich die Eintragung: [41]
„24.10.1942. Ortskommandantur Ostrow meldet, daß die Juden in Treblinka nicht ausreichend beerdigt seien und infolgedessen ein unerträglicher Kadavergeruch die Luft verpestet."

Von Oktober 1942 ab melden die Oberfeldkommandanturen laufend die Abgabe ihrer jüdischen Arbeitskräfte an die SS, die Abgabe von ganzen Lagern (z.B. Poniatowa am 18.10.42) [42] und nur die OFK Warschau meldet noch am 27.1.1943, daß sich dort [43]
34.969 (gezählte) Juden befinden, von denen
5.507 Männer und
2.131 Frauen bei Betrieben des Wehrmachtkommandos beschäftigt seien.

38) T-501, Film 219, Bl. 458, 459
39) T-501, Film 219, Bl. 461, Film 216, Bl. 793/94
40) T-501, Film 216, Bl. 776/77
41) T-501, Film 219, Bl. 461
42) T-505, Film 549, Bl. 2/588624
43) T-501, Film 219, Bl. 474

Vom 15.12. – 15.1.43 brachte eine Transportsperre im GG die gesamten Judenevakuierungen ins Stocken. [44)]
Ein Warschau-Besuch Himmlers am 9.1.43 steht mit den Auseinandersetzungsvorgängen zwischen SS und MiG in engem Zusammenhang:

Er schreibt darüber an den HSSPF, Krakau [45)]:
„Lieber Krüger! Ich war vorgestern in Warschau. Da ich nicht sicher wußte, ob ich dorthin komme, habe ich Dich nicht verständigt. Ich habe mir den örtlichen Mann der Heeres-Rüstungs-Inspektion, einen Oberst Fretter, kommen lassen.
In Warschau befinden sich noch rund 40.000 Juden. Von diesen werden 8.000 in den nächsten Tagen abgefahren. 32.000 sind noch in sogenannten Rüstungsbetrieben. Davon sind rund 24.110 in Textil- und Pelzbetrieben, insbesondere bei der Firma Walter O. Többens KG, Warschau.
Ich habe dem Oberst Fretter den Auftrag gegeben, dem Rüstungsinspekteur, Generalltn. Schindler, mitzuteilen, daß ich erstaunt sei, daß meine Anweisungen bezügl. der Juden nicht befolgt würden. Ich habe nunmehr noch einmal eine Frist bis zum 15.2.1943 gestellt, in der folgende Dinge zu erfüllen sind:
1) Sofortige Ausschaltung der privaten Firmen.
Ich halte es für unbedingt notwendig, daß dafür gesorgt wird, daß diese sich hier unabkömmlich gemachten Besitzer tunlichst eingezogen und an die Front gebracht werden.

2) Das Reichssicherheitshauptamt beauftrage ich, mit Hilfe von Buchprüfern die Geschäfte und Gewinne der Firma Walter O. Többens KG, Warschau, einmal genauestens unter die Lupe zu nehmen. Wenn ich nicht irre, hat sich hier im Verlaufe von 3 Jahren ein früher besitzloser Mann zum wohlhabenden Besitzer – wenn nicht sogar schon zum Millionär – entwickelt, und zwar nur dadurch, daß wir, der Staat, ihm die billige jüdische Arbeitskraft zutrieben.

3) Sofortige Übernahme der ganzen 16.000 Juden in ein KZ, am besten nach Lublin. Garantie an die Rüstungsinspektion, dasselbe hinsichtlich Anzahl und bezüglich der Termine zu leisten und zu liefern, was bisher geleistet wurde. Ich glaube, daß es außerdem zu billigeren Preisen gemacht werden kann.

44)
45) T-175, Film 22, Bl. 2/527348

4) Dasselbe gilt für eine Anzahl kleinerer Ghettobetriebe, die Teile von Maschinen oder Flugzeugen machen, die auch im Stammlager gemacht werden können ..."

Die OFK Warschau weiß bereits am 25.1.43 zu berichten, daß die Herausnahme der jüdischen Wehrmachtarbeiter aus Warschau nach "Lublin" beabsichtigt [46] ist. Warschau stellte bis zum Ghettoaufstand von 1943 weiterhin die größte Anzahl der bei der Wehrmacht Schutz findenden Juden, deren Zahl in ganzen GG am 9.2.43 nur noch 11.048 betrug [47]. Am 11.5.43 ordnete der SSFM Warschau (Stroop) die Abgabe aller bei der OFK Warschau beschäftigten Juden an und setzte dies trotz Proteste der OFK durch. [48]
Obwohl alle Juden damit der SS ausgeliefert waren, bedeutete dies noch nicht das Ende der Auseinandersetzung zwischen dem Wehrmachtsbefehlshaber im GG und der SS um die Judenvernichtung in Polen. Der MiG und die Rüstungsinspektion Krakau berichteten im April und Mai 1943 sehr offen und sehr scharf über die Lage im GG an das OKH bzw. an das Reichsministerium für Rüstung und Munition und betonten dabei, welche verheerenden Auswirkungen die Judenverfolgung auf die Bevölkerung gehabt habe, und daß die Vernichtung der jüdischen Facharbeiterschaft auch spürbaren Einfluß auf Rüstungsproduktionsausfälle im GG gehabt habe [49].
Die Maßnahmen und Vorstellungen des MiG gegen die Judenvernichtung im GG umfassen also die Zeit zwischen der Jahreswende 1941/42 und dem 10.10.1942, an dem sie durch das gemeinsame Eingreifen des OKW und Himmlers enden. Daß sie erfolglos waren, ist eine geschichtliche Tatsache, die aufzuzeigen nicht Sinn dieser Darstellung ist; es kam vielmehr darauf an, festzustellen, daß und von wem sie unternommen wurden und wie und durch wen sie scheiterten. Es ist symptomatisch, daß die Opposition wie bei anderen Entwicklungen in der Geschichte des Dritten Reiches von der verantwortlichen mittleren Führung ausgeht, und daß sie am Machtspruch der höchsten Befehlsspitzen scheiterte, durch die die Truppe gebunden war.

---

46) T-501, Film 221, Bl. 172
47) T-501, Film 219, Bl. 476
48) T-501, Film 219, Bl. 492
49) T-501, Film 222, Bl. 633 und 675

Ob die Verantwortlichen beim MiG mehr hätten tun können als sie getan haben – ist eine Frage spekulativen Charakters, die der Historiker nicht zu beantworten suchen kann, solange seine Kenntnis der Zusammenhänge sich nur aus der Beurteilung der vorliegenden Akten ergibt. Es fehlt hier das Wissen um die mündlich getroffenen und nicht aktenkundig gewordenen Entscheidungen, und es fehlen vor allem auch bedeutsame Aktenteile aus der Abt. Ic/AO und die Berichte der Abwehrstellen und -nebenstellen, die den handelnden Befehlshabern bei ihren Entschlüssen bekannt waren.

Die Rolle des Generaloberst Johannes Blaskowitz in Polen.

Nachdem Polen von deutschen und sowjetischen Truppen besetzt und in seinem deutsch besetzten Teil zum "Generalgouvernement" umbenannt worden war, wurde Generaloberst Blaskowitz zum Oberbefehlshaber der Besatzungstruppe ernannt. Blaskowitz ließ in dieser Eigenschaft SS-Leute, die an Grausamkeiten gegen polnische Juden beteiligt waren, zum Tode verurteilen. Durch Befehl Hitlers wurden diese Urteile aufgehoben. Dagegen hat der Generaloberst offiziell protestiert. Außerdem hat Generaloberst Blaskowitz in zwei Berichten, die er dem Oberbefehlshaber des Heeres zuleitete, über die Untaten der SS in Polen berichtet. Der erste Bericht vom November 1939 ist nicht mehr vorhanden. Dagegen ist seine Denkschrift vom Februar 1940 erhalten geblieben. Kurze Zeit später, im Mai 1940, wurde Generaloberst Blaskowitz von seinem Posten abgelöst. Erst beim Rückzug in Frankreich, im Spätsommer 1944, taucht sein Name in einem Befehl über Rückzugsgefechte wieder auf.

Die Denkschrift von Generaloberst Blaskowitz vom 6. Februar 1940 hat folgenden Wortlaut:

Der Oberbfehlshaber Ost   H.Qu. Schloß Spala, den 6.2.40

I. *Militärpolitische Lage*

Im Industriegebiet Kasienna ist zum ersten Male das Bestehen einer weitverzweigten Aufstands- und Sabotageorganisation festgestellt. Hauptträger der Organisation sind Angehörige des ehemaligen polnischen Heeres. Das bei zahlreichen Verhafteten vorgefundene Material wird zur Zeit noch gesichtet. Die Staatspolizei sieht zunächst von

weiteren Verhaftungen ab, um die spätere Zerstörung der Gesamt-
organisation nicht zu gefährden.

Die sich hiermit aufzeigende Gefahr zwingt, zur Frage der Behandlung
des polnischen Volkes allgemein Stellung zu nehmen.

Es ist abwegig, einige 10.000 Juden und Polen, so wie es augenblicklich
geschieht, abzuschlachten; denn damit werden angesichts der Masse der
Bevölkerung weder die polnische Staatsidee totgeschlagen noch die Juden
beseitigt. Im Gegenteil, die Art und Weise des Abschlachtens bringt
größten Schaden mit sich, kompliziert die Probleme und macht sie viel
gefährlicher, als sie bei überlegtem und zielbewußtem Handeln gewesen
wären. Die Auswirkungen sind:

a) Der feindlichen Propaganda wird ein Material geliefert, wie es wirk-
samer in der ganzen Welt nicht gedacht werden kann. Was die Aus-
landssender bisher gebracht haben, ist nur ein winziger Bruchteil von
dem, was in Wirklichkeit geschehen ist. Es muß damit gerechnet werden, daß das Geschrei des Auslandes stetig zunimmt und größten
politischen Schaden verursacht, zumal die Scheußlichkeiten tatsächlich geschehen sind und durch nichts widerlegt werden können.

b) Die sich in aller Öffentlichkeit abspielenden Gewaltakte gegen Juden
erregen bei den religiösen Polen nicht nur tiefsten Abscheu, sondern
ebenso großes Mitleid mit der jüdischen Bevölkerung, der der Pole
bisher mehr oder weniger *feindlich* gegenüber stand. In kürzester Zeit
wird es dahin kommen, daß unsere Erzfeinde im Ostraum − der Pole
und der Jude, dazu noch besonders unterstützt von der kath. Kirche
− sich in ihrem Haß gegen ihre Peiniger auf der ganzen Linie gegen
Deutschland zusammenfinden werden.

c) Auf die Rolle der Wehrmacht, die gezwungen ist, diesen Verbrechen
tatenlos zuzuschauen, und deren Ansehen besonders bei der polnischen Bevölkerung eine nicht wieder gut zu machende Einbuße erlei-
det, braucht nicht nochmals hingewiesen zu werden.

d) Der schlimmste Schaden jedoch, der dem deutschen Volkskörper aus
den augenblicklichen Zuständen erwachsen wird, ist die maßlose Ver-
rohung und sittliche Verkommenheit, die sich in kürzester Zeit unter
wertvollem deutschem Menschenmaterial wie eine Seuche ausbreiten
wird.

Wenn hohe Amtspersonen der SS und Polizei Gewalttaten und Brutalität
verlangen und sie in der Öffentlichkeit belobigen, dann regiert in kürzester Zeit nur noch der Gewalttätige. Überraschend schnell finden sich
Gleichgesinnte und charakterlich Angekränkelte zusammen, um, wie es in
Polen der Fall ist, ihre tierischen und pathologischen Instinkte auszu-

toben. Es besteht kaum noch die Möglichkeit, sie im Zaum zu halten; denn sie müssen sich mit Recht von Amtswegen autorisiert und zu jeder Grausamkeit berechtigt fühlen.

Die einzige Möglichkeit, sich dieser Seuche zu erwehren, besteht darin, die Schuldigen und ihren Anhang schleunigst der militärischen Führung und Gerichtsbarkeit zu unterstellen.

Der Oberbefehlshaber im Grenzabschnitt Süd, General der Infanterie *Ulex*, äußerte sich am 2. Februar 1940:

An
den Oberbfehlshaber *Ost*
Spala
Die sich gerade in letzter Zeit anhäufenden Gewalttaten der polizeilichen Kräfte zeigen einen ganz unbegreiflichen Mangel menschlichen und sittlichen Empfindens, so daß man geradezu von Vertierung sprechen kann. Dabei glaube ich, daß meiner Dienststelle nur ein *kleiner* Bruchteil der geschehenen Gewaltakte zur Kenntnis kommt.

Es hat den Anschein, daß die Vorgesetzten dieses Treiben im Stillen billigen und nicht durchgreifen *wollen*.

Den einzigen Ausweg aus diesem unwürdigen, die Ehre des ganzen deutschen Volkes befleckenden Zustand sehe ich darin, daß die gesamten Polizeiverbände *einschließlich ihrer sämtlichen höheren Führer* und einschließlich aller bei den Generalgouvernementsstellen befindlichen Führer, welche diesen Gewalttaten seit Monaten zusehen, mit einem Schlag abgelöst und aufgelöst werden und daß intakte, ehrliebende Verbände an ihre Stelle treten.

gez. *Ulex*

Am 5.2. teilt der Verbindungsoffizier beim Generalgouvernement Major von Tschammer und Osten mit, in Rzessow und Tschenstochau seien bei der Ordnungspolizei eine Reihe von Todesurteilen gefällt und sollten dem Führer zur Bestätigung vorgelegt werden. In Tschenstochau seien allein vier Offiziere angeklagt, der Bataillonskommandeur sei dreimal zum Tode verurteilt.

Nachdem, was bisher geschehen ist, muß abgewartet werden, ob tatsächlich der Wille besteht, Ordnung zu schaffen, zumal mehr oder weniger sämtliche Führer sich an diesem Treiben beteiligt, es zumindest unterstützt oder geduldet haben.

Was in Tschenstochau im Einzelnen vorgefallen, entzieht sich der hiesigen Kenntnis. Nach Angabe eines Polizeioffiziers haben sich hier Offiziere der Polizei, wie auch an vielen anderen Stellen, in einem Blutrausch befunden.

Welcher Rohheiten diese Bestien fähig sind, ergibt die in der Anlage 1 beigefügte Vernehmung eines Unterfeldwebels, eines Unteroffiziers und eines Gefreiten des Inf. Rgts. 414.

Die Einstellung der Truppe zur SS und Polizei schwankt zwischen Abscheu und Haß. Jeder Soldat fühlt sich angewidert und abgestoßen durch diese Verbrechen, die in Polen von Angehörigen des Reiches und Vertretern der Staatsgewalt begangen werden. Er versteht nicht, wie derartige Dinge, zumal sie sozusagen unter seinem Schutz geschehen, ungestraft möglich sind.

Eine eigentlich ständige Begleiterscheinung jeder polizeilichen Durchsuchung und Beschlagnahme sind Ansätze von Raub und Plünderung durch die an der Aktion beteiligten Polizeipersonen. Daß beschlagnahmte Waren jeder Art in den Polizei- und SS-Verbänden verteilt oder gegen eine geringe Anerkennungsgebühr verkauft werden, ist offenbar gang und gebe.

In einer Besprechung beim Generalgouverneur am 23.1.40 teilt Generalmajor Bührmann, der Beauftragte für den 4-Jahresplan, mit, daß es seinem gewandten Außenstellenleiter, einem Rittmeister Schuh, gelungen sei, die SS zu bewegen, große Mengen von Uhren und Goldwaren abzugeben.

Angesichts solcher Zustände ist es natürlich nicht verwunderlich, daß der Einzelne jede Gelegenheit benutzt, um sich selbst zu bereichern. Er kann dieses ja auch jetzt ohne jede Gefahr, denn wenn die Gesamtheit stiehlt, braucht der einzelne Dieb so leicht keine Strafe zu befürchten.

Es besteht kein Zweifel, daß die polnische Bevölkerung, die alle diese Verbrechen wehrlos mit ansehen muß oder durch sie selbst betroffen und zur Verzweiflung getrieben, jede Aufruhr- und Rachebewegung fanatisch unterstützen wird. Weite Kreise, die niemals an einen Aufstand gedacht haben, werden jede Möglichkeit hierzu ausnützen und ihr als entschlossene Kämpfer zuströmen. Besonders die zahlreiche kleinbäuerliche Bevölkerung, die bei vernünftiger Behandlung und sachgemäßer deutscher Verwaltung ruhig und zufrieden für uns gearbeitet hätte, wird sozusagen mit Gewalt ins feindliche Lager getrieben.

Eine ganz besonders und stetig wachsende Beunruhigung des Landes bringt die Umsiedlung mit sich. Es liegt auf der Hand, daß die darbende und um ihre Existenz und ihr Leben ringende Bevölkerung nur mit größter Sorge die völlig *mittellos*, über Nacht aus ihren Häusern gerissenen, sozusagen nackt und hungernd bei ihr unterkriechenden Massen der Umgesiedelten betrachten muß. Daß diese Gefühle durch die zahlreichen verhungerten toten Kinder jedes Transportes und die Waggons voll erfrorener Menschen zu maßlosem Haß gesteigert werden, ist nur zu erklärlich.

Die Ansicht, man könne das polnische Volk mit Terror einschüchtern und am Boden halten, wird sich bestimmt als falsch erweisen. Dafür ist die Leidensfähigkeit des Volkes viel zu groß:
Die Truppe hat in den letzten Monaten etwa 100 Erschießungen nach standrechtlicher Verurteilung in der Hauptsache wegen Waffenbesitz und Sabotage vorgenommen. Die polnische Bevölkerung hält dies für unser gutes Recht und findet sich damit ab. Dagegen wird sie sich mit allen Mitteln gegen alle verbrecherischen Grausamkeiten, Mißhandlungen und Plünderungen wie sie von SS, Polizei und Verwaltung begangen werden, zur Wehr setzen.

Die ältere polnische Generation kennt sehr genau aus hundertjährigem Kampf alle erprobten Schliche einer geschickten Verschwörung aus eigener Erfahrung. Sie wird sie an die Jugend weitergeben und diese damit zum besonders ernstzunehmenden Gegener machen.

Die mehrfach geäußerte Ansicht, ein kleiner polnischer Aufstand sei ganz erwünscht, weil man dann Gelegenheit habe, im großen Stil die Polen zu dezimieren, wird für sehr leichtfertig gehalten. Es sind nachweislich Massen von Waffen und Munition im Lande versteckt, so daß eine Aufstandsbewegung bestimmt viel deutsches Blut kosten würde. Zudem muß befürchtet werden, daß für die Niederkämpfung unter Umständen schwer entbehrliche Verstärkungen aus dem Westen herangezogen werden müssen.

Es besteht kein Zweifel, daß mit diesem Treiben in einer unverantwortlichen Weise die militärische Sicherheit und wirtschaftliche Ausnutzung des Ostens nutzlos gefährdet wird.

Aus der großen Zahl der nach dem 9.12. zur Kenntnis von Oberost gekommenen Übergriffe und Verstöße der Polizei, SS und Verwaltung werden einige bezeichnende Fälle in Erweiterung der früheren Liste in der Anlage 2 aufgeführt.

In dem Verhältnis zum Generalgouverneur und der Polizei hat sich nach dem Besuch in Spala nichts geändert. Es wird versucht, den Eindruck zu erwecken, als ob zur Wehrmacht überall die besten Beziehungen unter; halten würden. Der Truppe gegenüber ist man vorsichtiger geworden.

Der Truppe selbst ist fraglos das Rückgrat gestärkt. Übergriffe gegen sie werden sich so leicht nicht wiederholen.

Zu diesem grundsätzlichen Bericht des Generaloberst Blaskowitz gehören etliche Anlagen. Was hier besonders interessiert, sind die Fälle der Grausamkeiten der SS- und Polizeieinheiten, die sie gegenüber Polen und Juden begingen. Die Tatsache, daß hier der Wehrmachtoberbefehlshaber Ost diese Einzelheiten sammelte und nach Berlin berichtete, vor allem auch dem Polizei- und SS-Führer Daluege, zeigt eindeutig, welchen Abscheu dieser Mann empfand, daß er für sich keinerlei Konsequenzen scheute, um gegen derartige Unmenschlichkeiten, jedes Kriegsrecht mißachtende unmenschliche Vorgehen der SS und zu ihr gehörenden Polizeibataillonen anzuprangern. Er unternahm den verzweifelten Versuch um Abhilfe zu schaffen, die Wehrmacht von diesen Morden zu distanzieren.

Nicht zu übersehen sind allerdings die unerträglichen antipolnischen Töne in dieser Denkschrift. Bei einer Einschätzung der Schrift darf aber nicht außer Acht gelassen werden, daß zu jener Zeit bereits die Wehrmacht unter den starken Druck der NSDAP geraten war. Selbst für einen General war es nicht mehr ungefährlich, sich gegen die erklärten Ziele dieser Partei zu stellen, zumal wenn er, wie Blaskowitz, durch die oben erwähnten Todesurteile in Gegensatz zu Hitler selbst getreten war. Die Verurteilung der Massenmorde als lediglich politische Dummheit und der polenfeindliche Akzent dieser Denkschrift sind als Versuch zu werten, einen für die nationalsozialistische akzeptable Begründung für die Einstellung des Mordens zu finden, nachdem das Argument bloßer Menschlichkeit nicht mehr galt. Eine schärfere Fassung seiner Denkschrift hätte mit Sicherheit keinen Erfolg gebracht und ihn selbst noch mehr gefährdet. Deshalb mußte sich Blaskowitz tarnen. Diese Haltung von Blaskowitz wird auch in anderen historischen Werken bestätigt.

Ein Beispiel: Przemysl
Polizeioffizier denunziert Wehrmachtsoffiziere.

Ein Beispiel dafür, wie SS und Polizeikräfte in Polen gegen die Versuche der Wehrmacht arbeiteten, Juden durch Übernahme in den militärischen Arbeitsprozeß einzugliedern, zeigt ein Bericht der Schutzpolizeidienstabteilung in Przemysl vom 11. August 1942, der an den Kommandeur der Ordnungspolizei in Krakau gerichtet ist. Dieser Bericht ist eine Anlage zu dem Dokument des Generalobersten Blaskowitz und dem Bericht, den das Institut für Zeitgeschichte über diese Zustände der „Judenvernichtung im Generalgouvernement und die Wehrmacht" verfaßt hat. Diese Papiere verdanke ich dem Leiter der zentralen Stelle der Justizverwaltungen zur Verfolgung von NS-Verbrechen in Ludwigsburg, Herrn Oberstaatsanwalt Dr. Rückerl.

Schutzpolizeidienstabteilung   Przemysl, den 11.8.1942
– P r z e m y s l –

An
den Herrn Kommandeur
der Ordnungspolizei
in *K r a k a u.*

Am Samstag, dem 23. Juli 1942 wurde das Judenwohngebiet in Przemysl befehlsgemäß wegen einer durchzuführenden Judenaktion durch deutsche und polnische Polizei abgesperrt. Der Fahrer des Lkw. der hier eingesetzten Kräfte der Kompanie, der am Sonntag, dem 24. Juli, gegen 10.30 Uhr zur Kompanie, die auf der anderen Seite des San untergebracht ist, fahren wollte, um Lebensmittel für die eingesetzten Kräfte zu holen, meldete mir dann, daß die Brücke durch Wehrmachtangehörige gesperrt sei. Der dort Dienst tuende Feldwebel habe ihm gesagt, daß Waffengebrauch angeordnet sei, und daß er schießen würde, falls er die Brücke passiere. Ich begab mich sofort zur Ortskommandantur und traf dort den Ortskommandanten Major *Liedke* an. Bemerken muß ich, daß die Ortskommandantur einem jüdischen Heerlager glich. Auch waren eine Anzahl jüdischer Ordnungsdienstmänner dort anwesend. Ohne den Grund der Brückensperrung zu kennen, machte die Situation den Eindruck auf mich, als hätten die Juden sich in den Schutz dieser Wehrmachtsdienststelle begeben. Ich fragte Herrn Major *Liedke* nach dem Grund der Brückensperrung, worauf er mir erklärte, daß die Brücke wegen der Judenaktion gesperrt sei und sich gegen die von der Polizei getroffenen Maßnahmen richte. Er sagte mir unter anderem, daß die Brücke so lange gesperrt bliebe, bis ich meine Maßnahmen gegen die Juden abbrechen würde. Ich machte ihn darauf aufmerksam, daß ich hierüber nicht verfügen könne, und daß die Schutzpolizei nur einen Teilauftrag, und zwar zunächst nur die Absperrung des Judenwohngebietes durchzuführen habe. Unter anderem sagte er zu mir, daß die Maßnahme der Polizei eine Sabotage der Wehrmachtarbeit bedeute. Als ich ihn fragte, wie er zu der Annahme komme, erklärte er mir, daß die Polizei ihm durch die Aktion seine Arbeiter nehme, und er dann seine Aufgabe nicht mehr erfüllen könne. Ich versuchte ihm, auf Grund mir bekanntgewordener Tatsachen klar zu machen, daß es gar nicht die Absicht der die Aktion anordnenden Dienststelle sein könne, die arbeitsfähigen und arbeitswilligen Juden umzusiedeln, und er dadurch seine Arbeitskräfte verlieren würde. Er fragte mich dann, ob ich ihm das versprechen könne, was ich natürlich verneinen mußte, mit dem Bemerken, daß ich hierzu kein Recht habe. Mein Eindruck war nun so, daß Major *Liedke* geneigt schien, die Maßnahmen abzublasen, da er anscheinend seiner Sorge enthoben war. Er ging dann mit mir zur Brücke, um sich mit dem Adjudanten Oberleutnant *Battels* zu besprechen. Aus den nun folgenden Gesprächen konnte ich entnehmen, daß Oberleutnant *Battels* die Seele der ganzen Angelegenheit war. Wir gingen zusammen zur Ortskommandantur, wo die Angelegenheit weiter besprochen wurde. Während, wie ich schon erwähnte, der Major *Liedke* bereit war, die Brückensperrung aufzuheben, war bei Oberleutnant *Battels* ein starker Widerstand spürbar. Ich hörte dann, wie er zu dem Major sagte, die Polizei habe die roten Wehrmachtausweise nicht berücksichtigt und da müsse schon aus Prestigegründen die Brückensperrung aufrechterhalten werden, damit die Polizei ihre Maßnahmen nicht weiter durchführen könne. Ich war nun Zeuge folgenden Vorganges. Oberleutnant *Battels* sagte zu Major *Liedke* etwa folgendes: „Herr Major, das Telegramm an den MiG können wir so nicht herausgeben. Den Text müssen wir ändern." Ich hörte dann, daß in dem Telegramm die Rede davon war, daß durch die Judenaktion etwa 90 % der jüdischen Arbeiter in Wehrmachtbetrieben ausfallen würden, wodurch die gesamte Arbeit der Wehrmacht gefährdet würde. Bei einigermaßen gutem Willen mußte Oberleutnant *Battels* wissen, daß ihm nicht 90 % der Arbeiter ausfallen konnten, und es spricht hieraus wohl die Tatsache, unter welchem Eindruck die Brückensperrung durch Major *Liedke* befohlen wurde. Dann diktierte Oberleutnant Battels den neuen Text des Telegramms, das von Major *Liedke* nunmehr gefertigt wurde. Hierin war natürlich von einem weit niedrigen Prozentsatz die Rede. Auch wurde darin die Abberufung des SS-Untersturmführers *Benthin* gefordert. Mir wurde gesagt, ich solle nicht darüber reden. Dann bat ich nochmals, mir zu gestatten, daß der Wagen zur Unterkunft fahren könne. Nach langen Erwägungen wurde mir dies auch gestattet, jedoch mit dem Erfolg, daß der Wagen nachher nicht mehr zurückgelassen wurde. Bemerken muß ich, daß sich auf beiden Seiten des Sanufers eine mehrhundertköpfige Menschengruppe angesammelt hatte, die diesem seltsamen Schauspiel des

Kampfes der Wehrmacht gegen die Polizei zuschaute. Es kann diesen Menschen nicht entgangen sein, um was es sich hier handelte, insbesondere, da die Juden in der Ortskommandantur ein- und ausgingen. Hierbei ist noch zu erwähnen, daß Oberleutnant *Battels*, als ich mit ihm die Kommandantur verließ, zu dem dort anwesenden Obmann des Judenrates Dr. *Duldig* sagte, daß er dort bleiben solle, und seine Befehle abwarten solle. Diesen Vorgang meldete ich dann fernmündlich an den Kommandeur der Ordnungspolizei Herrn Oberleutnant *Gassler*. Etwa gegen 13 Uhr ging ein Fernspruch aus Krakau ein, daß die Brückensperrung aufzuheben sei.

Wie ich später von Herrn Hauptmann *Schweder* erfuhr, kam er ebenfalls mit einem Offizier seiner Kompanie beritten zur Brücke und wurde angehalten. Auch ihm wurde von dem diensttuenden Feldwebel angedroht, daß er schießen müsse, falls er die Brücke betreten würde. Hauptmann *Schweder* war über diesen Vorgang äußerst erregt, insbesondere, weil, wie er mir erzählte, einzelne Juden und Polen die Brücke passieren konnten. Es muß hier erwähnt werden, daß es ganz allein der Disziplin und der Zurückhaltung der Polizei zu verdanken war, wenn hier nichts Schlimmeres vorgekommen ist. Die Entrüstung war bei allen Beteiligten sehr groß. Wie ich von Wachtmeistern der hiesigen Schutzpolizeidienstabteilung erfuhr, was auch vom Kreishauptmann und dem Stadtkommissar bestätigt wird, soll Oberleutnant *Battels* als Judenfreund bekannt sein. Dem entsprechen auch meine ganzen Wahrnehmungen.

Res.-Oberleutnant d. Sch.

So unmenschlich und brutal die Zwangsverpflichtung von Juden zur Arbeit im Dienste der Wehrmacht oder in deutschen Rüstungsbetrieben war, weil auch dies für zahllose ebenso dem Tod bedeutete wie für die übrigen Deportierten die Gaskammern der Vernichtungslager, sie barg zu Beginn des Krieges noch wenigstens die Chance in sich, durch menschlich handelnde Wehrmachtsangehörige vor dem Zugriff der SS gerettet zu werden, wie dies im Juli 1942 in Przemysl der Fall war. Daß die Zwangsarbeit bei der Wehrmacht und in der kriegswichtigen Industrie als das geringere Übel angesehen wurde, obwohl dabei viele allein wegen Unterernährung zugrundegingen, spricht auch aus der im folgenden abgedruckten Passage aus einem Aufsatz von K.J. Ball.

(In: Zeitschrift für die Geschichte der Juden, Hersg. von Hugo Gold, 1. Jg. 1964, S. 145 f):

Juden als Arbeitskräfte in kriegswirtschaftlich wichtigen Betrieben bis zum Februar 1943

Das umfangreiche Kapitel der Beschäftigung von deutschen Juden als Zwangsarbeiter in Deutschland kann hier nicht erörtert werden, und bedürfte einer monographischen Behandlung. – Vom Beginn der Deportationen an (Herbst 1941) wurden Juden, die deportiert werden sollten, aus der Arbeit herausgenommen. Nur das Militär widersetzte sich dieser Entziehung von Arbeitskräften noch eine Zeit lang, etwas mehr als ein halbes Jahr, aber dann wurde es auch gezwungen nachzugeben. Das spiegelte sich zunächst in einem uns vorliegenden Bericht von jüdischer Seite aus dem Jahre 1947 wider, es wurden aber später diesbezüglich auch mehrere offizielle Dokumente auf deutscher Seite vorgefunden.

Hildegard Henschel war die Frau des letzten Vorsitzenden der jüdischen Gemeinde in Berlin und war selbst führend in der sozialen Arbeit der Gemeinde tätig. Sie überlebte Theresienstadt und schrieb in einem, im Jahre 1947 in Israel verfaßten Bericht: "Das Jahr 1943 begann, die Stimmung unter den Berliner Juden wurde zunehmend schlechter, es gab kaum einen Menschen der nicht einen ihm Nahestehenden durch die Evakuierung verloren hatte. Außerdem wußte man, daß die Militärbehörde im Begriffe war, sich mit der Gestapo zu einigen, und jüdische Arbeiter nicht mehr reklamieren wollte. Daß dies das Ende für fast alle war, stand außerhalb jeder Diskussion. Als dann am 26./27. Januar 1943 drei sehr populäre Funktionäre Dr. Paul Eppstein, Dr. Leo Baeck und Herr Philipp Koczower, letzterer mit drei Kindern, darunter einem zehn Wochen alten Sohn, nach Theresienstadt evakuiert wurden, zweifelte man überhaupt an einem Fortbestehen jüdischer Arbeit und Institutionen:" – Tatsächlich wurden dann auch am 27. Februar 1943 alle jüdischen Zwangsarbeiter, die bisher vom Militär reklamiert waren, aus den Fabriken abgeholt. Sie wurden in einer Überraschungsaktion mitgenommen, wie sie waren und diese Aktion wurde mit besonderer Rücksichtslosigkeit und Grausamkeit durchgeführt. Hildegard Henschel hat sie ausführlich beschrieben, und ich habe Einzelheiten in meiner Arbeit: "Berlin wird judenfrei – Die Juden in Berlin im Jahre 1943" mitgeteilt.

Im Laufe der Jahre sind Bestätigungen hierüber auch aus deutschen Quellen bekannt geworden, Robert M.W. Kempner gibt in seinem Buche *"Eichmann und Komplizen"*, auf Seite 121 die Photokopie eines Berichtes des Reichssicherheitshauptamtes vom 28. April 1943 wieder, in dem es heißt, "Nachdem der Reichsminister für Bewaffnung und Munition die bisher im kriegswichtigen Arbeitseinsatz tätig gewesenen Juden – soweit sie nicht lagermäßig untergebracht sind – freigestellt hat, wurden sie am 27.2.1943 im vorherigen Einvernehmen mit dem Generalbevollmächtigten für den Arbeitseinsatz aus dem bisherigen Arbeitsverhältnis herausgenommen. Soweit diese Juden, nach den als Anlage beigefügten Richtlinien, zur Durchführung der Evakuierung von Juden nach dem Osten/ Wohnsitzverlegung nach Theresienstadt abbefördert werden konnten", ist dies geschehen . . ."

Ist hiermit das Ende des militärischen Schutzes für jüdische Arbeiter im kriegswichtigen Arbeitseinsatz bestätigt, und dadurch auch die Tatsache, daß sie bis dahin vom Militär nicht zur Deportation freigegeben waren, so besteht auch für den Anfang dieser Reklamierung eine Mitteilung in der Biographie "Hermann Göring" von Manville und Fränkel auf Seite 245. Im Zusammenhang mit der "Wannseekonferenz" wird hier gesagt: *"Heydrich was to find representatives of Goering's economic staff demanding exemptions for the Jewish armament workers. In fact, Goering, through his initial intervention in the autumn of 1941, managed to keep the Jewish armament workers and their families free from deportation about a year"* (Heydrich fand, daß Vertreter von Göring's Wirtschaftsabteilung für jüdische Heeresarbeiter Ausnahmen forderten. In der Tat gelang es Göring, durch diese Anfangsinitiative die jüdischen Heeresarbeiter und ihre Familien für ein Jahr von der Deportation zu befreien). Das Anfangsdatum – Herbst 1941 – stimmt mit dem Beginn der Deportationen überein.

III.
Die Hilfe der Abwehr für verfolgte Juden

1.Generalmajor Hans Oster

Zu den deutschen Generalen in führenden Positionen, die sich während der Naziherrschaft von Anfang an aktiv für jüdische Mitarbeiter eingesetzt hatten, gehörte der Chef des Stabes der militärischen Abwehr, Generalmajor Hans Oster. Oster war engster Mitarbeiter des Chefs der deutschen Abwehr Admiral Canaris und wurde 1943 unter anderem wegen seiner Haltung gegenüber den Juden aus seinem Amt entfernt, inhaftiert und im Zusammenhang mit dem Attentat vom 20. Juli 1944 auf Hitler als führendes Mitglied der Widerstandsbewegung durch Erhängen im KZ Flossenbürg hingerichtet. Ihm wurde bei der Amtsenthebung 1943 neben anderen Beschuldigungen vorgeworfen, Gegnern des Regimes, darunter Juden, durch die Ausstellung von ausländischen Pässen die Ausreise ermöglicht zu haben.

Osters Sohn Achim, der erst vor kurzem als Brigadegeneral der Bundeswehr pensioniert wurde, berichtete mir in einem Gespräch von verschiedenen Rettungsaktionen seines Vaters:

„Bevor ich auf den Fall komme, der mich in dieser Beziehung wohl am meisten bewegt hat, möchte ich doch erwähnen, daß der in den fünfziger Jahren verstorbene Kölner Bankier Waldemar von Oppenheim bei dem ersten Treffen nach dem Kriege mich in Bonn darauf angesprochen hat, daß ich der Sohn desjenigen Mannes sei, der mitten im Kriege geholfen habe, mit einem entsprechenden Paß nach Schweden zu reisen.

Frage: Als man Ihren Herrn Vater 1943 aus seinem Amt ausstieß, war doch einer der großen Vorwürfe der Nationalsozialisten, daß er mit ausländischen Pässen, mit Stempeln und falschen Ausweisen und mit allem was seiner Behörde leichter zur Verfügung stand, geholfen habe?
Verfügung steht, geholfen zu haben?

Antwort: Ja, das war es eben. Der Vorwurf war, daß er evangelischen Geistlichen, unter anderem Klaus Bonnhöfer geholfen hat, ihm einen Paß gegeben hat zu einer Pfarrtagung nach Schweden zu reisen und anderen Pfarrern — ich glaube Pfarrer Schönberg, und solchen Persönlichkeiten wie von Oppenheim, der es mir selber gesagt hat.
Über einen weiteren Fall werden Sie von einer anderen Quelle direkt erfahren. Es ist der Fall des früheren Berufs-Offiziers und Trägers des Ritterkreuzes, Oberstleutnant a. D. Borchart, der in hohen Bundesverdiensten vor kurzem verabschiedet worden ist. Er wurde als junger Mann wegen jüdischen Versipptseins aus der Armee ausgestoßen und hat dann durch die Hilfe des Amtes meines Vaters auch überleben können. Das sollten Sie aber besser von ihm selbst hören.
Ich muß Ihnen jetzt eine Geschichte erzählen, und zwar so, wie sie mir von meiner Mutter aus meiner eigenen Erkenntnis überkommen ist. Ich habe nie Dokumente darüber gesehen, aber ich glaube die Art, wie ich sie Ihnen darstellen kann, ist beeindruckend genug.
Wir lebten in Berlin in der Bayerischen Straße 9 in einem Hause, das einem Apotheker, Herrn Oppel, gehörte. Er war jüdischen Glaubens. Herr Oppel war Stabs-Apotheker aus dem Ersten Weltkrieg und hatte eine der ganz alten privilegierten Berliner Apotheken. Er war unser Hausbesitzer und ich entsinne mich selber noch, daß zu einer Zeit, wo schon der Judenstern getragen wurde, und den jüdischen Mitbewohnern das Benutzen des Fahrstuhls — das war eine kleine besondere 'Blockleiter-

schikane' — verboten wurde, mein Vater in Generalsuniform den Fahrstuhl aufmachte und Herrn Oppel in seinem eignen Hause erst in seinen
Fahrstuhl gehen ließ und dann hinter ihm hineinging und zusammen mit
ihm hoch fuhr. Herr Oppel kam, auch in der Zeit des Krieges, — er war
nicht eingesperrt, weil er eben am Ersten Weltkrieg teilgenommen hatte,
da waren ja gewisse Ausnahmebestimmungen immer noch gültig — des
öfteren zu meinem Vater, um mit ihm eine Tasse Tee zu trinken und mit
ihm ein Gespräch zu führen. Im Jahre 1943 ist Herr Oppel wieder einmal
zu uns gekommen und meine Mutter bereitete Kaffee und blieb auch bei
diesen Sitzungen manches Mal dabei. Aber an diesem Tage — das hat sie
mir berichtet — hätte mein Vater recht schroff und ganz gegen seine sonstige Gewohnheit gesagt: "Bitte laß uns allein". Sie hatte an dem Gespräch nicht mehr teilgenommen. Nach etwa acht Tagen sei mein Vater
aus dem Amt sehr ernst nach Hause gekommen und hätte gesagt: "Du
hast doch neulich Herrn Oppel noch erlebt. Er ist tot. Er hat sich das
Leben genommen."
Das war ein menschlich tragischer Fall, aber immerhin in dieser Zeit ja
leider nichts besonderes. Das Haus ging dann in eine Sequester-Verwal-
tung über. Meine Eltern wurden dort im Laufe des Jahres 1943 ausge-
bombt und zogen erst zu Freunden, und dann gelang es meiner Mutter,
aus unserer halb zerstörten Wohnung ein paar Möbel herauszubekommen.
Sie bekam, nachdem mein Vater verhaftet war, im Jahre 1944 eine Wohnung im Nebenhaus, im Parterre, während wir vorher in der dritten Etage
gewohnt hatten. Sie blieb in Berlin, weil sie immer hoffte, daß mein
Vater das Gefängnis in der Lehrter Straße werde verlassen können oder
sie ihn heraus bekommen könnte. Sie hatte ihm ja immer frische Wäsche
gebracht und wußte, daß er bis zum 13. Februar 1945 in Berlin war. Sie
hat das Kriegsende in Berlin, den Einmarsch der Russen erlebt. Eines
Morgens ; sie hat mir das nach dem Kriege geschildert — hatte es an die
Tür geklopft. Sie hat sehr bebend aufgemacht. Wer stand vor der Tür:
unser alter Hauswirt, Herr Oppel. Er sei sehr erregt gewesen und hätte
gesagt: "Wo ist Herr General, ich muß sofort den General sprechen, er
hat mir geholfen. Jetzt muß ich ihm helfen."
Meine Mutter hat gesagt, ich weiß nicht, wo mein Mann ist. Er ist eingesperrt. Dann hat er sich in den Gefängnissen bemüht herauszufinden, wo
mein Vater ist. Ohne Erfolg. Er war ja schon in das Lager Flossenbürg
verbracht worden, wo er umgebracht wurde. Aber Herr Oppel hat als
erstes bei der kommunistischen und dann bei der russischen Verwaltung
veranlaßt, daß ein 'Of Limit'-Schild an die Wohnung meiner Mutter kam.
Und es ist ihr auf diese Weise nichts passiert. Herr Oppel hat nach einiger

Zeit seine Apotheke wiederbekommen, hat dann noch etwa vier oder fünf Jahre gelebt. Dann ist er in Berlin gestorben.

General Oster hatte – neben anderen hohen Offizieren – auch dem späteren Oberstleutnant Robert Borchardt, einem Berufsoffizier, geholfen, der als junger Mann wegen "jüdischen Versipptseins" – er war sogenannter Halbjude – aus der Armee ausgestoßen worden war. Trotz seiner "Wehrunwürdigkeit" brachte er es im Krieg zum Ritterkreuz.

Als Ausgestoßener gelangte Borchardt mit der Hilfe einiger Freunde, insbesondere des Oberst von Mallentin, nach China als Militärberater. Wie es in seinem Leben dann weiterging, berichtete er mir in folgendem Interview:

Frage: Herr Borchardt, wie gingen dann die Dinge bei Ihnen weiter. Aus China sind Sie ja irgendwann wieder zurückgekommen?

Antwort: Die Militärberater aus China sind im Herbst 1938 nach Deutschland zurückgekommen. Ich habe dann kurze Zeit in der kriegswissenschaftlichen Abteilung des Generalstabs an einem Erfahrungsbericht gearbeitet und bin dann später im Bereich der Abwehr im Ausland tätig geworden.

Frage: Und dabei haben Sie vorher General Oster kennengelernt, der ja in der Folge des 20. Juli 1944 hingerichtet wurde.

Antwort: Diese Gelegenheit hat mir der damalige Oberst Oster ermöglicht, der mir auch bei Wiedererlangung des mir von der Gestapo beschlagnahmten Passes geholfen hat. Im Zuge dieser Tätigkeit habe ich dann einige Dinge hinter mich gebracht, die dazu geführt haben, daß ich Ende 1939 wieder in die Reichswehr als aktiver Offizier eingestellt wurde.

Frage: Haben Sie dann noch den Kontakt mit Oster gepflegt?

Antwort: Bei der Wiedereinstellung hatte ich mein zweites längeres Gespräch mit ihm. Es war ein sehr offenes Gespräch, in dem er auch deutlich zu erkennen gab, wie er zum herrschenden nationalsozialistischen Regime stand. Wir stimmten darin überein – und es lag bei meiner Wiedereinstellung wohl auch das Einverständnis vor –, daß ich bereit sein würde, wenn es zu einem gewaltsamen Versuch kommen würde, das Naziregime zu beseitigen, daran durch Vermittlung von Oberst Oster teilnehmen werde.

Frage: Oberst Oster hat Ihnen, soviel ich weiß, damals auch gesagt, er wolle mit Ihnen ständig in Verbindung bleiben. Wie haben Sie das im Kriege geschafft?

Antwort: Ich bin mehrmals, infolge von Verwundungen, aber auch aus dienstlichen und Versetzungsgründen in Berlin gewesen und habe ihn bei jedem meiner Berlin-Besuche, wie vereinbart, wiedergesehen und gesprochen und habe auch brieflich mit ihm in Berlin indirekt in Verbindung gestanden.

Frage: Von El Alamein in Afrika sind Sie in englischer und später in kanadische Gefangenenlager gekommen. Sie waren im Afrika-Corps verwundet worden. Von dort sind Sie mit Ihrem Herrn Vater in Verbindung getreten, der Deutschland verlassen mußte, der damals in England lebte.

Antwort: Ja, das ist so. Ich bin am 28. Oktober 1942 in El Alamein als Regimentsführer ziemlich schwer verwundet in Gefangenschaft geraten. Auf den Tag genau war ich vier Jahre in Gefangenschaft. Im Laufe dieser Zeit ist auch den britischen Militärbehörden bekannt geworden, daß mein Vater in England lebte als Emigrant.

Frage: Hat sich das irgendwie auf Ihr Schicksal in der Gefangenenschaft ausgewirkt?

Antwort: Ja. Das habe ich erst bei den Untersuchungen erkannt, die über Präferenzen bei der Entlassung aus der Gefangenschaft bzw. die Einstufung als Nazi- oder Berufsoffizier oder als Anti-Nazi angestellt wurden. Bei dem entsprechenden Gespräch mit einem älteren Beamten des Foreigns Office bin ich dann gefragt worden, – etwas ironisch und mit Understatement – ob die Engländer als Gewahrsamsmacht davon ausgehen könnten, daß ich nach Rückkehr nach Deutschland – also nach Entlassung aus der Gefangenenschaft – mich nicht dafür einsetzen würde, daß die Nürnberger Gesetze wieder eingeführt würden. Als ich das berichte wurde ich entsprechend eingestuft und etwas früher, als mancher meiner anderen Kameraden, aus britischer Gefangenschaft entlassen.

Frage: Sie wurden nach dem Kriege als erster deutscher Presse-Chef der Botschaft in Washington in den auswärtigen Dienst übernommen?

Antwort: Ja. Ich bin nach dem Kriege Journalist geworden. Auf grund meiner China-Erfahrung fiel mir der Start leicht und ich habe mich im Jahre 1954 entschlossen, ein Angebot des Auswärtigen Amtes zur Übernahme der Leitung des Presse-Referats bei der Botschaft in Washington zu übernehmen. Dann bin ich aus dem Journalismus in den Bundesdienst übergetreten, zunächst als Angestellter und dann, im üblichen Verfahren, Berufsbeamter geworden.

1954 wurde Robert Borchardt Leiter des Presse-Referats bei der deutschen Botschaft in Washington.

Abwehrchef Canaris schaltete sich persönlich ein.

Auf die zwiespältige Haltung führender Militärs gegenüber der nationalsozialistischen Führung, insbesondere bei den Verfolgungs- und Liquidierungsmaßnahmen gegen das europäische Judentum, ist bereits an anderer Stelle hingewiesen worden.

Alle bekannt gewordenen und die hier geschilderten Beispiele ihres Verhaltens im konkreten Fall zeigen jedoch klar, daß auch unter der totalitären Herrschaftsform des Nationalsozialismus der Einzelne noch ausreichend Spielraum hatte, sich menschlich zu verhalten und zu bewähren. Das gilt vor allem für diejenigen Inhaber militärischer Schlüsselpositionen, die in der Lage waren, Unrechtshandlungen der politischen und der militärischen Führung in ihrem ganzen Umfang zu erkennen und zu überblicken. Je nach Persönlichkeitsstruktur waren die Reaktionen sehr unterschiedlich. Während die einen sich bemühten, die ihnen noch gegebenen Möglichkeiten konsequent zur Hilfe für bedrängte Menschen — und das waren nun einmal in aller erster Linie und in der Masse die Juden — zu nutzen, unterstützten andere skrupellos und weit über die etwa gegebene Befehlslage hinaus die Verfolger.

Die Rolle der in diesem Zusammenhang besonders eingehend beobachteten deutschen Abwehr und ihres Chefs, Admiral Canaris, ist in dieser Hinsicht zwar immer noch umstritten. Es steht jedoch fest, daß Canaris und viele seiner Mitarbeiter in konkreten Fällen Juden geholfen und allgemein Gegner der Verfolgungsmaßnahmen waren. Immerhin war die Zahl der Widerstandskämpfer und der hingerichteten Opfer des Widerstandes gerade bei der Abwehr außergewöhnlich hoch.

An dieser Stelle geht es allerdings nicht um eine Analyse und Würdigung des politischen Widerstandes der Canaris-Gruppe gegen Hitler und den Nationalsozialismus, sondern ausschließlich um spezielle Aktionen zur Rettung von Juden. Canaris selbst hat wiederholt bei den politischen und militärischen Führungsstellen vor den Judenmorden gerade in Polen gewarnt und die verbrecherischen Methoden der SS angeprangert.

Bereits am 18. September 1939 berichtete der Admiral dem damaligen Oberquartiermeister I des Generalstabes des Heeres, General Karl Heinrich von Stülpnagel, daß sich SS-Führer damit brüsteten, täglich 200 Polen erschießen zu lassen. Die Exekutionen fänden meist ohne jegliches Verfahren statt.. Hauptsächlich seien Juden, Adelige und Geistliche die Opfer dieser Mörder.

Wenige Tage später berichtete Canaris in gleicher Sache im Führerzug der bei

Illnau stand, dem Chef des Oberkommandos der Wehrmacht, Keitel. Er schloß seinen Vortrag mit den Worten: "Für diese Methoden wird einmal die Welt auch die Wehrmacht, unter deren Auge diese Dinge stattfinden, verantwortlich machen." Keitel, so wird berichtet, habe sich von diesen Darlegungen des Admirals Canaris wenig beeindruckt gezeigt. Er wurde übrigens in aufrechten Offizierskreisen später mit dem verächtlichen Titel "Lakeitel" belegt, weil er gerade in der Frage der Judenpolitik ein willfähriges Werkzeug Hitlers und Himmlers gewesen ist. Einzelheiten dieser Vorgänge belegt die Anklageschrift der Staatsanwaltschaft München beim Landgericht München II gegen den früheren Chefadjudant Himmlers, den SS-Obergruppenführer Karl Wolff (Aktenzeichen 10 a JS 39/60).

Kurz nach der polnischen Kapitulation am 27. September 1939 bemühte sich Admiral Canaris am 5. Oktober 1939 in Warschau gemeinsam mit dem Leiter der dortigen Abwehrstelle, Major Johannes Horatzek, um die Familie des letzten polnischen Militärattachees in Berlin, des Majors Szymanski. Er erreichte es, daß Frau Szymanski nach einiger Zeit mit ihren Kindern in die Schweiz ausreisen konnte. Ob diese Familie Juden waren, ist nicht bekannt. Ihre Haltung und ihre Zivilcourage bezahlten der Chef der Abwehr, Admiral Canaris, sein Chef der Zentralabteilung, General Oster, und der Reichsgerichtsrat von Dohnany mit dem Tode am Galgen.

Die Rettung des chassidischen Oberrabbiners Joseph J. Schneerson aus dem brennenden Warschau 1939

Hier müssen zunächst einige erläuternde Schilderungen vorangestellt werden, bevor die eigentliche, dramatische Rettungstat einiger deutscher Offiziere der Abwehr berichtet wird, die auf Befehl ihres Chefs, des Admiral Canaris diesen Oberrabbiner aus Warschau herausholten und in Sicherheit brachten.

Vor einigen Jahren lernte ich einen ungewöhnlichen Mann kennen, der erst Anfang der dreißiger Jahre nach Deutschland zurückgekehrt war. Er hatte in New York gelebt, an der Columbia Universität studiert. Hjalmar Schacht hatte ihn sich als besonderen Wirtschaftsspezialisten geholt. Sein Name, Helmuth Wohlthat. Dr. Schacht machte ihn zum Ministerialdirektor im Reichswirtschaftsministerium, das ihm als Reichswirtschaftsminister unterstand. Als Schacht im Januar 1939 von Hitler entlassen wurde, holte ihn Göring als Ministerialdirektor in seinen Apparat des Vierjahresplanes. Obwohl sich Helmuth Wohlthat überhaupt nicht um nationalsozialistische Ideologie kümmerte und auch keiner Gliederung der NSDAP oder gar ihr selbst angehören wollte, machte ihn Göring zum preußischen Staatsrat. In dieser Eigenschaft wurde er mit äußerst wichtigen Verhandlungen betraut. Der Generalsekretär der internationalen Flüchtlingskonferenz von Evian, der New Yorker Anwalt, Mr. George Rublee kam nach Berlin und suchte einen Verhandlungspartner, um die Ausreise von ca. 150 bis 200.000 Juden aus Deutschland zu erreichen. Rublee kam durch Vermittlung des amerikanischen Generalkonsuls Geist in Berlin zu Göring, der Wohlthat mit diesen Verhandlungen beauftragte. Das war in der zweiten Januarhälfte 1939.

Als dann nach Kriegsbeginn diese Verhandlungen längst abgeschlossen waren, die Ausreise der Juden aber ebenfalls schon an den nicht erteilten Einreisevisa vieler Staaten gescheitert war, erinnerte sich Generalkonsul Geist dieses einflußreichen anständigen Deutschen bei Göring. Er kam mit einer delikaten Bitte zu ihm.

Geist hatte direkt aus Washington vom Weißen Haus den Auftrag erhalten, alle Möglichkeiten auszuschöpfen, den chassidischen Oberrabbiner Joseph J. Schneerson aus Warschau heraus und ins neutrale Ausland in Sicherheit zu bringen. Geist ging zu Wohlthat und trug ihm diese Bitte vor. Ein nicht ganz leichtes Unterfangen, so kurz nach Kriegsbeginn, so kurz vor der Einnahme Warschaus durch deutsche Truppen, denen die Sonderkommandos der SS und des SD folgten, die sofort begannen, die jüdische Bevölkerung umzubringen oder abzutransportieren.

Herr Wohlthat berichtete mir, daß Generalkonsul Geist, als er seine Bitte vortrug, die fast völlige Aussichtslosigkeit seines Auftrages sah. "Es war natürlich von großer Bedeutung, daß die Vereinigten Staaten von Nordamerika zu diesem Zeitpunkt noch nicht im Krieg mit Deutschland waren. Dazu kam aber, daß Präsident Roosevelt die Politik Hitlers gegenüber Polen auf das schärfste verurteilt hatte. Man wußte in Berlin, daß der amerikanische Präsident auch auf seine Innenpolitik Rücksicht zu nehmen hatte, denn damals traten bedeutende Kreise in den USA für eine Isolierung Amerikas ein, für eine Nichtbeteiligung der USA am beginnenden Krieg in Europa. Wohlthat sah nur eine Möglichkeit diese schwierige Frage zu lösen. Mit Göring oder einem anderen der nationalsozialistischen Hierarchie konnte er nicht sprechen. Das hätte in den meisten Fällen zum sicheren Platzen der Aktion geführt, bevor sie begonnen hatte, abgesehen von der eigenen Gefährdung und der Abberufung des Generalkonsuls Geist.

Es gab nur den Weg zu Admiral Canaris, den er kannte. Wohlthat fuhr ins Amt der Abwehr zum Tirpitz-Ufer. Hier besprach er sich mit dem Chef der Abwehr, der ihm ebenfalls die Schwierigkeit einer speziellen Aktion vor Augen führte, Wohlthat aber versprach, alles erdenkliche zu tun. Canaris war sich der Bedeutung der Befreiung dieses Mannes bewußt, denn Roosevelt hätte nicht auf diesem Wege interveniert, wenn nicht weite jüdische Kreise diese Bitte an ihn herangebracht hätten. In den USA hatten schon damals, wenn auch noch nicht so stark wie heute, die chassidischen Juden einen starken Einfluß im gesamten Judentum der USA. Die polnischen Juden hatten wegen des deutschen Überfalls auf ihr Land in diesen Wochen noch besondere Sympathien durch die amerikanische Bevölkerung zu spüren bekommen.

Wer war aber dieser Oberrabbiner Schneerson?
Innerhalb der chassidischen Richtung der jüdischen Religion gibt es eine Theologie, die vom Rabbiner Salman Schneerson begründet wurde, er wurde auch Begründer des Chabad genannt. Er war der Rabbiner von Ladi, einem Ort in Litauen. Diese Richtung war mehr auf die Lehre eingestellt, die bei den streng religiösen Kreisen in Litauen und in Weißrußland große Verbreitung fand; so auch in Polen. Ein Nachfahre übernahm diese chassidische Gruppe. Es war der Oberrabbiner Joseph Schneerson, der damals seinen Sitz in Warschau hatte. Viele seiner polnischen Anhänger aber lebten zu dieser Zeit bereits in den USA, waren aus Polen ausgewandert, ohne die Bindung an diesen Oberhirten ihrer Gemeinschaft zu verlieren, der von ihnen gleichsam als Wunderrabbiner verehrt wurde. Joseph Schneerson war bereits als Schwiegersohn in die geistliche Erbfolge eingestiegen. Heute, nach seinem Tode in New York amtiert wiederum sein Sohn für die chassidischen Juden, die der Lehre des "Raw von Ladi" anhängen.

Canaris ließ den Major Horatzek zu sich kommen und beauftragte ihn mit dieser delikaten Mission. Als zweiter Offizier wurde ein Major Bloch bestimmt, der selbst jüdischer Herkunft war. (Bloch ist Helmuth Wohlthat persönlich durch manche Besprechung näher bekannt geworden.) Diese beiden Offiziere fuhren bis in die Spitzen der auf Warschau vorrückenden deutschen Truppen und versuchten mit den Vorausabteilungen mit als erste in die polnische Hauptstadt zu kommen. Über Generalkonsul Geist und über Wohlthat hatten sie auch Erkennungsmerkmale für die Juden in Warschau ausgemacht, damit sie diese zu Oberrabbiner Schneerson brachten. Nur so war es möglich, diesen aus Warschau heraus zu bringen. Mit großer Präzision lief diese auf zwei Offizieren aufgebaute Aktion ab. Sie brachten den Rabbiner nicht nur aus Warschau heraus, sondern übergaben ihn an einer neutralen Grenze, deren es ja noch einige um Deutschland gab, den dortigen amerikanischen Konsularbehörden. Als der Oberrabbiner gesund in New York im Hafen eintraf, wurde er jubelnd von tausenden seiner Anhänger empfangen. Helmuth Wohlthat konnte schon lange vorher dem amerikanischen Generalkonsul berichten, daß der Oberrabbiner in Sicherheit sei.

Beide hatten verabredet, daß über den Weg, den der Rabbiner, der zu den großen jüdischen Theologen gehörte, genommen hatte, völliges Stillschweigen bewahrt werde. Bei einer Durchbrechung dieser gegenseitigen Versicherung wäre es sicherlich nicht nur Helmuth Wohlthat, sondern wohl auch Admiral Canaris und seinen treuen Mitarbeitern schlecht ergangen, wie die Berichte von Franz Seubert zeigen werden. Der zum Oberstleutnant beförderte Johannes Horatzek wirkte dann weiter in Warschau, wo er Anfang Oktober zu weiteren Aktionen mit Admiral Canaris zusammentraf. Später war er dann Leiter der Abwehrstelle in Breslau. Leider hat dieser mutige Mann den Dank jüdischer Kreise nicht entgegennehmen können. Er lebte nicht mehr. Auch nach dem Kriege ist von jüdischer Seite niemals darüber gesprochen oder geschrieben worden, wie der Oberrabbiner nach New York gekommen ist. 1950 ist er verstorben. Herr Wohlthat berichtete mir, daß er von einem deutschen Journalisten am 1. Februar 1950 die Nachricht erhielt, daß der frühere Oberrabbiner Joseph J. Schneerson am 28. Januar an einem Herzanfall in New York verstorben sei. Das habe in der "Neuen Zeitung" gestanden.

Herr Wohlthat erzählte weiter, daß der erste Journalist, der über diese Rettungstat der Abwehr unter Canaris berichtete, Dr. K.H. Abshagen gewesen sei, den er schon lange Jahre kannte. Von 1941 bis zur Repatriierung 1947 habe er ihn oftmals in Tokio getroffen. Abshagen hat 1949 eine große Biographie über Admiral Canaris veröffentlicht, wo er diese Befreiungsaktion beschreibt. Wohlthat fügte hinzu, daß er ihm diese Dinge in Tokio erzählt hatte.

Der "Fall" Paul Borchardt.

Besonders tragisch ist das Schicksal des wehrwissenschaftlichen Geographen Professor Dr. Paul Borchardt, einer international anerkannten Kapazität, der zur Rettung vor Verfolgung mit Hilfe der Abwehr in das Ausland ausgeschleust, durch Verkettung unglücklicher Umstände jedoch von den Amerikanern als deutscher "Agent" verhaftet und zu zwanzig Jahren Haft verurteilt worden war. Erst 1952 wurde er auf Grund einer Intervention der Bundesregierung begnadigt und nach Deutschland entlassen. Fünf Jahre später ist er gestorben.

Paul Borchardt, am 23. Juli 1886 in Berlin geboren, war katholischer Konfession, aber nach den Rassegesetzen der Nationalsozialisten Jude. Er war Kolonialwissenschaftler, ein hervorragender Kenner arabischer Dialekte, und durch zahlreiche wissenschaftliche Arbeiten international bekannt. 1914 ging er als Freiwilliger zur Armee, wurde Marineflieger, später Dolmetscher und wirkte schließlich bis Kriegsende im Stab der Sondermission von der Goltz bei der deutschen Iraktruppe, zuletzt bei der Militärmission in Konstantinopel. Er wurde mehrfach ausgezeichnet, u.a. mit dem E.K. II.
Nach dem Kriege war Borchardt Mitbegründer der sogenannten Schwarzen Reichswehr. Bis zu seiner Entlassung 1933 leitete er ein militär-geographisches Seminar, das er gegründet hatte.
Borchardt war aus dem Konzentrationslager Dachau von einem Mann herausgeholt worden, der selbst seine Probleme mit den Nationalsozialisten hatte und deshalb bei der Abwehr gelandet war. Franz Seubert, zuvor Verkehrsdirektor in Würzburg, im Kriege zuletzt Oberstleutnant und heute in München lebend, berichtete mir über das dramatische Geschehen um Prof. Borchardt:
„Die gegen die Juden im November 1938 entfachte Terrorwelle im Zusammenhang mit der Zerstörung der Synagogen und jüdischen Geschäfte brachte auch den Leiter des militärgeographischen Seminars für Studierende an den Münchener Hochschulen, Paul Borchardt, in das KZ Dachau. Der Lebenslauf ist Ihnen ja bekannt. Durch seinen Vetter Robert war die Abwehr in München auf diese Inhaftierung aufmerksam gemacht worden. Der damalige Leiter der Abwehrstelle beim Generalkommando VII, dem ich zugeteilt war, Hauptmann Langhäuser, hielt es für seine selbstverständliche soldatische Pflicht, Paul Borchardt zu helfen. Ich war sofort der gleichen Meinung. Dank der damals noch recht "militärfrommen" Einstellung der Gestapo in München, ist es mir auf

Anhieb gelungen, Borchardt (der als Mitarbeiter der Abwehr ausgegeben wurde) sofort aus dem Lager Dachau zu holen. Die Intervention für Robert Borchardt, der Oberleutnant in der Wehrmacht war, lief über den damaligen Oberst Oster, Leiter des Amtes Ausland bei der Abwehr in Berlin.

Als Paul Borchardt aus Dachau kam, war er ein gebrochener Mann. Die unsagbaren körperlichen und seelischen Peinigungen ließen ihn am Leben verzweifeln. In tagelanger aufzehrender Betreuung mußte ich ihn vor Verzweiflungstaten bewahren. Dazu nahm ich ihm die Pistole ab, die er noch hatte. Uns allen war klar, daß Borchardt nur gerettet werden konnte, wenn wir ihn von dem dauernden Druck befreien konnten, von der Gestapo bedroht zu sein. Wir mußten für ihn einen Weg finden, damit er Deutschland so rasch als möglich verlassen könne. So beschlossen wir, ihn auf schnellstem Wege ins Ausland zu bringen. Da Borchardt gute wissenschaftliche Beziehungen nach England hatte – er war ja Mitglied der "British Geographical Society" – beschaffte ich ihm die erforderlichen Ausreisepapiere nach England. Ich erhielt jede Unterstützung durch das Amt Ausland/Abwehr in Berlin und dadurch auch bei allen Polizei- und sonstigen Dienststellen, denen wir deutlich machten, daß es sich bei Borchardt um einen wertvollen Agenten handelte, den wir auf diese Weise in das Land bringen wollten. Das war natürlich nur ein Vorwand. Einziges Ziel war es, Paul Borchardt in die Freiheit zu bringen. Er fuhr Anfang 1939 nach London. Uns ging es dabei ausschließlich um diese Befreiungsmaßnahme und nicht darum, Borchardt eine Agententätigkeit zuzumuten. Er war ein geistig hochstehender und weit gereister Wissenschaftler, dem ich nach den furchtbaren Erlebnissen im Konzentrationslager niemals hätte zumuten können, sich bei uns als Agent oder Spion zu verdingen. Die wenigen Wochen, die zwischen seiner Befreiung aus Dachau und seiner Ausreise lagen, führten zwischen uns zu einer echten Freundschaft, die sich auf seine nichtjüdische Frau, Dodo Borchardt-Sattler übertrug. Gegenüber dem Amt Ausland/Abwehr in Berlin mußte natürlich im Schriftverkehr der Schein gewahrt werden, daß es sich um einen ernst zu nehmenden Einsatz handle. Hier wußte nur Oberst Oster über die wahren Zusammenhänge Bescheid.

Kurz vor Kriegsausbruch mit England teilte Borchardt seiner Frau nach München mit, daß er nach den USA ausreisen werde, um in England nicht vom Krieg betroffen zu werden.

Seubert, inzwischen als Hauptmann in das Amt Ausland/Abwehr nach Berlin versetzt, bekam dadurch die Möglichkeit Borchardt weiter zu helfen. Die Version vom Agenten mußte also unter allen Umständen Aufrecht erhalten werden.

Seubert kam durch diesen Vorfall in sehr scharfen Gegensatz zu dem Major von der Osten, der im Amt/Abwehr Referent für England gewesen war und dem kurz vor dem Kriegseintritt der USA die Führung des Referats USA übertragen wurde. Er verlangte in sehr scharfer Form von Seubert, Borchardt auf "Vordermann" zu bringen. Bald darauf reiste er über Rußland und China in die USA. Vor seiner Abreise verlangte er die Anschrift Borchardts in New York. Er wollte ihn in das von ihm aufzubauende Agentennetz in den USA einbeziehen.

Paul Borchardt mußte also so rasch als möglich vor von der Osten gewarnt werden, was dann auch geschehen ist. Durch eine Reihe unglücklicher Umstände, insbesondere durch den Tod von Ostens schon kurz nach dessen Arbeitsaufnahme in New York nach einem Verkehrsunfall fielen den amerikanischen Polizeibehörden die Adresse Paul Borchardts und andere diesen belastende Unterlagen in die Hände.

Borchardt wurde Ende 1941 verhaftet und am 13. März 1942 zusammen mit rund 25 anderen Deutschen, die der Spionage und Nachrichtendiensttätigkeit angeklagt waren, zu 20 Jahren Haft verurteilt. In klarer Erkenntnis dessen, was eine Aussage für die Fluchthelfer in Deutschland bedeutet hätte, schwieg Borchardt und ließ das Verfahren, das ihm die Höchststrafe einbrachte, stumm über sich ergehen. Dieses Schweigen aber wurde ihm auch noch als Verstocktheit ausgelegt.

Dazu Seubert weiter:

„Ein Jude, der für die Abwehr des nationalsozialistischen Staates gearbeitet hatte! Das war in der Sicht dieser Beamten natürlich ein besonders schwerer Fall. Die Wahrheit konnte man sich einfach nicht vorstellen. Die Tatsache, daß es in einem solchen "Apparat" den Juden wohlgesonnene Offiziere gegeben haben soll, konnte es zu dieser Zeit noch nicht geben. So dauerte es bis 1952, daß Paul Borchardt in Friedland, im Durchgangslager, das alle Heimkehrer durchliefen, eintraf. Auf Grund der Intervention der Bundesregierung wurde Prof. Borchardt begnadigt und am 27. August aus amerikanischer Haft entlassen."

Das Unternehmen Sieben

Das Schicksal von Paul Borchardt war nicht der einzige Fall, in den der damalige Major im Amt Ausland/Abwehr in Berlin Franz Seubert "verwickelt" war. Als wir uns unterhielten, erzählte er nach langem Zögern: „Ich kann schlecht von mir selbst erzählen" — auch vom "Unternehmen 7" das Unternehmen zu Tage, das wohl zu den schwierigsten Rettungsaktionen jüdischer Menschen gehört und in dieser Breite noch nirgends berichtet wurde. Es zeigt deutlich, wie verschwiegen jene Offiziere arbeiteten, die ihr Leben aufs Spiel setzten, um jüdische Deutsche in Sicherheit zu bringen:

„Etwa im Frühsommer 1942 – ich war damals Major im Amt Ausland/ Abwehr, Abt. I H West – bestellte mich der Amtschef, Admiral Canaris, zu sich. In Gegenwart von Reichsgerichtsrat von Dohnany, einem engen Mitarbeiter von Oberst (später General) Oster, eröffnete er mir, daß er einen persönlichen Wunsch habe, den zu erfüllen ausschließlich von meinem guten Willen abhänge. Es gehe dabei für ihn und für mich um "Kopf und Kragen". Wenn ich mich nicht entschließen könne, seinen Vorschlag anzunehmen, nähme er mir das nicht übel. Ich solle mir die Sache reiflich überlegen, dürfe aber mit niemand, weder jetzt noch später, darüber reden. Canaris nehme an, daß ich von dem Konzentrationslager für Juden in Theresienstadt gehört habe. Über Dachau wüßte er, sei ich im Bilde. Er habe nicht vergessen, daß es mir gelungen sei, den Juden Paul Borchardt aus diesem Lager frei zu bekommen und ihm bei der Ausreise nach England behilflich gewesen zu sein. Dieses Eintreten für einen Juden habe ihn und Herrn von Dohnany bewogen, in einem weiteren Fall meine Hilfe in Anspruch zu nehmen.

Es handle sich um sieben deutsche Juden, die im ersten Weltkrieg als Offiziere ihre vaterländische Pflicht getan und ausgezeichnet worden seien. Ihnen und ihren Familienangehörigen drohe die Einlieferung in ein KZ. Als Kriegskamerad sehe er es als seine Pflicht an, das zu verhindern. Theresienstadt bedeute für diese Menschen den sicheren Tod. Ohne auf weitere Fragen über die Möglichkeiten einer Rettungsaktion einzugehen, stellte Canaris an mich die Frage: „Kann ich mit Ihrer Hilfe rechen?" Ich antwortete sofort: "Selbstverständlich". Canaris: "Wollen Sie sich die Sache, die ja mit einem großen Risiko verbunden sein wird, und die mit Ihren Dienstobliegenheiten nichts, aber auch gar nichts zu tun hat, nicht noch überlegen?" Ich antwortete mit "Nein". Ich verwies darauf, daß Millionen deutscher Soldaten ihr Leben in diesem Krieg riskieren, daß ich es für einen ehrenvollen Auftrag erachte, bedrohten Deutschen helfen zu können. Der Admiral war sichtlich bewegt, er gab mir die Hand mit der kurzen Bemerkung "Ich danke Ihnen". Nach diesen Worten verabschiedete sich Herr von Dohnany mit einem Händedruck.

Canaris erläuterte mir nun kurz, wie er sich den Fortgang des "Unternehmens Sieben" vorstelle. Die männlichen Angehörigen der in Frage kommenden Familien sollten als V-Leute (Verbindungsleute) für einen

Einsatz in Südamerika, wohin sie über die Schweiz gelangen sollten, ausgebildet werden. Das müßte ich übernehmen, ohne daß andere Angehörige seines Amtes eingeschaltet werden dürften. Es bleibe mir allein überlassen, die entsprechenden Mittel und Wege zu finden. Ohne Einschaltung des RSHA könne allerdings die Aktion ohne Aussicht auf Erfolg nicht vorbereitet und durchgeführt werden. Er habe gelegentlich einer kürzlich stattgefundenen gesellschaftlichen Zusammenkunft mit dem Reichsführer SS Himmler diesen auf die Möglichkeit angesprochen, geeignet erscheinende Juden als Agenten im Ausland, besonders in Süd- und Nordamerika einzusetzen. Juden seien im Allgemeinen unverdächtig, sie verfügen auch über weitreichende Beziehungen. Himmler habe sich im Gespräch mit ihm aufgeschlossen gezeigt; er habe allerdings für den Fall, daß es zu solchen Einsätzen komme, verlangt, daß die Familienangehörigen dieser Agenten als Geiseln zurückbehalten werden müßten. Canaris habe sofort darauf hingewiesen, daß in einem solchen Falle kein einziger Einsatz – zum Schaden des Reiches – zustande kommen könne. In den bereits in Aussicht genommenen Fällen sei dies klipp und klar zu erkennen. Himmler habe schließlich seine grundsätzliche Einwilligung gegeben und hinsichtlich der weiteren Verhandlungen in dieser Angelegenheit den SS-Obergruppenführer Heinrich Müller als zuständig bezeichnet.

Nach diesen Worten überreichte mir der Admiral den Durchschlag eines von ihm an Himmler gerichteten Schreibens, in dem er auf dessen Zusage in der Frage des nachrichten-dienstlichen Einsatzes von Juden einging und auf den Plan etwa sieben Juden mit ihren Familienangehörigen nach Südamerika ausreisen zu lassen. Ihre Namen waren in dem Schriftstück aufgeführt. Auf meine Bemerkung, daß nunmehr kaum ein Risiko für das Gelingen des Unternehmens bestehe, erklärte Canaris: "Es handelt sich hier um den *Durchschlag* eines Schreibens, das nicht oder noch nicht abgesandt worden ist." Ich war betroffen: "Es handelt sich also bei diesem Schriftstück um einen "Trick"! Canaris sehr ernst: "Das ist kein Trick, das ist eine Kriegslist. Wir haben es mit einem teuflischen und grausamen Gegner zu tun, mit dem wir nicht mit den üblichen und erst recht nicht mit soldatischen Mitteln fertig werden können. Hier heißt es auch für uns: "Der Zweck heiligt die Mittel".

Im Verlauf des weiteren Gesprächs schlug der Amtchef vor, ich solle möglichst schon in den nächsten Tagen mit seinem Schreiben beim RSHA vorsprechen, um die Angelegenheit in Gang zu bringen. Er werde mich bei Heinrich Müller anmelden lassen.

So geschah es auch. Es kam zu meinem Besuch im RSHA. Mit undurchsichtiger Miene nahm Müller meinen "Vortrag" zur Kenntnis. Er machte sich einige Notizen und ich war sehr bald entlassen. Canaris zeigte sich von meinem Bericht über den Besuch sehr zufrieden. "Ich wußte ja, wenn die den Namen Himmler lesen, dann stehen sie im Geiste stramm. Ich wünsche Ihnen und allen unseren Freunden weiterhin vollen Erfolg!" Dazu einige persönliche Bemerkungen: Admiral Canaris war sehr einfallsreich und das erwartete er auch von seinen Offizieren. Aus dieser Einstellung ergaben sich aus den menschlichen Beziehungen, die sich im Laufe von Monaten und Jahren bei der Zusammenarbeit herangebildet hatten, aus persönlicher Achtung vor der Begabung des Chefs und der selbstverständlichen militärischen Haltung, aus Verehrung und Disziplin sowie aus persönlicher Zuneigung ein Zustand von Anhänglichkeit, der es leicht, ja geradezu selbstverständlich werden ließ, auch "sonderbar" anmutende Aufträge zu übernehmen. Daß ich damals meinen Hals in eine vielleicht tödliche Schlinge legte, war mir voll bewußt. Dieser Auftrag hatte mit Nachrichtendienst nichts mehr zu tun. Die Abwehr gab auch alles her — und sie hatte auch wie kaum eine andere Institution im Dritten Reich viele Möglichkeiten, um unglücklichen, dem sicheren Tod verfallenen Menschen zu helfen.

Obwohl im Amt Ausland/Abwehr, also in unmittelbarer Nähe des Admirals die verschiedensten politischen Auffassungen, von hingebungsvoller Zustimmung für alles, was der "Führer" befahl, bis zur absoluten Ablehnung des "Nationalsozialismus" herrschten, war unter der geschickten Führung ihres Chefs ein Korpsgeist herangebildet worden, der seinesgleichen suchte. Man konnte sich, wenn es darauf ankam, auf diesen Korpsgeist verlassen. Töricht wäre es allerdings gewesen, die mit diesem Geist zusammenhängende Kameradschaft leichtfertig zu strapazieren. Daraus ergab sich, das zu befolgen, was der Satz aussagt: "Laß Deine linke Hand nicht wissen, was die rechte tut."

Aus dieser Erkenntnis ergab sich zwangsläufig, daß die Vorbereitungen für die Rettung der Juden auch innerhalb des Amtes unter Einhaltung strengster Verschwiegenheit erfolgten. Keiner der Kameraden wurde von mir ins Vertrauen gezogen. Nur Oberst Carl Maurer, Leiter von Abw. I H West, mein unmittelbarer Vorgesetzter, wurde unterrichtet. Von Admiral Canaris und von Oberst Maurer hatte ich also "Pleinpouvoir".

Ich begann sofort mit der Kontaktaufnahme zu den jüdischen Mitbürgern. Es handelte sich um

Rechtsanwalt Dr. Arnold und Frau,
Justizrat Dr. Fließ mit Familie,
dem kriegsblinden Schriftsteller Rennefeld mit Frau,
der Witwe Conzen mit zwei oder drei Kindern.

Weitere Namen sind mir nicht mehr bekannt.
Insgesamt waren es dreizehn Personen, die zur Ausreise in Frage kamen. Da Admiral Canaris zunächst die Zahl sieben genannt hatte, hatte ich das Kennwort "Unternehmen Sieben-U 7–" für unsere Aktenführung und für die Verbindungs-Männer-Kartei gewählt. Alles, was mit U 7 zusammenhing, galt als "Geheime Kommandosache (GKdos)" und genoß den höchsten Geheimschutz.
Als Sprecher für alle Angehörigen des Unternehmens galt Dr. Arnold. Er erhielt einen Ausweis, der ihn berechtigte, jederzeit das Gebäude der Abwehr am Tirpitzufer zu betreten. Mit ihm wurden in einem Besprechungsraum alle Details behandelt, die zum Einsatz in Südamerika nötig waren: Erkundungsaufträge, Umgang mit Geheimtinten, Festlegung von Codewörtern, chiffrieren und dechiffrieren. Allerdings nur so viel, daß er und seine Kameraden evtl. in der Lage waren, sich bei einem vorzeitigen Zugriff der Gestapo oder des SD zu legitimieren. Jeder von ihnen hatte einen Decknamen erhalten, den sie bei evtl. Ferngesprächen mit mir verwenden sollten. Weder der Admiral noch ich waren je der Auffassung, daß eine tatsächliche Erkundungsarbeit der Angehörigen von U 7 je zum Tragen kommen würde. Alle Beteiligten suchte ich gelegentlich in ihren Wohnungen auf. Sie lagen alle in Berlin. Es galt ihnen Vertrauen einzuflösen und sie zu vorsichtigem Verhalten und absolutem Schweigen bei Gesprächen mit ihren Bekannten anzuhalten.
Alles klappte wie am Schnürchen, bis eines Tages Dr. Arnold anrief und mir voller Schrecken mitteilte, daß Frau Conzen mit ihren Kindern von SS-Angehörigen aus ihrer Wohnung geholt und auf einen bereit stehenden Lastwagen verladen werden sollten. So schnell es mir möglich war, eilte ich mit meinem Pkw zum nicht weit vom Tirpitzufer entfernten Ort des Geschehens. Das Schreiben an Himmler hatte ich eingesteckt. Ich war in Uniform und mit Pistole bewaffnet. Ich kam gerade noch rechtzeitig an. Die über mein lautes Verhalten verdutzten SS-Männer – es waren lauter niedrige Chargen – nahmen erstaunt den Inhalt des an Himmler gerichteten Schreibens mit dem Namen der festgenommenen Frau Conzen zur Kenntnis. Als ich gar drohte, von der Schußwaffe Gebrauch zu machen, wenn sie dem Befehl Himmlers zuwider handeln sollten, gaben Sie Frau Conzen und ihre Kinder frei und zogen ab. Die Gestapostelle, auf deren Befehl die SS-Männer gehandelt hatten, dürfte vom RSHA über die mit Admiral Canaris getroffenen "Vereinbarungen" nicht unterrichtet worden sein.
Canaris, den ich sofort von dem Vorfall unterrichtete, war mit meinem Vorgehen einverstanden, zeigte sich aber sehr besorgt. Er riet, nunmehr

alles daran zu setzen, damit der Abtransport der Angehörigen von "U 7" so schnell als möglich durchgeführt werde. Er hielt es aber für ratsam, einen anderen Offizier mit dem Transport zu betrauen, da er mich für sehr kompromitiert, also für eine Gefahrenquelle für das Gelingen des Unternehmens hielt. Ich schlug als Reisebegleiter von Berlin bis zur Schweizer Grenze meinen Kameraden, Rittmeister Karl Lang vor. Er war Südtiroler, Hotelbesitzer, früher Direktor in einem führenden Hotel in Kairo. Er hatte in einem Bersaglieri-Regiment gedient, zuletzt als Oberleutnant. Als Verbindungsoffizier der Abwehr zum italienischen militärischen Nachrichtendienst in Berlin, war es mir gelungen, dem Chef dieses Dienstes, General Carboni, dafür zu gewinnen, daß Lang für den Dienst in der Wehrmacht freigegeben wurde. Ich war seit Jahren mit Lang befreundet – Angehörige meiner Familie sind in Südtirol ansässig. Die Zusammenarbeit zwischen der deutschen Abwehr und dem SIM, dem italienischen Nachrichtendienst, war gut. Nach einer kurzen Übung bei einer deutschen Panzeraufklärungsabteilung war Lang als Rittmeister in die Wehrmacht aufgenommen und der Abwehr I H West zugeteilt worden.

Inzwischen waren alle beweglichen Vermögenswerte der Angehörigen von U 7 veräußert worden. Beauftragt war damit die Abteilung ZF (Finanzverwaltung) der Abwehr. Den beträchtliche Gegenwert in US-Dollars sollte der Reisebegleiter am schweizer Grenzort den Ausreisenden aushändigen. Die Ausreise aus Deutschland, die Einreise in die Schweiz und die Aushändigung des Dollarbetrages durch Rittmeister Lang klappte sehr gut.
Soweit war also "U 7" mit Erfolg über die Bühne gelaufen. Dreizehn jüdische Mitbürger waren gerettet. Aber: das dicke Ende kam nach. Anfangs November 1942, also Monate nach der geglückten Ausreise, teilte mir Min.Rat von Gramatzki von der Gruppe ZR (Rechtsangelegenheiten) der Abwehr vertraulich mit, daß gegen mich wegen meiner Beteiligung am "Unternehmen Sieben" ein Kriegsgerichtsverfahren anhängig sei. Bei ZR lägen entsprechende Akten vor. Es sehe schlimm für mich aus. Bereits am nächsten Vormittag ließ mich Admiral Canaris zu sich rufen.
Er eröffnete mir, was ich schon wußte. Um einer Verhandlung aus dem Wege zu gehen, müsse ich sofort Berlin verlassen. Er wolle mich daher mit seinem Kurierflugzeug nach Frascati bei Rom zum Stab von Generalfeldmarschall Kesselring verbringen lassen. Das weitere würde sich dann schon finden. In den frühen Morgenstunden des folgenden Tages startete das Flugzeug nach Süden. Am Nachmittag meldete ich mich befehlsgemäß beim Feldmarschall. Als er erfuhr, daß ich Würzburger sei – er

stammte ebenfalls aus dieser Gegend und glaubte sich meines Namens als Verkehrsdirektor von Würzburg erinnern zu können – lud er mich zu einem fränkischen Bocksbeutel nach dem Abendessen im Kasino zu sich in seine Unterkunft ein. "Dann werde ich ja erfahren, was Canaris mit Ihnen bei meinem Stab vor hat!". Beim Glas Wein trug ich dem Feldmarschall alles über meinen Einsatz im Falle von "U 7" vor und über den Wunsch von Admiral Canaris mich bei seiner Armee in Italien untertauchen zu lassen. Das Gesicht des Marschalls wurde dabei länger und länger. "Das ist ja eine Zumutung von meinem Freund Canaris! Warum hat er mich nicht rechtzeitig von Ihrem Eintreffen bei mir aufgeklärt? Was soll ich denn mit Ihnen?" Es kamen immer mehr unfreundliche Fragen. Ich war in einer verzweifelten Stimmung. Zurück nach Berlin durfte ich unter keinen Umständen! Da fiel mir ein, daß wenige Tage zuvor deutsche Soldaten in Tunis gelandet worden waren. Ich schlug dem Feldmarschall vor, mich als Abwehroffizier nach Tunis zu schicken. Er hielt das für eine ausgezeichnete Idee. "Ich werde sofort veranlassen, daß Canaris entsprechende Weisung erteilt." Und so geschah es: Ich wurde als Leiter I des Abwehrkommandos Tunesien nach Tunis kommandiert und dem dort residierenden deutschen Vertreter der Waffenstillstandskommission, der zum Leiter des Abwehrkommandos bestellt worden war, zugeteilt. Ich blieb dort bis kurz vor dem Ende der Armee des Generalobersten von Arnim. Wie war es aber in Berlin zu einer Anklage gegen mich vor dem Kriegsgericht gekommen?

Kurz der Hergang: Der von der Zentralabteilung Finanzen durchgeführte Verkauf der Vermögenswerte der nach der Schweiz ausgereisten Juden fand seinen Niederschlag in den Rechnungsbüchern dieser Amtsgruppe. Der Erlös wurde unter "Einnahmen" verbucht. Unter "Ausgaben" wurde der Gegenwert in US-Dollars "für den Einsatz von V-Leuten im Ausland" eingetragen. Die Zuteilung von Devisen an das Amt Ausl./Abw. erfolgte durch den "Vierjahresplan", der Göring unterstand. Dieses Amt kontrollierte auch die sachliche und rechnerische Richtigkeit aller einschlägigen mit Devisen zusammenhängenden Vorgängen bei der Abwehr. Bei einer solchen Revision fiel dem kontrollierenden Beamten der Zusammenhang zwischen den Einnahmen und den Ausgaben auf, insbesondere der Umstand, daß die angeblichen Agenten von "U 7" ihren "Einsatz" selbst finanziert hatten. Er schöpfte Verdacht und erstattete Meldung. Wie es dann weiter ging, weiß ich nicht. Bei der anschließenden Untersuchung geriet ich in die Schußlinie, was zur Anklage wegen Beihilfe zur Flucht von Juden bei dem zuständigen Kriegsgericht führte. Bis August 1944 hörte ich nichts mehr von dem Fall.

Inzwischen war ich kurz vor dem Zusammenbruch in Tunesien im Mai 1943 von Admiral Canaris nach Berlin beordert worden. Ich sollte sofort als Leiter I unserer Dienststelle in Sofia (KO BU) den I-Dienst mit dem Hauptziel "Aufklärung gegen die anglo-amerikanische Wehrmacht im Nahen und Mittleren Osten" organisieren. Chef der KO war Oberst Wagner; ich war inzwischen zum Oberstleutnant befördert worden. Im Sommer 1944, also wenige Wochen vor dem Absprung Bulgariens als Verbündeter der Achsenmächte, verständigte mich die deutsche Gesandtschaft in Sofia, daß ich von zwei Vertretern der SD, die sich nach mir erkundigt hätten, aufgesucht werden würde. Ich ahnte Schlimmes. Ich bestellte sofort Leutnant von Steffens, der meinem Dienst auch in Tunis zugeteilt war, in mein Büro. Seit der politischen Zuspitzung der politischen und militärischen Lage in Bulgarien war unsere Abwehrstelle in Sofia personell stark reduziert worden, alle weiblichen Schreibkräfte waren in die Heimat entlassen worden. Wir trugen wieder Uniform und waren bewaffnet. Wir waren in den Zustand einer mobilen Truppe versetzt. Auf Leutnant von Steffens, ein energischer, kühner und wenn es sein mußte, auch harter Soldat, konnte ich mich unbedingt verlassen. Ich ließ ihn hinter dem zugezogenen Vorhang des Alkovens meines Büros "Stellung beziehen". Meine Pistole legte ich in die oberste Schublade meines Schreibtisches. Die beiden angekündigten Besucher trafen kurz nachdem ich meine Vorbereitungen getroffen hatte, ein. Beide waren in SD-Uniform, der rangälteste stellte sich als Obersturmbannführer Sch. vor. Höflich stellte dieser die Frage: "Sie sind Oberstleutnant Franz Seubert?" Ich antwortete: "Nein, ich bin Oberstleutnant Dr. Schubert". (Ich hatte aus Tarnungsgründen bei meinem Dienstantritt in Sofia diesen Namen angenommen. Paß und alle übrigen Ausweise lauteten auf diesen Namen.) "Wir haben Grund zu der Annahme, daß Sie der wegen eines gegen Sie angestrengten Verfahrens gesuchte Oberstleutnant Franz Seubert sind." "Bedauere, Ihre Annahme ist falsch, mein Name ist Schubert. Was wollen Sie übrigens von dem Herrn Seubert". "Das werde ich nur diesem Herrn Seubert sagen. Also, machen Sie keine Geschichten und geben Sie zu, daß Sie Seubert heißen!". Darauf griff ich zur Pistole; Leutnant von Steffens stand mit Maschinenpistole sofort hinter den zwei SS-Führern, die mehr verblüfft als erschrocken waren. Höflich sagte ich: "Bitte machen *Sie* keine Geschichten, verlassen Sie sofort diesen Raum. Hier haben Sie nichts mehr zu suchen!" Ebenso höflich kam die Antwort: "Wir gehen freiwillig. Tatsächlich scheinen wir uns geirrt zu haben. Wir bitten um Entschuldigung. Der Fall ist für uns erledigt".

Und so schien es auch. Gewaltanwendung gegen mich als einem bei der bulgarischen Polizei bekannten deutschen Offizier wäre sinnlos gewesen.

Der Abfall Bulgariens kam für die deutsche Abwehr nicht unvorbereitet. Wir hatten rechtzeitig das Feld geräumt. Ohne von den Tito-Partisanen wesentlich belästigt worden zu sein, konnten wir uns nach Budapest zurückziehen. Dort übernahm ich befehlsgemäß die Führung des Abwehrkommandos Ungarn. Etwa Mitte Dezember 1944 übergab mir eines Morgens bei Antritt meines Dienstes Hauptmann Schmitt-Ferero, ein Deutscher aus Rumänien, der Nachtdienst hatte, ein umfangreiches Aktenstück in einem verschlossenen Umschlag. Das Schriftstück war in der Nacht von einem Krad-Fahrer als "Geheime Kommando-Sache" übergeben worden. Absender war der Stab des Generals der deutschen Polizeitruppen in Ungarn. Nachdem Ferero die Dienststelle verlassen hatte, öffnete ich den Umschlag. Er enthielt ein Schreiben des Polizei-Generals und einen Akt, aus dessen Aufschrift zu erkennen war, daß es sich um ein schwebendes Kriegsgerichtsverfahren gegen Oberstleutn. Seubert handelte. Es sollte, wie es im Begleitschreiben hieß, mitgeteilt werden, ob sich dieser Abwehroffizier im Bereich des Abwehrkommandos Ungarn befinde usw. Ohne weiter zu lesen und ohne weitere Überlegung steckte ich Akt und Schriftstück samt Umschlag in den Kanonenofen und achtete sorgfältig darauf, daß keine erkennbaren Rückstände zurück blieben. In den nächsten Tagen erfolgende Rückfragen nach Beantwortung des Schreibens beantwortete ich mit der Behauptung, ein solches Schriftstück nicht erhalten zu haben. Der die Quittung leistende Offizier sei an der Front usw. Die turbulenten Geschehnisse dieser zu Ende gehenden deutschen Epoche in Ungarn hatten es mir leicht gemacht, diesen letzten Versuch meiner habhaft zu werden, zu durchkreuzen.

Damit war für mich der Schlußstrich unter das Kapitel "Unternehmen Sieben" gezogen. Was aus den Angehörigen dieses Unternehmens geworden ist, blieb mir unbekannt."

Der Begleitoffizier dieser 13 Juden an die Schweizer Grenze, der Major Karl Lang berichtete 1951 aus Oberbozen an den ehemaligen Vorgesetzten von Oberstleutnant Seubert, sowie an den ehemaligen Oberst Carl Maurer in einem Schreiben, was sich damals an der Schweizer Grenze ereignet hatte. Lang schrieb, daß er diese Gruppe persönlich über die Grenze bis auf die Baseler Seite gebracht habe.

Hier konnte er einem der Herren, der Schriftsteller war, einen sehr wertvollen Ring wieder zurückgeben, den ihm dieser überlassen wollte, weil er befürchtete, man werde ihm dieses wertvolle Stück abnehmen, der SD werde sie alle durchsuchen. „Er hatte Tränen in den Augen, als ich ihm dieses Schmuckstück zurückgab." Lang berichtete über den Grenzübertritt: „Ich bin sogar ohne Paß bis an den Ausgang des Bahnhofs auf der Baseler Seite gelangt, was ich der Unaufmerksamkeit der Schweizer Grenzbeamten zu verdanken hatte. Ich kann mich noch genau daran erinnern, wie der Grenzer bei der Paßkontrolle laut 13 gezählt hat und mich, der ich ein bißchen abseits stand, vergessen hatte. Nachdem ich mich dann von den Familien verabschiedet hatte, bin ich auf der Schweizer Seite in das Bahnhofsrestaurant gegangen, wo ich mich an zwei deutsche Grenzbeamte heranmachte, die mich dann, dank meines Ausweises vom Oberkommando der Wehrmacht über Hintertreppen wieder auf die deutsche Seite brachten. Ich möchte noch hinzufügen, daß die Gruppe für die Ausfuhr eines großen Dollarbetrages eine Genehmigung des OKW hatten, die sie auf diese Weise gut über die Grenze bringen konnten. In Lörrach wollte mir allerdings eine SD-Zugstreife Schwierigkeiten machen, die Weiterreise fortzusetzen, da sie ja an ihren Kleidern den gelben Stern trugen. Aber dank meines Ausweises und meines entsprechend energischen Auftretens konnten wir die Reise zur Schweizer Grenze fortsetzen . . ."

Soweit die Ergänzungen von Karl Lang, der wieder in seine Südtiroler Heimat zurückgekehrt war, wo er in seinem alten Beruf als Hotelier weiterwirkte.

Ein Marineoffizier rettete dänische Juden vor der Deportation.
Der Alleingang des Kapitänleutnant Friedrich Wilhelm Lübke

Von einer Geschichte, die sich um die Rettung der fast 6.000 dänischen Juden rankt, ist in der Öffentlichkeit so gut wie gar nicht die Rede. Sie hat sich auch nicht in Kopenhagen abgespielt, wo der politische Schauplatz des Geschehens war. Hier soll von einem Ereignis gesprochen werden, das nicht in den Akten steht. Es handelt sich um eine völlig selbständige Aktion des damaligen Kapitänleutnant d.Res. Friedrich Wilhelm Lübke, 1943 Dienststellenleiter der Seetransportstelle des Oberkommandos der Wehrmacht in dem für die Kriegstransporte wichtigen dänischen Hafen Aarhus an der jütländischen Westküste.

Als der zweite Weltkrieg ausbrach, wurde er als Reserve-Offizier zur Marine einberufen. Zwei Jahre lang tat er Dienst im Oberkommando der Kriegsmarine in Berlin, bevor er nach Aarhus versetzt wurde. Kein Wunder, daß Lübke trotz all der herrschenden Spannungen zwischen den deutschen Stellen und der dänischen Bevölkerung das beste persönliche Verhältnis zu den Dänen in Aarhus hatte. Es konnte ihnen nicht verborgen geblieben sein, daß dieser Marineoffizier zum Nationalsozialismus eine ablehnende Haltung einnahm. Friedrich Wilhelm Lübke, das wußten viele die ihn kannten, hatte den Krieg bereits für verloren erklärt, als er begonnen wurde.

Am 18. September 1943 erging an den Reichsbevollmächtigten in Dänemark der Führerbefehl, daß alle dänischen Juden abtransportiert werden sollten. „Der Führer hat angeordnet, daß der Abtransport der Juden aus Dänemark durchgeführt werden soll." Kapitänleutnant Lübke befand sich Mitte September auf der Rückreise von einem Urlaub aus Bad Gastein. Sein Weg führte ihn über Berlin, wo er im OKW mit persönlichen Bekannten zusammentraf. Dort wurde er vertraulich über die bevorstehende Deportation unterrichtet. Am Tage nach seiner Rückkehr nach Aarhus erhielt er aus Berlin den Befehl, das im Hafen liegende Transportschiff, die "Monte Rosa", das zur „Hamburg-Süd-Linie" gehörte, für Judentransporte aus Kopenhagen bereitzustellen. Der Befehl besagte, daß die "Monte Rosa" am 25. September 1943 in Kopenhagen sein solle, um 5.000 Juden an Bord zu nehmen. Über diese Zeitspanne, die Entwicklung der Atmosphäre in Kopenhagen, die verschiedenen Versuche, Hitler von diesem Befehl vom 18. September 1943 abzubringen, berichtete am 17. April 1954 die Zeitung "Der Nordschleswiger".

In dem ganzseitigen Bericht dieser Zeitung ist dieser Abschnitt ausführlich beschrieben. Dort heißt es:

Dr. Best * erfuhr Anfang September 1943 durch Indiskretion „daß Hitler eine Aktion gegen die Juden in Dänemark beschlossen habe. Es war die Absicht Dr. Bests, der Durchführung dieser Aktion vorzubeugen. Das konnte er nach den in einem autoritären System geltenden Spielregeln nur, indem er zum Schein auf die geplante Maßnahme einging, gleichzeitig aber die zu erwartenden Schwierigkeiten und Konsequenzen derart hervorhob, daß die Durchführung der Aktion in Frage gestellt wurde. Dieses Schema wandte Dr. Best infolgedessen in seinem Telegramm vom 8. September 1943 an. Nach der einleitenden Feststellung, daß bei folgerichtiger Durchführung des neuen Kurses in Dänemark, der ja am 29. August 1943 eingesetzt hatte, nach seiner Auffassung nunmehr auch

* SS-Gruppenführer, Reichsbevollmächtigter in Dänemark

eine Lösung der Judenfrage und der Freimaurerfrage in Dänemark ins Auge gefaßt werden müsse, kündigte er drastische Folgen an, die bis zum Generalstreik reichten und die Notwendigkeit der Bindung stärkerer deutscher Kräfte in Dänemark einschlossen. Aus der Urteilsbegründung des Kopenhagener Landgerichts vom 18.7.1949 geht hervor: Erst als der Führerbefehl am 18. September 1943 bereits vorlag, leitete der Reichsaußenminister das Telegramm Dr. Best's vom 8. September 1943 an Hitler weiter, wodurch als erwiesen anzusehen ist, daß dieses Telegramm nicht den Führerbefehl hervorrief, sondern im Rahmen eines Versuchs benutzt wurde, den Entschluß Hitlers zu erschüttern. v. Ribbentrop fragte ausdrücklich nach, ob Hitler die Durchführung der Aktion trotz der von Dr. Best angekündigten Konsequenzen wünsche. Am selben Strange wie Dr. Best zog ein Mitarbeiter, Gesandter Barandon, der am 20. September 1943 an den Wehrmachtsführerstab des OKW fernschrieb: „Folgen der Deportierung erscheinen mir bedenklich. Mitarbeiter des dänischen Polizei- und Beamtenapparats wird für später nicht mehr zu erwarten sein. Lieferung auf dem Ernährungsgebiet stark in Frage gestellt. Lieferungsfreudigkeit der Rüstungsindustrie wird beeinträchtigt. Größere Unruhen, die Einsatz der Truppen verlangen, sind zu erwarten." Zweifellos erfolgte auch diese Intervention in Übereinstimmung mit Dr. Best." Soweit dieser Text.

Diese Darlegungen sind für die Darstellung der Gesamtsituation um die Judendeportation in Dänemark von Bedeutung. Zurück nach Aarhus, zu Kapitänleutnant Friedrich Wilhelm Lübke.

In dem besonderen Teil des Artikels im "Nordschleswiger", der der Aktion von Kapitänleutnant Lübke gewidmet ist, wird folgendes geschildert:

„In dem Telegramm des Reichsbevollmächtigten Dr. Best vom 8. September 1943 an das Auswärtige Amt über die Judenfrage heißt es: „Zum Abtransport kämen wohl in erster Linie Schiffe in Frage, die rechtzeitig hierher beordert werden müßten." In einem weiteren Telegramm vom 18. September 1943 schätzt Dr. Best die zur Durchführung des Abtransportes der Juden erforderliche Vorbereitungszeit auf 9 bis 10 Tage. Der Abtransport von Seeland werde am besten auf einem Schiff erfolgen. Es müsse also ein Schiff, das mindestens 5.000 Menschen fassen könne, rechtzeitig nach Kopenhagen beordert werden. Um dieses Schiff handelt es sich!"

Der Verfasser des Artikels im "Nordschleswiger" fand die Grundlagen seiner Arbeit in der Kopenhagener Universitätsbibliothek in einer dänischen Zeitung aus dem Jahre 1946, dem "Iyllandposten" (Nr. 115 vom 25. Januar 1946).

Schlagzeile dieses dänischen Berichtes "Ein deutscher Seeoffizier in Aarhus gab Warnung an die dänischen Juden." Als Unterzeile stand auf der ersten Seite des Blattes: „Monte Rosa sollte für Judentransport verwendet werden, aber der Offizier sabotierte den Befehl."
Der Bericht der dänischen Zeitung vom Januar 1946 begann mit der Feststellung, daß „Tausende von Juden Lübke ihr Leben verdanken könnten".

Friedrich Wilhelm Lübke schilderte seinen Alleingang gegen die Unmenschlichkeit der Deportation der dänischen Juden im "Nordschleswiger":

„ Ich ging an Bord des Schiffes, das im Hafen von Aarhus lag und informierte den Führer des Schiffes, einen meiner guten Freunde, Kapitän Heinrich Bertram aus Hamburg, über die Situation.

Wir wurden uns darüber einig, daß das Schiff Maschinenschaden habe – der Kondensator sei zerstört – und daß das Schiff deshalb nicht fahren konnte. Ich teilte das dem OKW per Fernschreiber mit, aber bekam Befehl, daß die "Monte Rosa" trotz des Kondensators nach Kopenhagen abgehen solle. Ich telephonierte daraufhin mit dem OKW und verlangte schriftlichen Befehl zur Ausfahrt, wobei ich erklärte, daß weder ich, noch der Kapitän die Verantwortung dafür übernehmen wollten, das Schiff in See stechen zu lassen. So vergingen kostbare vier Tage mit Verhandlungen . . ."

Der Bericht im „Nordschleswiger" fährt dann fort: „Diese vier Tage ließ Lübke nicht ungenutzt verstreichen. Es ließ seine Informationen über die bevorstehende Deportierung der Juden aus Dänemark nach zwei Seiten hin weitergehen: An einen seiner dänischen Freunde in Aarhus, Zimmerermeister Lauritz Andersen, einerseits und durch Kapitän zur See Zöpf an dessen Verlobte, eine Halbjüdin in Aarhus, die dafür sorgte, daß die Mitteilung sofort weitergeleitet wurde. (Kapitän Zöpf heiratete seine dänische Braut nach dem Kriege und lebt mit ihr in New York. Der Herausgeber) Lübke fügte selbst hinzu: „Die dänischen Behörden konnte ich nicht informieren, das wäre zu gefährlich gewesen."

Es kam kein Schiff aus Aarhus zum Einsatz. Das OKW resignierte und schickte stattdessen zwei Schiffe aus Stettin, aber als sie im Hafen von Kopenhagen eintrafen, war der Hauptteil der Juden über alle Berge. „Ich möchte hinzufügen", sagte Lübke, „daß diese Kriegshandlung diejenige ist, die mich am meisten gefreut hat!"

Die Juden von Aarhus konnten in den besagten vier Tagen, in denen Lübke mit dem OKW in Berlin verhandelte über den Sund nach Schweden entkommen, denn Lübke hatte außerdem die Küstenwachboote der Kriegsmarine an

Land gezogen, sodaß der Weg zur Flucht frei war.

Der spätere Ministerpräsident von Schleswig Holstein, Friedrich Wilhelm Lübke, hat nie darüber gesprochen, daß er der erste gewesen ist, der noch vor der zentralen Warnung in Kopenhagen in Aarhus Alarm schlug, was zur vollständigen Rettung der Juden in diesem Bezirk führte. Dr. Best hat seinerzeit in Übereinstimmung des SS-Standartenführers Mildner, der nur wenige Tage vor der Judenaktion nach Dänemark gekommen war, die Warnung an dänische Kreise geleitet. Einer der wichtigsten Drähte für diese Warnung war der Schiffahrtsbeauftragte bei der deutschen Botschaft Georg Ferdinand Druckwitz, der den dänischen sozialdemokratischen Politiker den späteren Staatsminister Hans Hedtoft am 28. September auf Geheiß von Dr. Best informierte. Das war drei Tage vor Anlaufen der eigentlichen Aktion. Es war ein Glück, daß Hedtoft sofort handelte und so die Nachricht am 29. September 1943 offiziell in der Synagoge von Kopenhagen bekannt gegeben wurde, worauf die große Flucht begann.

Die Häscher der Gestapo fingen nur noch 477 Juden, die sie deportierten. 5.533 Juden konnten verschwinden. So wurde diese großangelegte Aktion ein Griff ins Leere. Die 477 Juden aus Dänemark kamen ins Ghetto Theresienstadt, wo sie aber bis zuletzt noch einen gewissen Schutz des dänischen Außenministeriums erhielten, für den Dr. Best und der Unterstaatssekretär Hencke mit sorgten, die als Exponenten des Auswärtigen Amtes in dieser Frage einiges Verständnis zeigten.

Hilfe auch für niederländische Juden

Ein anderer Mann, der "Abwehr", Wilhelm Bodens, hat vor allem niederländischen Juden geholfen. 1910 in Breberen im Kreis Heinsberg/Rheinland, also unmittelbar an der niederländischen Grenze geboren, schloß sich Bodens der katholischen Jugendbewegung an. Schon in dieser Zeit hatte er wiederholt Zusammenstöße mit den Nationalsozialisten, die sich fortsetzten und verschärften, als er in Bonn und Wien Philosophie, Theologie, Geschichte, Germanistik und Volkskunde studierte und die Nazis an die Macht gekommen waren. In Wien hatte er 1931 über einen Onkel, den Generalsekretär des Caritas-Verbandes, Prälat Dr. Josef v. Tongelen, auch Kontakt mit dem späteren Reichskommissar für die Niederlande Seyss-Inquart bekommen, der damals noch Justitiar der katholischen Aktion in der österreichischen

Hauptstadt war. Im Amt des Reichskommissars Seyss-Inquart ab Juni 1940 tätig, konnte Bodens viel für verfolgte Niederländer, vor allem Juden tun, bis er 1942 wegen "politischer Unzuverlässigkeit" aus dem Amt entfernt wurde. Über die Abteilung "Abwehr II" in Brüssel, wo er für Belgien und Nordfrankreich zuständig war, kam er im Sommer 1943 zur Abteilung "Abwehr III F" in Driebergen bei Utrecht/Holland.

Hier rettete Bodens unter anderem Baron Henri Ph. Boddaert, der einer bekannten Rotterdamer Industriellenfamilie entstammt und sich in den Kriegsjahren einer Spionage- und Widerstandsgruppe angeschlossen hatte, durch risikoreichen persönlichen Einsatz. Daraus ist nach dem Krieg eine Freundschaft entstanden, die bis zum heutigen Tag Bestand hat.

Durch Bodens Einsatz und sein kluges Vorgehen wurde auch Pater Jacques Schreurs, ein namhafter Schriftsteller und Dichter aus Limburg, ebenfalls Mitglied einer niederländischen Widerstandsgruppe, aus den Klauen des Sicherheitsdienstes, in die er bei einer Suchaktion geraten war, unversehrt befreit.

Bei der Schlacht um Arnheim gegen Ende des Krieges ereignete sich die folgende Geschichte: Bodens erlebte, wie Feldpolizei drei Gefangene abführte. Den einen kannte er aus Oosterbeek bei Arnheim. Es war ein Gemüsehändler, ein gewisser Ale de Haan. Die anderen beiden waren zwei "Commanders", Angehörige eines englischen Kommandotrupps holländisch-jüdischer Herkunft aus Amsterdam mit südafrikanischer Nationalität. Die Wachmannschaft erklärte den Hergang: Ale de Haan war wegen Verrats deutscher Stellungen von Fallschirmjägern wegen Hilfeleistung für feindliche Truppen rechtens zum Tode verurteilt worden. Der Hergang: Diese beiden Fallschirmspringer waren gefaßt worden. Bei ihrer Gefangennahme gaben sie an, von Ale de Haan Brot und Milch erhalten zu haben. Außerdem habe er sie vor einer Stellung deutscher Fallschirmjäger gewarnt, durch die sie dann in Gefangenschaft gerieten. Durch seine Sprachkenntnisse merkte Bodens, daß es sich nicht um südafrikanische Soldaten, wie es ihre Ausweise zeigten, handelte, sondern um holländisch-jüdische Soldaten, die 1938 von Amsterdam nach Süd-Afrika gegangen waren und die man nun wegen ihrer niederländischen Sprach- und Ortskenntnisse hinter den deutschen Linien abgesetzt hatte. Bodens durchschaute sofort die Gefahr, die für diese jüdischen Soldaten bestand. Als "Sonderbeauftragter der Abwehrstellen OKW-Abw. III-F", nahm Bodens den Wachmannschaften die drei Gefangenen unter dem Vorwand ab, sie seien wichtige Informationsquellen. Nach einem Verhör der beiden "Commanders" brachte er diese in ein sicheres Gefangenenlager nach Stroe, das einem vernünftigem Luftwaffenoffizier unterstand. Ale de Haan, Vater einer vielköpfigen Familie, brachte er in Wageningen zu dessen Verwandten, wo er den Krieg überlebte. Nach Führerbefehl hätten diese beiden Fallschirm-Soldaten ohne Prozeß sofort erschossen werden müssen. Dieser Vorfall wurde erst bekannt, als die Politische Holländische Polizei (PRA) nach alliierten Commanders suchte, also erst lange nach Kriegsende.

Eine weitere Rettung, die Bodens zu verdanken ist: Pfarrer Josef Meys aus Ulestraaten bei Maastrich-Limburg war während des Krieges Kaplan in Velden bei Venlo. Auch er gehörte einer limburgischen Widerstandsgruppe an, die politische Flüchtlinge, Juden und untergetauchte Kriegsgefangene betreute.

Auch Meys war Bodens aus der Vorkriegszeit wie P. Jacques Schreurs von volks- und heimatkundlichen Tagungen im Grenzgebiet bekannt.

Als sich Pfarrer Meys im Herbst 1944 einer Festnahme durch die Flucht entzog, brachten ihn deutsche Verwandte zu Bodens, der ihn dann mit einem falschen Paß als "Vertrauensmann der Abwehr" nach Friesland brachte, wo er bis Kriegsende in der Seelsorge tätig war. Nach dem Kriege, als Bodens dann in englisch-holländischer Kriegsgefangenschaft war, weil er sich freiwillig den englischen Behörden in Bonn gestellt hatte, forderte Pfarrer Meys den damaligen niederländischen Ministerpräsidenten Prof. Dr. Beel auf, Bodens und seine engeren Kameraden frei zu lassen.-

Alle diese Taten sind durch jederzeit einsehbare Akten bei niederländischen Behörden und durch Zeugen aus der niederländischen Widerstandsbewegung belegt.

Wilhelm Josef Bodens war nach der Errichtung der Bundesrepublik Deutschland zunächst im Bundesministerium für Gesamtdeutsche Fragen und dann bei der Regierung des Saarlandes tätig.

Marinekutter transportierten Juden in die Freiheit.

Nach einem Bericht des Kapitäns zur See Herbert Wichmann, leitender Offizier der Abwehrstelle X in Hamburg, brachten vom französischen Fischereihafen und Seebad Arcachon am Golf von Biscaya aus sogenannte Segler der Abwehr, die mit starken Funkgeräten ausgerüstet waren, Agenten nach

Südamerika. So lautete zumindest der offizielle Auftrag dieser kleinen Fischkutter – großer Schiffe und Segeljachten. Auf ihnen haben die leitenden Offiziere von Hamburg aus in zahlreichen Fällen Juden nach Spanien gebracht. Auch Auslandsreisen der Marine wurden genutzt, um rassisch Verfolgte aus den Gefahrenzonen der Gestapo zu bringen.

Rassisch Verfolgte tauchten in Schule der Abwehr unter

In der Nähe von Kiel liegt das malerische Schloß Schierensee. Im zweiten Weltkrieg hatte sich hier eine Schule zur Ausbildung des Personals der Abwehr von Admiral Canaris eingemietet. Korvettenkapitän Friedrich Weishuhn leitete diese Schule, die sich ganz aus Angehörigen der Marine zusammensetzte. Während des Krieges wurde an ihn die Bitte herangetragen, in mehreren Fällen zu helfen, um wehrunwürdig gestempelte Mischlinge "verschwinden" zu lassen, die sonst in die Gefahr kamen, von der Gestapo gesucht und verfolgt zu werden. Weishuhn war sofort bereit, zu helfen. So kam es, daß inmitten der Schule dieser Abwehrgruppe jene Halbjuden untertauchen konnten und bis Kriegsende in diesem Bereich blieben. Korvettenkapitän Weishuhn wurde diese Tat nie gedankt. Als er bei Kriegsende in britische Gefangenschaft geriet, gab es auf der Seite der Sieger wenig Verständnis für diese Einrichtung der Abwehr. Die Behandlung dieses Mannes war so schlecht, daß er an den Folgen verstarb, ohne daß diejenigen, denen er geholfen hatte etwas für ihn tun konnten.

Bei der Abwehr gerettet.

Belegt sind zahlreiche Einzelfälle, in denen Juden und sogenannte Halbjuden im Dienst der deutschen "Abwehr" standen. Eine Gesamtdarstellung zu diesem gewiß heiklen Thema fehlt jedoch bisher.
Juden bei der deutschen Abwehr! Diese Vorstellung wirkt zunächst schockierend, vor allem für Juden, die die nationalsozialistische Verfolgung überlebt haben. Aber auch andere Kreise werden zwiespältig empfinden, wenn sie davon hören oder gar lesen.
Ohne auf die Gesamtproblematik an dieser Stelle näher einzugehen, darf jedoch nicht übersehen werden, daß vielfach deutsche Offiziere, die dem

Nationalsozialismus ablehnend gegenüberstanden, in diesem Weg die einzige Chance sahen, Juden und sogenannten Halbjuden, vor allem Offiziere des Ersten Weltkrieges, vor der Verfolgung zu retten. Sie brachten oft großen Mut und durchweg beachtlichen Erfindungsreichtum auf, um die Lücken zur Rettung von Menschen zu nutzen, die gerade durch die vielfach gesicherte und verschleierte Tätigkeit der Abwehr gegeben waren. Es ging in diesen Fällen ja auch nicht um echte Agententätigkeit, sondern um die Möglichkeit zum Untertauchen in angeblichen Vertrauenspositionen oder eben in deutschen Offiziersuniformen, die oft der einzige Schutz waren vor Zugriffen der NSDAP, der Gestapo und anderer verbrecherischer Organisationen. Andererseits konnten auf diese Weise Gerettete ihrerseits manches tun, um anderen Verfolgten zu helfen.

Entscheidend war letzten Endes, daß gerade bei der Abwehr viele Offiziere tätig waren, die Gegner Hitlers und insbesondere seiner nationalsozialistischen "Judenpolitik" mit ihrer ganzen Unmenschlichkeit und ihrem verbrecherischen Charakter waren. Sie versuchten, den Rest von Soldatenehre zu retten, der überhaupt noch zu retten war.

Aber dieses Kapitel der Geschichte der deutschen Abwehr muß erst noch geschrieben werden. An dieser Stelle sollten lediglich einzelne Rettungsaktionen, denen ich nachgegangen bin, festgehalten und vor dem Vergessen bewahrt bleiben, weil sie mit zur Geschichte einer Wehrmacht gehören, die sich im ganz überwiegenden Maße gegenüber den Judenmorden passiv verhielt oder in einigen Fällen gar bei ihnen mitwirkte.

4. KAPITEL

Die Bundeswehr und die Juden

I
Aufgaben bei der Gründung der Bundeswehr

Mit der Entscheidung der Wiederbewaffnung sah sich die demokratische Bundesrepublik vor die Aufgabe gestellt, die Bundeswehr schon durch eine entsprechende Personalpolitik von der Wehrmacht, soweit sie mit Kriegsverbrechern in Verbindung gebracht werden konnte, zu distanzieren. Gerade im Verhältnis von Deutschen und Juden war die Gründung der Bundeswehr ein in mehrfacher Weise problematisches Ereignis:

Armee einer demokratischen, pluralistischen Gesellschaft

1. Die Wehrmacht war in der Weltmeinung durchweg mit dem nationalsozialistischen Regime und damit auch mit dessen Untaten identifiziert worden. Die Bundeswehr wurde zunächst von der gleichen Weltmeinung durchweg als Neuauflage der Wehrmacht betrachtet und damit - gewissermaßen rückwirkend - ebenfalls mit diesen Untaten identifiziert. Nicht nur die kommunistische Propaganda versuchte aus naheliegenden Gründen den Eindruck zu erwecken, als handele es sich bei dieser von Anfang an voll in die NATO integrierten Armee um eine Nachfolgeorganisation des Nationalsozialismus und seiner Rassenpolitik.

2. Bei der Frage der Regelung des Verhältnisses zwischen der Bundesrepublik Deutschland und dem nur ein Jahr früher entstandenen jüdischen Staat der Neuzeit, Israel, spielte die Einschätzung der Rolle der alten und der neuen Armee durch Israel eine nicht unbedeutende und unter Umständen verhängnisvolle psychologische Rolle. Bester Beweis dafür sind die Vorgänge um die Berufung des ehemaligen Wehrmachtsoffiziers und Ritterkreuzträgers

Pauls zum ersten deutschen Botschafter in Israel im Jahr 1961 nach Aufnahme der diplomatischen Beziehungen zwischen den beiden Staaten.

3. Bei den Versuchen der Bewältigung der jüngsten deutschen Vergangenheit und damit insbesondere der Überwindung bestimmter militärischer Traditionen sowie bei dem schwierigen Bemühen, die Kontinuität deutscher Verteidigung in Einklang zu bringen mit der geistigen Abwehrbereitschaft der Truppe gegenüber totalitären und autoritären Tendenzen (daraus resultierend auch das Verhältnis zwischen einstiger Wehrmacht als Instrument totalitärer Herrschaft und heutiger Bundeswehr als Sicherheitsfaktor einer demokratischen, pluralistischen Gesellschaft ausschließlich für Bedrohungen von außen), mußte zwangsläufig die Einstellung zur „Judenfrage" in Vergangenheit und Gegenwart Deutschlands eine zentrale Position einnehmen.

Die Truppenführung und die politisch für die Bundeswehr Verantwortlichen mußten also
- eine klare, unzweideutige und unmißverständliche Position zur Vergangenheit beziehen,
- die Voraussetzungen schaffen, um den Soldaten aller Dienstgrade im Rahmen einer politischen Erziehung diese Position glaubhaft und für jeden einzelnen nachvollziehbar zu vermitteln,
- das Verhältnis zu den jüdischen Mitbürgern im eigenen Land und außerhalb entkrampfen,
- äußere und innere Bedingungen herbeiführen, die auch im militärischen Bereich der besonderen Verantwortung der Bundesrepublik Deutschland für die Existenz des jüdischen Staates Israel gerecht werden und Vertrauen in die moralische Integrität dieser Armee ermöglichen.

Im folgenden sollen einige der Versuche von Staatsführung, Politikern aller Parteien und Truppenführung dargestellt werden, diese schwierigen Probleme zu lösen und die vorgegebenen Bedingungen dafür zu schaffen, daß es für die Bundeswehr *keine* „Judenfrage" gibt.

Die Wiedergutmachung

Einer der ersten Schritte zur formalen Beseitigung von Unrechtshandlungen aus der Vergangenheit war die Wiedergutmachung von Benachteiligungen ehemaliger Wehrmachtsangehöriger aus rassischen, religiösen oder weltanschaulichen Gründen durch Maßnahmen der Nationalsozialisten.

Als im Sommer 1956 das Wehrpflichtgesetz für die Bundesrepublik Deutschland im Ausschuß für Verteidigungsfragen beraten wurde, stellte der Abgeordnete Helmut Schmidt (SPD), der später Bundesminister für Verteidigung, Finanzminister und Bundeskanzler wurde, in der 105. Sitzung dieses Ausschusses vom 27. Juni 1956 den folgenden Antrag:

Deutscher Bundestag   Ausschuß-Drucksache Nr. 151 a
Ausschuß für Verteidigung

Antrag des Abgeordneten Schmidt (Hamburg)
zum Entwurf eines Wehrpflichtgesetzes - Drs. 2303 -
§ 36 b
Wiedergutmachung

Angehörigen der früheren Wehrmacht, die in ihrer militärischen Laufbahn durch nationalsozialistische Verfolgungs- oder Unterdrückungsmaßnahmen wegen ihrer politischen Überzeugung oder aus Gründen der Rasse, des Glaubens oder der Weltanschauung benachteiligt worden sind, ist auf Antrag der Dienstgrad zu verleihen, für den sie die erforderliche Eignung besitzen. § 37 Abs. 2 ist sinngemäß anzuwenden.

Bonn, am 27. Juni 1956   gez. Schmidt (Hamburg)

In dem Protokoll des Ausschusses wird über die Beratung des Antrags u. a. berichtet:

Abgeordneter Schmidt (Hamburg, SPD) spricht sich für den von der Regierung vorgeschlagenen § 37 a aus, fragt jedoch, ob diese Vorschrift ausreichend sein werde, um zum Beispiel den Fällen gerecht zu werden, in denen jemand eine militärische Erfahrung habe, aber aus bestimmten Gründen über einen gewissen Dienstgrad nicht hinausgekommen sei. So habe ein Bundestagsabgeordneter der Koalition infolge der Rassenpolitik des „Dritten Reiches" nicht Offizier werden können, sondern sei in einem - verhältnismäßig hohen - Unteroffiziersrang geblieben. Es bestehe bei seiner soldatischen und Fronterfahrung, bei seiner allgemeinen Intelligenz und seiner charakterlichen Haltung kein Zweifel, daß er normalerweise einen Offiziersrang erreicht haben würde. Urprünglich habe er (Redner) angenommen, daß mit dieser Bestimmung einem solchen Mann geholfen werden solle, zu einem Rang zu kommen, der seiner Befähigung und seiner militärischen Erfahrung angemessen sei. Die bisherigen Darlegungen zeigten jedoch, daß dieser Mann offenbar nicht unter § 37 falle. Dann müsse an anderer Stelle des Gesetzes eine entsprechende Bestimmung geschaffen werden.

Vorsitzender Dr. Jaeger wirft ein, in diesem Beispiel handele es sich um einen Wiedergutmachungsfall, da die in der Wehrmacht erworbene militärische Eignung infolge politischer Vorurteile nicht anerkannt worden sei.

Abgeordneter Schmidt (Hamburg) fährt fort, des weiteren gebe es eine Reihe von Angehörigen der Opposition, die aus anderen Gründen für wehrunwürdig erklärt oder gleich zu Beginn ihres soldatischen Dienstes in die Division 999 gesteckt worden seien, sich aber soldatische Erfahrungen in großem Umfang angeeinget hätten. Er habe es für eine wesentliche Selbstverständlichkeit beim Aufbau der Bundeswehr gehalten, daß diese Männer beim Eintritt in die Bundeswehr einen entsprechenden Rang erhielten. Diese Fälle würden weder durch § 37 noch durch den vorgeschlagenen § 37 a gedeckt. Somit müsse noch ein § 37 b eingeführt werden, und der Berichterstatter möge im Hinblick auf die spätere Interpretation dieser Vorschrift in seinem schriftlichen Bericht besonders sorgfältig behandeln.

In dem schriftlichen Bericht des Ausschusses für Verteidigung (6. Ausschuß) über den Entwurf eines Wehrpflichtgesetzes - Drucksache 2303 -, erstattet vom CDU-Abgeordneten Dr. Kliesing, heißt es zu dem Antrag des Abgeordneten Schmidt:

„Zu § 36 b
Ebenfalls einstimmig nahm der Ausschuß einen Antrag des Abgeordneten Schmidt (Hamburg) an, den § 36 b einzufügen, der besagt, daß Angehörigen der früheren Wehrmacht, die in ihrer militärischen Laufbahn durch nationalsozialistische Verfolgungs- und Unterdrückungsmaßnahmen benachteiligt wurden, auf Antrag ein ihrer Eignung entsprechenden Dienstgrad zu verleihen ist."

Mit der Verkündung des Wehrpflichtgesetzes am 21. Juli 1956 (BGbl. I, Seite 651), in das die Wiedergutmachungsregelung als § 38 aufgenommen wurde, trat diese mit Zustimmung aller Parteien in Kraft. Zuvor bereits war mit der Verabschiedung des Soldatengesetzes vom 19. März 1956 (BGbl. I, Seite 114) die Anwendung der allgemeinen Wiedergutmachungsbestimmungen für den öffentlichen Dienst wirksam geworden.

Diese Bestimmungen ermutigten viele, durch den Führerbefehl vom 8. April 1940 „wehrunwürdig" geschriebene „Mischlinge", als Reserveoffiziere zur

Bundeswehr zu gehen. Etliche von ihnen erhielten durch entsprechende Wehrübungen Dienstgrade bis zum Oberstleutnant.

Es ist nicht möglich, die Zahl dieser Fälle zu erfassen, denn es gibt keine offizielle Statistik und außerdem sind Personalfragen bei der Bundeswehr vertraulich zu behandeln.

Beim Aufbau ihrer Datenverarbeitung hat sich die Bundeswehr streng an die Bestimmungen des Artikel 3 des Grundgesetzes gehalten:

„Niemand darf wegen seines Geschlechtes, seiner Abstammung, seiner Rasse, seiner Sprache, seiner Heimat und Herkunft, seines Glaubens, seiner religiösen oder politischen Anschauungen benachteiligt oder bevorzugt werden."

Infolgedessen werden entsprechende Angaben nicht vermerkt.

Es folgen in Auszügen einige Dokumente, die illustrieren, welchen Demütigungen und Zurücksetzungen rassisch Verfolgte im „Dritten Reich" ausgesetzt waren und welche Gesichtspunkte bei der Bearbeitung solcher Wiedergutmachungsfälle nach Errichtung der Bundeswehr zu berücksichtigen waren.

Ein Grundsatzgutachten über „die Behandlung der jüdischen Mischlinge in der Wehrmacht" zeigt am konkreten Fall, wie gegen „Mischlinge" vorgegangen wurde und welche Probleme dadurch heute aufgeworfen werden.

Grundsatz-Gutachten

Bundesarchiv   5106 Kornelimünster, den 12. August 1965
Zentralnachweisstelle

An das
Landgericht Hamburg
- Entschädigungskammer 2 -
2000 Hamburg 11
Zippelhaus 5

Betr.: Entschädigungssache des Herrn . . . - hier: Behandlung der „jüdischen Mischlinge" in der Wehrmacht; Minderkriegsbrauchbare im aktiven Wehrdienst
Bezug: 1) Ihr Schreiben vom 8. 4. 1965 - . . . (Entsch.) . . ./62 - an das Bundesministerium der Verteidigung; 2) Ihre Erinnerung vom 9. 8. 1965
. . . (Entsch.) . . . /62

Das Wehrgesetz vom 21. 5. 1935 (RGBl. I, Seite 609) in der Fassung des Änderungsgesetzes vom 26. 6. 1936 (RGBl. I, Seite 518) erfaßte im § 15 Juden und „jüdische Mischlinge" nach verschiedenen Gesichtspunkten. Während die einen von vornherein vom Wehrdienst völlig ausgeschlossen waren, nahmen die anderen eine Zwischenstellung ein.

Jeder Dienstpflichtige wurde bei der Erfassung von der polizeilichen Meldebehörde über den Begriff des Juden unterrichtet (vgl. § 5 der Ersten Verordnung zum Reichsbürgergesetz vom 14. 11. 1935 - RGBl. I, Seite 1333; dort ist auch festgestellt, wer als „jüdischer Mischling" galt). Er hatte dabei eine Abstammungserklärung zu unterschreiben.

Das Wehrpflichtverhältnis der „jüdischen Mischlinge" war dasselbe wie das der übrigen Deutschen. Sie mußten die aktive Dienstpflicht und Übungen im Beurlaubtenstand ableisten, durften jedoch keine längere Dienstverpflichtung eingehen und nicht Vorgesetzte werden.

Auf Befehl Hitlers wurde die Stellung der „jüdischen Mischlinge" in der Wehrmacht mit (nichtveröffentlichtem) OKW-Erlaß vom 8. 4. 1940 neu geregelt. Die Zusätze des OHK vom 20. 4. 1940 und 16. 7. 1941 wurden ebenfalls nicht veröffentlicht. Hiernach durften „Mischlinge 1. Grades" nicht mehr Soldat werden. Sie waren der Ersatzreserve II mit dem Zusatz „nicht zu verwenden" (n. z. v.) zuzuteilen. Soweit solche Personen bereits einberufen waren, mußten sie nach § 24 WG (wegen mangelnder Eignung) - ab Februar 1942 nach § 24 (1 a) WG (aufgrund zwingenden Rechts) - umgehend entlassen und der Ersatzreserve II (n. z. v.) überwiesen werden. Nur in Ausnahmefällen durften sie mit Genehmigung Hitlers im aktiven Wehrdienst belassen werden. Ferner duften diejenigen Betroffenen zunächst zurückbehalten werden, für die die Truppe einen Ausnaheantrag befürwortet hatte (OKH, 18. 9. 1940).

Solchen Anträgen wurde nur bei Vorliegen besonders überragender Taten vor dem Feind stattgegeben. Sehr gute Führung und Leistungen, selbst die Verleihung des Eisernen Kreuzes, waren allein nicht ausreichend für eine Ausnahmebehandlung.

Mit Erlaß vom 25. 9. 1942 (HM Seite 501) verbot das OKW dann aber auf neue Weisung Hitlers die weitere Vorlage von Anträgen auf Weiterbelassung beziehungsweise Wiedereinberufung, lehnte die noch zahlreich vorliegenden Gesuche generell ab und befahl die sofortige Entlassung aller 50prozentigen „jüdischen Mischlinge", die sich immer noch oder schon wieder ohne Ausnahmegenehmigung im aktiven Wehrdienst befanden . . .

... „Jüdische Mischlinge" wurden zu keiner Zeit als Straf- oder Verfolgungsmaßnahme zur Wehrmacht einberufen. Sie waren auch nicht wehrunwürdig im Sinne des § 13 WG. Damit erledigt sich die Behauptung, als „Arier" wäre der Kläger bei seinem Gesundheitszustand nicht einberufen worden. Es ist zu vermuten, daß Herr ..., der aufgrund besonderer Bestimmungen gar nicht zum Wehrdienst herangezogen werden durfte, irrtümlich eingestellt worden ist. Seine Versetzung zur Kraftfahrparktruppe ist mit hoher Wahrscheinlichkeit durch die geminderte Kriegsbrauchbarkeit (Knieverletzung) bedingt gewesen. Für das vorzeitige Ausscheiden aus der Wehrmacht bieten sich zwei Gründe an:

1) Bekanntwerden der Mischlingseigenschaft (wahrscheinlich),
2) Entlassung wegen Wehruntauglichkeit (weniger wahrscheinlich).

An das
Verteidigungsministerium
Bonn/Rhein
Personalabteilung   20. Juli 1955

Betr.: Einstellungsgesuch für die Wehrmachtsverwaltung

Ich möchte mich um die Verwendung in der Verwaltung der künftigen Wehrmacht bewerben. Soweit aus meinen nachfolgenden Angaben für Sie ersichtlich ist, daß eine Verwendung möglich ist, bitte ich um Zusendung der entsprechenden Formulare.
Ich bin am 17. 7. 1912 in Chemnitz als Sohn des damaligen Marineingenieurs ... geboren. Nach dem Besuch des Realgymnasiums trat ich 1930 als Kadett in die Handelsmarine, 1932 in die Reichswehr (IR 9 Potsdam) ein, mit dem Ziel, die Verwaltungslaufbahn einzuschlagen. Es gab seinerzeit die Möglichkeit, nach einer gewissen Zeit beurlaubt zu werden, um ein juristisches Studium zu absolvieren. 1934 wurde ich jedoch entlassen, weil ich, da mein Vater rassisch Jude war, sogenannter 50prozentiger Mischling war. Mein Vater war damals leitender Ingenieur bei der Firma Sarotti in Berlin und wählte unter dem Druck der politischen Verhältnisse den Freitod. Ich verließ Deutschland und ging nach Argentinien. Dort war ich bis zum Jahre 1938 in großen Unternehmungen in der kaufmännischen Verwaltung tätig (Eisen- und Stahlwerk Thyssen und Ferrocarril del Sud). 1938 kehrte ich nach Deutschland zurück, da man mir mitgeteilt hatte, ich hätte keine Schwierigkeiten hier zu erwarten. Von 1938 bis 1940 war ich dann Betriebsleiter einer Malzfabrik in Frankfurt/Oder. Im Anschluß daran zum Heer (Nachr.-Abt. 293)

eingezogen, 1941 aufgrund eines Führererlasses (= Nichtarier) als Obergefreiter (= höchstzulässiger Rang für Mischlinge) entlassen. Später in Paris als verantwortlicher Leiter für den Aufbau und den Nachschub eines großen Stahlsaitenbetonwerkes (= Paris-Genevilliers) kaufmännisch tätig. Darauf bei der Deutschen Treuhandgesellschaft (= beim Militärbefehlhaber Frankreich) in Paris als Revisor in der Feindvermögensverwaltung. Später in Berlin in der Hauptverwaltung der Wintershall stellvertretender Abteilungsleiter des Einkaufs. Kurz vor Kriegsende schließlich dienstverpflichtet in der Rüstungsindustrie in Berlin. Nach Kriegsschluß innerhalb eines Jahres Lehrerexamen in Berlin-Charlottenburg, nach Universitätseröffnung in Berlin Studiumsbeginn der Rechtswissenschaften. 9semestriges Studium, Freiburg/Br., Hamburg, als Werkstudent. 1953 Reisen nach Belgien, Frankreich und USA. 1954 Staatsexamen, seit November 1954 Gerichtsreferendar am Landgericht Bremen.

Ich spreche gut französisch und spanisch, auch etwas englisch. Ich habe die Führerscheine Kl. 2 und 3. Ich habe gute Erfahrungen in Organisation, kaufmännischem Rechnungswesen, Personalleitung und kann darüber Zeugnisse nachweisen.

Ich bin verheiratet (= meine Frau ist Lehrerin im Bremer Schuldienst), habe einen Jungen von fünf Jahren und lebe in geordneten wirtschaftlichen Verhältnissen.

Dieser kurze Überblick wird Ihnen sicher zur Feststellung genügen, ob und wie ich im Rahmen der zu erwartenden Wehrmachtsverwaltung verwendet werden kann. Zwar kann ich wohl einen Rechtsanspruch auf Einstellung nicht geltend machen, aber ich glaube doch, daß in moralischer Hinsicht, natürlich fachliche Eignung vorausgesetzt, eine Berücksichtigung meines Gesuches gerechtfertigt wäre.

II
Kriegsbriefe gefallener deutscher Juden

Die in der Einleitung zu diesem Kapitel getroffene Feststellung, daß es zu den Hauptaufgaben der jungen Bundeswehr gehörte - und auch heute noch gehört - ihre Soldaten objektiv über die Verbrechen der nationalsozialistischen Herrscher an Juden, die Geschichte des Judentums und das Schicksal jüdischer Menschen sowie die Entwicklung und den Existenzkampf Israels zu informieren, wird auf vielfache Weise realisiert. Beispielhaft dafür sind die Arbeiten, die regelmäßig in den „Informationen für die Truppe" veröffentlicht werden. Im staatsbürgerlichen Unterricht hat diese Thematik ihren festen Platz. Aber auch auf andere Weise wird diese besonders wichtige Aufgabe erfüllt.

Schon an anderer Stelle dieser Dokumentation wurde über die 1935 erschienene Publikation „Kriegsbriefe gefallener deutscher Juden" berichtet. Sie wurde 1961 in einer Neuauflage herausgebracht und an die Truppe verteilt.

Die Initiative zur Veröffentlichung der „Kriegsbriefe" zwei Jahre nach der „Machtergreifung" Hitlers durch den „Reichsbund jüdischer Frontsoldaten" im Vortrupp-Verlag, Berlin, ging von zwei Persönlichkeiten aus: vom Vorsitzenden des Reichsbundes jüdischer Frontsoldaten, Hauptmann Löwenstein, und von Professor Dr. Joachim Schoeps, dem hochgeachteten Wissenschaftler, der seinerzeit den Vortrupp-Verlag in Berlin gegründet hatte, um derartige Bücher zu publizieren.

Über die Gründung des Verlages und die Herausgabe der „Kriegsbriefe" berichtete mir Professor Dr. Schoeps:

„Die Gründung war eigentlich die eines deutschen Jugendbundes. Er nannte sich „Deutscher Vortrupp, Gefolgschaft deutscher Juden". Dieser Bund gab eine Zeitschrift heraus, die „Der Deutsche Vortrupp" hieß. Da der Verlag allmählich begann, auch Bücher herauszugeben, zum Beispiel mein Buch „Wir deutschen Juden" und keiner der normalen bisher bestehenden jüdischen Verlage daran dachte, so etwas zu verlegen, sah ich mich gezwungen, selbst einen Verlag zu gründen. Das wurde der Vortrupp-Verlag. Er hat von 1933 bis 1936 immerhin etwa zwölf bis fünfzehn Bücher herausgebracht. Darunter waren vor allen Dingen die „Kriegsbriefe gefallener deutscher Juden". Diese waren, rein merkantil gesehen, ein großer Erfolg. Es wurden nämlich immerhin an die 10.000 Exemplare verkauft, ohne daß wir irgendeine Reklamemöglichkeit hatten, denn wir hatten dafür kein Geld.

Es gab dann Schwierigkeiten mit den nationalsozialistischen Stellen. Ich kann es heute nicht mehr genau sagen, in welchem Jahr das war, wahrscheinlich 1936, als mir untersagt wurde, ein Buch unter diesem Titel zu verlegen. Ich wurde zur Reichsschrifttumkammer bestellt und da eröffnete mir der Sachbearbeiter, ein junger „Schnösel", daß Kriegsbriefe „ein Weistum deutscher Nation" seien und Juden „ein Weistum" nicht schänden dürften. Mir war zwar nicht klar, was ein „Weistum" sei, ihm wahrscheinlich auch nicht, jedenfalls lag nunmehr ein auch schriftlich gegebenes Verbot vor.

Leider habe ich keinerlei Akten mehr oder Korrespondenzen mit den nationalsozialistischen Dienststellen, denn als ich bei Nacht und Nebel aus Deutschland verschwinden mußte, konnte ich diese nicht mitnehmen.

Ich habe dann das Buch unter dem neuen Titel „Gefallene deutsche Juden - Frontbriefe 1914-1918" herausgebracht. Damit war der suspekte Titel, „Kriegsbriefe", vermieden, denn es gab „Kriegsbriefe gefallener Studenten", obwohl kein normaler Mensch einen Zusammenhang zwischen „Kriegsbriefe gefallener deutscher Studenten" und „Kriegsbriefe deutscher Juden" hätte erkennen können.

Die Titelzeichnung, eine trauernde Mutter mit der schwarz-weiß-roten Fahne war übrigens die letzte Zeichnung Max Liebermanns gewesen. Der damalige Leiter des Reichsbundes jüdischer Frontsoldaten, Hauptmann a.D. Löwenstein, ist deswegen zu Liebermann gegangen und hat ihn um diese Zeichnung gebeten. (Das hat der alte Herr wenige Wochen vor seinem Tode noch gemacht.)"

Die Neuauflage der „Kriegsbriefe" wurde 1961 vom damaligen Bundesverteidigungsminister Franz Josef Strauß herausgebracht. Schoeps dazu:
Frage: Herr Professor, diese neue Ausgabe, die hier vor mir liegt, ist von Franz Josef Strauß, als er Verteidigungsminister war - und hier muß man den damaligen Oberst Schmückle, den damaligen Sprecher des Bundesverteidigungsministeriums erwähnen -, neu herausgebracht worden. Wie kam es dazu? Kennen Sie die Geschichte?
Antwort: Ich wurde um die Genehmigung gebeten und war darüber sehr erfreut. Ich sagte: „Selbstverständlich, von Herzen gern könnt ihr das herausbringen." Denn die Rechte lagen ja ausschließlich bei mir. Ich hatte nie im Leben daran gedacht, daß die Kriegsbriefe jemals wieder verlegt werden würden.
Frage: Aber es ist ja wohl ein Zeichen der Zeit, daß man sie wieder herausgebracht hat?

Antwort: Ja. Das habe ich aus dieser Anfrage ersehen.

Frage: Haben Sie dann mit den Herren in Bonn einmal darüber gesprochen?

Antwort: Nein. Das war ja nicht nötig, da ja von meiner Seite aus die völlige Bereitschaft bestand und ich sagte: „Macht was ihr könnt, ich gebe euch das Recht dazu."

Frage: Das meinte ich jetzt nicht, vom rechtlichen Standpunkt, ich meinte, daß Sie mit diesen Offizieren auch über die Motive gesprochen haben, oder waren diese in irgendeinem Brief mal zum Ausdruck gekommen?

Antwort: Ich habe mit Franz Josef Strauß mehrfach Gespräche in München gehabt. Aber das lag wahrscheinlich vor diesem Zeitpunkt.

Dieses Buch sollte zu einer Zeit eine neue geschichtliche Phase einleiten, als zur Zeit des Eichmann-Prozesses in der jungen deutschen Bundeswehr allgemein versucht wurde, in der staatsbürgerlichen Erziehung den Soldaten des neuen demokratischen Staates zu zeigen, welch eine furchtbare Erniedrigung den deutschen Soldaten jüdischen Glaubens widerfahren war. Man wird sich erinnern, daß zu jener Zeit in Israel gerade der Eichmann-Prozeß lief, der die ganze furchtbare Vergangenheit noch einmal aufwühlte und in Israel selbst zu leidenschaftlich geführten Diskussionen über das Verhalten der älteren Generation der europäischen Juden Anlaß gegeben hatte. Er leitete gleichzeitig eine neue geschichtliche Phase des Verhältnisses zwischen der Bundesrepublik Deutschland und Israel und damit den Juden allgemein ein.

Die Presseabteilung des Bundesministeriums der Verteidigung wurde damals, 1961, entscheidend von zwei Offizieren geprägt: dem damaligen Obersten und späteren Drei-Sterne-General, Gerd Schmückle, der heute im internationalen Militärstab der NATO in Brüssel tätig ist und von dessen Stellvertreter, dem damaligen Oberstleutnant Wolfram von Raven, heute ein bekannter Militär-Journalist für namhafte Zeitungen und Rundfunkanstalten.

Von Raven berichtete mir über das Zustandekommen der Neuauflage:

„Wir hatten sehr guten und sehr engen Kontakt mit Karl Marx, dem Herausgeber der „Allgemeinen Wochenzeitung der Juden in Deutschland", der leider viel zu früh gestorben ist. Wir hatten diesen Kontakt, weil sich unter der Ministerschaft von Franz Josef Strauß die Bundeswehr sehr intensiv darum bemühte, ein klares Verhältnis zur deutschen Geschichte zu finden. Strauß war und ist ein Patriot. Als Historiker und als deutscher

Patriot war er immer der Überzeugung, daß man die deutsche Geschichte kennen und tragen müsse, sowohl in ihren Größen als auch mit ihren großen Schattenseiten.

Karl Marx hat uns auf diese Kriegsbriefe gefallener deutscher Juden aufmerksam gemacht, die im Jahre 1935 erschienen als gewissermaßen letzter Versuch deutscher Juden, den Nationalsozialisten darzutun, daß sie ja genauso Deutsche sind wie alle christlichen Deutschen, daß sie sich genauso im Ersten Weltkrieg für Deutschland eingesetzt haben, für Deutschland verwundet wurden, für Deutschland gefallen sind, für Deutschland ausgezeichnet wurden. Diesen Vorschlag von Karl Marx, die Kriegsbriefe neu zu edieren, hat Oberst Schmückle sofort aufgegriffen, Franz Josef Strauß vorgetragen und von ihm den Auftrag bekommen, ihm dieses Buch, das in den Bibliotheken nicht ohne weiteres zu bekommen war, zu beschaffen. Wir haben ein Exemplar beigebracht, ich weiß allerdings nicht mehr, woher - und auch festgestellt, daß Professor Schoeps die Rechte an diesem Buch hatte. Professor Schoeps hat uns sofort die Genehmigung gegeben, es neu herauszubringen. Es wurde komplett veröffentlicht, allerdings mit einem Zusatz, in dem die Geschichte eines im Ersten Weltkrieg gefallenen deutschen Juden erzählt wird, dessen Familie von den Nazis bis nach Holland verfolgt wurde und dann im Konzentrationslager umgekommen ist.

Franz Josef Strauß hat das Vorwort für dieses Buch geschrieben. Meines Erinnerns ist die Neuauflage der „Kriegsbriefe" in einer Auflage von 20.000 Exemplaren erschienen. Es wurde in der Bundeswehr verteilt als ein Beitrag zur staatsbürgerlichen Bildung. Außerdem ging das Buch an die Presse und soweit ich mich erinnere über die deutschen Botschaften auch in das Ausland. Es hatte für uns ein erschütterndes Echo. Erschütternd deshalb, weil wir aus allen Ländern der Erde Briefe bekamen von ehemaligen deutschen Juden, Briefe der Zustimmung, Briefe, in denen Schicksale geschildert wurden, Briefe, zum Teil mit Fotokopien von Verleihungsurkunden zu Orden des Ersten Weltkrieges, Briefe, in denen fast unisono gesagt wurde: Erst jetzt ist die Ehre wieder ganz hergestellt."

Diesem Akt moralischer Wiedergutmachung waren schon andere Aktionen vorausgegangen. Dazu von Raven:
„Ich glaube von Anfang an, schon unter Theodor Blank, ist die Bundeswehr angetreten mit dem Ziel, den jungen Menschen, die als Wehrpflichtige, als Zeitsoldaten, als Berufssoldaten in die Bundeswehr eintreten, klarzumachen, was das Dritte Reich bedeutet hatte, was dieses Dritte

Reich begangen hatte und auch klarzumachen, daß es einen Widerstand gerade im Offizierskorps gegen das Dritte Reich gegeben hat. Zum 15. Jahrestag des 20. Juli 1944 hat der damalige Generalinspekteur, General Heusinger, einen Tagesbefehl an die Truppe herausgegeben, der die Tat vom 20. Juli 1944, ausgeführt von Männern, deren Gewissen durch ihr Wissen angestoßen war, ausführlich würdigt. Ich glaube, daß es damals gelungen ist, vielen jungen Menschen klarzumachen, daß dieses Datum des 20. Juli ein Lichtpunkt in der dunkelsten Zeit der deutschen Geschichte gewesen ist. Ich glaube, daß es gelungen ist, auch älteren und ehemaligen Soldaten klarzumachen, daß dies das einzige Datum aus den Jahren des Krieges ist, auf das wir eigentlich stolz sein dürfen.

Strauß: Weshalb Neuauflage der Kriegsbriefe

Der Neuauflage der Kriegsbriefe deutscher Juden 1961 stellte Franz Josef Strauß auf Bitten des Verlegers ein Geleitwort voran, das er unter die Frage stellte: „Was veranlaßt ausgerechnet den deutschen Verteidigungsminister, dieses Buch herauszugeben?"

„Die Beantwortung der Frage will ich weit abheben von der Problematik der jüdischen Assimilation in Deutschland, ihren Gegnern und Befürwortern, ihren Folgen, auch von ihrer historischen Wertung. Würde ich versuchen, von der Frage der jüdischen Assimilation auszugehen, dann wäre diese Wiederauflage der Kriegsbriefe deutscher Juden einer Fülle von Mißdeutungen ausgesetzt, von denen keine mit meiner wahren Absicht übereinstimmt.

Um es vorwegzunehmen: drei Gründe bewegten mich zur Wiederauflage dieses Buches - zuallererst der Wunsch mitzuhelfen, das von den Nationalsozialisten geschändete Bild des jüdischen Mitbürgers und Soldaten in Deutschland wieder in das rechte Licht zu rücken. Den Vorwurf, mir damit ein allzu einfaches Ziel zu setzen, nehme ich auf mich, denn in der Tat nimmt sich meine Absicht neben dem großen Problem des Antisemitismus und den damit verbundenen Ungeheuerlichkeiten recht bescheiden aus. Doch nützen, so meine ich, kluge Betrachtungen über das Judentum allein wenig bei Menschen, in deren Köpfe eine bösartige Propaganda jahrelang die Unmenschlichkeit in Form des Rassenhasses hineinzupumpen versucht hat. Den unmenschlichen Haß über die Dauer ihres Lebens und ihrer Herrschaft hinaus zu erhalten, war das erklärte Ziel Hitlers und seiner Leute. Die Totalitären erfanden frühzeitig die

Methode der Aktivierung von Gefühlen gegen Einzelpersonen und Menschengruppen mit dem Ziel, die menschliche Barmherzigkeit zu zerstören, die Bande der Nächstenliebe zu zerreißen, die Achtung der Menschenwürde, die Gleichheit von Schuld und Verantwortung vor Gott zu höhnen, die Bindung der Menschen untereinander aufzulösen, um schließlich mit eisernem Terror über sie herrschen zu können. Alle Propaganda-Apparaturen wurden auf das Opfer mit dem Ziel eingestellt, ihm kaltblütig Ruf, Ansehen und Würde zu rauben. Der jüdische Mitbürger wurde so zum Gezeichneten, zum Verzeichneten. Er durfte nicht mehr Mensch, nicht mehr Ebenbild Gottes sein. Er wurde zum Untermenschen, zum Unmenschen gestempelt, mit Brandmalen versehen, ähnlich denen, die Fleischbeschauer in Schlachthöfen benutzen. Der Mensch wurde zur Sache degradiert, zum Vergnügungsmaterial für KZ-Wächter, zum Verarbeitungsmaterial in der überdimensionalen Tötungsmaschinerie. Die Systematik, in der jeder einzelne als Individuum ausgelöscht wurde, war wohlüberlegt: der Anspruch, Mensch zu sein unter Menschen, wurde bestritten und geleugnet, die Rechte in der Gemeinschaft wurden aufgehoben.

Der Prozeß lief mit einer grauenhaften Präzision ab, und am Ende vergißt man allzu leicht, wie er begonnen hat, nämlich mit der Verunstaltung eines Menschenbildes, mit Hilfe des Gegenprinzips zu dem Wort: ‚Gott schuf den Menschen ihm zu Bilde.' Immer und überall bleibt es die Absicht der Totalitären, den Beweis von der völligen Wert- und Nutzlosigkeit des Menschenlebens zu führen.

Die Kriegsbriefe gefallener deutscher Juden zeigen uns die Auffassung; sie zeigen uns eine Generation jüdischer Mitbürger, in ihrer Haltung, Gesinnung und Vaterlandliebe ganz Kinder ihrer Zeit, manchmal für unser Gefühl etwas zu pathetisch, eingenommen vom Stolz und kriegerischen Temperament des Nationalstaates, befeuert von einem Patriotismus, dessen Zielsetzung uns heute seltsam fremd berührt und der nur aus der Zeit heraus zu verstehen ist.

Hunderttausend Männer jüdischen Glaubens und jüdischer Abstammung hatten die graue Uniform des Deutschen Reiches angezogen, mehr als jeder dritte von ihnen wurde dekoriert, über 2.000 waren Offiziere, 1.200 Militärärzte und Beamte. Im Kampf und im guten Glauben an ihr Vaterland fielen 12.000 jüdische Soldaten. Der jüngste Kriegsfreiwillige des deutschen Heeres, Josef Zippel, war ebenso Jude gewesen wie Wilhelm Frankl, einer der ersten Pour-le-merite-Träger der deutschen Fliegertruppen.

Frankl fiel 1917 im Luftkampf. Zwanzig Jahre später ist sein Name in der Liste der Pour-le-merite-Träger unauffindbar. Er ist ausgelöscht, denn Juden durften nach der offiziellen Anschauung des Hitler-Reiches nicht tapfer gewesen, sie durften nicht einmal - so verrückt es klingt - für Deutschland gefallen sein. Die Namen ihrer Gefallenen, so wollten es die Nationalsozialisten, mußten von den Ehrenmalen verschwinden. Himmler ließ seinen Terror auch auf die deutschen jüdischen Frontkämpfer los, jagte sie über die Grenzen, ließ sie in KZ's, Judenlager, Gettos und Gaskammern werfen, stellte sie kurzerhand an die Wand.

Hier läßt sich einwenden, Hitler habe den deutschen jüdischen Frontkämpfern doch nicht mehr und nichts anderes getan als Millionen Juden, wo immer er ihrer hatte habhaft werden können. Was also bedeutet ein schmales Bändchen ihrer Kriegsbriefe Besonderes für unsere Erkenntnis des Schrecklichen?

Die Frage stößt auf den zweiten Grund, der mich veranlaßt, dieses Buch neu aufzulegen.

Die Ungeheuerlichkeit des Juden- und Völkermordes, die Größenordnungen, in denen sich die Verbrecher austobten, entziehen sich leicht der menschlichen Vorstellungskraft und damit dem Mitleiden. Es gehört zur Methode moderner totalitärer Herrschaftsformen - sie haben nie gezögert, sich damit öffentlich zu brüsten -, ihre tollen Aktionen und Lügen bis zu Dimensionen zu steigern, denen selbst eine entfesselte Phantasie nicht folgen kann. Dem Betrachter verzerren sich dadurch die Perspektiven. Ja, es kann ihm erscheinen, sobald er sich außerstande sieht, das Verrückte in den Kategorien der Totalitären zu begreifen, daß der Ermordete - und nicht der Mörder - schuldig sei. Er mag, geblendet vom Anblick so schrecklicher Tötungen, versucht sein, in die grausame Frage auszuweichen: Was müssen diese Menschen verbrochen haben, um dieser Strafe teilhaftig geworden zu sein? Diese Wirkung zu erzielen, war wiederum ein erklärtes Ziel Hitlers.

Obwohl es mich nicht befriedigen kann, daß die Geschichte der Menschheit fast ausschließlich an der Elle der Jahreszahlen von Schlachten gemessen wird, empfinde ich doch die Tiefe der Furchen, die der zweimalige grauenvolle Opfergang auf die Schlachtfelder in die Seele der heute lebenden Generationen gezogen hat. Mit der Veröffentlichung der Kriegsbriefe möchte ich den Blick auf einen Ausschnitt der bösen Ereignisse lenken, der dem menschlichen Begreifen faßbar bleibt. Denn ich glaube, daß im Bewußtsein jedes Menschen und jedes Volkes auch dem Undank des Vaterlandes seinen Frontsoldaten gegenüber bestimmte Grenzen gesetzt sind, soweit sich mit dem Begriff Undank - der manchmal etwas billig verwendet wird - überhaupt ausdrücken läßt, was den deutschen jüdischen Frontsoldaten geschehen ist.

Sie glaubten, als sie Hitlers Terror zu spüren bekamen, zunächst an ein Mißverständnis, an einen schrecklichen Irrtum, der sich wie alle Irrtümer aufklären lassen müsse. In Wahrheit war auch ihnen das Los schon geworfen. Aber wie andere Deutsche, standen auch sie den Methoden der totalitären Politik psychologisch unvorbereitet und daher ebenso ahnungswie fassungslos gegenüber. Sie hofften in und urteilten mit den gewohnten sittlichen Maßstäben - bis sie eines Schlechteren belehrt wurden.

Nichts, aber auch gar nichts konnte die Totalitären von ihren kaltblütigen Planungen abbringen, nicht das Opfer der Gefallenen, nicht die erwiesene Liebe zum Vaterland, nicht die Staatstreue, nicht einmal die politische, wirtschaftliche oder militärische Zweckmäßigkeit.

Die offene Zweckwidrigkeit staatlicher Maßnahmen scheint mir geradezu das Symbol totalitärer Herrschaftsformen zu sein. Die Verfolgungen staatstreuer Menschen, das Löschen der Namen Gefallener an Ehrenmalen, die Weigerung mitten im Krieg, schwerbeschädigten jüdischen Frontkämpfern weiterhin Schwerbeschädigtenausweise auszustellen, die Judentransporte zu einem Zeitpunkt, in dem die Waggons der Reichsbahn nicht ausreichten, die kämpferischen Truppen zu versorgen - dies alles trägt das Signum der Irrationalität und konsequenter Tollheit.

Hitler geht so weit, in seinen Tischgesprächen zu sagen, er werde sich im Falle eines Sieges rigoros auf den Standpunkt stellen, daß er jede Stadt zusammenschlage, wenn nicht die Juden herauskämen . . .

Hier handelt es sich nicht, wie von Leichtgläubigen behauptet wird, um den Ausspruch eines Verrückten, sondern um die symptomatische Formulierung eines totalitären Herrschers, der neue furchtbare Gesetze aufstellt - der - trotz nationaler Phasen - anational handelt und schließlich - völlig konsequent - die Sondertruppen seines besonderen Geistes im eigenen Land wie fremde Eroberer auftreten läßt.

Natürlich ging es auch Hitler nur scheinbar um die Ausrottung eines einzigen Volkes, andere sollten folgen, mitunter ganze Schichten der Hierarchie. So will es das System, das sich nicht allein mit der oben erwähnten Verunstaltung des Menschenbildes begnügt, sondern kaltblütig einen Schritt weitergeht, um das Gegenprinzip der Augustinischen These zu verwirklichen, die lautet: initium ut esset, creatus est homo - damit ein Anfang sei, wurde der Mensch geschaffen.

Keiner der gefallenen deutschen Juden, deren Kriegsbriefe uns vorliegen, konnte ahnen, daß eine solche Herrschaftsform über Deutschland hereinbrechen würde. Sie starben für ihre Heimat, für ihr Vaterland und viele in der Hoffnung auf eine bessere Zukunft Deutschlands und der Juden in Deutschland. Ich meine, daß ihr Schicksal, ihr Tod, ihr Hoffen unlöslich zur Geschichte der deutschen Armee gehört. Das ist der dritte Grund, der mich zur Wiederauflage dieses Buches veranlaßt. Er ist nötig, die Schicksale der deutschen jüdischen Soldaten, ihre Treue zur Heimat, ihre Tapferkeit im militärischen Kampf, als Teil der Tradition der Bundeswehr zu sehen. Dazu gehört auch der Leidensweg, den ihnen die Totalitären, die ihr Hauptquartier zwölf Jahre lang in Deutschland aufgeschlagen hatten, bereitet haben.

Diese Kriegsbriefe wurden im Jahre 1935 veröffentlicht, eine Jahreszahl, die deutlich zeigt, um was es damals ging. Wahrscheinlich war es der letzte Versuch, auf diese Weise am Gewissen der Machthaber zu rütteln, der antijüdischen Propaganda entgegenzuwirken und die sogenannten Arierparagraphen der bevorstehenden Nürnberger Gesetze stumpf zu machen.

In der Tat waren und sind diese Kriegsbriefe ein wunderbarer Beweis für die patriotische Haltung der deutschen Juden und ein schlagender Gegenbeweis gegen die Nazi-Propaganda, die bemüht war, den jüdischen Mitbürger als von Natur feige, korrupt und verräterisch hinzustellen. Die Nationalsozialisten fühlten sich damals schon durch den Titel des Buches gestört. Sie ordneten eine Änderung des Titels an, weil er eine Profanierung eines Weistums der deutschen Nation darstellte. In den Nürnberger Gesetzen, die ein halbes Jahr nach der Erstveröffentlichung der Kriegsbriefe erlassen wurden, fielen alle Sonderregelungen für die ehemaligen deutschen jüdischen Frontsoldaten, die Hindenburg 1933 noch durchgesetzt hatte, fort. Von nun an waren die Juden in Deutschland nur als Opfer des Systems gleichberechtigt, als Mitglieder ausgegliedert, als Menschen deklassiert.

Himmler, in dessen Hand die Verhaftungs- und Tötungsaktionen lagen, verkündete seiner Mannschaft damals, Humanität sei Rückenmarkserweichung. Doch gab es in Deutschland auch Ausnahmen, großartige Aktionen der Hilfsbereitschaft, der Nächstenliebe, der Humanität. In ihrem Sinne sucht heute die Bundeswehr ihren Weg. Die Kriegsbriefe gefallener deutscher jüdischer Soldaten sollen sie dabei begleiten als Warnung vor dem Bösen, dem Rassenhaß, den modernen totalitären Herrschaftsformen, als Beispiel für Vaterlandsliebe, Leidensfähigkeit und Treue."

Jüdische Soldatenschicksale von deutscher Armeegeschichte nicht zu trennen

Das Schicksal der deutschen Soldaten jüdischen Glaubens und jüdischer Abstammung gehört unlöslich zu der Geschichte der deutschen Armee. Dieser Grundsatz war für die Einstellung der jungen Bundeswehr maßgebend und ein Leitmotiv ihrer staatsbürgerlichen Erziehung. Es war auch für die Neuherausgabe der „Kriegsbriefe gefallener deutscher Juden" bestimmend. Zu dieser Motivation, zu Reaktionen auf die Neuauflage und weiteren Maßmaßnahmen zur Verwirklichung des Grundsatzes stellte der damalige Oberst Gerd Schmückle im Berliner Sender „RIAS" in einem Vortrag zu dem Thema ..Deutsche Soldaten jüdischen Glaubens" am 30. März 1961 fest:

Bundesverteidigungsminister Franz Josef Strauß hat veranlaßt, ein Buch für die Bundeswehr neu aufzulegen, das vor wenigen Tagen wieder aufgefunden und ihm zugesandt worden war. Das Buch trägt den Titel „Kriegsbriefe gefallener deutscher Juden" aus dem Ersten Weltkrieg. Seine Titelzeichnung stammt von Max Liebermann.

Das Buch erschüttert zuerst durch die Jahreszahl, in der es erschienen ist: 1935, also dem gleichen Jahre, in dem die Machthaber des Dritten Reiches die Rassengesetzgebung erließen. Mit quälender Gewißheit spürt man beim Lesen des Buches den verzweifelten Versuch seiner jüdischen Herausgeber, die sogenannten Arierparagraphen auf diese Weise stumpf zu machen und der deutschen Öffentlichkeit zu sagen: „So waren und so sind wir jüdischen Mitbürger, nicht aber so, wie uns die Propaganda verzeichnet."

Über 18 Prozent der jüdischen Minderheit haben als Soldaten im Ersten Weltkrieg auf deutscher Seite gekämpft. 12.000 von ihnen ließen ihr Leben. Ihre Briefe - angesichts des Todes geschrieben - sind eine Hinterlassenschaft für uns alle.

Aus manchem dieser Briefe tönt ein metallischer Klang, der sich nur nachempfinden läßt, wenn man sich bewußt bleibt, daß diese Kriegsbriefe geschrieben sind in dem historischen Augenblick, da die europäischen Nationalstaaten - auf dem Höhepunkt ihrer politischen und militärischen Macht, ausgerüstet mit dem grimmigen und grotesken Willen, sich gegenseitig zu vernichten - ihre Bürger zu einem Patriotismus entflammten, dessen Zielsetzung uns heute seltsam fremd berührt.

Auch mag der Zeitpunkt der Herausgabe des Buches im Jahre 1935 und die heimliche Absicht, die antijüdische Flut auf diese Weise einzudämmen, bei der Auswahl des einen oder anderen Briefes eine besondere Rolle gespielt haben.

Vaterlandsliebe, Opfermut und die Fähigkeit des jüdischen Volkes, tapfer im Elend zu sein, auch im Schmutz eines Weltkrieges, durchzieht alle Briefe. Aber auch eine große Hoffnung, die der Leutnant Berthold Elsass, gefallen im Jahre 1916, mitteilte, als er einem Freunde schrieb: „Ich bin der einzige jüdische Offizier im Regiment . . . Das hätten wir beide uns doch nicht träumen lassen, auch noch solch einen mörderischen Weltkrieg mitmachen zu müssen. Aber hoffentlich erreichen wir Juden mit diesem Krieg auch endlich die Gleichberechtigung in jeder Weise."

Nun, der Dank des Vaterlandes fiel anders aus. 24 Jahre später zog wiederum ein Elsass, diesmal als Soldat der deutschen Wehrmacht, in den Krieg. Als die Schnüffler des Systems - nach dem Frankreichfeldzug - seine jüdische Abstammung entdeckten, wurde er aus der Armee entfernt, mit Vater und Mutter ins KZ geworfen, der Vater umgebracht, er und seine Mutter schließlich mit knapper Not befreit.

Freilich, bis sich Handlanger für solche Aktionen fanden, brauchte es zwanzig Jahre einer vergifteten Propaganda. Bestimmte politische Kreise richteten zwischen den beiden Weltkriegen alle Mittel moderner Propaganda-Apparaturen gegen die jüdischen Mitbürger. Die schamlose Idee der „negativen Symbolfigur" wurde geboren. Der Jude im allgemeinen und der Soldat jüdischer Abstammung im besonderen wurde ihr erstes Opfer. Die Begriffe „Soldat" und „Jude" - raffiniert zueinander und gegeneinander in Verbindung gesetzt - sollten bei der Bevölkerung eine Kettenreaktion negativer Empfindungen gegen die Juden auslösen, Empfindungen wie „Feigheit, Korruption, Verrat, Novemberverbrecher".

Das war das Ziel der Propaganda. Es wurde weitgehend erreicht. Der perfekte Rufmord glückte. Allerdings: die Gegenkräfte, lange Zeit stark und fähig genug, durch Gegeninformationen zu wirken, unterschätzten die Gefahr der Entwicklung so sehr, daß auch ihr Versagen in der geschichtlichen Bilanz eingetragen sein wird.

In der Natur der Sache lag es, daß sich die bösen Tendenzen im Dritten Reich verstärkten, daß es immer schwieriger wurde, ihnen erfolgreichen Widerstand zu leisten. In den Augenblicken, da die Angst den jüdischen Mitbürgern das Herz leerte, standen sie meist allein. So auch jener Frontoffizier jüdischen Glaubens, den die SA zum Straßenreinigen befahl. Er erbat eine kurze Zeit, sich umkleiden zu dürfen und erschien wieder - in der Uniform seines Frontregiments, dekoriert mit hohen Auszeichnungen. Dann ging er, flankiert von den SA-Männern, zum Straßenkehren. Die demütigende Szene verwandelte sich rasch ins Gegenteil. Die Passanten protestierten offen und empört gegen die SA. Ich meine, dieser Offizier jüdischen Glaubens hat ein Beispiel der Tapferkeit gegeben, die zur guten Tradition des deutschen Soldaten gehört.

Die Flut der Propagandawellen freilich ließ sich - auch durch solche Einzelaktionen - nicht mehr eindämmen. Adolf Hitler schreckte nicht einmal vor der Anordnung zurück, die Namen der im Ersten Weltkrieg für Deutschland gefallenen Juden auf allen Ehrenmalen zu löschen. Bundesverteidigungsminister Franz Josef Strauß hat vor längerer Zeit das zuständige Ministerium gebeten, die Landesregierungen zu ersuchen, diese schändliche Handlungsweise an den gefallenen Frontsoldaten jüdischer Abstammung überall rückgängig zu machen. Daraufhin erhielt er folgenden Brief eines ehemals deutschen Juden, der heute in Südfrankreich lebt:

„Sehr geehrter Herr Minister.", heißt es in seinem Schreiben. „Durch die Zeitung brachte ich in Erfahrung, daß Sie es sich zur Aufgabe gestellt haben, das während des Dritten Reiches geschändete Andenken der 12.000 im Ersten Weltkrieg gefallenen Deutschen jüdischen Glaubens wieder herzustellen. Für diese gezeigte edle Geste danke ich Ihnen bewegten Herzens, um so mehr, als sie mir als ehemaligen Frontkämpfer auf deutscher Seite mein seelisches Gleichgewicht wieder herstellte. Allein schon Ihre Anregung trägt zu einer moralischen Wiedergutmachung bei, die ich weit höher bewerte als alle Anstrengungen auf dem Gebiete der materiellen Wiedergutmachung.

Daß mir die Nazis meine Staatszugehörigkeit, meine Ehre und mein Hab und Gut genommen haben, hat mich schwer mitgenommen, doch die Wunde, die sie mir durch die Schändung der Gedenktafel für die 30 Gefallenen in der Bochumer Synagoge schlugen, wird Zeit meines Lebens nicht zur Heilung kommen. In der Kristallnacht brachten es Nazihorden fertig, bevor sie die Synagoge anzündeten, die Bronzetafeln und Bronzeschrift herauszubrechen und das so gewonnene Metall an einen Althändler zu verkaufen und das Geld hierfür in Alkohol umzuwerten, um in ihrem Rausch die hierauf folgenden Exzesse besser durchführen zu können. Von dem geschändeten Ehrenmal erlaube ich mir anbei einige Unterlagen beizufügen mit der Bitte, solche an die zuständige Stelle weiterzuleiten.

Ich kenne keinen Unterschied in bezug auf die religiösen Bekenntnisse gefallener deutscher Soldaten . . .

Auch dürfen Sie versichert sein, daß nach all dem Geschehenen meine Liebe zu meinem alten wahren deutschen Vaterland nicht erloschen ist.

Als Beweis hierfür und aus Dankbarkeit für Ihre Bestrebungen zur Wiederherstellung des Andenkens meiner jüdischen deutschen Kameraden, erlaube ich mir, Ihnen einige Dokumente aus dem Ersten Weltkrieg, die ich nach meiner Odyssee gerettet habe, als Geschenk anzubieten. Mein letzter Wille ging dahin, daß meine Angehörigen sie mit mir zusammen ins Grab legen sollten.

Diese Dokumente Ihnen persönlich überreichen zu dürfen, ist mein Wunsch."

Das war der Brief. Ähnlich bittere Gefühle mögen viele Männer jüdischer Abstammung empfinden, die - ohne zu ahnen, daß sie unter die sogenannten Arierparagraphen fielen - in der Wehrmacht dienten. Viele von ihnen haben die Feldzüge der ersten Kriegsjahre als tapfere Soldaten mitgemacht, bis man ihre Abstammung entdeckte. Dann wurden sie aus der Wehrmacht entfernt: ein böses Kapitel der deutschen Militärgeschichte und ein Beweis, daß die Wehrmacht in ihrem inneren Gefüge damals bereits so geschwächt war, daß sie eine ihrer besten Traditionen, nämlich in der Gefahr zu dem Kameraden zu stehen, Zug um Zug vergaß. Manche dieser Männer wurden im KZ physisch und psychisch vernichtet, fast alle für immer seelisch verwundet.

„Meine Hörerinnen und Hörer! Das Schicksal der deutschen Soldaten jüdischen Glaubens und jüdischer Abstammung gehört unlöslich zu der Geschichte der deutschen Armee. Deshalb wird das Militärgeschichtliche Forschungsamt in Freiburg für die Bundeswehr die Linien ihres Leidensweges für unser Geschichtsbewußtsein erschließen. Ich glaube, diese Arbeit ist wichtiger als manche historische Untersuchung, die aufklärt, ob der eine oder andere Kampfverband an diesem oder jenem Tag, um diese oder jene Uhrzeit angegriffen hat oder davongelaufen ist.

Es ist nach Ansicht des Bundesverteidigungsministers und uns allen nötig, das Schicksal der deutschen Soldaten jüdischen Glaubens und jüdischer Abstammung in das Geschichtsbild der Bundeswehr aufzunehmen, denn Tradition, will sie richtig verstanden sein, kann nicht nur das Erbe im Guten, sondern muß auch das Bewußtsein des Erbes im belastenden Sinne enthalten. Nur so kann die Bundeswehr redlich bleiben bei ihrem Versuch, aus der Geschichte zu lernen, um Gegenwart und Zukunft zu bewältigen."

III

Bundeswehrkasernen erhalten Namen jüdischer Gefallener
Die Initiative kam von den Soldaten

Im April 1972 wurde im europäischen Hauptquartier der NATO-Streit-kräfte ein ungewöhnlicher Antrag deutscher Soldaten an das Bundesministerium der Verteidigung in Bonn veröffentlicht.
Er lautete:

„Komitee Ludwig Frank

Das am 24. April 1972 im SHAPE/Belgien von Soldaten der Bundeswehr gegründete Komitee ‚Ludwig Frank' bittet um Überprüfung der Möglichkeit, eine Einrichtung der Bundeswehr nach einem verdienten Soldaten jüdischen Glaubens zu benennen.
Das Komitee gab sich den Namen ‚Ludwig Frank', ohne jedoch ausschließlich auf einer Berücksichtigung dieses Namens zu bestehen.
Wir schlagen zwei Möglichkeiten vor:
Ludwig Frank, fiel am 3. September 1914 bei Nossencourt in Frankreich als Kriegsfreiwilliger. Ludwig Frank hatte jahrelang die Sache der deutschen Arbeitnehmerschaft im Reichstag als Abgeordneter der Stadt Mannheim vertreten. Er war der erste Reichstagsabgeordnete, der sich freiwillig zum Feldeinsatz meldete.
Wilhelm Frankl, Fliegeroffizier, während der ersten Kriegsjahre der erfolgreichste deutsche Kampfflieger und einer der ersten Pour-le-merite-Träger im deutschen Heer. Mehrfache Erwähnungen im amtlichen Heeresbericht. Wilhelm Frankl fiel im Jahre 1917 während eines Luftkampfes."

Der Antrag war von 28 Soldaten der verschiedensten Dienstgraden, vom Gefreiten bis zum Brigadegeneral unterschrieben.

Dieser ersten Mitteilung nach Bonn folgte am 30. Juli 1972 das folgende Schreiben des Sprechers des Komitees, Hauptfeldwebel Konrad Müller, an den Bundesminister der Verteidigung.
„Sehr geehrter Herr Minister! Am 24. April 1972 wurde durch deutsche Soldaten beim NATO-Hauptquartier SHAPE das Komitee ‚Ludwig Frank' gegründet.
Dem Komitee sind Soldaten aller Dienstgrade vom Gefreiten bis zum General beigetreten. Der Landesrabbiner von Baden-Württemberg, Herr N. P. Levinson, übernahm die Schirmherrschaft über das Komitee und versicherte uns seinerseits volle Unterstützung.

Als Sprecher des Komitees möchte ich hier die Beweggründe darlegen, die uns zur Gründung dieses Komitees veranlaßten.

Bei Namensgebungen von Einrichtungen der Bundeswehr (Kasernen, Schulen, Schiffen, fliegenden Verbänden usw.) wurde häufig auf Namen von Soldaten, meist Offizieren des Zweiten Weltkrieges, zurückgegriffen.

Auch wurden Männer des 20. Juli berücksichtigt, um zu verdeutlichen, daß die Bundeswehr gerade auf diese Widerstandsgruppe gegen das Dritte Reich besonderen Wert legt. Eine andere, durchaus für die Jugend ebenso zum Vorbild geeignete Soldatengeneration, und hier besonders jene für ihr Vaterland Gefallene, deren Verwandte, Freunde und Glaubensgenossen aufgrund ihrer Glaubenszugehörigkeit stärker als alle anderen Bürger in der Zeit zwischen 1933 bis 1945 zu leiden hatten, wurde bisher stets übergangen. Es sind dies über 100.000 Soldaten jüdischen Glaubens des Ersten Weltkrieges, von denen 12.000 in diesem Krieg gefallen sind. Unter diesen Gefallenen befinden sich einfache Frontkämpfer wie Ludwig Frank ebenso wie der hochdekorierte Flieger Wilhelm Frankl.

Die Mitglieder des Komitees sind daher der Ansicht, daß es angebracht wäre, eine oder mehrere Einrichtungen der Bundeswehr nach diesen Männern zu benennen. Wir sind bereit, entsprechende Vorschläge vorzulegen und zu begründen sowie bei der Beschaffung von Archivmaterial mitzuwirken.

Das Komitee gab sich den Namen ‚Ludwig Frank', ohne jedoch ausschließlich auf einer Berücksichtigung dieses Namens zu bestehen, Ludwig Frank fiel 1914 als Kriegsfreiwilliger, nachdem er jahrelang die Sache der deutschen Arbeiterschaft im Reichstag als Abgeordneter des Wahlkreises Mannheim vertrat.

Er fiel als aufrechter Demokrat und Jude für sein Vaterland am 3. September 1914 in Nossencourt in Frankreich.

Wir bitten Sie, sehr geehrter Herr Minister, die Möglichkeiten für eine Namensgebung in diesem Sinne überprüfen zu lassen."

Nachdem Bundesverteidigungsminister Georg Leber diese Anregung der Soldaten an die zuständigen Beamten und Offiziere seines Hauses weitergeleitet hatte, erhielt Hauptfeldwebel Konrad Müller bei SHAPE Anfang November 1972 das folgende Schreiben:

„Sehr geehrter Herr Hauptfeldwebel Müller!
Ihr Schreiben vom 30. Juli 1972 ist durch das Bundesministerium der Verteidigung geprüft worden.

Für die wenigen zur Zeit noch nicht benannten Kasernen der Bundeswehr hat der Bundesminister der Verteidigung kürzlich eine Weisung erlassen, nach der Namen verstorbener, hervorragender und in Beziehung zu den Streitkräften stehender Persönlichkeiten der Politik zu verwenden sind. Dennoch wird Ihre Initiative begrüßt und Ihr Angebot, Vorschläge und Archivmaterial vorzulegen, dankbar angenommen."

Ende November wiederholte Hauptfeldwebel Müller in einem weiteren Schreiben an den parlamentarischen Staatssekretär im Bundesministerium der Verteidigung, Berkhan, den Antrag mit Begründung.

Er fügte hinzu:

„Wir verstehen unsere Komiteegründung sowie einen eventuellen Erfolg unseres Vorschlages, als einen Teil moralischer Wiedergutmachung, und bitten Sie, unsere Namensvorschläge in das für solche Benennungen übliche Verfahren zu geben, da uns hier keine Möglichkeit zur Verfügung steht, Einzelheiten einer solchen Namensgebung überprüfen zu können.

Grundsätzlich liegt dem Komitee daran, eine Einrichtung der Bundeswehr nach einem verdienten Soldaten jüdischen Glaubens des Ersten Weltkrieges zu benennen. Über unsere Namensvorschläge hinaus könnten weitergehende Vorschläge dem 1961 im Seewald-Verlag mit einem Vorwort des Verteidigungsministers erschienenen Buch „Kriegsbriefe gefallener Juden" entnommen werden.

Ludwig Frank und Wilhelm Frankl werden in diesem Buch ebenfalls Abschnitte gewidmet.

Wir bitten Sie, sehr geehrter Herr Staatssekretär, die Möglichkeit für eine Namensgebung in diesem Sinne wohlwollend zu überprüfen und gegebenenfalls zu genehmigen."

Fast gleichzeitig sandte Hauptfeldwebel Müller ähnliche Schreiben an den Fraktionsvorsitzenden der SPD-Fraktion im Deutschen Bundestag, Herbert Wehner, und den Abgeordneten von Mannheim, Professor Dr. H. G. Schachtschabel, die ihrerseits mit dem parlamentarischen Staatssekretär Fühlung nahmen. Aus den Archiven der Stadt Mannheim wurden Dokumente über den ehemaligen Reichstagsabgeordneten Ludwig Frank zusammengestellt.

Außerdem konnte festgestellt werden, daß es in Mannheim noch eine Bundeswehrkaserne gab, die für eine Namensgebung in Frage kam.

Zunächst „Wilhelm Frankl-Kaserne"

Unabhängig von den Bemühungen des „Ludwig Frank"-Komitees liefen andere Bestrebungen, die mit der Kasernenbenennung nach jüdischen Gefallenen zunächst nichts zu tun hatten, aber dennoch das Anliegen der Soldaten bei SHAPE beschleunigen sollten.

Zunächst ging es um die Verleihung des Namens des im Zweiten Weltkrieg gefallenen, hochdekorierten Jagdfliegers Werner Mölders an das Jagdgeschwader 74 in Neuburg a. d. Donau. Mölders, aus einer strenggläubigen katholischen Familie stammend, verhielt sich gegenüber dem Nationalsozialismus ablehnend. Seine hohen Tapferkeitsauszeichnungen erlaubten ihm bis in die höchsten Spitzen der Wehrmacht, der Partei und des Staates hinein, seiner Meinung klaren Ausdruck zu verleihen. Die Bundeswehr sah in ihm nicht nur das Vorbild eines tapferen Soldaten, sondern gleichzeitig eines Offiziers mit Zivilcourage trotz Zwangsregimes und Gestapo-Terrors.

Gleichzeitig mit dieser Auszeichnung des Jagdgeschwaders 74 sollte seine Kaserne den Namen eines jüdischen Pour-le-merite-Trägers, des Fliegeroffiziers Wilhelm Frankl, erhalten.

Am 5. Juli 1973 schrieb der damalige Inspekteur der Luftwaffe, Generalleutnant Günther Rall, „An die Leitung" a. d. D. des Verteidigungsministeriums (womit der Bundesverteidigungsminister und seine Staatssekretäre gemeint sind):

Inspekteur der Luftwaffe

Betr.: Benennung von Truppenteilen; hier: „Geschwader Mölders" für JG 74

1. Der Kommodore des Jagdgeschwaders 74 hat den Kommandierenden General der Luftflotte *um die Verleihung des Traditionsnamens „Mölders" gebeten* (Bezug 2).
2. Der ausführlichen Begründung dieses Antrages (Anlage 1) haben sich der Kommandeur der 2. Luftwaffendivision und der Kommandierende General der Luftflotte ohne Einschränkungen angeschlossen.
Der Regierungspräsident von Oberbayern, der Landrat des Kreises Neuburg-Schrobenhausen, der Oberbürgermeister der Stadt Neuburg a. d. Donau, der Standortälteste Neuburg/Donau und der Bruder von Oberst Mölders haben schriftlich ihre uneingeschränkte Zustimmung zu dieser Namensgebung erteilt (Anlagen 2-6).

3. Nachdem die Marine zu Ehren von Oberst Mölders einen Lenkwaffen-zerstörer benannt hat, *sollte nunmehr auch die Luftwaffe ihn in die mit von Richthofen, Immelmann und Boelcke begründete Reihe vorbildlicher Soldaten einbeziehen.* Mit Einführung der dritten Generation von Jagdflugzeugen in die Luftwaffe ist m. E. der Zeitpunkt gekommen, wo das zweite Jagdgeschwader mit einem Verbandsnamen ausgezeichnet werden sollte. Ich befürworte daher den Antrag.

4. *Herr Minister wird gebeten,* im Sinne des Erlasses vom 12. Oktober 1956 (VMBl 1956, Seite 80) der Namensgebung ,,Geschwader Mölders" an das Jagdgeschwader 74 *zuzustimmen und den Herrn Bundespräsidenten zu bitten, die Einführung eines Ärmelbandes ,,Geschwader Mölders" für die Angehörigen des Jagdgeschwaders 74 zu genehmigen.*

5. In diesem Zusammenhang teile ich mit, *daß* im Sinne der Anregung des Herrn parlamentarischen Staatssekretärs *die Kasernenanlage des Jagdgeschwaders 74 in Neuburg a. d. Donau zukünftig den Namen ,,Wilhelm-Frankl-Kaserne" tragen soll.* Damit würde der einzige, mit dem Pour-le-merite ausgezeichnete Jagdflieger jüdischen Glaubens entsprechend geehrt.

Die für diese Namensgebung notwendigen Zustimmungen werden gegenwärtig eingeholt und nach Eingang nachgereicht.

gez. Rall

Fast zur gleichen Zeit hatte der kommandierene General der Luftflotte den badischen Landesrabbiner Dr. Nathan Peter Levinson um seine Zustimmung zu der geplanten Ehrung Wilhelm Frankls gebeten.

Am 6. Juli 1973 erwiderte Levinson:

,,Ich danke Ihnen für Ihren Brief vom 20. Juni und begrüße es sehr, daß eine Kaserne der Luftwaffe nach dem Leutnant der Reserve Wilhelm Frankl benannt werden soll. Ich glaube, daß damit das Komitee Ludwig Frank einen wirklichen Beitrag geleistet hat, und daß das Luftflottenkommando nicht nur einen verdienten Flieger des Ersten Weltkrieges ehrt, sondern auch der Allgemeinheit einen Dienst erweist.

Ich glaube, daß es schwierig sein dürfte, Anschriften von Verwandten des Leutnants Wilhelm Frankl zu beschaffen. Ich bin gerne bereit, Ihnen meine Zustimmung zu dieser beabsichtigten Namensgebung hierdurch zu übermitteln."

Der Vorsitzende des Direktoriums des Zentralrates der Juden in Deutschland, Werner Nachmann, wurde zur Feier der Namensverleihung durch den Inspekteur der Luftwaffe, Generalleutnant Rall, mit einem Schreiben eingeladen, in dem es u. a. heißt:

„Es ist ein großes Anliegen meiner Luftwaffe, verdiente und hochdekorierte Soldaten beider Weltkriege durch Benennung von Verbänden und Kasernen nach ihnen zu ehren.

Der Herr Bundespräsident hat, einer Initiative von Luftwaffenangehörigen folgend und nach meiner Befürwortung, den Anträgen zugestimmt, daß das Jagdgeschwader 74 in Neuburg an der Donau den Traditionsnamen „Mölders" und seine Unterkunft den Namen „Wilhelm-Frankl-Kaserne" erhält.

Lt. d. R. Wilhelm Frankl ist ein kriegsfreiwilliger Jagdflugzeugführer jüdischen Glaubens, der mit dem „Pour-le-merite" ausgezeichnet, 1917 nach 19 Luftsiegen im Luftkampf fiel."

Bei der Veranstaltung am 22. November 1973 erklärte Generalleutnant Günther Rall:

„Wir ehren heute noch einen hervorragenden Jagdflieger des Ersten Weltkrieges, dessen Namen die Kaserne dieses Geschwaders in Neuburg tragen soll. Es ist der Pour-le-merite-Träger Leutnant Wilhelm Frankl. Während der Name Mölders uns Fliegern ein Begriff ist, ist Wilhelm Frankl weitgehend unbekannt. In einem 1938 erschienenen Buch über die Pour-le-merite-Flieger ist der Name Frankl wohl erwähnt, jedoch sind Lebenslauf und Würdigung seiner Leistungen weggelassen.

Der Grund für das bewußte Verschweigen seiner Verdienste lag darin begründet, daß der 1893 in Hamburg geborene Wilhelm Frankl jüdischer Abstammung war.

Der Herr Bundesminister der Verteidigung hat dem Antrag der Luftwaffe auf Benennung der Neuburger Kaserne nach Wilhelm Frankl zugestimmt. Der Vorschlag dieser Ehrung wurde durch ein Komitee beim Deutschen Anteil SHAPE unter der Leitung von Herrn Hauptfeldwebel Konrad Müller ausgearbeitet. An dieser Stelle gilt mein besonderer Dank dem Zentralrat der Juden in Deutschland und dem Herrn Landesrabbiner von Baden, die stellvertretend für die nicht auffindbaren Angehörigen der Familie Frankl ihre Zustimmung erteilt haben.

Wilhelm Frankl gehörte zu den ersten Fliegern in Deutschland. Er legte im August 1913 in Johannisthal seine Pilotenprüfung ab. Sofort bei Kriegsausbruch meldete er sich freiwillig zur Fliegertruppe, wurde nach bestandener Prüfung angenommen und bereits im Oktober 1914 zur Feldfliegerabteilung 1 an die Front versetzt. Frankl machte sich schnell einen Namen als mutiger Pilot und wurde bald zum Vizefeldwebel befördert. Im Januar 1916 wurde er namentlich im Heeresbericht erwähnt. Wegen Tapferkeit wurde er am 6. Mai 1916 zum Leutnant der Reserve ernannt. Nach seinem achten Luftsieg erhielt er im August 1916 den Pour-le-merite. Nach Diensten in der Feldfliegerabteilung 23 und in der Jagdstaffel 4 wurde Frankl nach seinem 16. Abschuß in die Heimat versetzt. Anfang 1917 wieder an der Front, schoß er am 6. April 1917 drei Gegner ab. Zwei Tage später jedoch, am 8. April, wurde er selbst abgeschossen und stürzte tödlich ab.

Von seinen Kameraden wurde Wilhelm Frankl als überragender Pilot und vorbildlicher Offizier geehrt und sein Abteilungsführer sagte von ihm: „Ich sah nie wieder so einen leidenschaftlichen Flieger."

Mit der Benennung der Truppenunterkunft des Jagdgeschwaders 74 ehrt die Deutsche Luftwaffe einen hervorragenden Jagdflieger des Ersten Weltkrieges, dessen Leistungen im Dienste unseres Landes wegen seiner Abstammung lange verschwiegen wurden. Beide Offiziere, deren wir heute ehrend gedenken, Mölders und Frankl, sind in ihrer Zeit durch Persönlichkeit und Leistung Vorbilder der Jagdflieger gewesen.

Ihre menschlichen Qualitäten und soldatischen Tugenden sind auch heute unumstritten. In der Namensgebung für Geschwader und Kaserne soll die Erinnerung an diese Männer lebendig bleiben . . ."

Nach dem Inspekteur der Bundesluftwaffe sprach der Vorsitzende des Direktoriums des Zentralrates der Juden in Deutschland, Werner Nachmann:

„Leutnant der Reserve Wilhelm Frankl, kriegsfreiwilliger Jagdflugzeugführer jüdischen Glaubens, mit dem Pour-le-merite ausgezeichnet, 1917 nach 19 Luftsiegen im Luftkampf gefallen.

So steht es in vielen Lexika und Büchern über den Ersten Weltkrieg. Heute, 1973, weihen wir eine Kaserne ein, die den Namen dieses großen Helden Wilhelm Frankl tragen soll. Frankl wuchs in einem sehr guten deutsch-jüdischen Elternhaus auf und es war für ihn eine Selbstverständlichkeit, als Bürger dieses Staates seine Pflicht auch, da es sein mußte, im Krieg zu leisten.

Daß der Jagdflugzeugführer Wilhelm Frankl zu einem Helden wurde beweist, wie ernst er die Verteidigung seines Vaterlandes nahm. Für diesen jungen Helden aus jüdischem Hause war es ganz selbstverständlich, daß er gemeinsam mit seinen Kameraden, mit seinen Mitbürgern, für das Vaterland eintrat.

Wenn wir heute im Jahre 1973 einen Gedenkstein enthüllen, und wenn eine Kaserne nach Wilhelm Frankl benannt wird, so wird damit nicht nur der große Jagdflugzeugführer Wilhelm Frankl geehrt, sondern ich glaube, daß diese heutige Ehrung auch gleichzeitig für alle gelten soll, deren Elternhaus das große deutsche Judentum war. Wilhelm Frankl und viele seiner jüdischen Kameraden im Ersten Weltkrieg haben bewiesen, und dies ganz im Gegensatz zu der verleumderischen Propaganda der Nazimachthaber, daß es für die jüdischen Bürger dieses Staates ganz selbstverständlich war, ihr Vaterland zu verteidigen und selbst wenn es um den Preis des eigenen Lebens ging. Das nazistische Reich wollte der Bevölkerung dieses Landes eintrichtern, daß der Jude seinen Mitbürgern nicht ebenbürtig sei. Wilhelm Frankl hat das Gegenteil bewiesen. Er strafte diese Nazipropaganda Lüge und wurde daher auch von ihr verleumdet. In keinem Buch, das in der Ära der Naziherrschaft in Deutschland über den Ersten Weltkrieg erschien, wird der große Held Wilhelm Frankl erwähnt. Er paßte einfach nicht in das politische Konzept dieser Machthaber, weil sie mit ihm keine politische Propaganda für ihre egoistischen Zwecke machen konnten. Weil er, wie seine anderen jüdischen Bürger, die im Ersten Weltkrieg Seite an Seite mit ihren Kameraden kämpften, bewiesen hat, daß die jüdische Gemeinschaft in Deutschland, das deutsche Judentum, nicht nur für Deutschland Nobelpreisträger hervorbrachte, die nicht nur auf dem Gebiet der Kunst, der Wirtschaft, der Wissenschaft, der Forschung, als Deutsche große Leistungen brachten, sondern, daß aus den deutsch-jüdischen Familien auch Helden, und zwar große Helden wie Wilhelm Frankl, Jagdflugzeugführer, hervorgehen. Auch heute wieder sind es jüdische Menschen, viele von ihnen sind Nachkommen der damaligen jüdischen Bürger wie Frankl, die als Vorkämpfer zur Verteidigung unserer Freiheit und Demokratie in Israel Heldentum vollbringen.

Mit großer Befriedigung haben wir daher die Initiative von Luftwaffenangehörigen der heutigen Luftwaffe zur Kenntnis genommen, eine ihrer Kasernen mit dem Namen Wilhelm Frankl zu verbinden. Ich danke Ihnen, Herr Kommodore, daß Sie diese Initiative aufgegriffen haben und freue mich darüber, daß Sie, hochverehrter Herr Inspekteur der Luftwaffe, dem Herrn Bundesminister der Verteidigung diese Initiative als Antrag weitergegeben haben mit dem Erfolg, daß wir heute gemeinsam diese Kaserne auf den Namen Wilhelm Frankl benennen können. Die Bundeswehr bekräftigt damit ihre Verpflichtung, mit beizutragen, daß aus der Dunkelheit der nazistischen Greuelpropaganda mit den Verleumdungen und den Unmenschlichkeiten die Wahrheit wieder zu ihrem Recht kommt. Wir sind dankbar und ich glaube mit allen Demokraten hierzulande, daß sich die Bundeswehr zur Aufgabe stellt, den jungen Menschen, die ihre militärische Ausbildung bei ihr erhalten, auch die Vergangenheit des deutschen

Volkes zu erklären, auch die Zeit, die zu der dunkelsten der deutschen Geschichte gehört, aber auch die Zeit, wo jüdische Menschen mit zu den besten Söhnen dieses Landes zählten. Nur durch das Wissen der Vergangenheit können diese jungen Menschen dazu erzogen werden, unsere Freiheit mitzuverteidigen.

Die Offiziere und Ausbilder dieser jungen Menschen müssen sie aufklären über die Verbrechen, die von den Nazisten an diesem Volk begangen wurden. Durch die Benennung dieser Kaserne mit dem Namen Wilhelm Frankl wird die Jugend hoffentlich immer wieder zu Fragen herausgefordert, zum Fragen über die Vergangenheit. Und nur durch ihr Wissen darüber können wir sicher sein, daß diese Jugend für uns alle Garant sein wird, daß wir weiterhin in Freiheit und in einer guten Demokratie leben können. Diese Jugend muß dadurch erfahren, daß jeder Extremismus, ganz gleich von welcher Seite er kommt, das Ende unserer Demokratie ist, und damit auch das Ende unseres freiheitlichen Lebens. Wenn sie das weiß, können wir beruhigt in die Zukunft blicken. Daher gilt nochmals mein Dank all denjenigen, die mitverantwortlich sind, daß wir heute diese Kaserne mit dem Namen des großen jüdischen Helden Wilhelm Frankl benennen."

Etwa ein halbes Jahr nach diesem Ereignis in Neuburg hatte ich bei einem Besuch des Geschwaders ein Erlebnis, das mir bestätigte, daß die Namensgebung keine rasch verflogene Äußerlichkeit geblieben ist. Bei der Ausweiskontrolle fragte ich den diensthabenden Posten am Kaserneneingang, was das hier für eine Kaserne sei. „Das ist die Wilhelm-Frankl-Kaserne, Herr Major" - „Wilhelm Frankl, habe ich nie gehört, wer war denn das?" wollte ich von dem Wehrpflichtigen wissen. „Das war ein jüdischer Fliegeroffizier aus dem Ersten Weltkrieg, der hatte wegen seiner Tapferkeit den ,Pour-le-merite'." Ich war verblüfft. „Wo haben Sie denn diese Kenntnisse her?", war meine nächste Frage. „Das lernen wir im staatsbürgerlichen Unterricht und außerdem haben wir hier in der Kaserne einen Traditionsraum, wo wir alles sammeln, was es über Wilhelm Frankl gibt."

Die Erfahrungen des Oberstleutnant Gloystein

Anschließend berichtete mir der stellvertretende Kommodore des Geschwaders und Kommandeur der fliegenden Gruppe, Oberstleutnant Gloystein, über die Einstellung der Truppe zu dem Namensvorschlag:

„Die Truppe hat, nachdem der Vorschlag an sie herangetragen wurde, zunächst einmal Fragen gestellt, die über das, was man bisher von Wilhelm Frankl wußte, hinausgingen. Man wußte, daß er ein Jagdflieger gewesen war, der mit 24 Jahren in Frankreich den Fliegertod erlitt, daß er mit dem Pour-le-merite ausgezeichnet worden war nach seiner hohen Abschußzahl. Das war im Grunde genommen alles, was die Truppe von Wilhelm Frankl wußte. Zunächst einmal wurden Fragen gestellt: Wer war Wilhelm Frankl, wie war seine Lebensgeschichte? Hier stieß die Truppe auf die erste Schwierigkeit, denn es war über Wilhelm Frankl bis auf diese kümmerlichen Daten eigentlich nichts bekannt. Wir erfuhren im Laufe der Zeit das, was wir heute von Wilhelm Frankl wissen. Die Truppe hat gemerkt, daß sich hier eine direkte Beziehung zu dem Pour-le-merite-Flieger des Ersten Weltkrieges ergab. Das ist meines Erachtens schon ein Grund, weshalb man eine direkte Beziehung zwischen diesem Flieger und den Fliegern der heutigen Tage herstellen kann. Durchaus ausreichend, um eine Kaserne nach ihm zu benennen. Die Truppe hat sich diesem Wunsch nach Benennung der Kaserne in Grünau-Neuburg auf den Namen „Wilhelm-Frankl-Kaserne" angeschlossen.

Die Fliegeroffiziere haben, obwohl ihre Fragen nach Wilhelm Frankl eigentlich nicht ganz ausreichend beantwortet worden waren, die Namensgebung begrüßt. Heute wird immer wieder der Wunsch erkennbar, etwas mehr zu erfahren. Wenn man an Tradition denkt, Tradition im wahrsten Sinne des Wortes begreifbar machen will, muß man eine weitere Beziehung herstellen zu dem Namensträger, zu seiner möglichen Verwandtschaft, zu jemandem, der ihn gekannt hat. Dazu kann ich ihnen auch noch etwas sagen:

Die jungen Offiziere haben alle am Tage der Namensgebung hier in Neuburg einen Mann kennengelernt, der Wilhelm Frankl gekannt hat. Es war der ehemalige Jagdflieger-General Osterkamp, der ein Idol unter alten und jungen Fliegern ist. Er besuchte das Geschwader anläßlich der Namensgebung und die jungen Flugzeugführer-Offiziere erfuhren im Gespräch mit General Osterkamp, daß er sich im Ersten Weltkrieg längere Zeit auf dem Flugplatz aufgehalten hat, wo auch Wilhelm Frankl stationiert war.

General Osterkamp hat uns einiges aus seinem Zusammentreffen mit Wilhelm Frankl erzählt und u. a. berichtet, daß er zu den hervorragenden Offizieren der Fliegertruppe des Ersten Weltrkieges gehört hat. Das war eine der wenigen Gelegenheiten, in diesem Geschwader von einem Augenzeugen direkt etwas über Wilhelm Frankl zu erfahren.

Ich wollte mehr wissen über das Verhältnis der jungen deutschen Soldaten zu unserer Vergangenheit. Deshalb die *Frage:*
Herr Oberstleutnant, ein jüdischer Pilot aus dem Ersten Weltkrieg war ja gar nicht so selten. Es gab unter den 800 Fliegern dieser Zeit immerhin 15 jüdische Piloten. Ein Prozentsatz, der äußerlich klein erscheinen mag, aber der Größenordnung des jüdischen Bevölkerungsanteils in Deutschland entspricht. 12.000 jüdische Gefallene gab es im Ersten Weltkrieg. Weiß man das heute in der jungen Generation, die ja die Geschichte des Nationalsozialismus auch nur aus Büchern kennt und nicht mehr aus dem persönlichen Erleben. Haben diese jungen Piloten zu diesem Thema einen Zugang?

Antwort: Der direkte Zugang ist zunächst schwierig. Schwierig deshalb, weil in der Literatur der Nachkriegszeit des Ersten Weltkieges die Namen der jüdischen Flieger, die auch zu den ersten Namen in der deutschen Luftfahrt zählen, mehr und mehr gestrichen wurden. Die Publikationen, die noch greifbar sind, geben - auch hier wieder das Beispiel Wilhelm Frankl - ab Mitte der 30er Jahre die Pour-le-merite-Flieger nur noch mit ihren Namen, nicht mehr die Lebensgeschichte, nicht mehr die Umstände des Todes an, eigentlich gar nichts mehr außer den Namen. Die Namen der bekannten jüdischen Flieger aus der ersten Zeit der Luftwaffe - ich denke hier an Berlin-Johannesthal, also an die Anfänge der Luftfahrt vor dem Ersten Weltkrieg, an Namen wie Bleistein, wie Rumpler - sind im Grunde genommen sporadisch erlernbar aus ganz wenigem Material, das noch existiert. Hier muß man suchen. Wir bemühhen uns darum und auch die Fragen der jungen Flugzeugführer-Offiziere gehen dahin. Wir bemühen uns darum, Material zu erhalten, um etwas darüber nachzulesen.

Frage: Herr Oberstleutnant, die Bundeswehr ist eine junge Armee, die nicht an die Tradition des Dritten Reiches anknüpft, wo ja der Soldat mißbraucht wurde. Sie hat es aus diesem Grund nicht ganz einfach. Meine Frage zielt darauf hin, kann man eine Tradition in der Bundeswehr auf der Basis des 20. Juli 1944 und den jüdischen Soldaten im Ersten Weltkrieg begründen? Ich erinnere mich, daß Ministerialdirektor Wirmer, der Bruder des im Zusammenhang mit dem 20. Juli 1944 hingerichteten Dr. Josef Wirmer, kürzlich vor Soldaten gesagt hatte, dieser 20. Juli 1944 muß ein Stück Tradition der Bundeswehr sein. Und nun Ihre Intentionen: Hier im Jagdgeschwader Mölders die Aufrechterhaltung des Namens Wilhelm Frankl als einer derjenigen, der als deutscher Jude Soldat und Flieger gewesen ist. Ist das mit einer modernen Tradition für die Bundeswehr vereinbar?

Antwort: Eine solche Tradition der Jagdfliegerei ist durchaus begründbar, wenn sie begreifbar im wahrsten Sinne des Wortes bleibt, wenn man eine direkte Beziehung, tagtäglich eine lebendige Beziehung zu dem hat, was man als Tradition pflegen soll. Das ist auch der Grund, weshalb wir bemüht sind, hier insbesondere im Hinblick auf Wilhelm Frankl bemüht sind, Beziehungen herauszustellen zu dem, was noch um Wilhelm Frankl da ist, was noch um Wilhelm Frankl leben kann, ganz abgesehen von der direkten Beziehung, die dadurch schon hergestellt ist, für den Flieger begreifbar wird, weil Wilhelm Frankl Jagdflieger war.

Aber es gehört noch mehr dazu: Man muß Tradition tagtäglich leben und dazu braucht man etwas, das einem in die Hand gegeben wird. Danach suchen wir, darum bemühen wir uns, und ich hoffe, daß mit der Zeit auch unsere Bemühungen gekrönt werden.

Biographisches zu Wilhelm Frankl
Frankl: EK für „Drei Sachen"

Im Traditionsraum des Mölders-Geschwaders in der Wilhelm-Frankl-Kaserne in Neuburg an der Donau sind einige Erinnerungstexte an Wilhelm Frankl aufbewahrt:

In seinem Buch „Jüdische Flieger im Weltkrieg" hat Felix A. Theilhaber 1924 auch Wilhelm Frankl gewürdigt. Aus diesem Buch stammt der folgende Text, der auch in der Neuauflage der „Kriegsbriefe gefallener deutscher Juden" (Seewald Verlag 1961) wiedergegeben ist:

Wilhelm Frankl

einer der ersten Pour-le-merite-Träger der deutschen Fliegertruppen und eine Zeitlang der erfolgreichste deutsche Kampfflieger, fiel 1917 im Luftkampf. Er wurde mehrfach durch Nennung im amtlichen Heeresbericht ausgezeichnet. Den hier wiedergegebenen Brief schrieb er 1915 anläßlich der Verleihung des EK I an Verwandte.

Mein Eisernes Kreuz erster Klasse habe ich für drei Sachen erhalten: Einschießen des „Lange Heinrichs" auf Dünkirchen, bei dem ich mit noch einigen anderen Herren beteiligt war. Wir flogen in ziemlich heftigem Granatfeuer über der Stadt, und mein Beobachter signalisierte die Einschlagstellen bei dem Geschütz. Die Verwüstungen waren kolossal. Am 10. Mai 1915 schoß ich mit einem fünfschüssigen Selbstladekarabiner ein feindliches Kampfflugzeug herunter, das ein Maschinengewehr an Bord hatte. Die Franzosen gaben dies auch in ihrem offiziellen Tagesbericht zu. Und schließlich hatte ich im Mai zirka 16.000 Kilometer an Aufklärungsflügen, Artillerie-Einschießen usw. in Feindesland hinter mir. Daß nicht immer alles ganz glatt gegangen ist, davon kann meine Maschine mit ihren zirka 50 Schußlöchern ein Lied singen (Neulich wurde mir ein Knopf meines Mantels abgeschossen.), dazu kommen noch etliche Notlandungen dicht hinter unserer Front und ein paar Stürze mit anderen Maschinen. (Wortlaut der ersten Erwähnung im amtlichen Heeresbericht vom 6. Mai 1916): Der Vizefeldwebel Frankl hat am 4. Mai einen englischen Doppeldecker abgeschossen und damit sein viertes feindliches Flugzeug außer Gefecht gesetzt. Seine Majestät der Kaiser hat seiner Anerkennung für die Leistungen des Fliegers durch die Beförderung zum Offizier Ausdruck verliehen.

**Auch in der „Geschichte der Ritter des Ordens Pour le mérite"
ist Wilhelm Frankl verzeichnet**

1935 erschien im Militär-Verlag Bernhard und Graefe in Berlin die „Geschichte der Ritter des Ordens Pour le mérite im Weltkrieg", von Hanns Möller. Im Band 1 wird über Frankl berichtet:

Leutnant der Reserve Frankl

Wilhelm Frankl ist am 20. Dezember 1893 geboren.
Bei Ausbruch des Weltkrieges meldete er sich sofort als Kriegsfreiwilliger. Sein Wunsch, bei der Fliegertruppe anzukommen, ging in Erfüllung. Schnell bestand er die vorgeschriebenen Prüfungen. Schon im Oktober 1914 konnte der junge Flugzeugführer Wilhelm Frankl an die Front gehen. Er kam zur Feldflieger-Abteilung 1. Bald tat er sich hervor und erwarb den Ruf eines kühnen Fliegers. Wiederholt wurde er ausgezeichnet, rückte zum Vizefeldwebel auf. Sein Tatendrang trieb ihn zu den Kampffliegern. Im Januar 1916 war er am Ziel seiner Wünsche. Er errang drei Luftsiege. Dann konnte der deutsche Heeresbericht melden, daß Vzfw. Frankl im Luftkampf sein viertes feindliches Flugzeug abgeschossen hätte. Am 6. Mai 1916 wurde der erfolgreiche Vizefeldwebel zum Leutnant der Reserve der Fliegertruppe befördert.
Leutnant Frankl setzte seinen Siegeszug fort. Drei weitere Gegner fielen seinem Jagdeifer zum Opfer. Er erhielt als neuerliche Auszeichnung das Ritterkreuz des Hohenzollernschen Hausordens mit Schwertern. Siegreich kämpfte er über den blutgetränkten Gefilden der Sommeschlacht, das

Seine zur Entlastung der Kämpfer im Graben beitragend. Am 9. August 1916 besiegte Leutnant Frankl den achten Feind im siegreichen Luftkampf. Der Kaiser lohnte nun dem mittlerweile zur Feldflieger-Abteilung 23 übergetretenen tapferen Offizier am 12. August 1916 seine hervorragenden Leistungen mit dem „Pour-le-merite". Es hätte nicht dieser hohen Ehrung als Ansporn zu weiteren Kämpfen und Siegen bedurft. Der Leutnant Frankl, inzwischen zur Jafia 4 versetzt, war Jagdflieger mit Leib und Seele. Er errang weiterhin Sieg auf Sieg. Als er seit der Verleihung des „Pour-le-merite" die Zahl seiner Abschüsse verdoppelt, auf 16 gebracht hatte, rief ein Kommando den erfolgreichen Luftkämpfer auf längere Zeit in die Heimat. Anfang April 1917 traf der Leutnant Wilhelm Frankl wieder bei seiner Staffel ein. Zu neuen Siegen stieg er in die Lüfte. Am 6. April schoß er drei feindliche Flugzeuge ab. Die Zahl seiner Luftsiege erhöhte sich damit auf 19. Zwei Tage später, am 8. April 1917 fiel Leutnant der Reserve Frankl im Luftkampf einer feindlichen Kugel zum Opfer. Die Fliegertruppe erlitt durch seinen Tod einen schweren Verlust.

Geschichte und Tradition
Die Ludwig-Frank-Kaserne in Mannheim

Am 22. Mai 1974 wurde in Mannheim in einer Feierstunde die Lüttich-Kaserne in ..Ludwig-Frank-Kaserne" umbenannt.
Dabei hielt der damalige parlamentarische Staatssekretär im Bundesverteidigungsministerium und spätere Wehrbeauftragte des Bundestages, Karl Wilhelm Berkhan eine Ansprache, in der er den Politiker, Soldaten und Menschen Ludwig Frank als Vorbild würdigte:
„Im Sommer 1972 ging im Bundesministerium der Verteidigung ein Brief ein, in dem mitgeteilt wurde, daß sich Soldaten und zivile Mitarbeiter der Bundeswehr zu einem ‚Komitee Ludwig Frank' zusammengeschlossen hätten. Im Dezember des gleichen Jahres machte dieses Komitee in einem Schreiben den Vorschlag, zwei Kasernen der Bundeswehr nach zwei Männern jüdischen Glaubens zu benennen, die im Ersten Weltkrieg als Soldaten gefallen sind. Unterzeichnet war der Brief von 37 Angehörigen der Bundeswehr, vom Dienstgrad des Gefreiten bis zum General.
Im Bundesministerium der Verteidigung wurde der Vorschlag aufgegriffen. Ich bin so freimütig, hier festzustellen, daß dies nicht ohne Widerstände vonstatten ging, denn nichts ist für eine eingefahrene Bürokratie

ungeheuerlicher als ein neuer Gedanke. Aber der Amtsschimmel bekam doch zum guten Schluß die Sporen und so wurde Ende vergangenen Jahres eine Luftwaffenkaserne in Neuburg an der Donau nach dem erfolgreichsten deutschen Kampfflieger und Pour-le-mertite-Träger Wilhelm Frankl benannt.

Heute, am Vorabend des 100. Geburtstages von Ludwig Frank, freue ich mich, daß diese Kaserne künftig den Namen von Ludwig Frank tragen wird. Ich danke, auch im Auftrag des Bundesministers Leber, der Initiative und der Beharrlichkeit des Komitees und den Behörden der Stadt Mannheim, die es möglich gemacht haben, durch die Umbenennung der Lüttich-Kaserne in Ludwig-Frank-Kaserne den verdienten Bürger der Stadt Mannheim, den Politiker und Soldaten - den Menschen - Ludwig Frank zu ehren.

Der Begriff Tradition ist in unserer Zeit nicht.viel mehr als eine Worthülse. Über die verschiedenen Möglichkeiten, sie mit Inhalt zu erfüllen, ist gerade im militärischen Bereich schon viel gestritten worden. Vom Ursprung des Wortes her meint Tradition jedoch nichts anderes als das Weitergeben von Kenntnissen und Fertigkeiten, von Kulturbesitz und Moralanschauungen auf folgende Generationen. Erziehung junger Menschen war eigentlich nie und wird auch in Zukunft nicht ohne Tradieren möglich sein. Die Fähigkeit zur Tradition ist einer der Faktoren, die den Menschen erst zum Menschen macht. Es ist jedoch erforderlich, ihren Gehalt ständig an neue Erkenntnisse der Gegenwart anzupassen, andernfalls erstarrt und verkümmert Tradition zur bloßen Attitüde. Tradition muß also den Filter der Gegenwart passieren, bevor sie aus der Vergangenheit in die Zukunft überliefert wird. Graf Baudissin hat einmal darauf hingewiesen, daß Überlieferungen nie Selbstzweck, sondern Lebenshilfe sind; sie sind nicht einfach vorgegeben, sondern entstehen im Ringen mit den Aufgaben der Gegenwart täglich neu.

Nach der Niederlage von 1806 hat Friedrich Wilhelm III. von Preußen die Tradition eines großen Teils der preußischen Regimenter abgeschnitten. Für die Bundeswehr bestand also nach dem totalen Desaster von 1945 die Verpflichtung, militärische Traditionen durch einen engen Filter auf ihre Aussagekraft und ihren Wert für eine Armee in der Demokratie zu prüfen. Häufig wird auch Tradition mit Geschichte verwechselt. Geschichte ist jedoch eine Wissenschaft mit klaren Zielsetzungen. Tradition dient der Erziehung. Pflege der Tradition zwingt zur Auswahl aus der Geschichte. Der Traditionserlaß der Bundeswehr, der bei seinem Erscheinen häufig aus falscher Perspektive zu Unrecht kritisiert wurde, will die Grundsätze für die Auswahl festlegen.

Auch Ludwig Frank stand in der Tradition seiner Zeit, genau wie andere seiner Zeitgenossen. Seine wenigen Kriegsbriefe, die er schreiben konnte, bevor ihn die tödliche Kugel in Frankreich traf, sind in der heutigen Zeit nicht unkritisch zu übernehmen. Hier ist er genau, wie zum Beispiel Ludwig Thoma, der große bayerische Schriftsteller, der über Franks Tod an der Front ein Gedicht geschrieben hat, Kind seiner Zeit. Auch sein Verhältnis zur langen Tradition des Judentums beschäftigte Ludwig Frank zunächst stark. So, kann man in einem seiner Briefe lesen, habe er sein starkes Interesse für die Schicksale des jüdischen Volkes lange Zeit als Last empfunden. Später jedoch waren ihm Interesse für jüdische Geschichte und ihre Kenntnis Besitz, den er nicht missen wollte und die ‚Seder-Nächte ein Märchen, das ihn mit den Jahrhunderten vor ihm verband'. Als Seder-Nächte bezeichnet man die Nächte des Pessach-Festes, das im Frühling zur Erinnerung an den Auszug Israels aus Ägypten gefeiert wird. Das Fest erinnert also an den Beginn der geschichtlichen Tradition dieses Volkes.

Der Brauch, Kasernen, Schiffe, Straßen und Plätze nach Persönlichkeiten oder Ereignissen zu benennen, ist Ausdruck politischen Willens und manchmal auch des Bekenntnisses. Die ausgewählten Namen sollen als Symbol für die junge Generation weitergeben, was wir für überliefernswert und beispielhaft halten. Für die Auswahl von Ludwig Frank waren seine Bedeutung als Politiker und seine selbstverständliche Rolle als Soldat, vor allem aber sein menschliches Verhalten maßgebend.

Der Mensch Ludwig Frank, 1874 als Sohn eines kleinen Kaufmannes geboren, von Beruf Rechtsanwalt, wird von seinen Biographien und seinen Freunden als lebenstüchtiger und allen Freuden des Lebens aufgeschlossener Mensch beschrieben. Man habe bei ihm immer das Gefühl gehabt, schreibt Hedwig Wachenheim, daß sein Wesen die heitere Milde der badischen Landschaft am Rhein, in der er geboren und aufgewachsen war, geformt habe. Seine Neigung zur Politik führte dazu, daß sie das bestimmende Element in seinem Leben wurde. Er war humorvoll, konnte leidenschaftlich sein, sich aber gleichzeitig fest in der Gewalt haben, wenn es darauf ankam. Sein letzter Brief an eine Freundin vor dem Marsch zur Front am 23. August 1914 zeigt ihn als empfindsamen, aktiven, humorvollen Menschen, der als Reichstagsabgeordneter mit Optimismus und Selbstvertrauen den Schritt zum Kriegsfreiwilligen getan hat. Er nimmt erstaunt zur Kenntnis, daß er trotz seines niedrigen Dienstgrades mit Rücksicht und manchmal mit Ehrerbietung behandelt wird und schreibt weiter: ‚Aber ich weiß nicht, ob auch die französischen Kugeln meine parlamentarische Immunität achten. Ich habe den sehnlichen Wunsch, den Krieg zu überleben und dann am inneren Ausbau des Reiches mitzuschaffen.'

Theodor Heuss, ein Freund Ludwig Franks, stellt in seinem Nachruf auf den Gefallenen fest: ‚Die deutsche Volkszukunft verlor einen ihrer stärksten und notwendigsten Führer.' Frank sei nicht durch die geistreiche Formel, durch Schwung und Gebärde zum Führer geworden, sondern durch Bewährung. ‚Frank wurzelte wirklich im Volkstum', schreibt Heuss.

Als der damalige Verteidigungsminister Franz-Josef Strauß in einem schmalen Bändchen 1961 die Kriegsbriefe gefallener deutscher Juden herausgab, nahm er auch einen Brief Ludwig Franks darin auf. Ihm ging es, wie er in seinem Vorwort schreibt, darum, ‚das von den Nationalsozialisten geschändete Bild des jüdischen Mitbürgers und Soldaten wieder in das rechte Licht zu rücken'. Frank starb als Soldat wie seine jüdischen Kameraden für seine Heimat, für sein Vaterland und auch in der Hoffnung auf eine bessere Zukunft Deutschlands. Ich stimme Herrn Strauß zu, wenn er feststellt, daß ihr Schicksal, ihr Tod, ihr Hoffen, unlöslich zur Geschichte der deutschen Armee gehört und damit auch als Teil der Tradition der Bundeswehr zu sehen ist.

Der Politiker Ludwig Frank stand um die Jahrhundertwende in der Mannheimer Arbeiterschaft in hohem Ansehen. Seine Mandate erhielt er 1904 als Stadtverordneter hier in Mannheim, 1905 als Landtagsabgeordneter, 1907 als Reichstagsabgeordneter. Seine Partei, die SPD, schleppte eine rund 40jährige Vergangenheit um diese Zeit als hemmendes Gewicht mit sich herum. Sie blieb gesellschaftlich ausgestoßen, obwohl sie ab 1903 rund ein Drittel der Wähler gewann. Sie stand an einem Scheideweg und konnte sich nicht so recht entschließen, welche Strecke sie beschreiten wollte. Der französische Sozialist Jaures warf ihr vor, daß sie nicht in der Lage sei, wegen ihrer Unentschlossenheit, wegen der Tradition des deutschen Proletariats, wegen des Mechanismus der Verfassung die große Macht von drei Millionen Stimmen nutzbar zu machen. Er hielt ihr vor, sie habe weder eine revolutionäre noch eine parlamentarische Aktion. Ihre Ohnmacht verhülle sie hinter der Intransigenz theoretischer Formeln. Ludwig Frank entschloß sich mit anderen Genossen - vorwiegend Politikern des süddeutschen Raumes - beginnend in der Kommunalarbeit in Zusammenarbeit mit anderen Parteien Reformen, die auch Anliegen der SPD waren, zu unterstützen. Er sah zwar, daß die großen sozialistischen Zukunftsziele viele Menschen aufgeweckt und aktiviert hatten, glaubte aber, daß in der Gegenwart die praktische Arbeit, die er und seine Freunde leisteten und weiter leisten wollten, immer einen festen Sitz in den

Herzen der Massen garantiere, weil sie noch zur Lebenszeit einer Generation bessere Lebensbedingungen verschafft. Diese in den Landtagen erprobte praktische Arbeit wolle er auch in den Reichstag übertragen. Die Stellung seiner Partei im Parlament, die Stellung des Reichstages selbst mußte gestärkt werden. Es mußte, wie er das selbst formulierte, ‚aus Preußen und Deutschland ein moderner Staat gemacht werden, so daß unsere Arbeiter ihren großen Kampf auskämpfen können von dem Boden der bürgerlichen Gleichberechtigung, der Demokratie‘. Im Streit mit seinen politischen Freunden rief er das Wort von Lassalle in Erinnerung. der einmal zu Arbeitern gesagt hatte: ‚Ihnen, meine Herren, gehört der Staat, denn aus Ihnen besteht er.‘ Er war der Auffassung, daß die Verneinung des Staates in der Idee keinen Stein von dem Gebäude des Staates verrücken könne.

Mit diesen Ansichten wurde er einer der geachteten Führer der sogenannten Revisionisten und Reformer innerhalb der Sozialdemokratischen Partei Deutschlands. Nur um das Bild des Politkers Ludwig Frank abzurunden, erwähne ich seine außenpolitischen Bemühungen, vor allem in Frankreich für die Gemeinsamkeit der westeuropäischen Kultur zu werben. Er war es auch, der am 28. Juli 1914 hier in Mannheim die deutsche Regierung aufforderte - der österreichisch-serbische Krieg war schon im Gange - auszusprechen, daß Deutschland keine Lust habe, einen österreichischen Eroberungskrieg zu unterstützen. Frank sieht in diesen Tagen noch eine Möglichkeit, daß England, Frankreich und Deutschland zusammen den Frieden retten.

Er schließt seine Rede vom 28. Juli mit den Sätzen: ‚Wir ,,vaterlandslosen Gesellen" wissen aber, daß wir, wenn auch Stiefkinder, so doch Kinder Deutschlands sind, und daß wir unser Vaterland gegen die Reaktion erkämpfen müssen. Wenn ein Krieg ausbricht, so werden also auch die sozialdemokratischen Soldaten gewissenhaft ihre Pflicht erfüllen.‘ Mit seinen politischen Freunden zusammen überzeugte er die SPD-Reichstagsfraktion von der Notwendigkeit einer Zustimmung zu den Kriegskrediten als öffentliches Bekenntnis zur Landesverteidigung. Nach Ausbruch des Krieges meldete er sich freiwillig zur Front, obwohl er als 40jähriger nicht mehr zum aktiven Dienst verpflichtet war, um, wie er in einem Brief schricb, ‚durch die Tat zu zeigen, daß es uns mit der Pflicht der Verteidigung des Vaterlandes bitter ernst war‘. Ludwig Frank fiel durch Kopfschuß am 3. September 1914 bei Nossencourt, drei Tage nachdem er mit seinem Landsturmbataillon von den Mannheimer Kasernen zum Bahnhof marschiert war. Leben und Sterben des Menschen, des Politikers und des Soldaten Ludwig Frank rechtfertigen, eine Kaserne der

Bundeswehr nach ihm zu benennen. Er kann auch heute Vorbild und Beispiel sein: für Soldaten, für Bürger und für Menschen."

Theodor Heuss: Ein unersetzlicher Verlust für Deutschland und für die Sozialdemokratie

Über Ludwig Frank gibt es wesentlich mehr Zeugnisse als über Wilhelm Frankl. Als Frank gleich in den ersten Kriegswochen fiel, äußerten Politiker aller demokratischen Parteien ihre Erschütterung und ihre Überzeugung, daß der Deutsche Reichstag damit einen schweren Verlust erlitten hatte. Theodor Heuss, der spätere erste Präsident der Bundesrepublik Deutschland schrieb damals in der Zeitschrift „Die Hilfe" am 17. September 1914, 14 Tage nach dem Tode von Frank: *

Ludwig Frank
„Wir sehen diese letzten Augenblicke: ein Dorf schleudert Blei und Verderben. Der Tambour schlägt zum Sturm, die Leiber keuchen voran, die Kugeln zerschneiden die Luft, hier fällt einer, ein Aufschrei, weiter, und da stürzt auch er, dieser starke, große, mutige und schöne Mann, einer zwischen vielen, Kamerad seiner Kameraden, ein Stück von ihnen, ihr Bruder im Tode wie im Leben.
Die deutsche Volkszukunft verlor einen ihrer stärksten und notwendigsten Führer.
Welch einen Abschluß fand dieses Leben! Man hatte sich gewöhnt, in Frank einen zweiten Lassalle zu sehen: Ähnlichkeit der äußeren Erscheinung führten dazu, Gleichmäßigkeiten der geistigen Art, im Politischen wie im Kulturellen verstärkten diese Empfindungen - nun drängt der Zufall den Vergleich zu einem schauerlichen Abschluß. Am 31. August waren es eben fünfzig Jahre, daß Lassalle, im gleichen Alter wie jetzt Frank, vierzigjährig, durch eine Kugel fiel; Franks Todestag ist der 3. September.
Sie vereinigten in sich, beide dem Boden jüdischen Kleinbürgertums entstammend, die Bildung ihrer Zeit; es war immer Freude und Genuß, zu

---

* Dieser Artikel ist wiedergegeben in dem Buch von Theodor Heuss „An und über Juden, aus Schriften und Reden" (1906-1963). Herausgegeben von Hans Klamm. Karl Marx, der Gründer und damalige Herausgeber der „Allgemeinen jüdischen Wochenzeitung" hatte das Vorwort geschrieben. Karl Marx war Kriegsfreiwilliger des Ersten Weltkrieges gewesen.

beobachten, mit welcher Kenntnis und welchem inneren Verständnis Frank über die literarischen und künstlerischen Dinge sprach, die den meisten Männern des öffentlichen Lebens eine ferne und fremde Welt bleiben. Beide unbefangene Köpfe, die über Parteigrenzen hinaus geschichtlich denken konnten, große Redner, die neben Wucht und Pathos die Waffe der Ironie und des Witzes meisterten; vor allem aber innerhalb der sozialistischen Bewegung die zwei Männer, die, gegenüber der nur ökonomischen Wertung der öffentlichen Dinge, den ausgeprägtesten Sinn für den Staat und das staatliche Machtproblem besaßen. Hier gerade lag Franks geschichtliche Aufgabe (und man darf glauben, daß sie ihm selber immer mehr bewußt wurde), verloren gegangene Ansätze Lassalles in der sozialistischen Bewegung neu zu erwecken und in Entscheidungen der Tat zu vollenden.

Vielleicht war Lassalle in seiner Vielseitigkeit blendender, auch er ein Kind seiner Zeit, in seinem eitlen Ehrgeiz naiver, durchaus Ichperson. Franks Führertum fehlt das genial Improvisierte seines Vorgängers; er ist gewachsen innerhalb Organisation, Disziplin, Selbstzucht, Verantwortung. Er ist nicht durch die geistreiche Formel, durch Schwung und Gebärde Führer geworden, sondern durch Bewährung. Und hier endet der Vergleich: Frank wurzelte wirklich im Volkstum. Seine politische Arbeit löste sich auf in fleißige, schlichte Sachlichkeit; seine persönliche Lebensart war einfache Herzlichkeit und Wärme, die immer etwas Gewinnendes, manchmal durch ihre Güte Hinreißendes hatte. Der Mann, der in der Polemik von vernichtender Schärfe sein konnte, sprach als Mensch vom Gegner nie lieblos. In diesem starken Körper wohnte eine zarte Seele; wie konnte er mit Kinder spielen, wie erzählte er von Heimat und Jugend! Und hatte immer das markig Aufrechte, Grade der Leute, die vom Schwarzwald kommen.

Es soll hier nicht von seinem Weg in der deutschen Sozialdemokratie gesprochen werden, von den Kämpfen um Budgetbewilligung, Steuer, Großblock; die Zeiten sind nicht dazu angetan, Parteigeschichte des letzten Jahrzehnts auszubreiten. Die deutsche Sozialdemokratie verlor in ihm einen ihrer unbefangensten und fähigsten Köpfe, ihrer stärksten Charaktere, die badische ihr Haupt. Mehr als die Partei verlor das deutsche Volk.

Wenige unter uns mögen die Notwendigkeit des hereinbrechenden Völkerkrieges so schmerzlich empfunden haben wie er, denn er kannte und schätzte England, ein Freund der Fabier, und es war ihm bis zuletzt eine seiner innersten Angelegenheiten, gemeinsam mit Jaures für die deutsch-französische Verständigung zu wirken. Aber mit der Entschlußkraft des Tatsachenmenschen folgte· er dem Gebot der Stunde ohne ängstliches Zögern, und er tat den letzten Schritt, durch eigene Hingabe den vaterländischen Gedanken zu weihen. Daß er als Kriegsfreiwilliger in das aktive Heer trat, war keine Demonstration, sondern der Schluß einer Überzeugung. Die Tat allein hat Beweiskraft.

Aber während er, mit innerer Lust und Freudigkeit, in dem gewaltigen Volksheer den Soldatendienst leistete, flogen Gedanken und Erwartung zu dem Nachher. Seine große Spannkraft zitterte den Aufgaben entgegen, die nach dem Frieden sich erheben werden: denn er wußte, daß das ungeheure Erlebnis dieses Krieges neue Formen, Gesinnungen und Notwendigkeiten unserer Zukunft aufzwingen wird. Und keiner, keiner war so erwählt und berufen wie dieser, mit Verstand, Charakter, Autorität, Klugheit und Verantwortung, für die ganz neu zu lösenden Fragen unserer neuen Politik Entscheidungen zu prägen. Uns allen, dem Volk und den Regierungen, ist er der schmerzlichste Verlust, den dieser Krieg bisher gebracht.

Ich denke jetzt an die vielen Tage und Stunden einer langjährigen Freundschaft: an den ersten Abend vor bald acht Jahren, der unter seiner Erzählerkunst bis in den frühen Morgen wuchs, an die letzte gemeinsame Fahrt vor drei Monaten, da er uns, noch ganz erfüllt vom Eindruck der Basler Konferenz, den Weg einer demokratischen Auslandspolitik entwarf. Seine Zuversicht wollte alle Zweifel niederringen, und er freute sich auf den Tag, da er im späten Sommer den Vertreter des deutschen Parlaments in Frankreich für eine Gemeinsamkeit der westeuropäischen Kultur werben wollte.

Als er die Grenze überschritten hatte, warf ihn eine französische Kugel nieder, und in raschem Schmerz schloß sich für immer der Mund, der ein Prediger staatlicher Freiheit und deutscher Kultur gewesen ist."

Ludwig Frank: Ich hab's gewagt!

Vor seinem Ausmarsch an die Front schrieb Frank am 23. August 1914 aus Mannheim einen letzten Brief an eine Freundin:

Liebe Freundin!

Meinen freien Sonntagmittag verbringe ich am Schreibtisch in meiner Wohnung. Ich bin in der Kaserne einquartiert und schlafe auf dem harten Feldbett - wie mein Stammvater Jakob „zu Häupten den Stein", traumlos von zehn bis fünf Uhr und manchen Morgen auch bis vier Uhr; der Trompeter weckt mich. Die Strapazen der Felddienstübung und des

Marsches ertrage ich mühelos. Ich bin froh darüber: das Blut für das Vaterland fließen lassen ist nicht schwer und umgeben von Romantik und Heldentum.

Ein viel größeres Opfer ist es, täglich den Schweiß unter dem Druck des Tornisters zu vergießen und stündlich auf tausend Selbstverständlichkeiten von Reinlichkeit und Bequemlichkeit zu verzichten, an die man jetzt wie an ein weit zurückliegendes schönes Land denkt. Aber der Körper ist wirklich der Knecht der Seele. Der feste Vorsatz, sich einzuordnen und auch in kleinen und kleinsten Pflichten das große Ziel nicht aus dem Bewußtsein zu verlieren, hilft über alle Hemmnisse hinweg.

Wann wir abmarschieren, weiß ich noch nicht. Wir warten täglich auf den Ruf vom Regiment Nr. 110, das die letzten Kämpfe bei Mülhausen und Metz mitgemacht hat, und dessen Lücken wir ausfüllen sollen. Ich stehe in der Front wie jeder andere, ich werde von allen (Mannschaften wie Offizieren) mit größter Rücksicht (protzig ausgedrückt: Ehrerbietung!) behandelt. Aber ich weiß nicht, ob auch die französischen Kugeln meine parlamentarische Immunität achten. Ich habe den sehnlichen Wunsch, den Krieg zu überleben und dann am Innenausbau des Reiches mitzuschaffen. Aber jetzt ist für mich der einzig mögliche Platz in der Linie in Reih und Glied, und ich gehe wie alle anderen freudig und siegessicher.

Der Gedanke an meine Eltern ist schmerzlich. Sie wissen, wie sehr ich an ihnen hänge. Aber ich habe schon mehr als einmal in entscheidenden Augenblicken meines Lebens ihnen wehtun müssen, und ich kann es nicht bereuen. Als ich vor elf Jahren mich öffentlich zur sozialdemokratischen Partei bekannte und damit manche Brücke hinter mir abbrach, zerstörte ich sicherlich manche Hoffnungen meiner guten, braven Eltern, - aber ich mußte mir mein eigenes Leben zimmern, und jetzt geht es ja um mehr! Nicht um die bürgerliche Existenz, sondern vielleicht um das Leben. Das Hüttenlied wird die Jahrhunderte hindurch immer wieder erlebt:

> Ob auch die liebe Mutter weint
> Daß ich das Ding hab fangen an,
> Ich hab's gewagt.

Die unerschöpfliche Güte und Liebe der beiden wird ihnen und mir über dieses innere Hemmnis hinweghelfen.

Jetzt also - b'hüt Di Gott!;

Ihr treu ergebener
Ludwig Frank

Unter dem unmittelbaren Eindruck des Todes von Ludwig Frank schrieb Ludwig Thoma, der populäre bayerische Schriftsteller und Satiriker des „Simplizissimus", der Verfasser der berühmten „Filser-Briefe", Ende 1914 ein Gedicht auf Ludwig Frank:

Ludwig Frank

Wie wir uns hochgerissen haben
Vor Lunsville aus dem Schützengraben,
Wir stürmten vor, und ein Feuermeer,
Ging über uns Landwehrleute her,
So machen traf es, so mancher sank,
Auch Flügelmann Frank.

Und als zum Sammeln ward geblasen,
Wir legten sie unter den grünen Rasen,
Sie lagen zu dritt in dem kühlen Grab,
Wir Kameraden riefen hinab
Den letzten Gruß und den letzten Dank
Dem Flügelmann Frank.

Und wie die Kunde herübergekommen,
Mit Trauer hat es die Heimat vernommen,
Mit Trauer hört es das Vaterland.
So hat es den Braven immer gekannt,
Das Herz so feurig, die Ehre so blank,
Den Flügelmann Frank.

Ludwig Thoma
(Ende des Jahre 1914)

"Frank wiederkommen!"

Die sozialdemokratische Zeitung in Mannheim berichtete am 31. August 1914: „Der sozialdemokratische Reichstagsabgeordnete Dr. Ludwig Frank ist zur Front gegangen. Als seine Kompanie zur Bahn zog, gab es für Mannheims Proletariat kein Halten mehr:
Männer, Frauen und Kinder brachten dem ausziehenden Genossen stürmische Ovationen dar. Es gab rührende Szenen, und man rief dem wackeren freiwilligen Vaterlandsverteidiger ein herzliches Lebewohl nach. „Frank wiederkommen!" tönte es immer und immer wieder."

Gummersbacher Gymnasiasten war die Ehrung Franks suspekt!
Ein Beitrag zur politischen Bildungsarbeit an höheren Schulen?

Wenige Tage nach der Benennung der Ludwig-Frank-Kaserne in Mannheim erhielt Staatssekretär Berkhan im Juni 1974 den folgenden Brief einer Klasse des Gymnasiums in Gummersbach/Bergisches Land:

An das Bundesministerium für Verteidigung
z. Hdn. von Staatssekretär Berkhan
53 Bonn
Hardthöhe

Gummersbach, den 7. Juni 1974

Sehr geehrter Herr Staatssekretär Berkhan!

Wie wir erfahren, haben Sie in den letzten Wochen eine Kaserne in der Nähe von Mannheim nach dem SPD-Reichtagsabgeordneten Ludwig Frank benennen lassen. Wir sind einigermaßen verwundert, warum gerade jemand, der freiwillig den „Heldentod" für das kaiserlich-imperialistische Deutschland gestorben ist, als Symbol für die Bundeswehr des Jahres 1974 dienen soll. Uns ist aus dem Geschichtsunterricht bekannt, daß der deutsche Imperialismus den Ersten Weltkrieg durch seine fortgesetzten Provokationen und seinen Druck auf Österreich-Ungarn diese Massenschlächterei *hauptsächlich* zu verantworten hat.

In Anbetracht dieser Tatsache möchten wir von Ihnen gerne ausführlich dargestellt sehen, inwiefern das Verhalten von Ludwig Frank auch für das Jahr 1974 noch symbolträchtigen Charakter haben kann. Wir meinen übrigens - schließlich kämpfte er, im Gegensatz zu uns, nicht eindeutig für den Charakter des Ersten Weltkriegs - daß der in seiner Naivität sicher ehrbare Ludwig Frank nicht gerade aufgewertet wird *neben der „Ehrengalerie" der in der Bundeswehr heimischen imperialistischen Leitbilder wie Lettoh-Vorbeck, Ludendorf, Rommel, Hindenburg und Moltke.* Es wäre uns sehr gedient, wenn Sie über den Symbolwert dieser letzten Namen Aufschluß gäben.

Ihrer baldigsten Antwort entgegensehend, verbleibe ich mit freundlichen Grüßen

Ihr

(Vertreter der U II a des Gymnasium Gummersbach)
P.S.: Wir beabsichtigen, den Briefwechsel zu veröffentlichen (z. B. Schülerzeitung)
Unsere Adresse: An die U II a, z. Hdn. von Herrn Studienrat . . .,
527 Gummersbach

Die Antwort aus dem Ministerium lautete:

Sehr geehrter Herr Studienrat!

Ihre Klasse, die U II a, hatte in ihrem Brief an den parlamentarischen Staatssekretär Berkhan nach den Motiven für die Umbenennung der Lüttich-Kaserne in Ludwig-Frank-Kaserne gefragt. Zu Ihrer Information füge ich den Text der Rede bei (3fach), die Herr Berkhan anläßlich der Umbenennung gehalten hat. Sie enthält die gewünschte Motivation sowie eine Darstellung des Menschen, des Politikers und des Soldaten Ludwig Frank.

Im zweiten Teil des Briefes fragte Ihre Klasse an, weshalb Ludwig Frank „neben der ‚Ehrengallerie' der in der Bundeswehr heimischen imperialistischen Leitbildern wie Lettoh-Vorbeck, Ludendorf, Rommel, Hindenburg und Moltke" seinen Platz findet (die Rechtschreibfehler des Originalbriefes wurden beim Zitat übernommen).

Hierzu möchte ich folgendes feststellen:

1. Die Bundeswehr hat eine große Anzahl von Kasernen nach Männern des deutschen Widerstandes, zu denen auch Generalfeldmarschall Rommel zu zählen ist, benannt.

2. Wer sein Geschichtsbild nur mit den zwei Farben schwarz und weiß macht, wie es die U II a tut, macht es sich sehr einfach. Schlagworte, und seien sie auch noch so modisch, sollten gesichertes Geschichtswissen nicht ersetzen.

Mit freundlichen Grüßen
(Vogel, Oberst)

Dank aus jüdischen Kreisen

Der Brief dieser Schüler aus Gummersbach blieb ein Einzelfall. Dagegen stehen viele Dankschreiben aus jüdischen Kreisen sowie jüdischer Organisationen. Aus Frankfurt schrieb der damalige Präsident der „Franz Oppenheimer Gesellschaft e. V. - Freundeskreis zur Pflege deutsch-jüdischer Kulturwerte", Guttmann, an Staatssekretär Karl Wilhelm Berkhan. Guttmann ist inzwischen verstorben, sein ganzes Mühen galt dem Brückenbau über die tiefen Gräben der Judenverfolgung durch die Nationalsozialisten hinweg. Sein Brief zeigt den Geist, aus dem er die Gesellschaft in Frankfurt aufbaute:

„Sehr geehrter Herr Staatssekretär. Aus der Presse ersehen wir zu unserer aufrichtigen Freude, in welch großartiger Weise unser Glaubensgenosse Ludwig Frank durch Sie geehrt worden ist. Nicht nur, daß die Kaserne

Ludwig Frank durch Sie geehrt worden ist. Es geht nicht nur darum, daß diese Kaserne jetzt den Namen dieses Staatsbürgers jüdischen Glaubens trägt. Ihre Ausführungen bei der Einweihungsfeier haben uns außerordentlich beeindruckt. Der Unterzeichnete, selbst jahrelang Soldat im Ersten Weltkrieg, möchte Ihnen persönlich, und im Namen der „Franz Oppenheimer-Gesellschaft" sehr herzlich für alles danken. Wir bemühen uns um Verständigung und Aussöhnung mit unseren chirstlichen Mitbürgern. Deshalb betrachten wir dieses Ereignis als besonders bedeutungsvoll für beide Religionsgemeinschaften. Wir sind Ihnen, sehr geehrter Herr Staatssekretär, hohe Anerkennung schuldig. Mit diesen Zeilen möchten wir dieses zum Ausdruck gebracht haben."

Ein Brief aus Israel

Der folgende Brief erreichte Bundesverteidigungsminister Georg Leber von Erich Valfer in Haifa, Hazalvanim-Straße 17 a:

„Sehr geehrter Herr Minister!

In einer hiesigen Abendzeitung habe ich gelesen, daß Sie das Heereslager „Lüttich" auf den Namen von Ludwig Frank umbenannt haben. Dr. Ludwig Frank war ein leiblicher Cousin meines in Auschwitz umgekommenen Vaters. Meine Großmutter und Franks Vater, waren Geschwister. Lassen Sie sich auf diesem Wege danken, daß Sie Franks Namen auf diese Weise ehren und verewiglichen.

Haifa, den 27. Mai 1974   E. Valfer."

IV

Auch Juden in der Bundeswehr

Jüdische Deutsche dienen auch in der Bundeswehr. Es gibt keine Möglichkeit festzustellen, wieviele es sind, da es das Grundgesetz verbietet, einen deutschen Bürger nach seiner Religion oder nach seiner „Rasse" zu fragen. Trotzdem habe ich einen von ihnen entdeckt: Oberstleutnant Wolfgang Conrad, der heute in einem integrierten internationalen Stab seinen Dienst versieht. Ich führte mit ihm das folgende Gespräch:

Frage: Herr Oberstleunant Conrad, das letzte Mal, als wir uns sahen, waren Sie Student an der Freien Universität Berlin. Ich hielt in einem Studentenkreis einen Vortrag. Sie kamen anschließend zu mir und sagten: Ich bin jüdischen Glaubens und gehe nach meinem Studium zur Bundeswehr. Das war Ende 1956. Sie sind seither den langen Weg eines jungen Soldaten bis heute zum Oberstleutnant gegangen. Sie sitzen jetzt, 1975, in einem integrierten europäischen Stab und haben hier Ihre Aufgabe. Was hat Sie vor zwanzig Jahren bewogen, als Deutscher jüdischen Glaubens, als Berufsoffizier, in die Bundeswehr zu gehen?

Antwort: Was mich bewogen hat, zur Bundeswehr zu gehen, war ohne Zweifel das Erlebnis, das ich im Dritten Reich hatte, das unser aller Erlebnis war: die Konfrontation mit dem Nationalsozialismus mit all den schrecklichen Erlebnissen. Meine Entscheidung war eigentlich diejenige eines Staatsbürgers, der daran gedacht hat, daß diese junge Demokratie, die sich nach außen verteidigen will, daß diese Armee, die hier entsteht, von Männern getragen wird, die zur Demokratie stehen und zur Verständigung mit ihrer Umwelt. Denken Sie daran, wir waren im Jahre 1956. Der Gedanke, daß es zu einer Normalisierung in Europa kommt, mit den anderen Völkern um unser Deutschland herum, war für mich der entscheidende Gedanke. Die Tatsache, daß ich jüdischen Glaubens bin, war für diese Entscheidung gar nicht weiter von Bedeutung, denn es war meine persönliche Ansicht, daß dieser Weg für mich notwendig ist.

Frage: Sie haben also keine Schreibtisch-Laufbahn absolviert, wie das ja auch weder bei uns noch in anderen Armeen üblich ist. Wie verlief Ihr militärischer Weg, wenn ich daran denke, daß Sie deutscher Jude sind? Hatten und haben Sie als deutscher Offizier Kontakte mit den jüdischen Gemeinden in den Städten, in denen Sie Ihren Dienst verrichten? Wie ist hier das Gespräch mit Ihren jüdischen Mitbürgern?

Antwort: Auf Ihre Frage möchte ich zunächst erwidern, daß ich den harten Weg bei der Truppe gegangen bin, bei den Fallschirmjägern und

in der Ausbildung als Einzelkämpfer (Ranger). Ich bin auch im Freifall
bei den Fallschirmjägern ausgebildet und habe in dieser Hinsicht eine
völlig normale Ausbildung hinter mich gebracht. Die Tatsache, daß ich
zur jüdischen Schicksalsgemeinschaft gehöre, die während des Dritten
Reiches verfolgt wurde, hat zweifellos auf meinen Werdegang ihren Einfluß gehabt. Ich möchte aber deutlich machen, daß mein soldatischer
Weg nicht ungünstiger, aber auch nicht günstiger verlaufen ist als der
soldatische Werdegang vieler meiner Kameraden.

Nun ein Wort zur Einstellung in den jüdischen Gemeinden Deutschlands
zu mir als Offizier der Bundeswehr: es war für viele dieser Menschen
sicher nicht leicht, jemanden zu verstehen, der sich als Jude entschlossen
hat, aktiv in der Bundeswehr als Offizier zu dienen. Man muß das psychologisch begreifen. Für mich selbst war das alles wesentlich leichter. Ich
habe die ganze Hitler-Zeit in Deutschland erlebt und ich weiß aus meiner
eigenen Jugend, daß nicht alle Deutschen Judenhasser und Russenhasser
gewesen sind. Im Gegenteil. Es gab viele Deutsche, die heute in Ost und
West leben, die im Grunde ihres Herzens immer anständige Menschen geblieben sind. Wenn mir in jüdischen Kreisen in der ersten Zeit nicht das
volle Verständnis entgegengebracht wurde, so muß ich heute doch feststellen, daß sich diese Einstellung in den israelitischen Kultusgemeinden
täglich ändert - und ich bin davon überzeugt, daß es sich auch weiterhin ändern wird. Wir wissen heute, daß die Demokratie in der Bundesrepublik Deutschland nicht nur eine Fassade ist, sondern daß sie ein Anliegen von circa 95 Prozent aller Deutschen geworden ist. Das gilt für alle,
ob sie nun christlichen Religionen angehören oder sich zur jüdischen
Gemeinschaft zählen. Diese Fragen spielen hier doch keine Rolle. Heute
ist das deutsche Volk wirklich aufrichtig bemüht, zu einer friedlichen
Normalisierung mit der Umwelt zu kommen, wozu ich auch die Politik
mit den Völkern des Ostens rechne.

Frage: Herr Conrad, Sie sprachen gerade davon, daß Sie in Ihrer Jugend
Erlebnisse mit Deutschen hatten, die während der Hitler-Zeit keine Anti-
semiten waren. Haben Sie persönliche Erlebnisse, die Sie vielleicht in
Ihren Entscheidungen mitbestimmt haben?

Antwort: Ich möchte Ihnen ein solches Erlebnis erzählen. Ich werde es
nie vergessen. Es geschah während eines Luftangriffs auf Berlin. Wir waren, wie alle Menschen unseres großen Mietshauses, im Luftschutzkeller.
Ich saß dort mit meiner Mutter unter den anderen Menschen. Darunter
war auch ein Herr, der in einem Rollstuhl fuhr, weil ihm im Ersten Weltkrieg beide Beine weggerissen worden waren. Dieser freundliche Herr war
ein Jude. Er saß unter uns und unterhielt sich mit einem Unteroffizier,

der von der Front auf Urlaub war. Ich weiß heute noch seinen Namen: Gerhard Müller. Plötzlich trat der Luftschutzwart in den Keller und verbot diesem ehemaligen Kriegsteilnehmer das Weitersprechen. Er verwies diesen Mann mit seinem Rollstuhl aus dem Keller. Daraufhin wollte sich der Unteroffizier, der in Uniform war, auf den Luftschutzwart stürzen. Aber die Menschen um ihn herum hielten ihn zurück, sonst hätte es eine politische Katastrophe für diesen Soldaten gegeben. Dieser Unteroffizier Müller verließ daraufhin den Keller mit dem Mann im Rollstuhl. Er schob ihn heraus und stellte sich mit ihm zusammen in die unsichere Gasschleuse. Beide haben den Luftschutzkeller nie mehr betreten.

Zu einer solchen Haltung gehörte damals schon sehr viel Mut. Diese Haltung des Unteroffiziers gegenüber dem ehemaligen jüdischen Soldaten des Ersten Weltkrieges, der so viel Schweres erlebt hat, diese saubere Gesinnung finde ich, war etwas Tiefgreifendes. Ich glaube aber, daß viele Menschen in Deutschland zu ähnlichen Taten bereit waren. Das sollte man auch nicht vergessen.

Frage: Herr Conrad, gibt es andere jüdische Mitbürger, die, trotz allem, was sie und ihre Glaubensbrüder gekommen ist, was sie an Not, Grauen und Elend erlebt haben, den Weg als volle Staatsbürger in die Bundeswehr gefunden haben? Kennen Sie Kameraden jüdischen Glaubens, mit denen Sie Kontakt haben?

Antwort: Ich kann das persönlich nicht richtig beurteilen. Es gibt ja heute keine Religionsstatistik. Das Grundgesetz hat gerade aus den Erlebnissen der Vergangenheit, aus dem Mißbrauch und der Diffamierung von Menschen mit Hilfe solcher Statistiken derartige Registrierungen verboten. Ich bin aber sicher, daß Deutsche, die wehrpflichtig wurden, ungeachtet ihrer jüdischen Zugehörigkeit einfach um ihre staatsbürgerlichen Pflichten, so wie sie im Grundgesetz formuliert sind, als Unteroffiziere oder als Offiziere der Reserve ihren Dienst in der Bundeswehr getan haben und noch tun, so daß ich Ihre Frage eigentlich nicht ganz präzise beantworten kann.

Frage: Herr Conrad, wenn Sie heute mit Ihren Kameraden in der Bundeswehr zusammenkommen oder wenn Sie mit ausländischen, jüdischen Freunden sprechen, was gibt es dann für Probleme? Lassen Sie mich meine Frage verdeutlichen: wie sieht es zum Beispiel aus, wenn Sie hier in den integrierten Stäben mit anderen Offizieren sprechen, die ja auch erfahren, welchen persönlichen background Sie haben? Kommt dann das Gespräch schon einmal auf die deutsche Vergangenheit?

Antwort: In Amerika und in den anderen Staaten Westeuropas, wo es ein normales Verhältnis zur Umwelt gibt, stellt sich diese Frage natürlich nicht. Ich glaube kaum, daß in irgendwelchen Armeen dieser Staaten Religionsdiskussionen aufkommen. Es ist natürlich in Anbetracht unserer deutschen Vergangenheit durchaus möglich, daß man schon einmal die Frage gestellt bekommt, wie es denn in Wirklichkeit im inneren Gefüge dieser Bundeswehr aussieht. Ich kann dazu persönlich auch nur wieder sagen, daß ich eigentlich ganz selten jemals darauf angesprochen worden bin, weil der Dienst für mich so normal abläuft, daß ich gar keine Gelegenheit habe, mit irgendeinem Kameraden darüber zu sprechen. Allerdings ist es mir einmal passiert, daß mich ein amerikanischer Armee-Rabbiner auf dieses Problem, das, wenn Sie so wollen, ein Problem des inneren Gefüges der Bundeswehr ist, angesprochen hat. Er fragte mich, wie es denn um die deutsche Jugend von heute bestellt sei. Dazu hätte er mich aber gar nicht als jüdischen Offizier zu fragen brauchen. Das hätte er auch mit einem vernünftigen intelligenten Kameraden tun können, der katholisch oder evangelisch ist.

Vertrauen für die Bundeswehr in jüdischen Kreisen

Es gibt viele Beweise neu gewonnenen Vertrauens in die Bundeswehr in jüdischen Kreisen Deutschlands. Nach all dem, was jüdische Menschen unter dem Nationalsozialismus zu leiden hatten, sei es in Deutschland selbst oder sonst in Europa, ist manches nicht selbstverständlich, was heute dieses Vertrauen ausmacht. Die Tatsache, daß es heute einen deutschen Militärattachee in Israel gibt, daß Bundeswehrmaschinen mit Luftwaffensoldaten in Uniform auf dem Ben-Gurion-Flughafen bei Tel Aviv landen, auch dann, wenn sie nicht den Bundeskanzler oder den Bundesaußenminister zu einem Staatsbesuch fliegen, sondern mit einer Fußballmannschaft dort eintreffen, wäre vor einigen Jahren noch auf Proteste gestoßen. Manche Gruppen junger Israelis, die durch die Bundesrepublik Deutschland reisen, besuchen auch Schulen und Einheiten der Bundeswehr und sprechen mit Soldaten in den Kasernen. Dazu kommen Vorträge israelischer Wissenschaftler und Militärs vor Soldaten über ihre Heimat Israel. Alle diese Begegnungen bringen menschliche Kontakte, auch mit der Bundeswehr, mit jungen und auch älteren Offizieren, Unteroffizieren und Soldaten, aus denen beide Seiten lernen, daß manches Vorurteil und manche Verkrampfung sowohl auf israelischer als auch auf deutscher Seite überwunden werden können.

Daß offizielle jüdische Kreise die Benennung von Kasernen der Bundeswehr nach jüdischen Soldaten des Ersten Weltkrieges unterstützt haben, kann als ein positives Zeichen der Entwicklung gesehen werden.

Werner Nachmann, der Vorsitzende des Direktoriums des Zentralrats der Juden in Deutschland hat bei der Einweihung der Wilhelm-Frankl-Kaserne in Neuburg an der Donau gesprochen. Seine Rede ist in diesem Buch wiedergegeben. 1975 äußerte er mir gegenüber in einem Gespräch seine Gedanken zu dem, was heute den deutschen Soldaten mit dem jüdischen Teil der Bevölkerung verbindet, und was er gegenüber dem jüdischen Staat Israel empfindet.

Werner Nachmann gibt dadurch sicher nicht die Meinung des Zentralrats wieder, dem er vorsteht. Aber er spricht als ein Mann, der durch Generationen seiner Familie mit Deutschland und insbesondere mit seiner badischen Heimat eng verbunden ist.

Nachmann kam 1945 mit den ersten französischen Truppen nach Karlsruhe und bekundete, sofort wieder Deutscher sein zu wollen, so wie er es mit seinen Eltern vor der Zeit Hitlers gewesen ist. Das stieß bei seinen Vorgesetzten in der französischen Armee auf heftige Kritik; aber Werner Nachmann setzte sich durch, auch dann, als man ihn sofort aus dieser Armee entließ, als man ihn praktisch ohne Paß und ohne eine Möglichkeit, sich frei bewegen zu können - es gab ja damals nur zeitlich und räumlich begrenzte Passierscheine - in Karlsruhe absetzte. Nachmann telefonierte mit seinem Vater in Frankreich und ließ ihn zurückkommen. Der elterliche Betrieb stand noch. Mit einem Bankkredit, ohne auf irgendeine Wiedergutmachung zu warten, kaufte er das elterliche Anwesen zurück und begann von neuem. Neben seiner Spitzenfunktion im Zentralrat der Juden in Deutschland ist Werner Nachmann Vorsitzender des Oberrats der Israeliten Badens. Ein modernes Gemeindezentrum wurde mit seiner Initiative wieder in Karlsruhe errichtet. Stolz berichtet er von den vielen Schülergruppen, die zur Besichtigung in die Knielinger Allee kommen, um dieses Zentrum jüdischen Lebens zu besichtigen, an Shabbat-Gottesdiensten teilzunehmen und sich von Rabbiner Nathan Peter Levinson den jüdischen Ritus erklären zu lassen.

Das Interview mit Werner Nachmann hatte folgenden Wortlaut:

Frage: Herr Nachmann, im jüdisch-deutschen Bereich gibt es bei der Bundeswehr eine Fülle von Schriften und Informationen. Man hat im letzten Jahr zwei Kasernen nach jüdischen Soldaten benannt, in Mannheim die Ludwig-Frank-Kaserne nach dem einzigen Reichstagsabgeordneten, der überhaupt im Ersten Weltkrieg gefallen ist. In Neuburg an der Donau die Wilhelm-Frankl-Kaserne nach dem jüdischen Pour-le-merite-Flieger im Ersten Weltkrieg. Dazu kommen die Kriegsbriefe gefallener deutscher Juden, die Franz-Josef Strauß, als er Verteidigungsminister war, neu herausgegeben hat. Wie wirkt das alles auf die Soldaten?

Antwort: Ich glaube die Benennung von zwei Kasernen nach den Namen ehemaliger jüdischer Mitbürger dieses Landes hat schon ihre Wirkung getan. Was mich aber im Augenblick beunruhigt, sind immer wieder Berichte, daß in manchen Armee-Kreisen - hierbei hauptsächlich bei jüngeren Offizieren - das jüdisch-deutsche Problem, - das Problem zwischen Juden und Christen, die gleiche Staatsbürger dieses Landes sein sollen und müssen -, daß dieses Verhalten immer noch nicht eine Selbstverständlichkeit geworden ist. Im Gegenteil, daß leider da und dort auch hohe Offiziere, wenn sie glauben, daß sie im Moment nicht mit jüdischen Menschen zu tun haben, doch vielleicht wieder einmal aus der Rolle fallen und wieder in diesen alten Begriffen vor ihren jungen Offizieren und Soldaten sprechen. Diese Probleme möchte ich aus eigener Anschauung kennenlernen und dann mit den maßgebenden Politikern, aber auch mit den verantwortlichen Offizieren besprechen, um vielleicht durch Vorträge oder noch mehr gezielte Veranstaltungen diese letzte nazi-herkömmliche Situation in der Bundeswehr beseitigen zu können. Die Äußerungen von Bundesverteidigungsminister Leber über die Idee eines Wehrdienstes, der es der Jugend freistellt, ob sie als deutsche Soldaten in Frankreich, Holland oder anderen Partnerstaaten der NATO dienen wollen, ist ein Beweis der Verflechtung Europas, die auch wir anstreben.

Frage: Herr Nachmann, deutsche Juden in der Bundesrepublik. Die Frage der Wehrpflicht, die Frage des Wehrdienstes: es gibt eine Vereinbarung mit dem Zentralrat der Juden, daß bei Ablehnung des Wehrdienstes durch einen jüdischen jungen Mann ohne jede Prüfung oder sonstige Maßnahme diese Situation anerkannt wird. Ist das nicht gleichzeitig eine etwas negative Eingruppierung der Bundeswehr in diesen Fragen?

Antwort: Ich glaube, 30 Jahre nach dem Zusammenbruch des nazistischen Reiches ist eine lange Zeit für gewisse Überbrückungsmöglichkeiten, auch für gewisse Ausgleiche innerhalb gewisser Menschengruppen. Es ist eine Zeit, die ausreichend war, Gräben, die durch die nazistische Gewaltherrschaft aufgeworfen wurden, aufzufüllen. Es ist aber noch nicht lange genug her, um nach alledem, was geschehen ist - ich möchte betonen, ganz im Bewußtsein, daß wir dies nie vergessen dürfen -, wieder über alle Menschen hinweg und über die Gefühle aller unserer jüdischen Mitbürger entscheiden zu können. Ich bin der Meinung, daß Geduld und Großzügigkeit auf diesem Gebiet auch sehr viel schneller zum endgültigen Ausgleich führen werden. Es ist mir ganz klar, daß die Militärpflicht eines Bürgers für jeden gleich sein soll. Es muß auch hier beachtet werden, daß es niemals den Anschein haben darf, als ob die Bundeswehr von sich aus froh wäre, daß diese Vereinbarung getroffen wurde, daß sie es nicht mit jüdischen Bürgern und damit mit jüdischen Rekruten zu tun haben will. Auch hier sollte man vorsichtig an die Dinge herangehen.

Frage: Wenn man heute in der Bundeswehr fragt, im Personalstammamt in Bonn, so wird einem sofort geantwortet: Sie können nicht erfahren, wo jüdische Soldaten oder jüdische Offiziere sind. Artikel 5 des Grundgesetzes verbietet das. Niemand darf wegen seiner Rasse und Religion befragt werden. Es gibt auch darüber keine Statistik. Sie als Vorsitzender der jüdischen Gemeinschaft in Deutschland haben doch aber sicherlich Erkenntnisse darüber, ob jüdische Soldaten dienen und wo, und ob es auch jüdische Offiziere, vielleicht sogar in höheren Rängen, gibt?

Antwort: Wir haben auch keine Statistik, weil wir eine derartige Statistik nicht führen und auch nicht führen können. Wir wissen, daß es einige jüdische Rekruten gibt. Es ist uns auch bekannt, daß es wiederum einige jüdische Offiziere in der Bundeswehr gibt. Auch glaube ich, daß es einen aktiven Oberstleutnant in der Bundeswehr gibt, aber all diese Statistiken sind nicht so wichtig wie die Tatsache, daß wieder ein normales selbstverständliches Verhältnis zwischen den jüdischen Bürgern und den christlichen Bürgern in diesem Staat Platz greifen muß.

Frage: Herr Nachmann, das Dritte Reich trieb Sie aus Deutschland fort. Sie mußten aus Ihrer Karlsruher Heimat weggehen. Sie kamen dann mit den Truppen Frankreichs wieder in Ihre Heimat zurück und hatten damals sofort Ihren Offiziersrock ausgezogen, sind wieder Deutscher geworden. Ich könnte mich nicht erinnern, einen anderen jüdischen Menschen gefunden zu haben, der so früh in diesen Staat voll integriert zurückkehrte. Haben Sie irgendwelche Erinnerungen an die französische Armee vor 30 Jahren, wie dort das jüdische Problem war, ob es eins gab?

Antwort: In der französischen Armee hat es damals keines gegeben. In Frankreich war damals diese Frage überhaupt nicht aktuell. Sie dürfen hierbei nie vergessen, daß es in Frankreich nie einen Hitler gab. Die Franzosen haben gemeinsam, Christen wie Juden, unter der nazistischen Herrschaft gelitten. Das kam auch in der Armee zum Ausdruck. Auch dort gab es die gleichen Rechte und die gleichen Pflichten für beide

Gruppen, die ja Schulter an Schulter gekämpft haben, um den gemeinsamen Feind, das nationalsozialistische Regime, zu bekämpfen. Genau wie heute zur Sicherung des Friedens und der Freiheit eine Partnerschaft erreicht wurde, muß meines Erachtens im vollen Bewußtsein dessen, was hierzulande geschehen ist, gegen Gefahren von rechts und links Wachsamkeit geübt werden, von Juden und Christen eine einheitliche Front zur Abwehr dieser Gefahren eine Selbstverständlichkeit werden.

Das Interview und die erklärte Absicht Nachmanns, eine Reserveübung bei der Bundeswehr abzuleisten, hat im Zentralrat heftige Kritik hervorgerufen. Was ihn bewegte, diesen sicherlich in jüdischen Kreisen als spektakulär empfundenen Schritt zu tun, erklärte Nachmann, der den Zweiten Weltkrieg als Oberleutnant bei der französischen Armee beendet hat so:
„Ich möchte einmal aus eigener Erfahrung die innere Situation der heutigen Bundeswehr kennenlernen. Mich interessieren hierbei hauptsächlich die Gespräche mit Soldaten und Unteroffizieren und mit jungen Offizieren aber auch mit führenden Offizieren, um einmal zu erfahren, ob diese heutige Bundeswehr über die Situation der 30er Jahre über das nationalsozialistische Regime so aufgeklärt ist, wie es nötig ist, wenn wir mit dieser Bundeswehr die bessere Zukunft gemeinsam bestreiten wollen, und ob diese Bundeswehr ein fester Garant für die heutige Demokratie dieser Bundesrepublik ist."

Gewiß klingen diese Worte noch skeptisch, aber sie sprechen auch von der „gemeinsamen besseren Zukunft", ein Ziel, das zweifellos noch nicht erreicht werden konnte.
Wer an die Möglichkeit künftiger Entwicklungen denkt, wird davon ausgehen müssen, daß die Politik Hitlers das europäische Judentum nicht nur dezimiert, sondern - vor allem in seinem deutschen Kern - in seinen Strukturen, aber auch zum großen Teil physisch vernichtet hat. Das alte deutsche Judentum existiert nicht mehr; damit gehört auch die deutsch-jüdische Symbiose zwischen Aufklärung und Nationalsozialismus in dieser Form endgültig der Vergangenheit an. Die kleinen jüdischen Gemeinden, die heute in Deutschland wieder entstanden sind, wurzeln kaum noch im deutschen Boden und in der deutschen Tradition. Von wenigen Ausnahmen abgesehen, haben sich die neuen jüdischen Gemeinden aus Mitgliedern gebildet, die aus anderen Ländern zugezogen sind und eine starke Fluktuation aufweisen. Sie sind zum großen Teil überaltert. Die junge Generation ist zahlenmäßig

zu schwach, um den Bestand der Gemeinden zu erhalten und weiter auszubauen. Wohl die meisten jungen jüdischen Menschen fühlen sich Israel stärker verbunden als Deutschland. Daraus gilt es für beide Seite Konsequenzen zu ziehen. Mit den jüdischen Gemeinden in Deutschland muß eine enge Zusammenarbeit in Erkenntnis der Tatsache angestrebt werden, daß das was einmal war und die Deutschland so sehr bereichert hat, endgültig vorbei und nie mehr zu ersetzen ist. Gleichzeitig müssen wir uns in besonderem Maße für die Zukunft Israels verantwortlich fühlen, in dem Reste des deutschen Judentums aufgegangen sind und eine neue geistige und physische Existenz gefunden haben, die den nationalsozialistischen Massakern entgingen. Das gilt auch für die militärische Tradition des deutschen Judentums.

Personenregister

TAGEBUCH EINER JÜDISCHEN GEMEINDE 1941/43

Tagebuch einer jüdischen Gemeinde
1941 — 1943

Herausgegeben von Dr. Anton M. Keim

Mit einem Geleitwort von Prof. Dr. Herbert Lewin

Dieses Tagebuch, durch Zufall erst jetzt aufgefunden, will nicht anklagen und will keine Unversöhnlichkeit predigen. Es ist vielmehr ein Dokument, welches — stellvertretend für alle jüdischen Gemeinden in Deutschland — den tragischen Ablauf der von Hitler angestrebten „Endlösung" in einer sachlichen Darstellung festhält.

112 Seiten, kart. DM 4,80

Aus ersten Urteilen:

„In diesen knappen, stichwortartigen Aufzeichnungen wird die systematische Diffamierung der Juden, die allmähliche Einengung ihrer Lebensmöglichkeiten durch 431 NS-Gesetze und Verordnungen gegen die Juden gespenstisch lebendig. Nur wer die immer neuen Anordnungen und Verbote Schritt für Schritt gedanklich miterlebt, kann die unendliche Kette dieses Menschenleides nachfühlen. Dieses wichtige zeitgeschichtliche Dokument sollte recht viele Leser finden." (EMUNA)

„Dieses Buch fasziniert durch die Fülle des authentischen Materials, es ist fast ein Nachschlagewerk."

(Saarländischer Rundfunk)

„Eine größere Verbreitung des Tagebuches bei der deutschen Jugend kann erheblich dazu beitragen, daß sich die grausamen Geschehnisse nicht wiederholen." (Aufbau, New York)